과학과 근대세계

과학과 근대세계

A. N. 화이트헤드 지음
오영환 옮김

서광사

이 책은 A. N. Whitehead의 *Science and the Modern World* (Cambridge : Cambridge Univ. Press, 1926)를 완역한 것이다.

과학과 근대세계(개정판)

A. N. 화이트헤드 지음
오영환 옮김

펴낸이 — 이숙
펴낸곳 — 도서출판 서광사
출판등록일 — 1977. 6. 30.
출판등록번호 — 제 406-2006-000010 호

(10881) 경기도 파주시 회동길 77-12 (문발동)
Tel: (031)955-4331 / Fax: (031)955-4336
E-mail: phil6161@chol.com
http://www.seokwangsa.co.kr / http://www.seokwangsa.kr

제1판 제1쇄 펴낸날 · 1989년 11월 20일
제1판 제9쇄 펴낸날 · 2007년 3월 10일
개정판 제5쇄 펴낸날 · 2022년 1월 30일

ISBN 978-89-306-1213-5 93160

개정판을 내며

과학과 철학의 20세기적 결합이 A. N. 화이트헤드에게서 만큼 풍성하게 결실을 본 예는 많지 않을 것이다. 《과학과 근대세계》는 이미 저명한 과학자였던 화이트헤드가 독창적인 철학자로서 깊은 인상을 심어 준 기념비적 저작이었다.

《과학과 근대세계》는 20세기의 논리학(수학기초론)과 물리학의 각 영역에서 패러다임 변혁을 몸소 체험했던 한 과학자가 서양의 과학과 철학의 전통을 기반으로 하여 근대과학의 기초를 이루고 있는 철학적 원리의 역사적 계보를 추적하면서 그 뿌리부터 비판함으로써 새로운 우주론의 가능성을 모색한 것이다.

이 책은 그의 저서 중에서 가장 많은 독자를 확보해 왔고, 비단 철학자 뿐만 아니라 생물학자, 종교학자, 그리고 그 밖에도 시인 · 문예비평가에 이르기까지 널리 주목을 받아 온 대표작의 하나이다. 초판 이후에 줄곧 S. 알렉산더, 브레이스웨이트, 듀이, 버트런드 러셀, 헨더슨, 그리고 허버트 리드, T. S. 엘리엇과 같은 거장(巨匠)들에 의해서도 서평이 쓰였고, 오늘날에도 그 고전적 가치를 더해 주고 있다.

철학자이자 문예비평가인 허버트 리드(Herbert Read)는 *The New Criterion*에 실린 그의 서평에서 이렇게 언급하고 있다.

"이 책은 데카르트의 《방법서설》이래로 과학과 철학을 결합시키는 부문에서 가장 중요한 책이 될 것이다. 이 역저(力著)는 적어도 데카르트 이후의 지배적인 사고방법을 문제 삼았던 최초의 시도라고 볼 수 있다. 이 책에서 화이트헤드는 우리의 삶과 존재의 개념 전반에 걸친 혁명을 구체적으로 표현하고 있으며, 한편 과학과 철학뿐만 아니라 종교나 예술의 카테고리까지도 새로운 관점에서 해석을 시도하고 있다."

이번에 서광사의 성원에 힘입어 개정판을 내면서, 거듭 오식을 바로잡았고 본문과 각주에서 약간의 자구를 수정하고 첨삭했으며, 구형 활자판을 새로운 매킨토시 조판으로 교체하면서 30여 쪽이 더 늘어나게 되었다. 서광사 편집부 여러분의 노고에 사의를 표한다.

2008년 景實書屋에서

知隱 오영환

우정으로 격려해 준

나의 과거와 현재의 동료들에게

지은이의 말

이 책은 과학의 발달에 의해 영향을 받았던 지난 3세기 동안 서구 문화가 지닌 몇 가지 측면에 대한 연구를 주요 골자로 하고 있다. 이 연구를 진행시키는 데 있어 나는 한 시대의 정신이란 그 사회의 교양 있는 사람들을 사실상 지배하고 있는 세계관에서 싹튼다는 신념을 항상 길잡이로 삼았다. 이러한 세계관의 도식(scheme)은 문화의 여러 부문에 상응하여 여러 가지가 있을 수 있다. 인간의 다양한 관심사 가운데에서 우주론을 함축하고 있을 뿐만 아니라 그 우주론에 의해 영향을 받기도 하는 것으로 과학, 미학, 윤리학, 종교를 들 수 있다. 어떠한 시대에 있어서건 이 네 가지 분야는 저마다 하나의 세계관을 암시한다. 만약 한 시대, 한 사회에 속한 사람들이 이러한 관심사 가운데 두세 가지나 또는 그 모두에 의해 좌우되고 있다면, 그들이 사물을 바라보는 실제의 방식은 이러한 여러 원천들의 결합으로부터 생겨난 것이라 할 수 있을 것이다. 그러나 어떠한 시대에도 그 시대를 사로잡고 있는 지배적인 관심사가 있게 마련이다. 이제 문제 삼으려는 지난 3세기 동안에는 과학에서 파생된 우주론이 다른 분야에 기원을 둔 낡은 관점들을 밀어내고 강력하게 자신의 입지를 확보해 왔다. 인간은 장소에서 그러하듯이 시간에서도 국소적(局所的)일 수 있다. 그래서 우리는 이제 막 거쳐 온 근대세계의 과학적 정신이 그와 같은 국소성의 제한을 받고 있는 하나의 좋은 사례가 되는 것은 아닌지를 한번 자문해 볼 수 있을 것이다.

철학에는 몇 가지 기능이 있지만, 그 중 하나는 여러 우주론을 비판하는 일이다. 사물의 본성에 대한 상이한 직관(直觀)들을 조화시키고 개조하며, 정당화시키는 것이 그 기능이다. 철학은 궁극적인 여러 관념들을 끈질기게 음미하고, 우주론적 도식을 만들 때 이용되었던 증거 전체를 그대로 보존하라고 주장해야 한다. 철학의 임무는, 만약 그렇게 하지 않는다면 어떠한 합리적인 검토도 거치지 않은 채 무의식적으로 이루어질지도 모르는 하나의 과정을 명석한 것으로 밝히고, 나아가 될 수 있는 대로 유효한 것이 되게끔 하는 데 있다.

나는 이와 같은 사실을 늘 염두에 두는 한편, 과학의 진보에 관한 여러 가지 난해한 세부적 사항들에 대해서는 언급하지 않았다. 여기서 무엇보다도 필요로 할 뿐만 아니라 내가 심혈을 기울여 하고자 했던 것은 주요 사상들을 그 내부에서 바라보면서 공감을 갖고 연구한다는 것이다. 만약 철학의 기능에 대한 나의 견해가 옳다면, 철학은 지적인 온갖 탐구 중 가장 유력한 탐구가 될 것이다. 그것은 석공이 한 개의 돌을 날라 오기도 전에 대성당을 건립해 내는가 하면, 비바람이 그 아치를 훼손시키기도 전에 그것을 무너뜨려 버리기도 한다. 그것은 정신적 전당의 건립자일 뿐 아니라 그 해체자이기도 한 것이다. 요컨대 정신적인 것은 물질적인 것에 선행한다. 철학은 천천히 작용한다. 여러 사상은 여러 시대를 두고 동면한다. 하지만 어느 날, 말하자면 갑자기 인류는 그들의 사상이 여러 가지 문물제도로 구현되어 있음을 발견하게 된다.

이 책의 대부분은 1925년 2월에 8회에 걸쳐 행한 로웰 강연의 내용으로 이루어져 있다. 그것에 약간의 내용을 보충하고 강연 하나를 7장과 8장으로 나눈 것 이외에는 그대로 여기에 옮겼다. 하지만 이 책에는 몇 가지 자료가 첨가되었고, 그래서 그 한정된 강연에서는 전달될 수 없었던 사상이 완결되어 나타나 있다. 이 새로운 자료 가운데 2장 "사상사의 한 요소로서의 수학"은 로드아일랜드 주 프로비던스 시의 브라운대학 수학회에서 강연했던 것이며, 12장 "종교와 과학"은 하버드의 필립스 브룩스 하우스에서 강연했던 것으로서, 올해(1925년) 《아틀랜틱 먼슬리》(*Atlantic Monthly*)지 8월호에 실릴 예정이다. 10장 "추상화"와 11장 "신"도 새로이 첨가된 것인데, 여기에 처음으로 발표되는 것이다. 그러나 이 책은 하나의 일관된 사상을 제시하고 있으며, 따라서 그 내용 가운데 일부를 전에 행했던 강연에서 추려 모았다는 사실은 그다지 중요하지 않다고 하겠다.

모건(Lloyd Morgan, 1852~1936)의 《창발적 진화》(*Emergent Evolution*)와 알렉산더(S. Alexander, 1859~1938)의 《공간, 시간, 신성》(*Space, Time and Deity*)에 대해서는 이 책에서 일일이 언급할 여유가 없었다. 그러나 내가 이 두 저작에서 많은 시사(示唆)를 받았다는 점을 독자들은 조만간 알게 될 것이다. 특히 나는 알렉산더의 역저(力著)에 크게 힘입었다. 이 책의 문제 영역이 넓기 때문에, 나에게 정보나 여러 가지 사상들을 가져다준 다양한 출처들을 자세히 밝힐 수가 없었다. 이 책은 지난 몇 해 동안의 사색과 독서의 산물이지만, 현재의 이 목적을 위해 이용하게 되리라는 예상하에서 읽었거나 사색한 것은 아니었다. 그런 까닭에 내가 시사받은 세밀한 부분에 대한 출처를 제시하는 것이 바람직한 일이긴 하겠지만, 지금으로선 불가능하다. 그리고 그럴 필요도 없을 것이다. 왜냐하면 이 책이 기본 자료로 삼고 있는 사실들은 단순하고, 또 누구에게나 잘 알려져 있기 때문이다. 철학적 측면에서 보자면 인식론에 대한 고찰이 전적으로 배제되고 있다. 만일 이 문제를 다룬다면, 결국 이 저술의 전반적인 균형이

깨질 수밖에 없을 것이기 때문이다. 이 책의 열쇠는 한 시대를 지배하는 철학이 그 무엇보다도 중요하다는 것을 분별하는 데 있다.

나의 동료 라파엘 데모스 씨가 이 책의 교정을 보아 주셨고 표현에 있어서도 많은 조언을 해 주셨는데, 이 자리를 빌려 그 분에게 깊이 감사드린다.

1925년 6월 29일 하버드대학에서

A. N. 화이트헤드

차 례

제1장

근대과학의 기원

문명의 진보란 반드시 전체적으로 보다 나은 상태를 향해서 한결같이 나아가는 것은 아니다. 우리가 거시적인 안목에서 문명의 지도를 그려 놓고 본다면 혹 그런 모양을 띠게 될지 모른다. 그러나 그렇게 거시적인 관점을 취하게 될 때, 우리가 문명의 진행 과정을 완벽하게 파악하는 데 필요한 세부적인 사항들이 모호해지고 만다. 수만 년의 역사 전체를 놓고 본다면, 우리는 새로운 시대가 비교적 갑작스럽게 나타나곤 한다는 것을 발견하게 된다. 역사의 흐름에서 소외되었던 민족이 어느 날 느닷없이 역사적 사건의 주류 속에 등장한다. 기술상의 새로운 발견이 인간 생활의 구조를 변형시킨다. 원시적인 예술이 급속도로 개화하여 미적인 욕구를 충족시킨다. 십자군적인 젊음에 불타는 위대한 종교는 천국의 평화와 하느님의 검(劍)을 한 민족에게서 다른 민족에게로 전파시켜 가기도 한다.

16세기는 서양 그리스도교의 분열과 근대과학의 발생을 보게 된다. 그것은 발효의 시대였다. 새로운 세계와 새로운 사상 등으로 많은 것들이 열려 있었지만 안정된 것은 아무것도 없었다. 과학에서는 코페르니쿠스와 베살리우스[1)]가 대표적인 인물로 선정될 수 있을 것이다. 이들은 새로운 우주론과 직접적인 관찰을 중시하는 과학적 입장을 대변하고 있다. 브루노[2]는 순교자였다. 비록 그가 고난을 당했던 이유가 과학을 옹호한 데 있다기보다는 자유롭고도 대담한 착상을 가져오는 사색을 즐겼다는 데 있다고는 하지만 말이다. 1600년에 있었던 그의 죽음은 엄밀한 의미에서 근대과학의 제1세기를 여는 사건이 된다. 그의 처형은 미처 아무도 깨닫지 못한 하나의 상징이었다. 왜냐하면 그 후의 과학 사상이 띠게 되는 색조 가운데에는 브루노 식의 개괄적이고도 사변적인 추리 방식에 대한 불신이 포함되어 있기 때문이다. 종교개혁은 중대한 의미를 지닌 것이긴 하지만, 유럽 민족 내부의 한 사건으로 간주될 수도 있을 것이다. 동방의 기독교는 그것을 강 건너의 불 정도로 생각하고 있었다. 뿐만 아니라 그러한 분열은 기독교의 역사나 다른 종교의 역사에서 결코 새로운 현상이 아니다. 이 대개혁을 기독교 교회의 역사 전체에 끼워 넣고 볼 때, 그것이 인간 생활에 어떤 새로운 원리를 이끌어 들였다고 할 수는 없을 것이다. 보다 나은 쪽으로이건 보다 못한 쪽으로이건 간에 그것이 종교의 일대 혁신이기는 하였으나, 그렇다고 새로운 종교의 도래는 아니었으며, 그렇게 자처하지도 않았다. 종교개혁자들은 다만 잊어버렸던 것을 되찾으려 하고 있을 뿐이라고 주장했던 것이다.

---

1) 베살리우스(Andreas Vesalius, 1514~1564)
벨기에 태생의 인체 해부학자이며 의사로서 골격, 신경 및 근육에 관한 연구를 통해 종래의 불완전한 해부학을 혁신하였다. 저서로는 *De humani corporis fabrica*(1543), 전 7편이 있다.

2) 브루노(Giordano Bruno, 1548~1600)
이탈리아 르네상스기의 대표적 철학자. 자유 사상으로 인해서 박해를 받기도 했으며, 로마를 떠나 유럽을 전전하면서 강의와 저술에 전념하였다. 1592년 베네치아 종교재판소에 의해 로마로 압송되어 7년간 금고(禁錮)된 후, 끝내는 화형당하였다. 코페르니쿠스의 새로운 우주론에 감탄과 지지를 아끼지 않았으나, 그 자신은 획기적인 범신론적 세계관을 제창한 자유 사상가였다.

근대과학의 발생과 관련해서는 이와 사정이 전혀 다르다. 그것은 모든 점에서 당시의 종교 운동과 대조를 이루고 있다. 종교개혁은 일종의 민중 봉기였으며 한 세기 반에 걸쳐 유럽을 피로 물들게 하였다. 그러나 과학 운동은 엘리트 지식인들 가운데서도 오직 극소수의 사람들에 의해 시작되었다. 30년 전쟁[3]을 목격하고 네덜란드의 알바 공[4]을 기억하고 있는 이 시대에 있어 과학자들에게 일어났던 최악의 사건은 갈릴레이가 그의 침대에서 편안히 죽기 전에 연금당해 고통받다가 사면되었다는 사실이었다. 사람들은 갈릴레이가 받았던 박해를 잊지 않고 마음속 깊이 간직하고 있었는데, 그것은 사물을 내다보는 방식에 있어 인류가 일찍이 경험해 본 적이 없는 매우 심오한 변화의 소리없는 출발에 대한 경의의 표시였다. 실로 말구유에서 아기가 이 세상에 태어났던 이래, 그처럼 커다란 사건이 그처럼 조용하게 일어났던 적은 아마도 없었을 것이다.

내가 이 책에서 예증하고자 하는 논제는, 과학의 이와 같은 조용한

---

3) 30년 전쟁
1618년 보헤미아 왕의 지위를 둘러싼 신교와 구교 사이의 분쟁이 그 발단이 되었으며, 신교도를 지원하기 위해 가장 먼저 덴마크, 그 다음으로 스웨덴이 일어나 구교 측의 신성 로마 제국과 싸웠다. 이 제국을 계승할 합스부르크가의 세력을 타파할 야심을 품고 프랑스가 이에 뛰어들었으며, 독일, 스페인, 이탈리아에서도 신성 로마 제국에 대항하는 봉기가 일어나, 스페인과 항쟁하는 네덜란드를 지원하였다. 이로 인해 주 전쟁터가 된 독일은 막대한 피해를 입었으며, 1648년 웨스트팔리아 조약으로 종전되었다. 그 결과 신성 로마 제국의 지배권은 오스트리아에 한정되었고 반면에 네덜란드, 스위스, 포르투갈은 독립이 승인되었다. 또한 신교는 구교와 함께 평등한 지위를 인정받게 되었다. 이 전쟁은 결국 종교개혁과 그에 반대하는 구교 측의 반종교개혁과의 투쟁이었다고 볼 수 있다.

4) 알바 공(Duque de Alva, 1507~1582)
스페인 명문 출신의 장군이며 정치가. 청년 시절부터 참전하여 튀니지, 독일, 이탈리아 등지에서 용맹을 떨쳤다. 1567년 펠리페 2세에 의해서 네덜란드 총독으로 임명되었으나 신교도를 박해하는 공포 정치를 폈다. 그에 대한 저항이 네덜란드로 하여금 독립을 쟁취하게 하였다.

성장이 우리의 정신 상태를 사실상 새로운 빛깔로 물들여 온 나머지, 이전에는 아주 특이한 것으로 간주되었던 사유 방식이 이제는 교육받은 사람들 사이에서 상식적인 것으로 간주되기에 이르렀다는 사실이다. 사유 방식의 그와 같은 변화는 유럽 사람들에게서 몇 세대를 두고 서서히 일어나고 있었다. 그래서 마침내 그것은 과학의 급격한 발달로 나타났다. 그리고 또한 그것은 과학을 명료하게 응용해 나가는 가운데 자신의 입지를 더욱 강화시켜 왔다. 새로운 정신은 새로운 과학이나 새로운 기술보다 훨씬 더 중요하다. 그것은 형이상학적 전제와 우리 정신의 상상 내용을 변혁시켜 왔다. 그 결과, 지금은 낡은 자극이 새로운 반응을 불러일으키고 있다. 어쩌면 내가 여기서 사용한 새로운 빛깔이라는 비유가 지나치게 강한 표현일지도 모르겠다. 이 비유를 통해 내가 뜻하고자 하는 것은 색조가 조금만 변해도 전체가 완전히 달라지게 된다는 점이다. 이 점은 저 존경할 만한 천재 윌리엄 제임스의 출판된 서한 가운데 들어 있는 한 구절에서 정확하게 예시되고 있다. 그는 역저 《심리학 원리》(*Principles of Psychology*, 1890)를 끝내면서 그의 동생 헨리 제임스[5]에게 보낸 편지에 "나는 원리에로 환원시킬 수 없고 굽힐 수도 없는 엄연한 사실들을 앞에 놓고 모든 문장 하나하나를 만들어 내지 않으면 안 된다"(I have to forge every sentence in the teeth of irreducible and stubborn facts)고 말하였던 것이다.

근대인의 정신에 가해진 이 새로운 엷은 색조란 일반 원리와 원리에로 환원시킬 수 없고 굽힐 수도 없는 엄연한 사실과의 관계에다 쏟

5) 헨리 제임스(Henry James, 1843~1916)
미국 태생으로 영국에 귀화한 저명한 소설가이며, 철학자 윌리엄 제임스의 동생. 그는 35권이나 되는 작품 전집을 남겼으며, 대표작으로 *The Ambassadors*(1903), *The Turn of the Screw*(1898) 등이 있다.

아 넣은 강렬하고도 열정적인 관심을 말한다. 세계의 어느 곳 어느 시대를 막론하고, "원리에로 환원시킬 수 없고 굽힐 수도 없는 엄연한 사실"에 몰두했던 실천적인 사람들이 있었는가 하면, 이와 반대로 일반 원리를 만들어 내는 일에 몰두했던 철학적 기질의 사람들도 있었다. 세부적인 사실들에 대한 열정적인 관심과 추상적인 일반화에 대한 한결같은 헌신의 결합이야말로 오늘날 우리 사회에 참신한 생기를 가져다주는 것이다. 지금까지 이러한 결합은 산발적으로, 이를테면 우연히 그 모습을 드러내곤 했었다. 그러나 지금은 이러한 정신의 균형이 세련된 사상에 영향을 미치는 전통의 일부가 되었다. 인생을 감미롭게 하는 것은 소금이다. 대학의 주요 사명은 이러한 전통을 대대로 전승되는 유산으로서 널리 후세에 전하는 일이다.

16, 17세기의 유럽에 있었던 동향 가운데에서 유독 과학만이 갖는 또 하나의 대조적인 특색은 그것의 보편성이다. 근대과학은 유럽에서 탄생했지만 전 세계를 자신의 거주지로 하고 있다. 지난 2세기 동안 서구적인 방식들은 아시아의 문명에 충격을 주어 한동안 혼란에 휩싸이게 하였다. 동양의 현인들은 자신들이 그처럼 확고하게 높이 평가하는 그들 자신의 유산을 함부로 파괴하지 않고, 서양에서 동양으로 옮겨 놓을 수 있는 인생의 규제 원리가 어떤 것일 수 있겠는가에 관해 고심해 왔으며, 또 지금도 고심하고 있다. 서양이 동양에다 가장 손쉽게 건네줄 수 있는 것은 서양의 과학과 과학적 사유 방식이라는 사실이 갈수록 분명해지고 있다. 그것은 합리적인 사회가 존재하는 곳이라면 어느 나라, 어느 민족에게도 전달될 수 있는 것이다.

나는 이 책에서 과학적 발견의 상세한 내용을 논하지는 않을 것이다. 내가 다루려는 주제는 근대세계에 있어서 하나의 정신적 태도가 강력한 힘을 내뿜고 있다는 것, 그것이 광범하게 일반화되었다는 것,

그리고 그것이 다른 여러 정신문화에 충격을 주고 있다는 것이다. 원래 역사를 읽는 데는 앞과 뒤에서 읽는 두 가지 길이 있지만 사상사의 경우에는 두 방법이 모두 필요하다. "사상의 풍토"[6]—이 말은 17세기의 어떤 작가가 만들어 낸 명구이다—를 이해하자면 그에 앞서는 것과 뒤따르는 것을 고찰하지 않으면 안 된다. 그러기에 이 장에서 나는 자연을 탐구하는 우리들의 근대적인 태도에 앞서는 것들 가운데 몇 가지를 고찰해 보려 한다.

우선 무엇보다도 사람들 사이에 사물의 질서, 특히 자연의 질서가 존재한다는 데 대한 본능적 확신이 없다면 생기 넘치는 과학은 있을 수 없을 것이다. 나는 지금 의도적으로 본능적이라는 말을 사용하였다. 인간의 다양한 활동이 뿌리 깊은 본능에 의해 지배되고 있는 한, 사람들이 무엇이라고 말하건 그것은 상관없다. 말이 근본적으로 본능을 파괴하는 수도 있겠으나, 그렇게 될 때까지는 말이 대단한 의미를 갖지 않는다. 지금 말한 것은 과학 사상사와 관련해서 중요한 의의를 갖는다. 왜냐하면 우리가 곧 보게 되겠지만, 흄의 시대 이래로 유행했던 과학철학은 과학의 합리성을 부정하는 성향의 것이었기 때문이다. 이러한 특징은 흄 철학의 표면에 나타나 있다. 예를 들어 그의 《인간 지성에 관한 연구》(*Inquiry Concerning Human Understanding*, 1748) 4부에 나오는 다음 구절을 살펴보자.

> 그래서 한마디로 말하면, 모든 결과는 그 원인과 별개의 사건이다. 그러므로 결과는 원인 속에서 발견될 수 없다. 선천적으로 결과를 먼저 생각

---

6) 사상의 풍토(a climate of opinion)
영국의 작가 글랜빌(Joseph Glanvill, 1636~1680)이 사용한 말.

해 내거나 상정(想定)하는 것은 전적으로 독단임에 틀림없다.

원인 그 자체는 결과에 관한 어떠한 정보도 제공하지 않으며, 따라서 결과를 먼저 생각해 낸다는 것이 완전한 독단일 수밖에 없다면, 곧 바로 다음과 같은 결론이 따라 나온다. 즉 과학은 원인이나 결과 가운데 그 어느 것의 본질에 속하는 것에 의해서도 보장되지 않는 완전히 독단적인 관계를 수립한다는 의미에서만 과학이 가능하다는 것이다. 이러한 철학적 견해와 대동소이한 것들이 이전의 과학자들 사이에 널리 유행했었다. 그러나 과학적 신념은 이러한 위기를 극복하고, 산처럼 버티고 서 있는 이 철학을 조용히 밀어냈다.

과학 사상에 담긴 이 기묘한 모순을 생각해 볼 때, 무엇보다도 먼저 고찰해야 할 중요한 점은 일관된 합리성에 대한 요구를 거부하는 신념에 앞서는 것들이 과연 무엇인가 하는 점이다. 그러므로 우리는 하나하나의 조그만 사건들 가운데서도 예외 없이 그 흔적을 찾아볼 수 있는 "자연의 질서"가 존재한다는 본능적 신념이 어떻게 생겨났는지를 더듬어 올라가 보아야 할 것이다.

물론 우리는 누구나 이 신념을 가지고 있고, 그래서 이 신념의 근거는 우리가 그 신념을 진리로서 파악하는 데 있다고 믿고 있다. 그렇지만 어떤 일반 관념—가령 "자연의 질서"라는 관념과 같은—의 구성, 중요성에 대한 그것의 이해, 그리고 가지각색의 사태에서 나타나는 그것의 실례에 대한 관찰 등은 결코 그 관념이 진리이기 때문에 필연적으로 귀결되는 것들이 아니다. 여러 가지 사건들은 언제나처럼 일어난다. 그래서 인간은 그것들에 대해서 별로 신경을 쓰지 않는다. 그처럼 명백한 사태를 분석하는 데는 비범한 정신이 필요하다. 따라서 나는 이러한 분석이 분명하게 이루어졌고, 또 마침내는 그것을 교양 있는 서구인의 정신에 깊이 새겨 놓아 변경될 수 없는 것으로 만들어 놓았던 그러한 시기를 고찰해 보려고 한다.

분명히 일상적인 생활에 있어서의 중요한 사건들은 그다지 합리적으로 사고하지 않는 사람들의 눈에도 곧장 드러날 만큼 뚜렷하게 되풀이된다. 그리고 합리적인 정신이 싹트기도 전에 그것들은 동물의 본능 가운데 깊이 뿌리내리고 있었다. 거시적인 관점에서 보면 자연의 어떤 일반적인 현상들이 되풀이해서 나타난다는 점이나 우리 인간의 여러 성질이 그러한 반복에 적응해 왔다는 점에 대해서는 상세히 논할 필요가 없을 것이다.

그러나 다른 관점에서 보면 이에 못지않게 참되고도 명백한, 보완되어야 할 사실이 있다. 곧 어떤 사건도 세부적으로 보면 정확하게 되풀이되지는 않는다는 것이다. 같은 날은 다시 없고, 같은 겨울도 다시 있을 수 없다. 지나가 버린 것은 영원히 지나가 버린 것이다. 그러기에 인류의 실제적인 철학은 거시적인 관점에서의 반복을 믿는 한편, 세부적인 것들은 합리적으로 이해할 수 없는 사물의 깊숙한 태내에서 솟아나오는 것으로 받아들였다. 인간은 태양이 떠오르는 것을 (당연한 일로서) 기대하고 있었지만, 바람은 제가 불고 싶은 대로 분다는 것이다.[7]

물론 고대 그리스 문명기 때부터 이러한 근원적인 비합리성을 받아들이지 않았던 사람들과 그런 사람들의 단체가 있었다. 그러한 사람들은 모든 현상이 온갖 세부적인 것들까지 지배하고 있는 사물의 질서에서 나오는 것이라는 점을 설명하려고 노력하였다. 아리스토텔레스, 아르키메데스, 로저 베이컨[8]과 같은 천재들은 완벽한 과학적

7) 요한 3장 8절

정신을 타고났었음에 틀림없다. 이 정신이란 모든 현상은 그 크고 작음에 관계없이, 자연의 질서를 한결같이 지배하고 있는 일반 원리들의 예증 사례로 파악될 수 있다고 본능적으로 주장하는 그러한 정신을 말한다.

그러나 중세기가 끝날 때까지만 해도 일반 지식층의 사람들은 그러한 관념에 대한 투철한 신념이나 세부적인 것에 대한 관심을 별로 갖지 않았었고, 그래서 그러한 가설적 원리들을 발견하기 위해 협동 연구를 하기에 충분한 능력과 기회를 구비한 인물들을 계속해서 배출하지도 못하고 있었다. 사람들은 그러한 원리들의 존재를 의심했거나, 그것들의 발견 가능성을 의심했거나, 또는 그것들에 대해 생각해 보는 데 아무런 흥미도 갖고 있지 않았거나, 아니면 설령 발견했더라도 그것의 실제적인 의미를 깨닫지 못하고 있었던 것이다. 원인이야 어디에 있든 간에, 고도의 문명이 개화할 수 있었던 몇 번의 기회와 그들이 탕진해 버린 긴 세월을 생각해 볼 때, 그들의 연구는 지지부진한 것이었다. 그런데 어째서 16, 17세기에 이르러서는 그 진보의 발걸음이 갑자기 빨라지게 되었을까? 중세기가 막을 내렸을 때 새로운 정신성이 나타났다. 발명은 사상을 자극하였고, 사상은 자연에 대한 사색을 재촉하였으며, 그리스인들의 고본(古本)은 고대인들이 발견해 놓았던 것을 보여 주었다. 그래서 비록 1500년경의 유럽은 기원전 212년에 죽은 아르키메데스보다도 아는 것이 적었지만, 1700년대에 이르러서는 뉴턴의 《자연 철학의 수학적 원리》(*Philosophiae naturalis*

8) 베이컨(Roger Bacon, 1220?~1292)
영국의 자연과학자이며 철학자, 프란체스코회의 수도사로서, 스콜라철학의 사변적 태도를 배척하면서 경험을 존중하는 근대철학의 선구자이기도 하다. 그는 화학에도 관심을 가졌고 연금술을 믿었다고 한다.

principia mathematica, 1687)가 쓰였고 마침내 세계는 근대를 향하여 당당한 첫발을 내딛게 되었던 것이다.

위대한 문명이었으면서도 과학에 필요한 정신의 독특한 균형을 어쩌다 가끔씩 나타냈을 뿐이고, 그래서 극히 미약한 효과밖에 거두지 못했던 그런 문명이 더러 있었다. 예를 들어 중국의 예술, 문학, 삶의 철학이 그런 것인데, 우리는 그에 대해서 알면 알수록 그 문명이 도달한 높은 경지에 더욱 경탄하게 된다. 몇 천 년에 걸쳐 중국에는 전 생애를 학문에 바친 날카롭고도 박학다식한 사람들이 나왔었다. 문명이 계속된 기간과 여기에 관련된 뛰어난 인물들의 수를 고려할 때 중국은 세계의 여러 문명 중에서 최대의 문명을 이룩하고 있었다. 중국인들을 개인적으로 놓고 볼 때, 그들이 타고난 과학 능력을 의심할 만한 아무런 이유도 없다. 그렇지만 중국의 과학은 사실상 거의 없는 거나 마찬가지다. 만일 중국이 그 나름의 길을 택할 수 있었다면 과학에 어떤 진보를 가져왔을지도 모른다고 생각해 볼만한 근거도 없다. 인도에 대해서도 같은 말을 할 수 있을 것이다. 게다가 페르시아인이 그리스인을 노예로 삼았더라면 과학이 유럽에서 번성했을 것이라고 생각해 볼만한 어떤 결정적인 근거 또한 없다. 로마인도 이 방면에서는 남다른 독창성을 발휘하지 못했다. 그리스인들은 사실상 과학 운동의 토대를 구축하기는 하였으나, 근대 유럽인들처럼 집중적인 관심을 가지고 강력하게 추진시키지는 못했다. 내가 말하는 근대의 유럽인이란 대서양의 양쪽 해안에서 지난 몇 세대를 살아온 유럽인들이 아니라, 전쟁과 종교적인 갈등으로 분열되었던 종교개혁기의 보다 좁은 유럽 지역의 사람들을 말한다. 아르키메데스의 죽음(기원전 212년)에서 타타르인의 침입이 있기까지 약 1400년 동안의 시칠리아 섬에서 서아시아에 이르는 동부 지중해의 세계를 생각해 보라. 거기에는 많은 전쟁과 혁명, 그리고 종교상의 커다란 변화가 있기는 하였으나 16, 17세기에 유럽 전역을 휩쓸었던 전쟁들만큼 참혹한 것은 아니었다. 또한 거기에는 기독교, 회교, 그리고 이교 등이 복합적으로 뒤섞인 거대하고 풍부한 문명이 있었다. 이 기간 동안 과학에도 적지 않은 발전이 있었다. 그러나 대체로 그 진보는 더딘 것이었을 뿐만 아니라 주춤거리기가 일쑤였다. 르네상스 시대의 사람들은 수학의 영역을 빼고는 사실상 아르키메데스가 도달했던 지점에서 다시 출발했다. 의학과 천문학에서 얼마간의 진보가 있었던 것은 사실이지만, 과학의 전반적인 발달은 17세기의 놀라운 성과에 비추어 볼 때 지극히 미미한 것이었다. 가령 갈릴레이와 케플러가 태어나기 직전인 1560년에서부터 뉴턴의 명성이 절정에 달했던 1700년에 이르는 동안에 이룩된 과학적 지식의 진보를, 정확하게 10배에 달하는 기간에 걸쳐 고대에서 이룩했던 진보와 비교해 보라.

그렇기는 하지만 역시 그리스는 유럽의 어머니였다. 우리들이 가지고 있는 근대적인 여러 관념들의 기원을 찾기 위해서는 그리스를 주목해야만 한다. 누구나 알고 있다시피 지중해의 동부 연안에 자연을 관조하는 데 깊은 관심을 가진 철학자들로 구성된 이오니아학파가 크게 번성하고 있었다. 그들의 여러 관념들은 플라톤과 아리스토텔레스라는 천재들의 손에 의해 다듬어져서 풍성한 것으로 우리에게 전달되었다. 그러나 아리스토텔레스를 제외하면 — 그는 지극히 예외적인 인물이었다 — 이 그리스의 사상가들은 완전한 과학적 정신에 이르지 못했었다. 어떤 측면에서 볼 때 그것은 오히려 더 잘된 일이었다. 그리스의 천재들은 철학적이었을 뿐만 아니라 명석하고도 논리적인 두뇌를 지니고 있었다. 그들은 최초로 철학적인 물음을 던지고 있었다. 자연의 기체(基體)는 무엇인가? 그것은 불인가 흙인가, 아니면 물인가, 또는 이들 중의 둘이나 셋 모두가 결합한 것인가? 그렇지 않으면 어떤 고정된 물질로 환원시킬 수 없는 단순한 흐름인가? 한편 수학은 그들의 줄기찬 관심의 대상이었다. 그들은 수학의 일반 원리를 창안하여 수학의 전제를 분석하고 엄격하게 연역적으로 추리해 나가는 가운데 주목할 만한 정리(定理)들을 발견해 냈다. 그들은 보편성을 얻고자 하는 열망으로 가득 차 있었다. 그들은 명석하고 대담한 관념과 이것에 입각한 엄밀한 논증을 구하려고 하였다. 이러한 일련의 시도는 훌륭하고도 천재적인 것이었으며, 하나의 예비 작업으로서 더할 나위 없는 것이었다. 그러나 그것은 오늘날 우리가 이해하고 있는 것과 같은 과학은 아니었다. 끈기 있는 면밀한 관찰은 거의 행해지지 않았다. 그들의 천재성은, 귀납적 일반화의 성취에 앞서서 필요한 상상에 의한 암중모색의 상황에 그다지 어울리지 않는 것이었다. 그들은 명석하게 사색하고 대담하게 추리하는 사람들이었다.

물론 거기에는 예외적으로 정상급의 인물들이 있었는데, 예를 들면 아리스토텔레스와 아르키메데스가 여기에 속한다. 또 끈기 있게 관찰에 매달렸던 사람들로서 천문학자들이 있었다. 그들은 별들의 운동에 대한 명석한 수학적 관념을 갖고 있었고, 소수의 방황하는 유성들의 무리에 매혹되기도 했었다.

어떠한 철학이든 철학은 그것이 행하는 일련의 추리 과정에 결코 뚜렷하게 나타나지 않는, 배후에 숨겨진 상상물로 채색되어 있기 마련이다. 그리스인의 자연관, 적어도 그들이 후대에 전해 주었던 저 우주론은 본질적으로 극적인 것이었다. 그렇다고 해서 그것이 반드시 잘못되었다는 것은 아니지만, 아무튼 그것은 완벽하게 극적인 것이었다. 그래서 그것은 자연을, 마치 연극의 진행에서 볼 수 있는 바와 같이, 그 각 부분들이 일반 관념을 예증하면서 마지막 목표에 접근해 가도록 결합되어 있는 것으로 파악하였다. 자연은 각 사물에 고유한 목표를 할당해 주도록 분화되었다. 무거운 물체의 운동 목표로서 우주의 중심이 있었고, 상승하는 본질을 지닌 물체의 운동 목표로서 천구(天球)들이 있었다. 천구들은 생성도 소멸도 하지 않는 사물들을 위해 있었고, 지구는 생성되기도 하고 소멸되기도 하는 사물들을 위해 있었다. 자연은 각 사물들이 한 가지씩의 역할을 하는 하나의 연극이었다.

나는 이상과 같은 자연관에 아리스토텔레스가 엄격한 단서를 붙이지 않은 채, 아니 우리 자신이 붙이고 싶은 그런 종류의 단서를 붙이지 않은 채 찬성했을 것이라고 말하려는 것은 아니다. 그러나 그것은 그 뒤에 그리스 사상이 아리스토텔레스에게서 이끌어 내어 중세에 물려준 자연관이었던 것이다. 자연을 이처럼 상상의 무대에 올려놓고 바라본 결과로 인해 역사적 정신이 약화되고 말았다. 왜냐하면 밝게 빛나 보이는 것은 목표였고, 따라서 기원에 대해 마음을 쓸 필요가 없었던 것이다. 종교개혁과 과학 운동은 후기 르네상스에 있어 주도적인 지적(知的) 운동이었던 역사적 반항의 두 측면이다. 기독교가 그 기원에 호소했다는 점과 베이컨이 목적인(目的因)에 대립하는 것으로서의 작용인(作用因)에 호소하였다는 점은 하나의 사상운동이 지니고 있는 두 측면이었다. 그리고 또한 이러한 이유에서 갈릴레이와 그의 논적들은, 그의 《두 개의 우주론에 관한 대화》(*Dialogues on the Two Systems of the World*)에서 볼 수 있는 바와 같은, 아전인수격의 가망이 없는 논쟁을 하게 되었던 것이다.

갈릴레이는 사물이 어떻게 해서 발생하는 것인가를 되풀이하여 논한 데 반해, 그의 논적들은 사물이 왜 발생하는 것인가에 관한 하나의 완벽한 이론을 가지고 있었다. 애석하게도 이 두 이론은 동일한 결론을 가져오지 못했다. 갈릴레이는 "원리에로 환원시킬 수 없고 굽힐 수도 없는 엄연한 사실"을 끈질기게 내세우고 있으며, 그의 논적 심플리치오는 적어도 그 자신에게는 완전히 만족할 만한 논거를 제시하고 있다. 이러한 역사적 반항을 이성에 대한 호소로 간주한다면 그것은 커다란 잘못이다. 오히려 이와 정반대로 그것은 철두철미 반주지주의 운동이었다. 그것은 냉엄한 사실을 깊이 생각하는 태도에로의 복귀였으며, 중세 사상의 융통성 없는 합리성으로부터의 퇴각에 그 기초를 두고 있었다. 여기서 중세의 특징에 관한 나의 진술은 단지 그 당시 낡은 제도에 집착하던 사람들이 주장했던 것을 요약하고 있을 뿐이다. 예를 들어 파울 사르피 교부의 《트리엔트 종교 회의사》(*History of the Council of Trent*)의 제4권을 보면, 1551년에 이 회의에서 사회를 맡았던 로마 교황 사절이 다음과 같이 명했던 것으로 기록되어 있다.

> 성직자는 성서와 사도들의 전통 및 신성하고도 공인된 종교 회의에 따라, 그리고 성스러운 교부들의 법규와 권위에 복종함으로써 자신의 소신을 확고히 해야 한다. 그리고 성직자는 매사에 간결한 태도를 지녀야 하며, 불필요하고 무익한 질문이나 고집스런 논쟁을 피해야 한다. … 이 명령은 이탈리아 성직자들을 불쾌하게 하였다. 그들은 다음과 같이 말했다. 그것은 금시초문일 뿐만 아니라, 까다로운 온갖 문제에서 이성을 사용했던 스콜라 신학을 비난하는 것이 된다. 그뿐 아니라 그 교령(敎令)에 비추어 보자면 성 토마스 아퀴나스, 성 보나벤투라[9], 그리고 그 밖의 유

9) 보나벤투라(Bonaventura, 1217?~1274)
프란체스코회의 신비주의자. 본명은 요하네스 피단차(Johannas Giovanni de Fidanza)로, 아리스토텔레스, 아우구스티누스의 영향을 많이 받았다.

명한 분들이 사용했던 방법은 위법이 된다는 말이 아닌가.

고삐 풀린 퇴색한 합리주의를 붙들고 있는 이 이탈리아 성직자들에게 동정을 금할 수 없다. 그들은 그야말로 사면초가에 처해 있었다. 프로테스탄트들은 전적으로 그들에게 항거하고 있었다. 로마 교황은 그들을 후원할 수 없었고, 종교 회의의 성직자들은 그들을 이해할 수조차 없었다. 위의 인용문에 이어서 이런 말이 적혀 있다.

> 많은 사람들이 이에 대해(즉 그 교령에 대해) 불평했지만 별 효과가 없었다. 왜냐하면 교부들(즉 성직자들)은 일반적으로 신이 인간을 의인(義人)으로 인정하는 문제의 경우라든가, 그 밖에 그들이 이미 다루었던 문제의 경우에서처럼, 난해하지 않게 알기 쉬운 용어로 말하는 것을 듣고 싶어 했기 때문이다.

시대에 뒤떨어진 가련한 중세인들! 그들은 이성을 사용한다고 하면서도 그들의 시대를 지배하는 세력조차 이해하지 못하고 있었다. 굽힐 수도 없는 엄연한 사실들이 이성에 의해서 원리에로 환원되기까지는 수세기의 세월이 필요했던 것이다. 그리고 그러는 동안 진자(振子)는 저 역사적인 방법을 향해서 천천히, 그리고 무겁게 흔들거리고 있었던 것이다.

이탈리아의 성직자들이 위의 회상록을 쓴 지 43년 후에 후커[10]는

---

10) 후커(Richard Hooker, 1553~1600)
영국 성공회의 신학자로서 성공회의 변증(辨證)을 위해 대저(大著) *Laws of Ecclesiastical Polity*를 저술했다.

그의 명저《교회법》에서 그의 논적인 청교도들을 향해 똑같은 불평을 털어 놓고 있다.* 후커의 균형잡힌 사상—이로부터 "현명한 후커"라는 호칭이 나왔다—과 그런 사상을 표현하기 위해 사용한 그의 산만한 문체 때문에, 그의 글을 짤막한 인용으로 적절하게 개괄한다는 것은 전적으로 무리이다. 그러나 방금 지적한 절(節) 가운데에서 그는 그의 논적들이 이성을 무시하였다고 비난하고, 자신의 입장을 옹호하기 위해 "스콜라 신학자들 중의 일인자"를 명확하게 언급하고 있다. 내가 보기에 그가 여기서 지목하고 있는 사람은 아마 성 토마스 아퀴나스인 것 같다.

후커의《교회법》이 출간된 것은 사르피의《트리엔트 종교 회의사》가 나오기 직전이었다. 따라서 이 두 저서는 제각기 독자적으로 쓰인 것이다. 그러나 1551년의 이탈리아 성직자들과 그 세기말의 후커는 하나같이 그 당시의 반합리주의적인 사상 경향을 입증해 주고 있다. 그리고 이 점에서 그들은 그들 자신의 시대를 스콜라철학의 시대에 대비시키고 있다.

이러한 반동은 방심하고 있던 중세기의 합리주의자들에게 매우 필요한 각성제가 되었음이 분명하다. 그러나 반동은 극단으로 달리기 쉬운 법이다. 그런 까닭에 비록 근대과학의 탄생은 이 반동이 가져온 하나의 결실이긴 했지만, 또한 그랬기에 근대과학은 자신을 탄생시킨 사상이 갖고 있던 편견도 물려받고 있었다.

그리스 연극 문학은 다양한 측면을 지니고 있었기 때문에 중세 사상에 여러 가지 방식으로 간접적이나마 영향을 주었다. 오늘날에도 행해지고 있는 과학적 상상의 개척자들은 아이스킬로스, 소포클레스,

* 제3권 8절 참조.—지은이 주

에우리피데스와 같은 고대 아테네의 위대한 비극 작가들이다. 비극적 사건을 피할 수 없는 결말로 이끌어 가는 무자비하고도 냉담한 운명에 대해 그들이 가졌던 비전은 바로 과학이 가지는 비전인 것이다. 그리스 비극에 있어서의 운명은 근대 사상에 있어서 자연의 질서가 된다. 운명 작용들의 실례와 실증으로서의 특수한 영웅적 사건에 쏟아 넣었던 관심이 근대에 이르러서는 엄격한 실험에 쏟아 넣는 관심으로 재현되고 있는 것이다. 나는 우연한 기회에 런던에서 열린 왕립 협회의 회합에 참석한 적이 있었는데, 그 자리에서 영국 대표의 한 왕립 천문학 협회 회원이 그리니치 천문대에서 그의 동료들이 측정했던 유명한 일식의 사진판에 의해, 항성(恒星)으로부터의 광선은 태양의 근처를 통과할 때 굴절한다는 아인슈타인[11)]의 예언이 실증되었다고 발표한 일이 있었다. 관심이 집중된 회의장 전체의 분위기는 바로 그리스 연극의 분위기 그대로였다. 우리는 지극히 숭고한 사건의 전개에서 나타나는 운명의 섭리를 밝혀 주는 옛 그리스 연극의 가무단이었던 것이다. 그 발표 자체도 극적인 효과를 지니고 있었다. 엄숙하게 거행된 전통적인 의식과 배경에 걸려 있던 뉴턴의 초상화가, 200여 년 동안에 걸쳐 역사상 가장 성공적으로 행해진 과학적 일반화로 간

---

11) 아인슈타인(Albert Einstein, 1879~1955)
독일 태생의 미국 이론 물리학자. 1907년에서 1915년에 걸쳐 일반 상대성 원리를 완성시켰으며, 이 이론에서 중력장(重力場)에 있어서의 광선의 굴절이라는 하나의 논리적 결론을 이끌어 내었다. 그는 지상에서는 그러한 현상을 관측하기 어렵지만, 개기 일식이 일어날 때 태양에 가까이 있는 항성(恒星)의 위치 변동으로 실증될 것이라고 예언하였다. 그 당시는 제1차 세계대전 중이었지만, 영국의 왕립 천문학 협회는 이 예언을 검증하기 위해서 에딩턴, 데이비슨, 크로메린과 같은 저명한 천문학자들을 브라질과 서아프리카의 작은 섬에 파견하여, 1919년 5월 9일의 개기 일식을 관측하도록 하였다. 그 결과 아인슈타인의 예언이 검증되었으며, 그해 11월 6일 왕립 협회의 모임에서 이 결과가 발표되었다.

주되어 왔던 것이 이제 최초로 수정되기에 이르렀다는 사실을 우리로 하여금 깨닫게 해 주었던 것이다. 개인적인 관심도 부족함이 없었으며, 마침내 대담한 사유의 모험은 신천지에 안착하게 되었던 것이다.

여기서 내가 여러분에게 분명히 말해 두고 싶은 것은 비극 작품의 본질은 불행을 보여 주는 데 있는 것이 아니라는 점이다. 그것은 사물의 냉혹한 작용이 지니고 있는 엄숙성에 있는 것이다. 인간적 삶의 관점에서 그와 같은 운명의 불가피성을 예증하기 위해서는 사실상 불행을 포함하고 있는 사건들을 끌어들일 수밖에 없다. 왜냐하면 그런 사건들을 통해서만 탈출의 무용성(無用性)이 극에서 밝혀질 수 있기 때문이다. 이 냉혹한 불가피성은 과학 사상 전반에 널리 스며들어 있다. 물리학의 법칙들은 운명의 섭리가 되는 셈이다.

그리스 연극에 나타나는 도덕적 질서의 개념은 확실히 극작가들이 발견해 낸 것은 아니었다. 그것은 당시의 사람들이 일반적으로 중요하게 여기고 있던 관념이 문학적 전통 속으로 흘러 들어가서 표면으로 다시 나타났던 것임에 틀림없다. 그러나 이 장대한 표현을 통하여 그 도덕적 질서의 개념은 자신의 근원이었던 사상의 본류를 심화시켰다. 도덕적 질서의 장엄한 자태는 고전 문명기에 속해 있던 사람들의 뇌리에 깊이 박혀 있었다.

저 위대한 사회가 쇠퇴하면서 유럽이 중세로 옮아가는 시대가 찾아왔다. 그리스 문학은 이제 더 이상 직접적으로 영향을 미치지 않게 되었다. 그러나 도덕적 질서와 자연적 질서의 개념은 스토아철학 속에서 자신의 입지를 마련하였다. 예컨대 레키[12]는 그의 《유럽의 도덕

---

12) 레키(W. E. H. Lecky, 1838～1903)
아일랜드의 역사가이며 평론가. 《유럽의 도덕사》의 원명은 *History of European Morals from Augustinus to Charlemagne*(1869)로 되어 있다. 그 밖에 주요 저서로 *History of*

사》에서 "세네카[13]의 주장에 의하면 신은 신 자신이 정한 것이면서도 신 스스로가 복종하는 운명의 냉혹한 법칙에 의해 만사를 결정한다." 고 말하고 있다. 그러나 스토아학파가 중세기의 정신에 가장 효과적으로 영향을 주었던 통로는 로마법에서 나온 질서에 대한 일반인들의 감각이었다. 다시 레키의 말을 인용해 보면 "로마의 법제는 두 가지 측면에서 철학의 아들이었다. 첫째로, 그것은 철학적 규범에 입각하여 제정되었다. 즉 그것은 사회에 현존하는 여러 요구에 따라 만들어진 단순한 경험적 체계가 아니라, 그 스스로가 따르려고 노력했던 정의(定義)의 추상적인 원리들을 마련하여 갖고 있었다. 그리고 둘째로, 그것은 이러한 원리들을 스토아철학에서 직접 빌려 왔다." 로마 제국이 무너진 후 유럽의 광대한 지역이 사실상 무정부 상태에 있었음에도 불구하고, 법적 질서의 관념은 그 후손들의 기억 속에 늘 남아 있었다. 또한 서방 교회도 로마 제국 통치의 전통에 대한 생생한 표본으로서 엄연히 존재하고 있었다.

특히 주목해야 할 점은, 중세 문명에 각인된 이 법이 행위를 폭넓게 규제하는 한두 가지 금언의 형태로 나타나는 데 그치지 않았다는 점이다. 그것은 사회 조직이 갖는 세부적 구조의 합법성, 그리고 그 구조가 기능 할 세부적 방법의 합법성을 규정하는 하나의 명확하고 정연한 법체계의 개념이었다. 모호한 것은 하나도 없었다. 그것은 훌륭한 처세술을 문제 삼고 있었던 것이 아니라, 만사를 바르게 정돈하고 유지시키기 위한 일정한 절차를 문제 삼고 있었다. 중세는 서구의

England in the 18th Century, 전 8권이 있다.

13) 세네카(Lucius Annaeus Seneca, B.C.4?~A.D.65?)
로마의 스토아철학자. 폭군 네로 황제의 스승으로 집정관까지 지냈으나, 그 뒤 네로의 명령을 받고 자살하였다.

지성에게 질서의 관념을 마련해 준 기나긴 훈련의 시대였다. 그것을 완벽하게 실천에 옮기지 못했을지는 모르나, 이 관념은 사람들의 머리에서 잠시도 떠난 적이 없었다. 특히 중세기는 합리주의에 철저한, 정돈된 사상의 시대였다. 무정부 상태는 도리어 의식을 일깨워 정합적인 체계에로 눈을 돌리게 하였다. 이것은 마치 현대 유럽의 무질서가 국제 연맹에 대한 지성적인 비전을 일깨웠던 것과 같았다.

그러나 과학은 사물의 질서에 대한 일반적인 감각 이상의 무엇인가를 필요로 한다. 수세기 동안을 지배했던 스콜라의 논리와 신학에 의해서 어떻게 명확하고 엄밀하게 사고하는 습관이 유럽인의 정신에 뿌리내리게 되었는가를 지적하는 데는 긴 말이 필요 없다. 이 습관, 즉 문제의 핵심을 찾고 그것을 발견했을 때 끈질기게 그것에 주목한다고 하는 이 더없이 귀중한 습관은 스콜라철학이 배척된 후에도 그대로 존속되었다. 갈릴레이는 그의 《대화》에서 고백하고 있는 것 이상의 것을 아리스토텔레스에게 힘입고 있다. 그는 아리스토텔레스에게서 투명한 지혜와 분석적인 정신을 배웠던 것이다.

하지만 내가 보기에 과학 운동의 형성에 기여했던 중세기의 유산에 대해서는 아직 한마디도 말하지 않았다. 그것은 모든 사건들 하나하나가 자신에 앞서 있는 사건들과 일정한 방식으로 명확하게 연관되어 일반 원리를 예증해 보이고 있다는 확고부동한 신념이다. 이러한 신념이 없다면 과학자들의 엄청난 노력도 가망이 없는 것이 되고 말 것이다. 상상적 사고 앞에 생생하게 그 모습을 나타내는 이 본능적인 확신이야말로 과학적 탐구의 원동력인 것이다. 그것은 하나의 비밀, 밝혀낼 수 있는 하나의 비밀이 있다고 하는 확신이었다. 대체 어떻게 해서 이러한 확신이 그처럼 생생하게 유럽인의 정신에 뿌리내리게 되었던 것일까?

유럽의 사상이 띠고 있는 이 색조를 외부의 영향을 받지 않은 다른 문명들의 사유 태도와 비교해 볼 때, 그 기원이 되는 것은 하나인 것 같다. 그것은 여호와의 인격적 힘과 그리스 철학자의 합리적 정신을 모두 갖고 있는 것으로 여겨지는 하느님의 합리성을 중세인들이 끝까지 주장한 데 연유했음이 틀림없다. 신은 미세한 사물들에 이르기까지 그 하나하나를 질서 지어 보살핀다. 그래서 자연에 대한 탐구는 결국 합리성에 대한 신념을 옹호하는 수단에 불과한 것이었다. 나는 여기서 몇몇 사람들이 표명했던 신앙에 대해 말하고 있는 것이 아님에 유의하기 바란다. 내가 말하려는 것은 여러 세기에 걸쳐 자명한 것으로 여겨졌던 신앙이 유럽 정신에 심어 주었던 특징이다. 그리고 이때의 신앙이란 사상의 본능적 색조를 의미하며 단순히 말로 표현되는 신조를 가리키는 것이 아니다.

아시아 사람들이 생각했던 신은 지나치게 독선적이거나 비인격적인 성격의 것이었기 때문에 그와 같은 관념이 정신의 본능적 태도에 그다지 영향을 미칠 수 없었다. 온갖 사건들이 비합리적인 전제 군주의 명령에 기인하는 것으로, 또는 사물들의 불가사의한 비인격적 근원에서 나오는 것으로 추정되었다. 인격적 존재가 갖는 이해 가능한 합리성에 대한 신뢰와 같은 것이 거기에는 없었던 것이다. 여기서 나는 유럽인들이 가지고 있던 자연의 이해 가능성에 대한 확신이 유럽인들의 신학에 의해서도 논리적으로 정당화되었었다고 주장하고 있는 것은 아니다. 나의 주목적은 다만 그러한 확신이 어떻게 해서 생겨났는가를 설명하려는 데 있었다. 그리고 나는 이것을, 근대과학의 발달에 앞서 생긴 과학의 가능성에 대한 확신이 중세 신학에서 미처 깨닫지 못하는 사이에 싹트고 있었다는 사실을 지적함으로써 설명하였다.

그러나 과학은 단순히 본능적인 신앙의 산물일 수만은 없다. 그것은 일상적인 삶에 나타나는 단순한 사건들에 대한, 그 사건들 자체를 위한 적극적인 관심을 필요로 하는 것이다.

"그 사건들 자체를 위한"이라는 단서는 중요하다. 중세 초기는 상징주의 시대였다. 당시 관념은 장대하였으나 기술은 유치한 단계에 머물러 있었다. 자연이 제공하는 것에 따라 가까스로 삶을 유지하는 것 이외에는 자연과의 교섭이 거의 없었다. 그러나 그들에게는 탐험해야 할 사상의 영역, 즉 철학의 영역과 신학의 영역이 있었다. 원시적인 예술은 사색하는 뭇사람들의 정신을 채우고 있는 여러 관념들을 상징할 수 있었다. 중세 초기의 예술은 늘 우리의 마음을 사로잡는 남다른 매력을 담고 있다. 그것의 본질적인 특성은, 그 표현 내용이 미를 창조해 낸다고 하는 예술 본래의 사명을 다하는 데에 그치지 않고 자연의 배후에 있는 그 무엇을 상징하고 있다는 사실에 의해 한층 더 고양되고 있는 것이다. 이 상징적인 단계에 있어서의 중세기 예술은 자연을 매개체로 하여 생동하고 있었지만 그 목표는 또 다른 세계에 있었다.

이런 성격의 중세 초기와 과학적 정신에 필요한 분위기와의 분명한 차이점을 이해하기 위해서는 이탈리아의 6세기와 16세기를 비교해 보는 것이 좋을 것이다. 이 두 세기 모두에서 이탈리아 사람들의 천재적 재능이 새로운 시대의 기초를 닦아 놓고 있었다. 6세기에 앞서는 300년간의 역사는 기독교의 융성이 가져온 밝은 희망에도 불구하고 완벽하게 문명쇠퇴의 의식에 젖어 있었다. 매 세대마다 무엇인가를 잃어가고 있었다. 당시의 기록을 들여다보면 우리는 닥쳐올 야만 시대의 어두운 그림자를 피부로 느끼게 된다. 행동이나 사상에 있어 빛나는 업적을 남긴 위대한 인물들이 있긴 했으나, 거시적으로 볼 때 그들은 단지 전면적인 쇠퇴의 흐름을 일시적으로 저지시키는 데 기여했을 뿐이다. 이탈리아에 관한 한 6세기는 역사가 그리는 곡선의 최저점에 해당된다. 그러나 이 세기의 모든 활동은 새롭고 거대한 유럽 문명의 융성을 위한 기초 작업이 되고 있다. 그 배후에서 유스티니아누스[14] 치하의 비잔틴 제국은 세 가지 측면에서 중세 초기 서유럽의 성격을 결정하였다. 첫째로, 벨리사리우스[15]와 나르세스[16]가 이끄는 군대가 이탈리아를 고트족의 지배에서 해방시켰다. 여기에 옛날 이탈리아 사람들이 가지고 있던 천부적 재능이 자유롭게 발휘될 수 있는 무대가 열리게 되었고, 이를 바탕으로 하여 후일 그들은 문화적 활동의 이상을 보호하게 될 조직을 만들어 낼 수 있었던 것이다. 고트족에게는 동정을 금할 수 없다. 그러나 유럽을 위해서는 1천여 년 동안의 교황 제도가 이탈리아의 정체된 고트족 왕족이 산출할 수 있었던 그 어떤 것보다도 비교도 할 수 없을 만큼 더 가치가 있었다는 데에는 의심의 여지가 없는 것이다.

둘째로, 로마법의 편찬은 그 후 여러 세기에 걸쳐 유럽의 사회사상을 지배하게 되었던 합법성의 이념을 확립시켜 주었다. 법이란 정부가 기능 하기 위한 기계 장치이며, 또 정부를 구속하는 규약이다. 기

---

14) 여기서 말하는 유스티니아누스(Justinianus, 483∼565)는 물론 유스티니아누스 1세를 가리키며, 동로마 제국(비잔틴 제국) 중흥의 영주였다. 여러 부하 장군들로 하여금 이탈리아의 고트족, 아프리카의 반다르인, 아시아의 페르시아인을 토벌케 하여 동로마 제국의 영토를 크게 회복시켰다. 종교 회의를 열어 이단자를 배척하는 데 힘쓰는 한편, 법학자들에게 로마 법전을 편찬하게 한 일은 유명하다.

15) 벨리사리우스(Belisarius, 505?∼565)
동로마 제국의 명장. 게르마니아의 미천한 출신이었으나 페르시아, 반다르 왕국, 이탈리아의 고트족을 토벌하였다. 그리고 훈족의 남하를 저지시키는 데 공을 세웠으나, 음모를 꾀했다는 혐의로 실직하고 말았다.

16) 나르세스(Narses, 480?∼574)
아르메니아에서 태어나 포로로 동로마 제국까지 압송되어 왔으나, 유스티니아누스 1세의 총애를 받아 이탈리아로부터 고트족을 축출하는 전쟁에서 장군으로 크게 공을 세웠다. 한편 유스티니아누스 1세가 죽을 때까지 정치가로서 이탈리아를 통치하였다.

독교의 교회법과 로마 제국의 시민법이 유럽의 발전에 기여할 수 있었던 것은《유스티니아누스 법전》(*Justinian's Law*) 편찬자들의 덕택이었다. 그들은 권위를 갖는 자는 법에 충실하면서 법을 집행하여야 하며, 합리적으로 정비된 조직 체계를 자신이 제시해야 한다는 이상을 서구인의 마음에 굳게 심어 주었다. 이탈리아에 있어서의 6세기는 비잔틴 제국과의 접촉으로 말미암아 그와 같은 관념이 더욱 뚜렷해져 가는 경향을 보이기 시작하였다.

셋째로, 예술이나 학문과 같은 비정치적 영역에서 콘스탄티노플은 인간이 이룩할 수 있는 업적의 한 전형을 제시해 주었다. 이것은 부분적으로는 이를 직접 모방하려는 충동을 불러일으킴으로써, 또 다른 면에 있어서는 그와 같은 것이 있었다고 하는 단순한 인식을 통해 간접적으로 영감을 받게 함으로써 서구 문화에 대하여 끊임없는 자극제 구실을 하였다. 초기 중세인들의 상상력에 나타나 있는 비잔틴 사람들의 지혜와 초기 그리스인들에게 나타나 있는 이집트 사람들의 지혜는 서로 비슷한 구실을 하였다. 아마도 이 두 경우 모두에서 저들이 실제로 가지고 있던 지혜는 후일 그것을 받아들였던 사람들에게 거의 똑같이 유익했을 것이다. 이 두 경우 모두에서 그들은 그들이 성취해 낼 수 있는 전형이 어떤 종류의 것인지를 깨닫기에 충분할 만큼의, 그리고 고정된 전통적인 사고방식에 구애되지 않을 만큼의 지적 수준에 도달해 있었다. 따라서 그들은 자기의 힘으로 전진하였고, 선현들을 능가했던 것이다. 유럽의 과학적 정신의 기원을 설명할 때 그 배후에 비잔틴 문명의 영향이 있었음을 간과해서는 안 된다. 6세기에 비잔틴과 서구와의 관계의 역사에는 하나의 위기가 있었다. 이 위기는 그리스 문학이 15, 16세기의 유럽 사상에 끼친 영향에 비추어 고찰되어야 한다. 6세기의 이탈리아에 미래의 기초를 쌓은 걸출한 두 사람이 있었으니, 그들은 성 베네딕트[17]와 그레고리우스 교황[18]이었다. 이 두 사람을 참고로 하여 고찰해 볼 때, 그리스 사람들이 도달했던 과학적 정신에로 나아가는 길이 당시 얼마만큼 황폐해 있었는가를 쉽게 알아볼 수 있다. 당시 과학은 꽁꽁 얼어붙어 있었다. 그레고리우스와 베네딕트가 행한 일생일대의 사업은 유럽 재건의 기반을 구축하는 일, 그래서 일단 유럽이 재건되면 그것은 고대세계의 것보다 더 효과적으로 작용하는 과학적 정신을 포함하는 그런 유럽 세계가 될 수 있도록 그 기반을 구축하는 일이었다. 그리스인들은 너무 관상적(觀想的)이었다. 그들에게 있어 과학은 철학의 한 갈래였다. 그레고리우스와 베네딕트는 일상적인 사물들을 중시하는 실제적인 사람들이었고, 그래서 그들은 이러한 실제적 기질을 자신들의 종교적 활동과 문화적 활동에 결부시켰다. 특히 수도원이 성직자나 예술가, 그리고 학자들의 거처일 뿐 아니라 농사일을 하는 실제적인 사람들의 거처까지도 되었던 것은 성 베네딕트의 덕택이다. 과학과 기술이 서로 결합함으로써 학문은 원리에로 환원시킬 수 없고 굽힐 수도 없는 엄연한 사실들과 늘 접촉하게 되었는데, 그 결합은 초기의 베네딕트 성직자들의 실제적인

---

17) 성 베네딕트(St. Benedict, 480~543)
이탈리아의 성직자이며, 베네딕트파 수도원의 건립자. 로마에서 교육을 받았으나, 14세에 로마로부터 40마일 떨어진 스비아고의 암굴에서 은신하였다. 근처의 수도원에 사는 많은 성직자들이 그를 사모하여 함께 살며 그의 지도를 받았다고 한다. 그 후 그는 많은 수도원을 건립하였으며, 528년에 몬테캇시노로 옮기면서 많은 사람들을 개종시키기도 하였다. 거기서 수도원을 경영하는 한편, 청빈, 정절, 복종의 세 가지 서약 이외에 평생 동안 수도원에서 살겠다는 서약을 추가한 성직자가 지켜야 할 규율을 정하였다.

18) 그레고리우스 교황(540~604)
그레고리우스 1세를 가리킨다. 590~604년까지 14년 동안 재위하였으며, 그의 시대에 교황권이 확립되었다. 정치적 · 사회적 활동에 능력을 발휘하였고 교황 영토의 관리에 힘쓰는 한편, 이교도의 개종에도 노력을 기울였다. 그의 저술은 중세 가톨릭교회의 신앙의 기초가 되었다.

성향에 크게 힘입고 있다. 근대과학은 그리스와 로마에서 유래된 것인데, 항상 사실의 세계와 긴밀하게 접촉하고 있는 사상의 힘이 근대과학에 현저한 까닭은 바로 그것이 이런 로마적 성향을 이어받고 있었다는 데에서 찾아볼 수 있다.

그러나 수도원과 자연적 사실과의 이러한 접촉이 낳은 성과는 먼저 예술에서 나타났다. 중세 후기에 자연주의가 발흥했다는 사실은, 과학의 융성에 필요한 궁극적 요소가 유럽 정신에 들어갔음을 의미한다. 그것은 자연의 사물이나 자연의 사건에 대한 그것들 자체를 위한 관심의 표출을 의미했다. 어느 지역에서나 흔히 볼 수 있는 나뭇잎과 같은 자연의 모습을, 단지 그처럼 흔한 사물에 대한 기쁨을 표현할 목적으로 후기 건축물의 구석진 곳에다 조각해 놓기도 하였다. 모든 예술의 전체적인 분위기는 우리 주변의 사물들을 이해하는 데서 오는 진정한 희열을 담아 보여 주고 있었다. 중세 후기의 장식 조각을 만들었던 이름난 장인들이나, 조토 디본도네, 초서, 워즈워스, 휘트먼, 그리고 현대 뉴잉글랜드의 시인 프로스트도 이런 점에서는 서로 일맥상통한다고 하겠다. 단순한 직접적 사실들이 주요 관심의 대상이 되고 있는 바, 이 점은 "원리에로 환원시킬 수 없고 굽힐 수도 없는 엄연한 사실"로서 과학 사상 속에 다시 나타나고 있다.

유럽의 정신은 이제 사상의 새로운 모험에 뛰어들기 위한 채비가 되었다. 과학의 융성에 관련된 여러 가지 부수적인 사건들, 예를 들어 부(富)와 여가의 증대, 대학들의 팽창[19], 인쇄술의 발명, 콘스탄티노플의 함락, 코페르니쿠스, 바스코 다가마, 콜럼버스, 망원경 등에 대

19) 중세기에 이미 옥스퍼드, 파리, 볼로냐, 살레느노 등의 대학이 설립되었으나, 문예 부흥 및 종교 개혁과 더불어 유럽에는 많은 대학이 설립되었다.

해선 상세히 언급할 필요도 없을 것이다. 알맞은 토양과 기후 및 씨앗이 거기 있어서 숲이 생겨났다. 과학은 르네상스 후기의 역사적 반항에 그 기원을 두고 있는 자신의 특성을 한시도 버리지 않고 간직하였다. 그것은 무엇보다도 소박한 신앙에 기반을 둔 반합리주의 운동으로 존속되고 있었다. 과학에 없었던 모든 추리 방법은 연역적 방법을 따르고 있던 그리스 합리주의의 유물인 수학으로부터 차용되었다. 과학은 철학을 거부하였다. 다시 말해 과학은 한번도 자신의 신념을 정당화시키려 한다거나 그 의미를 설명하려 하지 않았고, 흄의 공박에 대해서도 개의치 않는 태도를 취하고 있었다.

물론 역사적 반항은 정당한 것으로 충분히 입증되었다. 그것은 필요하였다. 그것은 건전한 진보를 위해서 절대적으로 필요한 것이었다. 세계가 원리에로 환원시킬 수 없고 굽힐 수도 없는 엄염한 사실에 주목하게 되는 데에는 수백 년이 걸렸던 것이다. 사람이 동시에 여러 가지 일을 한다는 것은 쉽지 않다. 그런데 합리주의에 흠뻑 젖어 있던 중세가 지나간 후 사람들은 바로 그런 어려운 일을 하지 않으면 안 되었던 것이다. 그것은 분별력을 갖춘 반동이었으나 이성을 옹호하기 위한 항거는 아니었다.

그러나 의도적으로 지식의 대로(大路)를 피해 가려는 사람들을 기다리는 네메시스라는 복수의 여신이 있다. 크롬웰의 외침은 오늘에 이르기까지 메아리치고 있다. "형제여, 나는 그리스도의 자비로운 마음으로 간절히 원하노니, 그대가 잘못을 저지를 수도 있다는 것을 명심할지어다."

과학의 진보는 이제 전환기에 접어들었다. 물리학의 안정된 기초는 무너졌고, 생리학은 이제 쓸모없는 지식의 꺼장소리는 오명에서 벗어나 강력한 지식 체계로서의 그 최초의 지위를 확보해 가고 있다.

과학 사상의 낡은 기초는 그 의미를 잃어 가고 있다. 시간, 공간, 물질, 물질적 존재, 에테르, 전기, 기계론(mechanism), 유기체(organism), 배치구조(configuration), 구조, 패턴, 기능 등의 의미가 모두 새롭게 이해되지 않으면 안 되게 되었다. 역학의 의미를 모르면서 역학적 설명에 대해 말한다면 대체 그것이 무슨 뜻이 있겠는가?

사실상 과학은 아리스토텔레스의 후계자들의 철학에 들어 있던 최대의 약점에서 나온 관념들을 이어받음으로써 근대의 길을 출발했다. 어떤 점에서 이것은 다행스런 일이었다. 그렇게 함으로써 17세기의 지식은 물리학과 화학에 관한 한, 현대까지 존속되고 있는 바와 같은 완벽한 형태로 나타날 수 있었던 것이다. 그러나 생물학과 심리학의 진보는 불완전한 진리를 무비판적으로 받아들였기 때문에 저지되었던 것 같다. 과학이 임시변통을 위한 가설들의 잡다한 집합으로 전락하지 않으려면 철학적인 것이 되어야 하며, 그 자신의 여러 기초들을 철저하게 비판해 나가야만 한다.

다음의 여러 장(章)에서 나는 지난 3세기 동안 서구의 지성을 감싸고 있었던 특수한 우주론 사상의 성패에 관해 살펴보려고 한다. 하나의 사조가 널리 위세를 떨친 기간은 대략 2, 3세대, 즉 60~100년 정도이다. 또한 그때에도 그 시대 조류의 표면에 잠시 나타났다가 사라지는 사상들이 있다. 그렇기에 우리는, 유럽인들의 사고방식이 수세기를 두고 조금씩 수정되면서 천천히 변화해 왔다는 것을 확인하게 될 것이다. 그러나 지난 3세기 동안은 줄곧 하나의 과학적 우주론이 확고하게 뿌리내리고 있었다. 이 우주론은, 끊임없이 변화하고 있는 배치 구조 속에 들어 있으면서 공간 전체에 널려 있는, 원리에로 환원시키기 어려운 단순한 물질 또는 물질적 요소를 궁극적인 존재로 전제하고 있다. 그러한 물질 그 자체로는 아무런 감각도, 가치도, 목적도 지니지 않는 것이다. 그것은 다만 그 자신의 본질에서 나오지 않는 외적인 관계에 의해서 부과된 일정한 궤도를 따라 움직이고 있을 뿐이다. 나는 이러한 가정에 그 기초를 둔 사상을 "과학적 유물론"이라고 부른다. 그리고 또 나는 이러한 가정이 지금 우리가 도달한 과학적 상황에 전적으로 부적당하기 때문에 그것을 배격할 것이다. 그러한 가정도 적절하게 해석되기만 한다면 틀린 것은 아닐 것이다. 우리가 어떤 특정 유형의 사실들을 그것들이 일어나고 있는 그 주위 환경 전체로부터 추상하여 고찰하는 한, 유물론적 가정은 그러한 사실들을 완벽하게 표현해 주기 때문이다. 그러나 우리가 우리들의 보다 예민한 감각을 활용하거나 사상의 의미나 그 일관성을 문제 삼음으로써 추상의 영역 밖으로 나아가게 되면 유물론적 도식은 곧바로 무너져 내린다. 이 도식은 한정된 범위에서 위력적인 힘을 발휘했던 까닭에 방법론으로서 크게 성공을 거둘 수 있었다. 왜냐하면 그것은 오직 그 당시 지식의 상황하에서 탐구할 필요가 있었던 사물들의 집단에만 주의를 집중시키고 있었기 때문이다.

이 도식의 성공은 유럽 사상의 다양한 흐름에 불리하게 작용하였다. 저 역사적 반항은 반합리주의적인 성격을 띠고 있었다. 왜냐하면 스콜라학파의 합리주의가 단순한 사실과 접촉하는 가운데 단적으로 수정되지 않으면 안 되었기 때문이다. 그러나 데카르트와 그의 후계자들에 의해서 거듭 태어났던 철학은 그 발전과 더불어 과학적 우주론을 액면 그대로 받아들이는 경향 속으로 완전히 빠져 들고 있었다. 과학자들이 가지고 있던 궁극적 관념들이 성공했기 때문에, 과학자들은 그러한 관념들의 합리성을 검토함으로써 그것들을 수정하는 데에는 더욱더 확고하게 반기를 들게 되었다. 그 후의 철학은 너나 할 것 없이 그런 관념들을 어떤 방식으로든지 그대로 받아들이지 않으면 안 되었다. 뿐만 아니라 이 과학은 하나의 표본으로서 다른 여러 분야의 사상에도 영향을 주었다. 이러한 역사적 반항은 결국 철학으로부터, 방법론적 사상이 지니고 있는 다양한 추상 관념들을 조화시킨다고 하는 철학 본래의 역할을 박탈하는 결과를 가져올 정도로 지나치게 비대해져 갔다. 사상이란 추상적인 것이다. 그러나 지성의 주된 결함은 바로 추상 관념에만 지나치게 의존하는 데 있다. 이러한 결함은 구체적인 경험에 재차 주목하는 것만으로 완전히 해소될 수 있는 성질의 것이 아니다. 왜냐하면 그때에도 사람들은 구체적인 경험 가운데 어떤 한정된 도식에 들어맞는 측면만을 주목할 수 있기 때문이다. 관념을 순화시키는 데는 두 가지 방법이 있다. 그 하나는 오관을 통한 냉정한 관찰이다. 그러나 관찰한다는 것은 사실의 어떤 측면을 선택한다는 것을 의미한다. 따라서 아주 넓은 범위에서 성과를 거두고 있는 추상화의 도식을 초월한다는 것은 어려운 일이다. 또 하나의 방법은 여러 유형의 경험에 확고하게 기초를 두고 있는 다양한 추상화의 도식들을 서로 비교해 보는 것이다. 이 비교는 파울 사르피가 지칭했던 이탈리아의 스콜라 신학자들의 요구를 충족시켜 주는 형식의 것이다. 그들의 요구는 이성이 사용되지 않으면 안 된다는 것이었다. 이성에 대한 믿음이란, 사물의 궁극적인 본질들은 독단에 지나지 않는다는 사실을 배제하면서 서로 결부되어 조화를 이루고 있다고 하는 믿음을 말한다. 또 그것은 사물의 밑바닥에 어떠한 독단적인 신비도 존재하지 않는다고 하는 믿음이기도 하다. 과학의 발달을 가능하게 해 왔던, 자연의 질서에 대한 믿음은 보다 깊은 믿음의 한 가지 특수한 사례이다. 이보다 깊은 믿음은 어떠한 귀납적 일반화로도 정당화될 수 없다. 그것은 우리 자신의 현재의 직접 경험에 나타나는 사물들의 본질을 직접 통찰함으로써 생기게 되는 것이다. 우리는 우리 자신의 그림자로부터 떠날 수 없다. 이러한 믿음을 체험한다는 것은 우리가 우리 자신이면서 우리 이상의 것임을 인식한다는 것을 말한다. 즉 그것은, 우리의 경험이 흐릿하고 단편적이긴 하지만 실재(實在)의 가장 깊은 곳을 타진한다는 사실, 흩어져 있는 개별적인 것들은 그것들로서 단순히 존재하기 위해서도 한 사물 체계의 부분을 이루어야만 한다는 사실, 또한 이 체계는 논리적 합리성의 조화 및 미적 성취 형태의 조화를 포함한다는 사실, 나아가 논리의 조화는 냉혹한 필연성으로서 우주를 무겁게 누르고 있는 데 반해, 미적인 조화는 우주가 보다 섬세하고 보다 미묘한 것을 산출하려고 하면서도 지속적으로 이를 실현시키지 못하곤 하는 그 우주의 진로에다 전반적인 흐름의 방향을 마련해주는 살아 있는 이상으로서 그 우주를 향해 미소 짓고 있다는 사실 등을 인식하는 것을 말한다.

제2장

사상사의 한 요소로서의 수학

근대에 이르러 눈부시게 발전한 "순수 수학"은 인간 정신의 가장 독창적인 창조의 산물임을 자처하고 나설 수 있을 것이다. 음악 또한 그러한 주장을 할 수 있을 것이다. 그러나 우리는 이와 같은 주장을 하고 나서는 다른 분야들은 모두 접어 두고, 수학이 그러한 주장을 할 수 있는 근거가 어디에 있는가 하는 것만을 고찰해 보려고 한다. 수학의 독창성은 다음과 같은 사실, 즉 인간 이성의 활동을 떠나서는 지극히 모호해지는 사물들 간의 여러 관계가 수리과학(數理科學)에서는 분명하게 드러난다고 하는 데 있다. 그래서 현대 수학자들의 머릿속에 있는 개념들은 오관을 통한 지각으로부터 직접 끌어낼 수 있는 모든 관념들과 멀리 동떨어져 있다. 다만 이때 사전에 수학적인 지식에 의해 자극을 받아 유도된 지각의 경우는 예외가 된다. 내가 지금부터 예증해 보려고 하는 것은 바로 이러한 일련의 논제이다.

가령 이제 우리가 몇천 년 전의 고대 사회에로 상상의 눈을 돌려, 당시의 지성인들이 비록 그들 가운데 최고의 지성인들이었다고 할지라도 얼마나 단순하였는가를 살펴보려 한다고 가정해 보자. 우리들에게는 직접적으로 명백한 추상 관념도 그들에게서는 지극히 막연하게 이해되고 있었음에 틀림없을 것이다. 수의 문제를 예로 들어보자. 우리는 "다섯"이라는 수를 다섯 마리의 물고기, 다섯 명의 어린이, 다섯 개의 사과, 닷새 등에서 보듯이 온갖 종류의 사물들의 집합에 적용될 수 있는 것으로 생각한다. 그래서 "셋"이라는 수에 대한 "다섯"이라는 수의 관계를 고찰할 때, 우리는 사물들의 두 집합, 즉 다섯 개로 된 집합과 세 개로 된 집합을 생각한다. 그런데 이때 우리는 이 두 집합의 구성원이 되고 있는 어떤 특정의 존재들뿐만 아니라 그런 것들의 어떤 특정한 종류까지도 완전히 사상(捨象)함으로써 그것들을 더 이상 고려하지 않는다. 즉 우리는 각 집합에 들어 있는 어떠한 구성원들의 개체적 본질과도 전적으로 무관한 두 집합의 상호 관계만을 생각하는 것이다. 이것은 실로 주목할 만한 추상화(抽象化)의 위대한 성과이다. 인류가 여기에 도달하는 데는 수천 년이 걸렸음에 틀림없다. 오랜 기간에 걸쳐 물고기들의 집합들은 그 속에 들어 있는 물고기의 수에 의해 서로 비교되고, 나날(日)의 집합들도 그런 방식으로 서로 비교되었을 것이다. 그러나 일곱 마리의 물고기로 이루어진 하나의 집합과 일곱 날로 이루어진 하나의 집합 사이에 유사성이 있다는 사실을 맨 처음 깨달은 사람은 사상사에 있어 주목할 만한 진전을 이룩했던 것이다. 그는 최초로 순수 수학에 속하는 하나의 개념을 마음에 품었던 사람이었다. 그 당시의 그로서는 오래지 않아 발견될 운명에 있었던 추상적인 수학적 관념들의 복잡하고도 정교한 특성을 예측하기 어려웠을 것임에 틀림없다. 또 그는 이러한 관념들이 그 후 어느 세대에 있어서이건 널리 사람들을 매혹하리라는 것도 예상하지 못했을 것이다. 수학에 대한 사랑은 각 세대의 몇몇 비정상적인 사람들에게서만 볼 수 있는 일종의 편집광과 같은 것이라고 생각하는 그릇된 문학적 전통이 있다. 그러나 이것은 어찌 되었건 간에, 그 당시 사회에는 추상적 사고의 어떤 전형이라 할 수 있는 것이 없었고, 따라서 그러한 추상적 사고에서 얻을 수 있는 기쁨을 고대인들이 예상한다는 것도 불가능했을 것이다. 나아가 장차 수학적 지식이 인간의 일상적인 생활, 날마다 하는 일, 습관적인 사고, 그리고 사회 조직에 끼치게 될 그 막대한 영향력을 고대인들이 예측한다는 것은 더더욱 불가능했을 것임에 틀림없다. 오늘날에 있어서도 사상사의 한 요소로서의 수학의 위치는 제대로 파악되고 있는 것 같지 않다. 물론 나는 여기서 각 시대의 수학적 관념들에 대한 깊은 연구 없이 사상사를 구축하려고 하는 것이 마치 《햄릿》(*Hamlet*)이라는 제목의 연극에서 주인공 햄릿을 빠뜨리는 것과 같다고 하는 정도까지 말하려는 것은 아니다. 그렇게 하는 것은 지나친 주장이 될 것이다. 그러나 그것은 확실히 "오필리아" 역(役)을 빼어 버린 것과 비슷하다. 이 비유는 특히 잘 들어맞는다. 왜냐하면 "오필리아"는 이 연극에서 없어서는 안 될 인물일 뿐만 아니라 아주 매력적인데다 약간의 실성기마저 있기 때문이다. 수학의 연구는 인간 정신의 광기이며, 우연적인 사건들의 온갖 요구에 즉시즉시 응해야 하는 고통스런 상황으로부터의 도피임을 인정하도록 하자.

우리가 수학에 대해 생각할 때 먼저 염두에 두게 되는 것은 그것이 순전히 수, 양, 기하학의 탐구에 전념하는 학문, 그리고 근래에 와서는 질서에 관한 보다 추상적인 개념과 순수한 논리적 관계들의 유사한 유형들에 대한 연구도 포함하게 된 학문이라는 것이다. 수학의 효과는 우리가 수학에 힘입어 특정한 사례로부터, 심지어는 어떠한 존재들의 특정한 종류들로부터도 언제나 벗어나 있게 된다는 데 있다. 그러므로 예컨대 오직 물고기에만 적용된다거나, 돌에만 적용된다거나, 또는 빛깔에만 적용된다거나 하는 수학적 진리란 없는 것이다. 순수 수학을 다루고 있는 동안만은 우리가 완전 절대의 추상적 세계에 있게 되는 것이다. 이때에 우리가 분명히 잘라 말할 수 있는 것이라고는 다음의 사실뿐이다. 즉 이성은, 어떠한 존재들이건 간에 그것들이 특정의 순수한 추상적 조건들을 만족시키는 어떤 관계를 가질 때, 그 존재들은 다른 순수한 추상적 조건들을 만족시키는 다른 관계들을 반드시 갖는다는 점을 인정하라고 강력히 요구한다는 것이다.

수학이란 그것이 말하고 있는 것의 어떠한 특정 사례도 완전히 사상(捨象)해 버린 영역에서 작용하고 있는 것이라고 생각된다. 그러나 수학에 대한 이러한 관점은 그렇게 자명한 것이 아니기 때문에, 오늘날에 있어서조차 이런 관점이 널리 이해되고 있지 않음을 쉽게 확인해 볼 수 있다. 예를 들어 사람들은 수학의 확실성이 물리적 우주 공간에 대해서 우리가 가지고 있는 기하학적 지식의 확실한 근거라고 보통 생각하고 있다. 이것은 과거의 철학적 사색을 크게 손상시켰을 뿐만 아니라 오늘날에도 상당한 손상을 입히고 있는 하나의 잘못된 생각이다. 이 기하학의 문제는 매우 중대한 관례가 된다. 임의의 존재들로 이루어진 집합들 간의 관계에 적용될 수 있는 순수 추상적인 조건들의 상이한 조합들이 있는데, 나는 이것을 기하학적 조건들이라 부르겠다. 내가 이렇게 명명하는 까닭은 그것들이 우리가 자연에 대한 직접적인 지각을 통해 관찰하는 사물들 간의 특정한 기하학적 관계에 잘 들어맞는다고 믿고 있는 조건들과 대체로 유사하기 때문이다. 우리의 관찰은 그것이 관찰인 한, 우리가 자연에서 만나게 되는 갖가지 사물들을 규제하고 있는 엄밀한 조건들을 확실하게 파악할 수 있을 만큼 정밀한 것이 못 된다. 그러나 우리는 가설을 약간 손질함으로써, 우리가 관찰한 조건들을 순수한 추상적인 기하학적 조건들의 어느 한 조합과 합치시킬 수 있다. 이렇게 하는 가운데 우리는 추상 과학의 관계항들[1)]인 임의의 존재들로 이루어진 집합에 대하여 특정한 규정을 내린다. 기하학적 관계를 다루는 순수 수학에서 우리는 다음과 같이 말할 수 있다. 즉 어떤 임의의 집합이 그 구성원들 사이에 이러한 추상적인 기하학적 조건들의 조합을 만족시키는 임의의 관계들을 가지고 있다면, 이러이러한 부대적인 추상적 조건들 또한 그러한 관계들에 대해 타당한 것이 되지 않으면 안 된다는 것이다. 그러나 물리적 공간을 문제 삼게 될 때 우리는 다음과 같이 말한다. 즉 물리적 존재들로 이루어진 명확히 관찰된 어떤 집합은, 그 구성원들 사이에 위에서 말한 그 추상적인 기하학적 조건들의 조합을 만족시키는 명확히 관찰된 어떤 관계들을 갖는다고. 그리고 이로부터 우리는 그처럼 어떤 경우에 대해서도 타당한 것이라고 결론지었던 부대적 관계들은, 그러기에 이 특정한 경우에 대해서도 타당한 것이지 않으면 안 된다고 결론짓는다.

수학의 확실성은 그것의 완벽한 추상적 일반성에 의존한다. 그러나 우리로서는 구체적인 세계에서 관찰된 존재들이 우리의 일반적 추리 속에 들어가는 하나의 특정한 사례를 이루는 것이라고 믿는 것이 정당하다는 데 대한 어떠한 선천적 확실성도 갖고 있지 않다. 산술에서 또 다른 예를 들어보자. 40개로 이루어진 임의의 집합이 20개로 이루어진 두 개의 임의의 집합으로 나뉠 수 있다는 것은 순수 수학의 일반적인 추상적 진리이다. 따라서 우리는 40개로 이루어져 있다고 믿어지는 사과의 특정한 집합이 각각 20개로 이루어지는 사과의 두 집합으로 나뉠 수 있다고 결론지을 수 있는 것이다. 그러나 처음에 큰 쪽의 집합을 이루고 있던 사과의 수를 잘못 헤아렸을 가능성은 언제

1) 논리학에서 *x*가 *y*에 대해서 *R*의 관계를 가진다고 할 때, *x*는 *R*에 관한 *y*의 referent라고 불리며, *y*는 *R*에 관한 *x*의 관계항(relatum)이라고 말한다. relata는 relatum의 복수형이다.

나 있는 것이며, 따라서 실제로 우리가 그것을 나누게 될 때 두 사과더미 중 한쪽이 한 개가 모자라거나 한 개가 남거나 하는 경우가 있을 수 있는 것이다.

따라서 특정한 사실 문제에다 수학을 적용시키는 데에 근거하고 있는 논증을 비판할 때, 언제나 우리가 분명하게 구별하여 염두에 두고 있어야 할 세 가지 과정이 있다. 우리는 먼저 순수한 수학적 추리를 세밀히 살펴봄으로써 그 속에 어떠한 착오도 없다는 것, 즉 부주의로 인해 우연히 끼어들게 되는 모순이 하나도 없다는 것을 확인해야만 한다. 수학자라면 누구나 철학에 일련의 추리를 진행시키는 데 있어, 사소한 것이었는데 전혀 다른 결과를 가져오게 되는 그러한 착오를 쉽사리 범하게 된다는 것을 자신의 쓴 경험을 통해 알고 있다. 그러나 수학의 한 부분이 수정되어 한동안 전문가들 앞에 드러나 있는 경우에는 우연한 착오가 끼어들 가능성이 거의 없다. 둘째의 과정은 타당한 것으로 전제하고 있는 모든 추상적 조건들을 철저하게 확인하는 일이다. 이것은 수학적 추리의 출발점이 되는 추상적인 전제들을 확정하는 일이다. 이것은 상당한 어려움이 따르는 작업이다. 몇 세대를 거슬러 올라가 볼 때, 당대의 가장 위대한 수학자들조차도 주목할 만한 착오를 범해 왔으며, 또 그것을 미처 깨닫지 못한 채 받아들여 왔음을 알 수 있다. 가장 큰 위험은, 우리가 자연스럽게 전제하고 있으나 사실상 항상 타당한 것일 필요는 없는 그런 조건들을 암암리에 끌어들이는 착오에 있다. 이와 상반되는 또 하나의 착오, 즉 과오를 초래하게 되는 것이 아니라 단순화를 결여하게 되는 그런 착오가 있다. 우리가 필요한 것으로 가정한 조건들 가운데에는 사실상 필요 이상의 것들이 들어 있는 경우가 흔히 있다. 다시 말해 이미 우리들이 제기한 공준(公準)들로부터 사실상 증명될 수 있는 그런 어떤 추상적 공준을 꼭 필요한 것이라고 잘못 생각할 수도 있다는 것이다. 이처럼 지나치게 많은 추상적 공준들의 설정은 다만 수학적 추리에서 우리가 경험하게 되는 미적 기쁨을 감소시키고, 비판의 셋째 과정에 들어갈 때 우리에게 보다 큰 문젯거리를 안겨 줄 뿐이다.

이 세 번째 비판 과정은 우리가 갖고 있는 추상적 공준이 문제되고 있는 특정의 사례에 있어 타당하다는 것을 검증하는 과정이다. 그래서 특정의 사례에 대한 이와 같은 검증의 과정과 관련해서 온갖 문젯거리들이 생겨나게 된다. 40개의 사과를 헤아리는 것과 같은 간단한 사례인 경우 우리가 조금만 주의한다면 사실상의 확실성에 이를 수 있다. 그러나 보다 복잡한 사례가 문제되는 경우 완벽한 확실성에 도달한다는 것은 대개 불가능하다. 이 문제에 관해 무수히 많은 책들이 쓰였다. 그것은 서로 대립하는 철학자들의 싸움터인 것이다. 여기에는 상이한 두 개의 문제가 관련되어 있다. 우선 관찰된 특정의 명확한 사물들이 있는바, 우리는 이 사물들 사이의 관계가 명확하고도 엄밀한 추상적 조건에 실제로 따르고 있는가를 확인하지 않으면 안 된다. 여기에 과오를 범할 여지는 매우 크다. 과학의 엄밀한 관찰 방법들은 모두 직접적인 사실의 문제에 관한 이와 같은 그릇된 결론들을 최소화하기 위해 고안해 낸 것들이라 할 수 있다. 그러나 여기에 또 다른 문제가 생긴다. 직접적으로 관찰된 사물들이란 거의 언제나 하나의 표본에 지나지 않는다. 우리는 이 표본에 대하여 타당한 추상적 조건들이, 이런저런 이유에서 우리에게는 같은 종류의 것이라고 여겨지는 다른 모든 사실들에 대해서도 타당한 것이라고 결론짓고 싶어 한다. 이처럼 표본으로부터 종(種) 전체에로 나아가는 추리 과정이 곧 "귀납"이다. "귀납"이론은 철학을 완전히 손들게 한다. 그런데도 우리들의 모든 활동은 귀납에 근거하고 있다. 어쨌든 특정의 사실 문제에 관해 내려진 수학적 결론을 비판할 때 직면하게 되는 진정한 난점은, 거기에 들어 있는 추상적인 가정들을 찾아내고, 나아가 그것들이 관계하고 있는 그 특정의 사례에 그것이 적용될 수 있다는 것을 입증해 주는 증거를 정확하게 평가해 낸다는 데 있다.

따라서 응용수학 분야의 뛰어난 저서나 논문을 비판할 때, 처음의 1장, 심지어 처음 첫 페이지의 내용만으로도 커다란 문젯거리가 될 때가 흔히 있다. 왜냐하면 논의의 출발선상에서 저자가 설정한 가정들 자체에서 과오가 발견되는 수가 있기 때문이다. 게다가 그러한 문젯거리는 저자가 말하고 있는 것에 관련되어 있기보다도 그가 말하고 있지 않은 것에 관련되어 있다. 또한 그것은 저자가 의식적으로 가정한 것보다도 그가 무의식적으로 가정한 것에 관련되어 있는 것이다. 우리는 저자의 성실성을 문제 삼으려는 것이 아니다. 우리가 비판하려고 하는 것은 그의 통찰력이다. 각 세대는 그 전 세대가 취했던 무의식적인 가정들을 비판한다. 물론 그 세대가 그러한 가정들에 동의할 수도 있다. 하지만 그 세대는 그러한 가정들을 밝은 곳으로 끌어내어 공개한다.

언어의 발달사는 이 점을 예시해 주고 있다. 그것은 관념들에 대한 점진적인 분석의 역사이다. 라틴어와 그리스어는 굴절어[2]였다. 즉 이 언어들은 분석되지 않는 복잡한 관념들을 낱말의 단순한 변화에 의해 표현해 낸다. 이에 반해, 예를 들어 영어에서는 전치사나 조동사를 사용함으로써 연관된 묶음 전체를 표현한다. 문학의 표현 형식에 있어

---

2) 굴절어(inflected language)
어간과 접속사가 극히 추상적으로밖에는 분리될 수 없을 만큼 고도로 교착(膠着)되어 있는 언어를 말하는 것으로, 그리스어와 라틴어가 이에 해당된다. 예를 들면 amabor라는 한마디 말이 I shall be loved를 뜻할 수 있는 것이다.

서는 주요 낱말에다 부수적인 관념들을 빽빽이 채워 넣는 것이—항상 그런 것은 아니라 하더라도—유리할 수도 있다. 그러나 영어 같은 언어는 명석성에 있어서 상당한 수준에 도달해 있다. 이처럼 명석성이 증가된다는 것은 문장 전체의 의미를 이루고 있는 복합 관념에 내포된 다양한 추상 관념들이 보다 완벽하게 표현된다는 것을 의미한다.

언어와 비교함으로써 우리는 이제 순수 수학이 수행하는 사고에 있어서의 그 기능이 무엇인지를 이해하게 된다. 그것은 단순한 사실 문제의 여러 요소들을, 이들이 예증하고 있는 순수한 추상적인 조건들로부터 분리시키기 위해 완벽한 분석을 향하여 매진하려는 결연한 하나의 시도인 것이다.

이와 같은 분석의 습관은 인간 정신의 작용 하나하나에 빛을 던져준다. 그것은 첫째로 (정신의 작용 하나를 분리시켜 냄으로써) 경험의 내용에 대한 직접적인 미적 평가를 촉진시킨다. 이 직접적인 평가란 그 경험의 직접적인 구체적 가치를 포함해서 그 경험이 그 자체 특유의 본질에 있어서 어떤 것인가를 파악하는 것을 말한다. 이것은 예민한 감수성에 의존하는 직접 경험의 문제이다. 그런 다음에 경험에 포함된, 그 자체로 보아 특정한 존재들(entities)에 대한 추상이 이루어지고, 추상된 것들은 우리가 그때 그 존재들을 파악하고 있는 특정한 경험의 계기(occasion of experience)를 떠나 그 자체로 있게 된다. 마지막으로 나아가 그 경험에 나타난 존재들의 특정 관계가 만족시키는 완전히 일반적인 조건들이 파악된다. 이 조건들은 그 특정의 경험의 계기에 나타나는 특정한 여러 관계나 특정한 여러 관계항에 구애됨이 없이 표현될 수 있다는 사실에서 그 일반성을 획득하게 된다. 이러한 조건은, 다른 존재나 존재 간의 다른 관계를 포함하는, 무한히 다양한 다른 경험의 계기들에게도 들어맞는다고 생각되는 조건들이다. 따라서 이 조건들은 어떠한 특정의 경험의 계기에도 얽매여 있지 않기 때문에, 그래서 또한 갖가지 경험의 계기에 들어오는 어떠한 특정의 존재들(예를 들어 초록, 파랑, 나무 등)이나 이러한 존재들 사이의 어떠한 특정의 구체적 관계들에도 얽매여 있지 않기 때문에 완전한 일반성을 띠게 되는 것이다.

그러나 수학의 일반성에는 하나의 한계가 설정되어야 한다. 그것은 온갖 일반적인 언명에 하나같이 적용되는 조건이다. 직접적 계기(immediate occasion)와 어떠한 관계도 갖지 않는, 그래서 그 직접적 계기의 본질을 구성하는 요소에 전혀 관여하지 않는 먼 곳의 온갖 계기들에 대해서는 단 하나의 언명만이 가능하다. 여기서 내가 말하는 "직접적 계기"란 개인의 판단 작용을 그 구성 요소로 하고 있는 계기이다. 그리고 유일하게 가능한 언명이란, 직접적 계기와 관계가 없는 것이라면 그것이 무엇이건 간에 그것에 관해서는 완벽한 무지가 성립할 따름이라는 것이다. 여기서 내가 쓴 "무지"라는 말은 문자 그대로 무지를 뜻한다. 따라서 "실제"로이건 다른 어떤 방식으로이건 어떻게 그것을 예상할 것인가, 또는 어떻게 그것을 다룰 것인가에 관해서는 어떠한 조언도 할 수 없는 것이다. 우리는 먼 곳의 계기 자체를 직접적 계기의 한 요소로서 인식함으로써 그런 계기에 관해 무엇인가를 알게 되든가, 아니면 그것에 관해 아무것도 모르든가 할 뿐이다. 따라서 천태만상의 경험 가운데 나타나는 우주 전체는 세부적인 것들 하나하나가 모두 직접적 계기와 그 나름의 관계를 맺고 있는 그런 우주이다. 수학의 일반성은, 우리들의 형이상학적 상황을 성립시키는 계기들의 공동체와 모순 없이 조화되는 가장 완벽한 일반성이다.

나아가 또 유의해야 할 것은 특정의 존재들이 어떤 계기 속으로 진입하기 위해서는 앞서 말한 바와 같은 일반적 조건들이 필요하다는 점, 그러나 또한 특정한 존재들의 여러 유형들도 그와 동일한 일반적 조건들을 필요로 할 경우가 있다는 점이다. 이처럼 일반적 조건들이 특정한 존재들의 어떤 집합도 초월한다고 하는 사실은 수학이나 수리논리학[3)]에 "변수"의 개념이 들어가게 되는 근거가 되고 있다. 우리는 바로 이 개념을 사용함으로써 특정한 존재들을 일일이 언급하지 않고서도 일반적 조건들을 탐구할 수 있는 것이다. 전에는 이처럼 특정한 존재들이 고려될 필요가 없다고 하는 것을 대체로 이해하지 못하고 있었다. 예를 들어 우리가 실제로 경험하는 도형들의 형상, 말하자면 원(圓), 구(球), 입방체 등과 같은 것들은 기하학적 추리에 들어가지 않는다.

논리적 이성의 활동은 언제나 이처럼 절대적으로 일반적인 조건들과 관계한다. 수학의 발견은 가장 넓은 의미에 있어서, 다음과 같은 사실의 발견이다. 즉 임의의 한 구체적 계기를 이루고 있는 존재들 사이의 여러 관계들에 대해 동시에 적용될 수 있는 일반적인 추상적 조건들 전체가 그 자체로서, 자신의 열쇠를 가지고 있는 패턴(pattern)의 형식으로 서로 연결되어 있다는 것이다. 일반적인 추상적 조건들 사이에 성립되는 여러 관계들의 이와 같은 패턴은, 모든 사물 하나하나가 그 나름의 개별적 본질을 지닌 개체로서, 다른 모든 것들과 구별되는 그 나름의 개별적 존재 방식을 갖고 있어야 한다는 일반적 필연

---

3) 수리논리학

기호를 널리 사용하여 추리를 수학적 계산의 형식으로 취급하는 일종의 형식 논리학을 말한다. 이에 대한 최초의 착상은 라이프니츠에 의해서 이루어졌으며, 영국의 부울(George Boole)에 의해서 그 토대가 구축되었고, 화이트헤드와 러셀의 공저인 *Principia Mathematica*, 전(全) 3권(1910~1913)에 의해 대성되었다. 기호 논리학, 논리 계산이라고도 불린다.

성에 의해서 외적인 실재에, 그리고 그것에 대한 우리의 추상적인 표상에 똑같이 부과된다. 이것은 바로 추상 논리의 필연성이며, 경험의 모든 직접적 계기들 가운데 나타나는 바와 같은 존재의 상호 연관성이라는 사실에 포함되어 있는 전제에 지나지 않는다.

패턴의 열쇠란 다음과 같은 사실을 의미한다. 즉 임의의 동일한 계기에서 예증되고 있는 일반적 조건들의 한 집합으로부터, 그 동일한 계기에서 예증되고 있는 무수히 다양한 다른 일반적 조건들을 포함하고 있는 하나의 패턴이 순수한 추상 논리에 의거하여 추리될 수 있다는 것이다. 그와 같은 일반적 조건들의 한 집합은, 그로부터 추리가 진행되는 공준들의 집합 또는 전제들의 집합이라 불린다. 이때의 추리란 선정된 공준에서 도출되는 패턴에 포함되어 있는 일반적 조건들의 전체 패턴을 드러내는 과정에 지나지 않는다.

공준 속에 포함된 완전한 패턴을 통찰하는 논리적 이성의 조화는, 통일체를 이루는 하나의 계기 속에 그것들이 동시에 공존한다는 단순한 사실에서 생기는 가장 일반적인 감성적 특성인 것이다. 통일체를 이루는 계기가 존재하는 경우에는 언제나 그 계기 속에 포함된 일반적 조건들 사이에 감성적 관계가 성립된다. 이 감성적 관계는 우리가 합리성을 발휘할 때 통찰될 수 있는 것이다. 그 관계 속으로 들어오는 것은 무엇이든지 들어옴으로써 그 계기에서 예증되며, 그 관계 속으로 들어오지 않는 것은 무엇이든지 들어오지 않음으로써 그 계기의 예증에서 제외된다. 이렇게 해서 예증되는 일반적 조건들의 완전한 패턴은 이 조건들의 많은 집합들 가운데 그 어느 하나를 선정해 놓고 보더라도 그것에 의해서 결정된다. 열쇠의 구실을 하는 일반적 조건들의 이러한 집합은 저마다 동등한 가치를 지니는 공준들로 이루어지는 집합이다. 하나의 복합적 계기의 통일에 필요한 이와 같은 존재의 합리적 조화는, 그 논리적 조화에 포함되어 있는 온갖 것들의 (그 계기에 있어서의) 완전한 실현과 더불어 형이상학의 주요 항목을 이룬다. 그것은 여러 사물들이 공존한다는 사실에는 그것들이 합리적으로 공존한다는 사실이 내포되어 있다는 것을 의미한다. 다시 말해 그것은 사고가 온갖 사실적 계기 속으로 침투해 들어갈 수 있으며, 따라서 그 계기에서 열쇠 구실을 하는 조건들을 이해함으로써 그 계기가 예증하고 있는 조건들의 복잡한 패턴 전체가 사고 앞에 드러나게 된다는 것을 의미한다. 그러므로 우리가 임의의 계기에 들어 있는 요소들에 관해 완전히 일반적인 무엇인가를 알고 있다면, 우리는 바로 그 동일 계기에서 예증되어야 하는 똑같이 일반적인 다른 개념들을 무수히 알아낼 수 있는 것이다. 통일체를 이루는 하나의 계기에 포함되어 있는 논리적 조화는 배타적인 동시에 포섭적이다. 그러한 계기는 조화되지 않는 것들을 배제해야 하는 동시에 조화되는 것들을 포섭해야만 하는 것이다.

피타고라스는 이러한 일반 원리가 우주 전체에 깔려 있다는 점을 다소간 파악하고 있었던 최초의 사람이었다. 그는 기원전 6세기 사람이다. 그에 관해 우리가 알고 있는 것은 단편적이다. 그러나 우리는 사상사에서 그의 위대성을 입증해 줄 몇 가지 탁견(卓見)을 알고 있다. 그는 추리에서 최고도의 일반성이 중요하다는 점을 역설하였고, 자연의 질서에 포함되어 있는 여러 조건들을 재현하려 할 때 수(數)가 그 보조 수단으로서 중요하다는 점을 통찰하기도 하였다. 또한 우리는 그가 기하학을 연구했다는 것, 그래서 직각삼각형에 관한 유명한 정리를 증명해 냈다는 것도 알고 있다. 피타고라스 교단(教團)이 결성되었다는 사실은 교단의 의식(儀式)과 그 영향과 관련하여 전해지는 신비스런 이야기들과 함께, 피타고라스가 과학의 형성에 수학이 중요한 것일 수 있음을 막연하게나마 통찰하고 있었다는 증거가 된다. 철학 방면에서는 그는 그 이후의 사상가들에게 줄곧 자극될 만한 논의를 열심히 하기 시작했다. 그는 "사물의 영역에서 수학적인 존재들, 가령 수 같은 것들은 어떤 지위에 있는 것일까?"하고 물었다. 예컨대 "둘"이라는 수는 어떤 의미에서 시간의 흐름 밖에 있으며, 또 공간 속에 자리해야 할 필요도 없다. 그럼에도 그것은 현실 세계에 포함되고 있는 것이다. 이와 같은 생각은 기하학적 개념들, 예컨대 원에 대해서도 적용될 수 있다. 피타고라스는 수나 형상과 같은 수학적 존재들이 우리들의 지각 경험에 나타나는 현실적 존재들을 구성하는 궁극적 소재라고 가르쳤던 것으로 전해진다. 이런 직설적인 진술을 놓고 본다면, 그의 생각은 투박하고 사실상 어리석은 것으로 보인다. 그러나 그는 분명히 중요한 하나의 철학적 개념을 생각해 냈던 것이다. 그 개념은 장차 긴 역사를 가지게 되며, 많은 사람들의 사색을 자극할 뿐만 아니라 심지어 기독교 신학에까지 영향을 끼치게 될 그런 것이었다. 피타고라스와 《아타나시우스 신경》(*Athanasian Creed*)[4] 사이에는 약 1000년의 간격이 있으며, 피타고라스와 헤겔 사이에는 2400년의 간격이 있다. 그러나 이처럼 시간적으로 멀리 떨어져 있음에도 불구하고 신의 본성을 구성하는 데 있어서 일정한 수가 중요하다고 보거나, 현실 세계를 이념의 발전 무대로 보는 사상은 모두 피타고라스가 개진했던 일련의 사상에 그 연원을 두고 있는 것이라 할 수 있다.

개성을 지닌 사상가가 중요한 의미를 갖게 되느냐 그렇지 못하게

---

4) 아타나시우스(Athanasius, 293?~373)는 기독교의 교부로서, 하느님과 그 아들 그리스도와의 이질성을 주장하는 이단 아리우스파를 격렬히 공격하였으며, 그는 동질성을 주장함으로써 정통파 신조를 지지하였다. 《아타나시우스 신경》은 40조항으로 된 신앙 교리로서, 신의 삼위일체설이 설파되고 있다. 이것은 6세기 이후에 성립되었다.

되느냐 하는 것은 다소간 우연에 따른다. 왜냐하면 그것은 그의 생각이 그의 후계자들의 정신 속에서 어떠한 운명에 놓이게 되느냐 하는 데 달려 있기 때문이다. 이런 점에서 피타고라스는 행운아였다. 그의 철학적 사색은 플라톤의 정신을 통해서 우리들에게까지 전해지고 있다. 플라톤의 이데아 세계는, 수가 현실 세계의 밑바닥에 존재한다고 하는 피타고라스 학설을 수정하여 세련시킨 데서 나온 형태의 것이라 할 수 있다. 수는 점(點)의 패턴으로 표현하는 그리스인의 방법 때문에 그들에게 있어 수의 개념과 기하학적 도형 구조의 개념은 오늘날처럼 그렇게 별개의 것이 아니었다. 또한 피타고라스가 순수한 수학적 존재라고 할 수 없는 도형들의 형상들을 수의 세계에 포함시키고 있었다는 것도 사실이다. 그러므로 오늘날 아인슈타인이나 그의 추종자들이, 가령 중력과 같은 물리적 사실들은 시공적(時空的) 성질들이 갖는 국소적 특성을 나타내고 있는 것으로 해석되어야 한다고 선언할 때, 그들은 순수한 피타고라스적 전통을 따르고 있는 셈이다. 어떤 의미에서 플라톤과 피타고라스는 아리스토텔레스보다 근대물리학에 더 가까이 접근하고 있다. 앞의 두 사람은 수학자였던데 반해 아리스토텔레스는, 수학에 무지했던 것은 아니라 하더라도 어쨌든 의사의 아들이었다. 피타고라스에게서 얻을 수 있는 실제적인 가르침은 측정한다는 것, 그리고 이를 통해서 수적으로 규정되는 양에 의해 질을 표현한다는 것이다. 그러나 생명체에 관한 과학은, 그 당시부터 오늘에 이르기까지 시종일관 분류 작업에만 매달려 왔다. 그렇기에 아리스토텔레스는 그의 논리학에서 분류에 역점을 두었던 것이다. 아리스토텔레스 논리학의 유행이 중세기 내내 물리 과학의 발달을 지연시켰다. 만일 스콜라학파 사람들이 분류 작업을 그만두고 측정하는 일에 치중했더라면 학문적으로 많은 것을 얻을 수 있었을 것이다!

분류라는 것은 개별적 사물의 직접적인 구체성과 수학적 관념들의 완벽한 추상성 사이의 절충안 같은 것이겠다. 종(種) 개념은 종의 성격에 주목하고 유(類) 개념은 유의 성격에 주목한다. 그러나 수를 헤아린다거나 측정한다거나 기하학적 관계를 살핀다거나 질서의 유형을 고려한다거나 함으로써 자연적 사실들에다 수학적 개념들을 적용시켜 나가는 가운데 합리적 사유는 한정된 종이나 유에 포함된 불완전한 추상 관념들로부터 수학의 완벽한 추상 관념에로 도약하게 되는 것이다. 분류는 필요하다. 그러나 분류에서 수학으로 넘어가지 않는 한, 우리들의 추리는 그다지 멀리 나아가지 못할 것이다.

피타고라스에서 플라톤에 이르는 시기로부터 17세기 근대세계에 들어 있는 시기까지는 거의 2천 년에 가까운 세월이 흘렀다. 이 장구한 기간을 통해 수학은 장족의 발전을 이룩했다. 기하학에는 원추 곡선(conic sections)과 삼각법(trigonometry)[5] 연구가 새로이 첨가되었다. 착출법[6]은 적분법(積分法)의 선구가 되었다고 할 수 있다. 그리고 특히 아라비아 산술의 기수법(notation)과 대수(algebra)가 아시아인의 사색으로 마련되었다. 그러나 이러한 진보는 기술적 분야에 편중되어 있었다. 수학은 이 기나긴 기간 동안 일찍이 아리스토텔레스에 의해서 박탈당했던 철학 발전의 구성 요소라고 하는 자신의 지위를 한번도 되찾은 적이 없었다. 피타고라스와 플라톤 시대에 생겨났던 낡은 관념들 가운데 일부는 계속 남아 있어서 기독교 신학 발전의 최

5) 히파르코스 삼각법의 기초는 알렉산드리아의 천문학자 히파르코스(Hipparchos, ?~125? B.C.)에 의해 구축되었으며, 그 후 같은 천문학자 프톨레마이오스(Ptolemaeos)가 이를 발전시켰다.

6) 착출법(搾出法)
고대 구적법(求積法)의 일종.

초 국면을 주도했던 플라톤적 요소들 속에서 그 흔적을 찾아볼 수는 있다. 그러나 철학은 수리 과학의 착실한 발전으로부터 어떠한 새로운 영감도 받지 못했다. 17세기에 이르러 아리스토텔레스의 영향력이 극도로 약화되면서 수학은 고대에서 누렸던 중요한 것으로서의 지위를 되찾게 되었다. 17세기는 위대한 물리학자들과 위대한 철학자들의 시대였으며, 이들 물리학자와 철학자들은 또한 하나같이 수학자들이기도 하였다. 존 로크의 경우는, 비록 그가 왕립 협회의 뉴턴 일파의 영향을 크게 받기는 했을지라도 예외로 간주되어야 할 것이다. 갈릴레이, 데카르트, 스피노자, 뉴턴, 라이프니츠의 시대에 수학은 철학적 관념들을 형성하는 데 있어 가장 중요한 영향력을 행사하였다. 그러나 이때 새로이 부상한 수학은 고대의 수학과는 전혀 다른 하나의 과학이었다. 그것은 일반성을 한층 강화하였던바, 치밀한 일반화를 단계적으로 쌓아 올려 간다든가, 복잡성을 증가시킬 때마다 물리 과학과 철학 사상에 새롭게 적용될 수 있는 방안을 찾아내든가 하는 등, 근대에 와서는 믿을 수 없을 만큼의 발전을 거듭하기 시작했다. 아라비아의 기수법에 힘입어 과학은 기술적으로 거의 완벽하다 할 만큼 수를 효과적으로 조작할 수 있게 되었다. 산술상의 세부적인 것들과의 싸움—예컨대 기원전 1600년의 이집트 산술에서 볼 수 있는 것과 같은—에서 이처럼 벗어나게 됨으로써 수학은 후기 그리스의 수학에서 희미하게나마 이미 예견되어 있었던 발전을 성취할 여유를 마련하게 되었다. 여기서 대수가 등장하게 되었는데, 대수란 산술을 일반화시킨 것이다. 수의 개념이 존재의 모든 특정한 집합과의 관련으로부터 추상되었던 것과 꼭 마찬가지로, 대수에 있어서도 모든 특정한 수의 개념으로부터 추상이 이루어진다. "5"라는 수가 다섯 개의 사물로 이루어진 임의의 집합에 똑같이 관계하는 것과 마찬가지로, 대수에서도 문자가 사용되어 임의의 수에 똑같이 관계하게 된다. 물론 여기에는 각 문자가, 그것이 사용되는 일련의 추리 전체에 있어서 동일한 수에 관계해야 한다는 단서가 붙기는 한다.

대수는 복잡한 산술 문제를 푸는 방법인 방정식에서 처음으로 사용되었다. 여기서 수를 대신하는 문자는 "미지수"라 명명되었다. 그러나 방정식은 이윽고 새로운 하나의 관념, 즉 임의의 수를 대신하는 문자들의 함수, 곧 하나 또는 그 이상의 일반 기호들의 함수라는 관념을 시사하였다. 이러한 활용에 있어 수를 대신하는 문자는 그 함수의 "독립변수"[7]라 불리는데, 때때로 "변수"라 불리기도 한다. 그래서 예컨대, 하나의 각이 임의의 단위로 측정된 수치를 나타내는 문자에 의해 표시된다면 그때 삼각법은 이 새로운 대수에 흡수될 것이다. 이런 길을 거쳐 대수는 일반 해석학으로 발전하게 되는바, 여기서 우리는 결정되어 있지 않은 독립변수들을 지닌 다양한 함수들의 성질을 고찰하게 된다. 그리고 마지막으로 삼각 함수, 대수(對數) 함수, 대수(代數) 함수와 같은 특수한 함수들은 "임의의 함수"라는 관념으로 일반화된다. 그런데 지나치게 확대된 일반화는 구체적인 결실을 가져오지 못한다. 우리가 일반화를 추구하는 데 있어 그것을 적절한 특수성에 의해 제한할 때, 풍성한 결실을 낳는 개념을 얻게 된다. 예를 들어 연속의 한계를 끌어들였던 임의의 연속적 함수라는 관념은 나중에 중요한 여러 응용

---

7) 독립변수(argument)

수학에서 사용하는 각종 표에 있어서 그 표 중의 다른 수량과 관계되고 있는 하나의 수량을 의미한다. 예를 들면, 제곱근 표에서 x의 각종 값에 대한 $\sqrt{x}$의 여러 값이 표기되고 있지만, 이때의 x의 여러 값을 독립변수라고 부른다. 그리고 $\sqrt{x}$를 x의 함수라고 부르는 데 대해서 x는 흔히 변수라고 불리지만, 화이트헤드는 그의 저서 《수학 입문》(*An Introduction to Mathematics*, 1911), 11장에서 변수와 독립변수를 동의어로 사용하고 있다.

들 가운데 대다수를 가능하게 했던 결실이 풍부한 관념이었다. 지금 말한 대수적 해석학[8]의 탄생은 데카르트의 해석기하학의 발견[9] 및 그 다음의 뉴턴과 라이프니츠의 미분법의 발명[10]과 때를 같이하였다. 진정 만일 피타고라스가 자신이 창안했던 일련의 사상이 가져올 결실을 예견할 수 있었더라면, 그는 신비적인 의식에 열의를 다하는 교단을 가지고 있다는 것이 지극히 정당하다고 느꼈을지도 모른다.

이제 내가 주목하고 싶은 점은, 이처럼 함수 관념이 수학의 추상적 영역을 지배하는 가운데 그 관념은 수학적으로 표현된 자연 법칙을 가장하여 자연의 질서 속에 자리하게 되어 갔다는 사실이다. 수학의 이러한 진보가 없었더라면 17세기의 과학의 발달은 불가능했을 것이다. 수학은 자연을 관찰해 나갈 때 과학자들에게 필요한 상상적 사고 과정을 배후에서 지원하였던 것이다. 그리하여 갈릴레이가 공식을 만들어 냈고, 데카르트가 공식을 만들어 냈으며, 호이겐스[11]도 공식을

8) 해석학은 대수학이나 기하학과 대립하며, 주로 미적분학과 함수론을 취급하는 수학의 일부분이다. 여기서 화이트헤드가 "대수적"이라고 표현한 것은 "수 대신에 문자 기호를 사용하여 수학의 일반적 법칙을 연구하는 방법을 택한다."는 뜻으로 쓰이고 있음을 앞뒤의 문맥으로 미루어 알 수 있다.

9) 데카르트의 *Discours de la méthode*(1637)에는 세 편의 부록이 있는데, 그 중 두 편은 물리학에 관한 것이고 나머지 한 편은 해석기하학에 관한 것이다. 그는 기하학에 대수학을 응용한 최초의 사람은 아니었지만 함수의 관념을 명확하게 가지면서, 곡선을 방정식으로 표현한 데 그의 독창성이 있다고 할 수 있다.

10) 미분법의 발명을 둘러싸고, 뉴턴과 라이프니츠 중에서 누가 진정한 발명자이고 표절자인가에 대해서는 당사자 간에, 그리고 그 후에도 오래도록 쟁점이 되었다. 그러나 현대에는 두 사람이 다 같이 독자적인 발명자로 인정되고 있다. 뉴턴의 미분법은 유율법(Fluxion)이라 불리며, 그 발명은 1666년에 이루어졌다고 하나 기법은 불완전하다고 한다. 이 방법의 근본 원리를 발표한 것은 1687년이었다. 라이프니츠와의 관계는 1676년에 시작되었고, 라이프니츠의 미분법은 1684년에 발표되었다.

11) 호이겐스(Christian Huyghens, 1629~1695)
네덜란드의 물리학자. 토성의 가장 큰 원환을 발견하였다. 빛을 파동으로 보았으며, 광

만들어 냈고 또 뉴턴도 공식을 만들어 냈던 것이다.

보다 추상화된 수학이 그 당시의 과학에 미친 영향의 특정한 한 가지 사례로서 주기(週期)의 개념을 고찰해 보자. 일반적으로 여러 가지 일들이 반복하여 일어난다는 것은 우리의 일상 경험에 비추어 볼 때 아주 명백하다. 하루하루가 반복되고 달의 위상(位相)이 반복해서 나타나며 사계절이 반복되며 회전하는 물체는 반복해서 원래의 위치로 되돌아가며, 심장의 고동과 호흡이 반복된다. 도처에서 우리는 반복되는 것을 만나게 된다. 반복이 없다면 지식도 불가능할 것이다. 왜냐하면 그때는 아무것도 과거의 경험에 연관시킬 수 없을 것이기 때문이다. 뿐만 아니라 반복의 규칙성을 떠나서는 측정한다는 것도 불가능할 것이다. 우리가 경험을 통해 정확성의 관념을 획득하게 되는 데에는 무엇보다도 반복이라는 것이 근본이 된다.

16, 17세기에 있어 주기의 이론은 과학에서 가장 중요한 자리를 차지하고 있었다. 케플러는 각 유성(遊星)이 그리는 궤도의 장축(長軸)을, 그 유성이 자신의 궤도를 그리는 주기와 연결시키는 법칙을 발견하였다. 갈릴레이는 진자(振子)의 주기적 진동을 관찰하였다. 뉴턴은 소리를, 응축(condensation)과 희박(rarefaction)의 교차에 의한 주기적인 파동이 공기를 통과하면서 만들어 내는 공기의 교란에 기인하는 것으로 설명하였다. 호이겐스는 빛을 엷은 에테르의 횡파로 설명하

파를 전파하는 물질을 에테르라 이름하고, "호이겐스의 원리"를 세움으로써 반사, 굴절 및 복굴절과 같은 현상들을 이론적으로 설명하였다. 당시에는 뉴턴의 빛 입자설이 지배적이었고, 따라서 그의 파동설은 각광을 받지 못하다가 19세기에 들어와 영(T. Young, 1773~1829)과 프레넬(A. J. Fresnel, 1788~1827)의 연구를 통해 부활되어 비로소 빛을 보게 되었다. 또 호이겐스는 진자 운동을 탐구하여 원운동에 있어서의 원심력의 법칙을 밝히는 한편, 진자의 등시성을 응용하여 최초로 진자 시계를 제작하기도 하였다.

였다. 메르센[12)]은 바이올린 현의 진동 주기를 그 현의 밀도, 장력(張力) 및 길이에 연결시켰다. 근대물리학은 주기라고 하는 추상 관념을 다양한 구체적 사례에 적용시킴으로써 탄생하였다. 그러나 수학자들이 주기 개념에 얽혀 있는 다양한 추상 관념들을 미리 추상적으로 정돈해 놓지 않았더라면 근대과학의 탄생은 불가능했을 것이다. 삼각법은 직각삼각형의 내각 하나하나를 그 삼각형의 두 변과 빗변 사이의 비율에 관련시키는 데 성공함으로써 생겨난 것이었다. 그리고 나서 새로이 발견된 해석학에 힘입어 삼각법은 이러한 비율들이 예증하고 있는 간단한 추상적인 주기 함수에 대한 연구로 그 폭을 넓혀갔다. 그래서 삼각법은 완전히 추상적인 것이 되었으며, 또 이처럼 추상적인 것이 됨으로써 유용한 것이 되었다. 삼각법은 전적으로 상이한 여러 물리적 현상들의 집합들 사이에 존재하는 기본적인 유사성을 드러내 보여 주었고, 동시에 또한 그러한 집합들이 갖고 있는 다양한 특징들을 분석해 내고 이들을 다시 서로 관련시킬 수 있도록 해 주는 수단을 제공하였던 것이다.*

수학이 보다 극단적인 추상적 사고의 상위 영역으로 깊이 들어감에 따라, 그것이 지상으로 되돌아왔을 때 구체적인 사실의 분석에 있어 그만큼 더 그 중요성을 증대시켜 왔다는 사실은 그 무엇보다도 더 인상적이라 하겠다. 17세기의 과학사를 읽을 때면, 마치 그것이 플라

12) 메르센(Marin Mersenne, 1588～1648)
프란체스코회에 속하는 신학자이자 철학자인 동시에 수학자이기도 하였다. 데카르트의 친구로서 데카르트와 그 당시 학자들 사이의 의사 교환에서 중개자 역할을 했다고 한다.

* 순수 수학의 본질 및 기능에 관한 상세한 고찰에 관해서는 A. N. Whitehead, *Introduction to Mathematics*(London: Home Univ. Library, Williams and Norgate)를 참소.－지은이 주

톤이나 피타고라스의 꿈을 생생하게 그려 놓은 것 같은 느낌을 갖게 된다. 그리고 바로 이러한 특성으로 말미암아 17세기는 그 다음 시대의 선구가 되었던 것이다.

최대한의 추상이야말로 우리가 구체적인 사실에 관해 사고할 때 사용해야 할 진정한 무기라고 하는 역설이 이제 비로소 분명해졌다. 17세기 수학자들이 탁월했던 까닭에 18세기는 수학적 정신으로 충만해 있었고, 특히 프랑스의 영향을 많이 받았던 곳에서 더욱 그러하였다.[13)] 다만 로크에게서 파생된 영국 경험론은 예외로 간주되어야 한다. 프랑스를 빼놓고 볼 때, 철학에 대한 뉴턴의 직접적인 영향은 칸트에게서 가장 선명하게 나타나 있으며 흄에게서는 찾아볼 수 없다.

19세기에 이르러 수학의 일반적 영향은 쇠퇴하였다. 문학에서의 낭만주의적 경향과 철학에서의 관념론적 경향은 수학적 정신의 산물이 아니었다. 그리고 과학 자체의 영역에 있어서조차 그러했던바, 지질학, 동물학, 생물학 등의 발달은 하나같이 수학과의 연관에서 단절되어 있었다. 이 세기에 이목을 집중시켰던 과학의 주요 논제는 다윈의 진화론이었다. 따라서 이 시대의 일반적 사상에 관한 한 수학자들은 표면에 나서지 않고 있었다. 그러나 그렇다고 해서 수학이 무시되고 있었거나, 심지어 영향력이 전혀 없었던 것은 결코 아니다. 오히려 19세기에 순수 수학은 피타고라스 이후 그 당시까지 수세기에 걸쳐 이룩했던 것에 견줄 만한 진보를 이루어 놓았다.[14)] 물론 수학의 기술이 이미 완성되어 있었기 때문에 진보는 그만큼 수월했다. 그렇기는

13) 18세기 유명한 수학자들의 이름을 들어 보면 당시의 사정을 짐작할 수 있을 것이다. 스코틀랜드의 맥클로린(Maclaurin), 스위스의 베르누이(Bernoulli) 일가, 스위스 태생의 오일러(Euler), 프랑스의 라그랑주(J. L. Lagrange), 끌레로(Clairaut), 달랑베르(D' Alembert), 라플라스(Laplace) 등이 그들이다. 이 가운데 영국인은 한 사람도 없다는 점이 주목된다.

하지만 1800년과 1900년 사이에 일어났던 수학에서의 변화는 매우 주목할 만한 것이다. 우리가 현대 이전의 2세기의 기간을 그에 앞선 100년과 함께 묶어 고찰해 본다면, 수학의 기초가 처음으로 마련된 것은 17세기 후반 25년의 기간 중 어느 시점에서였지 않았을까 생각하고 싶어진다. 피타고라스로부터 데카르트, 뉴턴, 라이프니츠에 이르는 기간 동안 기본 개념들이 계속해서 발견되어 왔는데, 이것들의 학문적 전개는 과거 250년을 통해 비로소 이루어졌던 것이다. 이렇게 말하는 것이 곧 근대세계의 천재들이 보여 주었던 탁월성을 강조하는 것은 아니다. 왜냐하면 학문을 전개하는 일보다 그 기본 개념들을 발견해 내는 일이 더 어렵기 때문이다.

19세기를 통해 볼 때, 수학은 역학과 물리학에, 그리고 파생적으로 공학과 화학에 영향을 주었다. 이러한 과학들을 매개로 하여 수학이 인간 생활에 미친 간접적인 영향은, 우리가 이를 아무리 높이 평가해도 지나치다고 할 수 없을 그런 것이었다. 그러나 수학이 이 시대의 일반 사상에 직접적으로 끼친 영향은 하나도 없었다.

유럽이 역사 전체에 걸친 수학의 영향에 대하여 개괄적으로 행한 지금까지의 서술을 검토해 볼 때, 우리는 수학이 일반 사상에 직접적

14) 19세기는 독일을 중심으로 하여 다음과 같은 많은 수학자를 배출하였다. 독일에서는 가우스(K. F. Gauss, 1777~1855 : 정수론, 방정식론, 허수론 및 급수론 등), 야코비(F. H. Jacobi, 1743~1819 : 타원 함수론, 편미분 방정식론), 바이에르스트라스(K. Weierstrass, 1815~1897 : 함수론, 무리수론), 리만(G. F. B. Riemann, 1826~1866 : 함수론, 비유클리드 기하학), 칸토어(G. Cantor, 1845~1918) 및 데데킨트(J. W. R. Dedekind, 1831~1916 : 무리수론), 프랑스에서는 쿠시(Couchy : 함수론, 행렬식론), 리젠드르(Legendre : 정수론, 타원 함수론, 최소 이승법), 에르미트(Hermite : 대수학), 포앙카레(H. J. Poincaré, 1854~1912 : 함수론, 미분 방정식론, 해석기하학), 비유클리드 기하학을 건설한 헝가리의 보야이(J. Bolyai, 1802~1860), 그리고 러시아의 로바체프스키(N. I. Lobatchevskij, 1792~1856) 같은 사람들을 들 수 있을 것이다.

인 영향을 끼쳤던 오랜 시기가 두 차례 있었고, 그 두 시기는 모두 대략 200년 동안 지속되었다는 것을 알 수 있다. 첫째 시기는 피타고라스로부터 플라톤에 이르는 시기로서, 학문의 가능성과 그것의 일반적 성격이 처음으로 그리스 사상가들의 머리에 떠올랐던 시기가 된다. 둘째 시기는 근대의 17, 18세기로 이루어져 있다. 이 두 시기는 모두 어떤 공통되는 특징을 가지고 있다. 뒤의 시기와 마찬가지로 앞의 시기에서도 인간의 여러 관심 분야에 있어서 사상의 일반적 범주들이 무너져 내리는 상태에 있었다. 즉 피타고라스의 시대에는 호화로운 제식(祭式)과 마술적인 의식(儀式)이라는 전통적인 외모를 갖춘 무의식적인 이교 정신(異敎 精神)이 두 가지 영향 밑에서 새로운 국면으로 접어들고 있었다. 그 하나는 존재의 깊숙한 비밀을 직접적으로 밝히고자 애쓰는 종교적 열광의 물결이었고, 또 하나는 이와 정반대의 극에서 감정에 동요되지 않고 어디까지나 냉철하게 존재의 궁극적 의미를 찾아내려는 데 눈을 뜨게 된 비판적인 분석적 사고였다. 그 결과는 크게 달랐지만 이 두 영향 가운데 공통되는 하나의 요소가 있었으니, 이는 사람들의 호기심이 눈을 뜨게 되었다는 것, 그래서 전통적인 방식을 재구성하려는 운동이 일어났다는 것이다. 이교의 비법은 청교도의 반동 및 구교도의 반동에 비견될 수 있을 것이다. 비록 세부적인 점에 있어서는 중요한 차이점이 있었다 하더라도, 이 두 시기는 모두 비판적인 과학적 관심을 갖고 있었다는 점에서 서로 닮은 데가 있었다.

위의 두 시대 모두에 있어 그 초기 단계는 날로 번창해 가는, 그래서 새롭게 많은 기회가 열려 있는 시기였다. 이런 점에서 이들 단계는 기독교가 로마 세계를 정복해 나아가고 있던 2, 3세기의 점차적인 쇠퇴의 시기와는 달랐다. 환경의 직접적인 압력으로부터 벗어날 수 있는 기회가 주어져 있고 왕성한 호기심이 발동하고 있는 시기에 있어서만, "시대정신"은 한 시대의 중대한 사상적 출발점이 되는 보다 구체적인 개념들 속에 숨어 있는 기초적인 추상 관념들을 직접 수정하는 일에 착수할 수 있는 법이다. 이러한 과제가 이행될 수 있는 시기란 매우 드물지만, 그러한 시기에는 수학이 철학과 밀접한 관련을 맺게 된다. 왜냐하면 수학은 인간 정신이 획득할 수 있는 가장 완벽한 추상 관념들을 다루는 학문이기 때문이다.

그런데 이 두 시기의 유사성을 지나치게 확대 해석해서는 안 된다. 근대세계는 지중해 연안을 둘러쌌던 고대 문명보다 더 광대하고 복잡하며, 심지어 콜럼버스나 청교도들이 대서양을 건넜던 당시의 유럽문명보다도 더 광대하고 복잡하다. 오늘날 우리는 우리의 시대를 설명하는 데 있어, 장차 주도적인 역할을 하게 될 뿐만 아니라 그 후에도 계속해서 1천 년 동안 지탱될 수 있는 그런 어떤 간단한 공식을 이용할 수는 없게 되었다. 따라서 루소의 시대 이후로 수학적 정신이 잠시 침체되어 왔던 시기도 이제 종말을 보게 되는 것 같다. 우리는 이제 종교, 과학 및 정치사상을 재구성해야 할 시기에 들어서고 있는 것이다. 이러한 시대에 있어 우리가 단순히 극단에서 극단으로 오락가락하는 어리석음을 피하려 한다면, 무엇보다도 우리는 진리를 그 가장 깊은 뿌리에서 탐구하지 않으면 안 된다. 이처럼 진리를 깊숙이 통찰하는 일은 철학을 떠나서는 불가능하다. 수학의 임무는 궁극적인 추상 관념들 사이의 상호 관계를 탐구하는 일인데 반해, 그러한 추상 관념들을 완벽하게 설명하는 것은 철학이기 때문이다.

오늘날에 있어서 수학이 일반적으로 얼마만큼 중요시되고 있는가를 정확히 이해하기 위해 먼저 과학상의 특정한 난제를 하나 들어, 이를 해결하고자 할 때 우리가 자연스럽게 취하게 되는 몇 가지 설명 방식들을 고찰해 보기로 하자. 오늘날 물리학은 양자론(量子論)의 문제로 고심하고 있다. 아직 이 이론을 잘 모르고 있는 사람들에게 그것이 어떤 성격의 것인지를 내가 여기서 설명할 필요는 없겠다.* 그런데 내가 주목하고자 하는 것은 양자론의 문제에 있어 두 가지의 아주 그럴 듯한 설명 방식이 있다는 점이다. 그 하나는 전자(電子)가 공간에서의 그 경로를 연속적으로 통과하지 않는다고 가정하는 것이다. 전자의 존재 방식에 관한 또 하나의 설명은 전자가, 공간상에서 계열을 이루고 있는 하나하나의 위치에 시간적 순서를 따라 일정 시간 동안 나타났다가 사라지곤 한다고 말하는 것이다. 이것은 마치 다음과 같은 자동차의 주행과 비슷하다. 즉 어떤 도로를 매 시간 30마일의 평균 속도로 달리고 있지만 연속적으로 도로를 통과하는 것이 아니라, 순차적으로 매 이정표가 있는 곳에 모습을 나타내어 거기서 2분간 정지했다가 달리곤 하는 자동차의 주행 방식과 유사하다는 것이다.

우선 무엇보다도 우리가 이러한 개념 설정이 양자론의 난해한 여러 특성들을 사실상 설명해 주고 있는지 어떤지를 확인해 보려 할 때 우리는 순전히 기술적으로 수학을 이용하지 않을 수 없게 된다. 그 개념이 이러한 테스트에 합격한다면 물리학은 당연히 그 개념을 채택할 것이다. 여기까지의 문제는 전적으로 수학과 물리학이 서로 협조하면서 수학적 계산과 물리적 관찰에 의거하여 결정해야 할 문제이다.

그런데 이제 하나의 문제가 철학자들에게 넘겨진다. 앞서 지적했던 것처럼 전자가 공간에 있어 불연속적으로 존재한다고 할 때 그것의 존재 방식과, 우리가 흔히 명백한 것으로 여기고 있는 물리적 사물의 연속적인 존재 방식은 상당히 다른 것임에 틀림없다. 전자는 일부의 사람들이 티베트의 성자(聖者)들이 갖고 있는 것이라고 보았던 특

---

* 8장 참조.-지은이 주

성을 빌려서 가지고 있는 것처럼 보인다. 오늘날 전자는 그것과 밀접한 관계를 가지고 있는 양성자(陽性子)와 함께, 일상적으로 경험되는 물체를 구성하는 기본적인 존재로 간주되고 있다. 그러므로 만일 이와 같은 설명이 받아들여질 경우, 우리는 물질적 존재의 근본 성격에 관한 우리의 모든 관념을 수정해야만 할 것이다. 왜냐하면 이처럼 궁극적인 존재에까지 꿰뚫고 들어갈 때, 공간에 있어서의 존재의 이 놀라운 불연속성이 드러나기 때문이다.

우리가 외관상 분해될 수 없는 것처럼 보이는 물질의 안정된 지속성에다 소리나 빛에 대해서 오늘날 적용하고 있는 원리를 그대로 적용하는 데 반대하지 않는다면 앞서 말한 역리(逆理)를 설명하는 데 아무런 어려움이 없을 것이다. 우리의 귀에 한결같은 것으로 들리는 소리는 공기 진동의 산물로 설명되고, 우리의 눈에 안정된 것으로 보이는 빛깔은 에테르 진동의 산물로 설명된다. 만약 우리가 바로 이와 동일한 원리에 입각해서 확고한 것으로 보이는 물질의 지속성을 설명한다면, 그때 물질의 근원적 요소 하나하나는 기초가 되는 에너지 곧 활동력의 수축과 팽창으로 이루어지는 진동으로 간주될 수 있을 것이다. 에너지라는 물리학적 관념을 기초로 하여 생각해 본다면, 근원적 요소 하나하나는 진동하는 에너지 흐름의 유기체적인 결집계(an organized system)가 될 것이다. 그래서 또한 각 요소는 일정한 주기를 가질 것이며, 이 주기 속에서 그 에너지 흐름의 결집계는 한 정점의 극대치로부터 다른 정점의 극대치로 움직일 것이다. 바다의 조수(潮水)에 비유하자면, 이 결집계는 한차례의 밀물로부터 다른 한차례의 밀물로 움직일 것이다. 근원적인 요소를 구성하는 이 결집계는 결코 어떤 순간에 존재하는 것이 아니다. 그것이 자신을 표출하기 위해서는 자신의 온전한 주기가 필요하다. 그것은 마치 음악에 하나의 음색이 어떤 순간에 존재하지 않는 것과 같다. 음색이라는 것도 자신을 표출하기 위해서는 자신의 온전한 주기를 필요로 하는 것이다.

따라서 근원적 요소의 소재가 어디냐를 밝히려고 한다면, 우리는 각 주기의 중심에 있는 그 평균 위치를 결정해야만 한다. 만약 우리가 시간을 보다 세분해서 고찰한다면, 하나의 전기적(電氣的) 존재로서의 그 진동계(振動系)는 존재하지 않게 될 것이다. 진동하는 이러한 존재—여기서 존재란 사실상 진동으로 이루어지는 것이지만—의 공간상의 경로는 마치 순차적으로 이정표가 있는 곳에서 그 모습을 나타내면서도 그 중간에는 어디에서도 모습을 나타내지 않는 자동차처럼, 공간상 떨어져 있는 일련의 위치에 의해 표시되어야 한다.

우리는 먼저 양자론을 진동과 결합시킬 만한 어떤 증거가 있는지 어떤지를 물어보아야 한다. 이 물음에 대해서는 즉석에서 긍정적인 답을 얻을 수 있다. 양자론 전체는 원자의 복사(輻射)에너지를 핵으로 하면서, 복사하는 파동계들(wave-systems)의 여러 주기와 밀접하게 결합되어 있다. 그러므로 진동을 본질로 하는 존재를 가정하는 것이야말로 불연속적인 궤도라는 역리를 가장 그럴 듯하게 설명하는 방식인 것처럼 보인다.

둘째로, 만일 우리가 물질의 궁극적인 요소는 그 본질에 있어서 진동하는 것이라는 가설을 받아들인다면, 그때 하나의 새로운 문제가 철학자와 물리학자에게 주어지게 된다. 여기서 내가 말하는 가설이란 물질의 궁극적인 요소라는 것이 주기를 갖는 계(系)를 떠나서는 존재하지 않는다는 것이다. 이 가설과 관련하여 우리는 진동하는 유기체를 구성하는 성분이 어떤 것인지를 물어야 한다. 우리는 이미 외관상 분해될 수 없는 것처럼 보이는 지속성을 갖춘 물질이라는 것을 폐기하였다. 어떤 형이상학적 측면에서 불가피하다면 몰라도 그렇지 않다면 이제 막 설명한 것과 같은 물질 개념 대신에 다른 어떤 미묘한 질료를 끌어들일 이유는 없다. 이제 17세기 이후 과학이 철학에 부과했던 유물론(唯物論)을 대체할 어떤 새로운 유기체설(doctrine of organism)을 도입하기 위한 장(場)이 마련된 것이다. 여기서 기억해 두어야 할 것은 물리학자가 말하는 에너지란 분명히 하나의 추상 관념이라는 점이다. 유기체로서의 구체적 사실은 현실적인 특성을 완벽하게 표현하는 것이어야 한다. 과학적 유물론이 이처럼, 일단 그 종래의 지위에서 물러나게 되기만 한다면, 이는 틀림없이 사상의 모든 영역에 중대한 파급 효과를 낳을 것이다.

마지막으로 또 하나 곰곰이 생각해 보아야 할 것은, 우리가 결국 수학과 수리 물리학의 창시자 피타고라스가 제기했던 학설의 번역판으로 되돌아오게 되었다는 사실이다. 그는 추상 관념의 중요성을 발견하였고, 특히 음악에 있어 각 음색의 주기성을 특징짓는 것으로서의 수에 주목했던 사람이다. 따라서 주기라고 하는 추상 관념은 수학과 유럽 철학을 탄생시키는 데 중요한 역할을 수행하였던 것이다.

17세기에 있어 근대과학의 탄생은 새로운 수학을 필요로 하였다. 이 수학은 진동하는 존재의 특성을 분석하기 위해 전보다 더 철저하게 무장하고 있었다. 그런데 20세기에 접어들면서 물리학자들은 주로 원자의 주기를 분석하는 데 전념하고 있었다. 실로 피타고라스는 서구의 철학과 수학의 기초를 세우는 가운데 우연하게도 그것들에 더할 나위없는 행운의 선물을 안겨 줄 수 있었던 것이다. 우연이 아니었다면, 신과 같은 천재의 번뜩임이 만유(萬有)의 가장 내밀한 본질을 꿰뚫었던 것일까?

제 3 장

천재의 세기

앞의 두 장에서 나는 17세기에 과학의 급격한 발달에 비옥한 토양의 구실을 했던 여러 선행 조건들에 관해서 고찰하였다. 거기서 나는 사상과 본능적 신념의 다양한 요소들을 역사적으로 추적하였다. 이것은 고대의 고전 문명기에 그러한 요소들이 처음에 어떻게 개화하게 되었는가 하는 고찰에서부터 출발하여, 그것들이 중세기 동안 어떻게 변형되어 갔는가 하는 데 대한 검토를 거쳐 16세기에 그것들은 어떠한 역사적 반역에 부딪치게 되었는가 하는 데 대한 고찰에 이르는 일련의 작업이었다. 거기서 세 가지 주요 원동력이 우리의 주의를 끌었다. 곧 수학의 발흥, 자연의 세부적인 질서에 대한 본능적인 신념, 그리고 중세 후기 사상의 억제할 수 없었던 합리주의가 그것들이다. 여기서 내가 말하는 합리주의란 진리에 이르는 길은 무엇보다도 사물의 본질에 대한 형이상학적 분석을 통하는 길이라는 신념, 그리고 이러한 분석에 힘입어 사물의 활동 방식과 기능 방식을 결정할 수 있을 것이라는 신념을 의미한다. 그 역사적 반역은 이러한 방법을 철저히 타파하고, 선행 사건과 후행 사건으로 이루어지는 경험적 사실들을 연구하기 위한 것이었다. 종교에서 이것은 기독교의 기원에 호소하는 것을 의미하였고, 과학에서는 실험과 귀납적 추리 방법에 호소하는 것을 의미하였다.

그 이후 오늘날에 이르는 225년 동안 유럽 민족들이 누렸던 지적생활에 대해 간략하고도 정확하게 말해 본다면, 그들은 저 17세기의 천재들이 제공했던 유산인 축적된 관념들에 의지하여 살아왔다고 할 수 있다. 17세기의 사람들은 16세기의 역사적 반역에 수반되었던 발효(醱酵)된 관념들을 물려받았고, 인간 생활의 모든 측면에 관계되는 정연한 사상 체계를 후세에 물려주었다. 바로 이 17세기야말로 인간 활동의 전역에 걸쳐 시종일관, 여러 가지 중대한 문제들에 어울리는 지적 천재들을 배출한 시대였다. 이 100년 동안의 활동 무대에 등장하는 수많은 인물들은 저작 연표의 기록을 통해 쉽게 확인될 수 있다. 이 세기가 동틀 무렵, 마치 이 시대가 장차 과거와 미래에 대한 안목을 가지게 되리라는 것을 예고라도 하듯이, 베이컨의 《학문의 진보》(*Advancement of Learning*)와 세르반테스의 《돈키호테》(*Don Quixote*)가 같은 해(1605)에 출판되었다. 《햄릿》(*Hamlet*)의 4절판 초판이 이보다 한 해 앞서 나왔고, 약간 다른 판이 같은 해에 나왔다. 그리고 결국 셰익스피어와 세르반테스는 같은 날, 즉 1616년 4월 23일에 눈을 감았다. 바로 이 해 봄에, 하비[1]는 런던의 내과 의학회에서 행한 일련의 강연에서 자신의 "혈액 순환설"을 처음으로 발표하였다. 뉴턴이 태어난 해는 갈릴레이가 눈을 감은 해였으며(1642), 코페르니쿠스의

---

1) 하비(William Harvey, 1578~1657)
영국의 의학자. 이탈리아의 파두아대학의 해부학자 파브리기우스 밑에서 정맥에 관해 연구하였으며, 이어서 심장의 고동과 혈액의 흐름에 관해서 연구한 후, 1616년에 그 견해를 발표, 1628년에는 혈액 순환설에 관한 저술을 내놓았다. 그는 상황 증거에 따라 혈액이 동맥에서 정맥으로 흐른다는 것을 추론하면서도, 그 자신은 그것을 관찰한 일이 없었다고 한다. 하비가 죽은 지 4년 뒤에 이탈리아의 말피기(M. Malpighi)가 이것을 처음으로 관찰하였다고 한다.

《천체 운행》(*De Revolutionibus*)이 출판된 지 꼭 100년이 되는 해였다. 뉴턴이 출생하기 1년 전에 데카르트는 《성찰》(*Meditationes*)을, 그리고 그보다 2년 뒤에 《철학 원리》(*Principia Philosophiae*)를 각각 출판하였다. 천재적인 사람들에 관련된 중요한 사건들을 열거하자면 이 세기는 시간적 간격을 허락하지 않을 정도였다.

나는 여기서 이 시대에 이루어진 지적 발전의 여러 단계들을 연대순으로 일일이 언급할 수는 없다. 그것은 한 장(章)에서 다루기에는 너무 큰 주제일 뿐 아니라, 만일 그렇게 한다면 내가 전개하고자 마음먹은 관념들이 모호해지고 말 것이다. 나의 논의를 위해서는, 이 세기에 중요한 저작을 세상에 내놓았던 몇몇 사람들의 이름만을 열거하는 것으로도 충분할 것이다. 베이컨, 하비, 케플러, 갈릴레이, 데카르트, 파스칼, 호이겐스, 보일, 뉴턴, 로크, 스피노자, 라이프니츠 등이 그들이다. 나는 이 명단의 인물 수를 12라는 신성한 수로 한정하였지만, 이 수는 이 시대의 대표적 인물들을 열거하기에 너무 적은 것이 사실이다. 예를 들어 여기에는 이탈리아인이 단 한 사람밖에 없는데, 이탈리아는 사실상 국내의 학자들만으로도 이 명단을 채울 수 있을 것이다. 또 여기에는 생물학자가 하비 한 사람이고, 영국인이 너무 많이 들어가 있다. 이러한 결함은 저자인 나 자신이 영국인이고, 또 이 글이 나와 마찬가지로 17세기는 바로 우리 영국인의 것이었다고 생각하는 독자를 향해 쓰이고 있다는 사실에 부분적으로 기인한다. 만약 저자가 네덜란드인이었다면 네덜란드 사람의 이름을 많이 들었을 것이고, 이탈리아인이었다면 이탈리아 사람의 이름을, 그리고 프랑스인이었다면 프랑스 사람의 이름을 더 많이 들었을 것이다. 30년 전쟁의 불운으로 말미암아 당시 독일은 황폐화하였다. 그러나 그 밖의 나라들은 하나같이 이 세기를 되돌아보면서 천재의 전성기였다고 생각한다.

분명코 이 세기는, 후일 볼테르가 프랑스인들에게 주지시켰던 바와 같이 영국 사상의 위대한 시기였던 것이다.

하비 이외의 생물학자들을 생략한 점에 대해서도 설명이 필요하다. 물론 이 세기에는 주로 이탈리아, 특히 파두아대학을 중심으로 생물학에 괄목할 만한 발전이 있었다. 그러나 내가 목적하는 바는 과학으로부터 파생되고, 또 과학에 의해서 전제되는 철학적 세계관을 추적하여 밝히고, 각 시대의 일반적 풍토에 미친 그것의 영향들 가운데 일부를 평가하는 일이다. 그런데 이 시대의 과학철학은 물리학의 지배하에 있었다. 따라서 이 과학철학은 이 세기와 그 다음에 이어지는 두 세기의 물리학적 지식의 상태를 일반적 개념에 의해 매우 선명하게 표현하고 있다. 사실상 이 개념들은 생물학에 있어 아주 부적절한 것들이며, 오늘날 생물학자들이 씨름하고 있는 물질, 생명, 유기체에 관한 풀기 어려운 문제를 생물학에 안겨 준다. 그러나 살아 있는 유기체에 대한 과학은 이제야 겨우 그것이 갖고 있는 개념들이 철학에 영향을 미칠 수 있을 만큼 성장하고 있다. 19세기 후반에 생물학적 관념들을 17세기의 유물론에 각인시키려는 시도가 몇 차례 있었으나 모두 실패로 돌아갔다. 이러한 결과를 어떻게 평가하건 다음과 같은 한 가지 분명한 사실이 있다. 즉 17세기의 근본 개념들은 갈릴레이, 호이겐스 및 뉴턴을 낳았던 사상의 유파에서 나온 것들이었지, 파두아의 생리학자들에게서 나온 것들은 아니었다는 점이다. 그래서 17세기에 생겨난 하나의 미해결 문제는 다음과 같이 정식화될 수 있을 것이다. 즉 "물리적 법칙에 따라 공간 속에서 위치 이동하는 물질의 배치 구조(configurations)를 전제로 하여 살아 있는 유기체를 설명하라."

이 시대를 논의함에 있어 먼저 프란시스 베이컨의 말을 인용하는 것이 가장 좋을 것 같다. 그것은 그의 《자연사》(*Natural History*), 즉

《수풀의 수풀》[2] 9절의 첫머리에 있는 구절이다. 그의 목사였던 로우리 박사가 당시에 썼던 회고록에 의하면 이 저술은 그의 생애의 마지막 5년 동안에 씌어졌다고 한다. 따라서 이것은 1620년에서 1626년 사이에 쓰인 것임에 틀림없는 것으로 보인다. 인용하려는 구절은 다음과 같다.

> 모든 물체들이 비록 감각(sense)을 갖고 있지는 않다 하더라도, 지각(知覺, perception)을 가지고 있다는 것은 확실하다. 왜냐하면 한 물체가 다른 물체에 가까이 다가갈 때, 마음에 드는 것은 끌어당기고 마음에 들지 않는 것은 배제하거나 배척하는 일종의 선택 작용이 일어나기 때문이다. 그리고 이 물체가 변화하는 가운데 있건 이미 변화했건 간에, 지각은 언제나 행동보다 앞선다. 그렇지 않다면 모든 물체는 서로 유사한 것이 되고 말 것이기 때문이다. 그리고 물체의 종류에 따라서는 때때로 지각이 감각보다 훨씬 더 예민하며, 그래서 이때 감각은 지각에 비해 아주 둔한 것인 경우가 있다. 예를 들어 청우계(晴雨計)는 우리가 감각적으로 발견해 내지 못하는 지극히 미소한 온도의 차이까지 감지해 낸다. 또 이러한 지각은 접촉하고 있는 것에 대해서뿐만 아니라 떨어져 있는 것에 대해서도 이따금 일어날 때가 있다. 예컨대 자석이 쇠붙이를 끌어당긴다든지, 불길이 상당한 거리에 있는 바빌론의 휘발유를 끌어당기는 경우가 그것

---

2) 베이컨이 기도한 학문의 *Instauratio magna*는 여섯 부문으로 나뉘어 있다. 첫째는 학문의 분류, 둘째는 새로운 방법, 셋째는 자연사, 넷째는 인식의 단계, 다섯째는 자연과학의 결과 예측, 여섯째는 자연과학으로 되어 있다. 이 계획 중에서 베이컨이 실제로 다룬 것은 첫째와 둘째이며, 첫째는 *Advancement of Learning*(1605)—이것은 다시 정정 증보되어 1623년에 라틴어로 쓰인 *De dignitate et augmentis scientiarum*으로 나타났다. 둘째는 *Novum Organum*(1620)이다. 셋째의 *Natural History*, 즉 자연의 설명에 관한 부분은 그가 죽은 후 비서의 손으로 《수풀의 수풀》(*Silva Silvarum*, 집대성이라는 뜻)이라는 표제로 간행되었다.

> 이다. 따라서 비교적 예민한 지각들은 아주 훌륭한 연구의 주제가 된다고 하겠다. 왜냐하면 그것은 감각과 함께 자연을 여는 또 하나의 열쇠가 될 뿐만 아니라, 때로는 감각보다 더 좋은 열쇠가 되기도 하기 때문이다. 그 밖에도 그것은 자연현상을 예측하는 주요 수단이 된다. 왜냐하면 이 지각에서 초기에 나타나는 것이 훨씬 뒤에 가서 커다란 결과로 이어지는 경우가 있기 때문이다.

이 인용문에는 흥미로운 문제들이 많이 들어 있으며, 이 가운데 일부는 다음에 계속되는 각 장에서 중요한 것으로 등장하게 될 것이다. 첫째로, 베이컨이 지각 즉 영향 수용(taking account of)하는 것과, 감각 즉 인식적인 경험(cognitive experience)을 구별하는 세심한 방식에 유의할 필요가 있겠다. 이런 점에서 베이컨은 궁극적으로 17세기를 지배하고 있던 물리학적 사유 방식의 테두리 밖에 있었다. 좀 더 뒤에 가서야 사람들은 외부로부터 힘의 작용을 받는 수동적인 물질을 생각하게 되었다. 베이컨의 사유 방식은, 당시 물리학에 적절한 형식의 것으로 받아들여지고 있던 유물론적 개념들이 표현했던 진리보다 더 근원적인 진리를 표현하고 있었다고 나는 믿는다. 오늘날 우리는 17세기의 천재들이 우리의 학문에 깊숙이 심어 놓은 유물론적 관점에 아주 익숙해져 있기 때문에 자연의 여러 문제에 접근하는 또 다른 방법이 있을 수 있다는 것을 이해하는 데 상당한 어려움을 느끼게 된다.

내가 방금 들었던 인용문을 예로 놓고 볼 때, 그 구절 전체와 그것이 들어가 있는 앞뒤의 문맥에는 실험적 방법, 즉 “원리에로 환원시킬 수 없고 굽힐 수도 없는 엄연한 사실”에 대한 주의와 일반 법칙을 이끌어 내는 귀납법이 요소요소에 침투해 있다. 17세기가 우리에게 물려준 또 하나의 미해결 문제는 이 귀납법에 대한 합리적인 정당화의 문제이다. 스콜라 학자들의 연역적 합리주의와 근대인들의 귀납적인 관찰 방법을 명확하게 대립시키는 시각은 주로 베이컨에게서 비롯되었던 것으로 간주되어야 한다. 물론 갈릴레이나 그 당시의 과학자들도 마음속으로는 그러한 시각을 갖고 있었던 것이 사실이긴 하지만 말이다. 그러나 베이컨은 이들 가운데서도 더 초기에 속하는 사람이었고, 또 그 당시에 진행 중에 있던 지적 혁명의 전반적인 의의를 가장 명백하게 파악하고 있었다. 베이컨과 근대인의 전반적인 관점을 가장 완벽하게 예견했던 사람이 있었다면 아마도 그는 베이컨보다 거의 정확하게 1세기 전에 살았던 레오나르도 다빈치일 것이다. 레오나르도는 내가 앞 장에서 제기했던 주장, 즉 자연주의적 예술의 발흥은 근대의 과학적 정신의 형성에 하나의 중요한 요소였다는 주장을 예증해 주고 있다. 사실상 레오나르도는 베이컨보다 더 완벽한 과학자였다. 법률에 종사하는 것보다 자연주의 예술에 종사하는 것이 물리학, 화학, 생물학에 종사하는 것과 더 가깝다. 베이컨과 같은 시대의 인물로서 혈액 순환의 발견자인 하비가 "베이컨은 과학에 관해서 대법관처럼 썼다"고 말한 적이 있다는 것을 우리는 누구나 잘 알고 있다. 그러나 근대 초기에 있어 다빈치와 베이컨은 다 같이 근대세계를 형성하기 위해 결합되었던 다양한 경향들, 즉 준법정신과 자연주의 예술가들의 끈덕진 관찰의 습성을 예증해 주고 있는 인물들이다.

앞서 내가 베이컨의 저술에서 인용한 구절 가운데에는 귀납적 추리방법에 관한 아무런 뚜렷한 언급도 들어 있지 않다. 그러나 이 방법의 중요성과 이 방법에 의해서 발견되는 자연의 비밀이 인류의 복리를 증진시키는 데 얼마나 중요한가를 강조하려는 것이 그 저술에서 베이컨이 주목했던 주요 논제 가운데 하나였다는 사실을 입증하기 위해 내가 여기서 그의 말을 일일이 인용할 필요는 없을 것이다. 그 후

귀납법은 베이컨이 예상했던 것보다 다소간 더 복잡한 방법이라는 것이 밝혀졌다. 그는 사례들을 수집할 때 충분한 주의만 기울인다면 일반 법칙은 저절로 나타나게 된다는 신념을 가지고 있었다. 이러한 생각이 과학적 일반화를 가져다주는 여러 절차에 대한 설명으로는 매우 불충분하다는 사실을 오늘날의 우리로서는 잘 알고 있고, 아마 그 당시의 하비도 알고 있었으리라고 믿어진다. 그러나 뺄 것은 모두 빼어버린다 해도 베이컨이 근대세계의 정신을 구축한 위대한 건설자 가운데 한 사람이라는 사실에는 여전히 변함이 없을 것이다.

귀납법에 의해 야기된 특수한 난점들이 18세기에 드러나게 되었는데, 이는 흄이 행한 비판의 결과였다. 그러나 베이컨은 역사적 반역을 예언했던 인물들 가운데 한 사람이었다. 이 반역은 구태의연한 합리주의의 방법을 버리고, 결실이 풍부한 지식의 기초를 과거의 특수한 계기에서 미래의 특수한 계기로 나아가는 추론 위에 올려놓는 또 다른 극단적인 방법으로 추구해 갔던 것이다. 귀납법이 올바로 사용되는 한, 나로서는 그것의 타당성을 조금도 의심할 생각이 없다. 내가 말하고 싶은 점은, 직접적인 인지(認知)에 있어 우리에게 제시되고 있는 직접적 계기로부터 그 일반적 특성을 이끌어 내기 위해 이성을 사용한다고 하는 지극히 어려운 작업이, 적어도 우리가 귀납법을 정당화시키려고 하는 한 반드시 필요한 예비 작업이 된다는 것이다. 단, 귀납법은 물론 옳다라는 막연한 본능을 그 정당성의 근거로 삼는 데 우리가 만족한다면 이야기는 달라질 것이다. 직접적 계기 속에 과거와 미래에 대한 지식을 제공해 주는 그 무엇이 들어 있든가, 아니면 우리가 기억과 귀납법에 대해서 완전히 회의하게 되든가 할 따름이다. 과학이나 일상생활에서 사용되는 귀납적 추리 과정을 밝히는 열쇠는 인식되는 직접적 계기를 그 완전한 구체성에 있어 올바르게 이해하는 데 있으며, 이 점은 아무리 강조해도 지나치다고 할 수 없을 것이다. 이처럼 계기들의 특성을 구체적으로 파악하는 것과 관련해서 볼 때, 근대의 생리학과 심리학의 발달은 대단히 중요한 의의를 지닌다. 나는 이 점을 다음에 계속되는 여러 장에서 예증하게 될 것이다. 우리가 지금 말하고 있는 구체적 계기를, 우리로 하여금 물리적 대상을 시간과 공간에서의 배치 구조의 변화 속에 있는 것으로만 고찰하게 하는 단순한 추상적 계기로 대치시킨다면, 우리는 해결할 수 없는 숱한 난점에 휩싸이게 될 것이다. 그와 같은 추상적 대상들은 단지 그것들이 지금 있는 곳에 있다는 것만을 알려 줄 수 있을 뿐이기 때문이다.

따라서 우리는 1장에서 내가 인용했던 중세기 이탈리아인들에 의해서 설명되었던 것과 같은 스콜라철학의 방법으로 되돌아갈 필요가 있다. 우리는 직접적 계기를 관찰하여야 하며, 그 계기의 본질에 관한 일반적 기술을 이끌어 내기 위해 이성을 사용해야만 한다. 귀납법은 형이상학을 전제로 하고 있다. 바꾸어 말하자면 그것은 그에 선행하는 하나의 합리주의를 발판으로 삼고 있는 것이다. 우리의 형이상학이, 우리가 호소할 과거 역사라는 것이 존재한다는 것을 보증해 주지 않는 한, 과거 역사에 대한 우리의 호소는 아무런 합리적 정당성도 없는 것이 되고 만다. 그리고 이와 마찬가지로, 미래에 관한 우리의 추측은 이미 어느 정도 규정되어 있는 미래가 존재한다고 하는 어떤 기본적인 지식을 전제로 한다. 어려움은 이들 두 관념 가운데 어느 하나라도 우리가 이해하는 데 있다. 만약 이것을 이해하지 못했다면, 우리는 귀납법을 전혀 이해하지 못한 것이 된다.

곧 알게 되겠지만, 나는 "귀납법"의 본질이 일반 법칙을 이끌어 내는 데에 있는 것이라고 생각하지 않는다. 그것은 이미 알고 있는 특정한 과거의 특성들로부터 특정한 미래의 몇몇 특성들을 예측해 내는 방법이다. 인지할 수 있는 모든 계기에 들어맞는 일반 법칙들에 대한 폭넓은 가정은 이 제한된 지식이 떠맡기에 너무 무거운 짐인 것처럼 보인다. 우리가 현재의 계기로부터 끌어낼 수 있는 것은 다만, 동일한 집합체에 들어 있다는 사실에 의해 어떤 점에서 서로 한정하고 있는 여러 계기들의 특정한 집합체를 이 현재의 계기가 규정할 것이라고 하는 점뿐이다. 물리 과학에서 고찰되는 이 계기의 집합체란, 이른바 공통의 시공(時空) 가운데 서로 결합되어 있어서 우리가 한 사건으로부터 다른 사건으로의 이행을 더듬어 올라갈 수 있는 그런 사건들의 집합을 말한다. 그렇기 때문에 우리는 우리가 인식하는 직접적 계기에 나타나는 그 공통의 시공을 언제나 참고로 하게 되는 것이다. 귀납적 추리는 특정한 계기에서 여러 계기들의 특정한 집합체로 나아가며, 다시 이 특정한 집합체에서 그 집합체에 들어 있는 여러 특정한 계기들 사이의 관계로 나아간다. 우리는 다른 과학적 개념들을 검토하고 나서야 비로소 귀납법에 관한 논의를 이 잠정적인 결론 이상으로 밀고 나갈 수 있을 것이다.

베이컨의 저술에서 취했던 인용문에서 주목해야 할 세 번째 점은, 거기서 제기되고 있는 언명의 성격이 순수하게 질적인 것이라는 점이다. 이런 점에서 베이컨은 17세기 과학의 성공 배후에 놓여 있던 주요 흐름을 전혀 보지 못하고 있었다. 과학은 당시 점차 주로 양적인 것이 되어가고 있었고, 또 오늘날에 이르기까지 그러하다. "현상들 가운데서 측정될 수 있는 요소들을 탐구하고, 이어서 물리적 양의 이러한 측정치들 사이의 관계를 탐구하라." 베이컨은 이러한 과학의 대명제를 무시하였다. 예를 들어, 위의 인용문에서 그는 떨어져 있는 것에 미치는 작용에 대해 말하고 있다. 그러나 그는 질적으로 생각하고 있었지 양적으로 생각하고 있지 않았다. 물론 베이컨이 그보다 젊었던 동시대인인 갈릴레이나 한참 후배인 뉴턴이 생각했던 것을 미리 통찰하고 있었어야 했다고 우리가 말하는 것은 무리일 것이다. 그렇다고는 하지만 베이컨은 양에 대한 탐구가 필요할 것이라는 점에 관해서는 암시조차 하고 있지 않다. 어쩌면 그는 아리스토텔레스로부터 전해 내려온 그 당시의 논리학설에 오도되어 있었는지도 모른다. 왜냐하면 이 논리학설들은 물리학자에게 측정하라고 말해야 옳았을 것인데 분류하라고 말하고 있었기 때문이다.

17세기가 마감될 무렵 물리학은 측정이라는 만족스런 토대 위에 서게 되었고, 뉴턴은 이에 대한 궁극적이고도 충분한 설명을 제시하였다. 질량이라고 하는 측정 가능한 공통 요소가 모든 물체들의 특성을 양적 차이로 규정하는 데 있어 핵심적인 역할을 하는 것으로 간주되었다. 기본적인 성질, 모양, 크기에 있어 외관상 동일한 물체들은 거의 동일한 질량을 가지며, 외관상의 동일성이 뚜렷하면 뚜렷할수록 질량에서도 그만큼 동일해지는 것이라고 여겨졌다. 접촉에 의한 것이건 떨어진 곳에서의 작용에 의한 것이건 간에, 물체에 작용하는 힘은 (사실상) 다음과 같이 정의되었다. 즉 물체의 속도 변화의 비율이 어떤 힘에 의해서 생긴다고 할 때, 그 힘은 물체의 질량에다 그 물체의 속도 변화를 곱한 것과 같다는 것이다. 이렇게 해서 힘은 물체의 운동에 미치는 그 효과에 의해 인식된다. 그런데 여기서 다음과 같은 문제가 발생한다. 즉 힘의 크기를 그런 식으로 파악했을 때, 과연 우리는 이것을 통해, 여러 실체 및 그것들의 물리적 특성을 이루는 배치 구조의 상황에 따라 상이한 방식으로 규정되어야 할 힘들을 설명해 주는 간단한 양적인 법칙들을 발견할 수 있겠는가 하는 것이다. 뉴턴의 개념은 근대를 통해 극히 성공적으로 이러한 문제점을 헤쳐 나갔다. 그 최초의 업적은 중력의 법칙이었다. 그리고 이 업적의 점차적인 확산은 역학적 천문학, 공학, 물리학의 발전 전체로 나타났다.

세 가지의 운동 법칙과 중력 법칙이 거기서 어떤 과정을 거쳐 마련되었었는가 하는 점은 비판적으로 주목할 만한 가치가 있다. 이 사상을 완벽하게 전개하는 데에는 정확히 두 세대가 필요했다. 그것은 갈릴레이에게서 시작되어 뉴턴의 《수학의 원리》에서 완결되었다. 그리고 뉴턴은 갈릴레이가 사망하던 해에 태어났다. 또한 데카르트와 호이겐스의 생애는 양쪽 끝에 위치하는 이 두 위인의 생존 기간에 해당된다. 이 네 사람의 노력이 결부되어 빚어낸 성과는 일찍이 인류가 성취했던 최대 유일의 지적 결실이라고 보아도 어느 정도 타당하다고 할 것이다. 그 성과의 규모에 대하여 평가하려면 우리는 그것이 영향력을 행사했던 범위 전체를 고려하지 않으면 안 된다. 그것은 우리로 하여금 물질적 우주의 구조를 선명히 들여다 볼 수 있도록 해 주며, 하나하나의 사건들이 지니고 있는 지극히 미세한 부분까지 계산할 수 있도록 해 준다. 갈릴레이가 이러한 사고 노선의 개척을 향한 첫발을 내디뎠다. 그는 주목해야 할 중요한 점이 물체의 운동이 아니라 운동의 변화임을 간파했던 것이다. 갈릴레이의 이 발견은 뉴턴에 의해 운동의 제1법칙, 즉 "모든 물체는 그것이 정지 상태에 있건 일직선으로 등속 운동을 하고 있건 외부의 힘이 작용하여 그 상태를 변화시키지 않는 한 그러한 상태를 계속 유지한다"는 법칙으로 정식화되었다.

이 법칙은 2천 년 동안이나 물리학의 발전을 가로막았던 하나의 신념에 대한 거부를 함축하고 있다. 그것은 또한 과학적 이론에 불가결한 근본 개념, 즉 관념적으로 짜인 고립된 체계의 개념과 관계된다. 이 개념은 사물들이 지닌 하나의 근본 성격을 나타낸 것으로, 그것 없이는 과학이, 아니 인간 지성의 유한성을 고려할 때 어떠한 지식도 불가능할 것이다. 이 "고립된" 체계는 그 외부에 어떠한 것의 존재도 인정하지 않는 유아론적(唯我論的)인 체계가 아니다. 고립이라고 해도 그것은 어디까지나 우주의 내부에서 그렇다는 말이다. 이 말의 의미는 그 체계에 있어서 진리들이 성립되며, 이 진리들이 필요로 하는 그 체계 밖의 사물들과의 관계란 오직 하나의 한결같은 체계적 관계 도식을 매개로 하는 관계일 뿐이라는 것이다. 따라서 하나의 고립된 체계라는 개념은 이 체계 밖의 사물들로부터 그것이 실체로서 독립해 있다는 것을 함의하고 있는 것이 아니라, 우주 안의 나머지 개별적인 사물에 대한 우연적인 의존 관계를 전혀 갖지 않는다는 것을 함의하고 있을 뿐이다. 나아가, 이처럼 우연적인 의존 관계를 전혀 갖지 않는다는 특성은 오직 고립된 체계에 귀속되는 여러 추상적 성질을 파악하려고 할 때 필요한 것일 뿐이고, 그 체계를 완전한 구체성에서 파악하려 할 때는 필요하지 않은 것이다.

운동의 제1법칙은, 역학적으로 고립된 어떤 체계의 특수한 존재 방식과 그 부분들의 내적 배치를 모두 사상(捨象)하고 그 체계의 운동을 하나의 전체로서 고찰하는 한에 있어, 우리가 그러한 체계에 대해서 말할 수 있는 것이 무엇인가를 묻는다. 아리스토텔레스는 그러한 체계가 정지하고 있는 것으로 간주되어야 한다고 말하였다. 갈릴레이는 한걸음 더 나아가 정지 상태는 특수한 경우에 지나지 않으므로, "정지 상태에 있든가, 아니면 일직선적인 등속 운동의 상태에 있든가 둘 중의 하나"라고 하는 일반적 관점이 필요하다고 말하였다. 따라서 아리스토텔레스의 견해를 따르는 사람은 외부 물체의 작용에 의해 생기는 힘이란 그 힘이 가져다주는 속도에 의해 양적으로 측정될 수 있으며, 또 이 속도의 방향에 의해서 그 방향이 정해지는 것이라고 생각할 것이다. 반면 갈릴레이의 입장에 서는 사람은 가속도의 크기와 그 방향에 주목할 것이다. 이러한 차이는 케플러와 뉴턴을 대조시킬 때

드러난다. 이 두 사람은 모두 행성의 궤도 운동을 지속적으로 가능하게 하는 힘에 관해 깊이 생각하였다. 여기서 케플러는 궤도에 따라 유성을 떠미는 접선력(接線力)을 탐구하는 데 반해, 뉴턴은 행성의 운동 방향을 변경시키는 중심력을 탐구했던 것이다.

아리스토텔레스가 범한 잘못을 길게 논하는 것보다는 우리의 경험에 나타나는 명백한 사실들을 고려하면서, 그 잘못의 그럴 듯한 이유를 부각시키는 편이 더 유익하겠다. 우리가 일상적으로 흔히 경험하는 모든 운동들은 외부의 힘에 의해 뚜렷하게 뒷받침되지 않는 한 지속될 수 없는 것들이다. 따라서 건전한 경험주의자라면 분명코 운동의 지속이라는 문제에 주의를 집중시켜야 할 것이다. 여기서 우리는 상상력이 없는 경험주의가 빚어내는 여러 위험들 가운데 하나에 부딪치게 된다. 17세기도 이와 똑같은 위험을 예증하고 있는바, 다른 모든 사람들이 그랬듯이 뉴턴도 이 함정에 빠지고 말았던 것이다. 호이겐스는 이미 빛의 파동설을 제기해 놓고 있었다. 그러나 이 학설은, 일상적인 경험에 나타나는 빛에 관한 가장 명백한 사실, 즉 장애물이 만들어 내는 그림자는 직진하는 광선에 의해서 결정된다는 사실을 설명하지 못하고 있었다. 그래서 뉴턴은 이 설을 물리치고 그림자를 완벽하게 설명해 주는 입자설을 채택하였던 것이다. 그 이후 이 두 학설은 각각 그 황금기를 구가하였다. 오늘날의 과학계는 이 두 학설의 결합을 추구하고 있다. 위의 예는 어떤 관념이 당면한 문제에 포함된 가장 명백한 사실들 가운데 하나를 설명하지 못한다고 해서 그 관념을 거부해 버리는 위험을 보여 주고 있다. 만약 우리가 우리 시대에 있어 접하게 되는 여러 참신한 생각에 주목해 본다면 진정한 새로운 관념이 처음 제기될 때 그것들은 거의 모두가 어딘가 어리석어 보이는 측면을 지니고 있는 것처럼 보인다는 것을 경험하게 될 것이다.

운동의 법칙으로 되돌아가 볼 때, 눈에 띄는 점은 아리스토텔레스의 입장과는 다른 갈릴레이의 입장을 받아들였던 이유가 17세기에 하나도 제시되지 않았었다는 사실이다. 그것은 하나의 궁극적 사실로 간주되고 있었다. 다음에 계속되는 여러 장(章)을 따라 현대에 들어서게 되면, 우리는 상대성 이론이 단지 공간과 시간에 관한 우리의 관념 전체를 수정함으로써 이러한 문제를 완벽하게 설명하고 있음을 보게 될 것이다.

당시 뉴턴에게 남아 있던 과제는 우선 물체의 본성에 내재하는 물리적 양으로서의 질량에 주목하는 일이었다. 질량은 운동의 온갖 변화 가운데서도 불변하는 것으로 상정되어 있었다. 그러나 화학 변화에 있어서의 질량 불변에 대한 증명은 1세기 후 라브와지에에 의해 비로소 이루어졌다. 뉴턴의 다음 과제는 물체의 질량과 그 가속도를 이용하여 외적인 힘의 크기를 산정(算定)하는 일이었다. 여기서 그는 뜻밖의 행운을 누리게 되었다. 왜냐하면 수학자의 관점에서 볼 때 두 양의 곱이라는 지극히 간단한 법칙이 풍성한 성과를 가져온 법칙으로 판명되었기 때문이다. 현대의 상대성 이론은 이 극도로 간단한 법칙을 수정하고 있다. 그러나 현대 물리학자들이 하고 있는 것과 같은 정교한 실험이 그 당시 알려져 있지 않았다거나, 심지어 불가능한 것이기조차 했다는 점은 과학에 다행한 일이었다. 사정이 그러했기 때문에 세계가 뉴턴의 운동 법칙을 소화하는 데에는 2세기라는 세월이 필요했던 것이다.

이와 같은 뉴턴의 성과를 염두에 둔다면, 과학자들이 그들의 여러 궁극적인 원리들을 유물론적 토대 위에 올려놓았고, 그 이후부터 더 이상 철학에 신경 쓰지 않았다는 것은 조금도 이상한 일이 아니라 하겠다. 이 토대가 무엇이며, 그것이 궁극적으로 어떤 난점들을 내포하고 있는 것인가를 정확히 이해하게 될 때, 우리는 그 사고의 과정을 파악하게 될 것이다. 한 시대의 철학을 비판할 때, 그 철학의 대표자들이 명백히 옹호할 필요가 있다고 느끼는 그들의 지적인 입장에만 주의를 집중시켜서는 안 된다. 그 시대에 속하는 다양한 온갖 학설의 지지자들 모두가 무의식적으로 상정하고 있는 근본 전제가 몇 가지 있는 법이다. 그러한 전제는 지극히 명백한 것처럼 보이고 또 달리 생각할 방도가 떠오르지 않기 때문에, 그들은 자신들이 무엇을 전제하고 있는지조차 모르고 있다. 이러한 전제 위에서 철학 체계의 몇 가지 유형이 성립되며, 이러한 체계들이 그 시대의 철학을 형성하게 된다.

이와 같은 하나의 전제가 근세의 자연철학 전체의 밑바닥에 깔려 있다. 그것은 자연의 가장 구체적 측면을 표현하는 것으로 가정되는 특정한 개념 속에 구현되고 있다. 이오니아의 철학자들은 "자연은 무엇으로 만들어져 있는가"라고 물었다. 이에 대한 답변은 소재, 질료, 물질—이것은 어떻게 명명되든 상관없다—등과 같은 술어로 제시되었다. 그리고 이것은 시간과 공간 속에서의, 또는 보다 현대적인 개념으로 하자면 시공간 속에서의 단순 정위(simple location, 단순히 위치를 점거함)[3)]를 그 속성으로 갖고 있다. 여기서 내가 말하는 질료나 물질이란 바로 이러한 단순 정위를 속성으로 하고 있는 것들을 가리킨다. 그리고 이때의 단순 정위란 시간과 공간에 똑같이 관계하고 있는 하나의 주요 특성과, 시간과 공간에 각기 다르게 관계하고 있는 사소한 다른 특성들을 지칭한다.

---

3) 이 성질은 유기체철학의 입장에서 화이트헤드가 근대과학을 비판할 적에 들고 있는 표적이다. 이에 대한 비판은 *Process and Reality*(1부, 5장, 3절)와 같은 그 후의 저서에도 자주 언급되고 있다.

시간과 공간에 대하여 공통되는 특성이란 물질이 공간 내의 이곳과 시간 내의 이곳에, 또는 시공 내의 이곳에 있는 것으로 기술될 수 있다는 특성을 말하며, 이곳이란 다른 시공 영역과 관련시켜 설명할 필요가 없는 결정적인 의미에서의 이곳을 뜻한다. 그런데 아주 기묘하게도 이 단순 정위라는 특성은 우리가 시공의 한 영역을 절대적으로 규정된 것으로 보든 상대적으로 규정된 것으로 보든 이것과 무관하게 성립한다. 왜냐하면 만약 한 영역이 다른 여러 존재에 대한 관계들의 어떤 조합을 나타내는 하나의 방식에 불과한 것이라면, 내가 단순 정위라고 부르는 이 특성에 대해서 다음과 같이 말할 수 있기 때문이다. 즉 단순 정위란, 물질이 다른 여러 존재에 대해 단순히 그러한 위치 관계를 갖는 것으로 기술될 수 있으며, 그 다른 여러 존재에 대한 유사한 위치 관계로 이루어지는 다른 여러 영역에 관련시켜서 설명될 필요가 없다고 하는 특성이라는 것이다. 사실 시공 내에 있어서의 일정한 위치의 의미를 이렇게 규정했을 때, 곧바로 우리는 어떤 특정의 물체가 단순히 그 시각 그 장소에 존재한다고 말함으로써 시공에 대한 그 물체의 관계를 적절하게 기술할 수 있게 된다. 그래서 단순 정위에 관련된 한, 그 물체의 위치 관계에 대해 더 이상 말할 것이 없게 되는 것이다.

그러나 내가 앞서 언급한 사소한 특성들에 관해서 약간의 부수적인 설명이 있어야 하겠다. 첫째로 시간과 관련해서 생각해 볼 때, 만약 물질이 어떤 시간 동안 존재하고 있었다면, 그것은 그 시간의 모든 부분에서 똑같이 존재했다고 할 수 있다. 다시 말해 시간은 분할된다 해도 물질은 분할되지 않는다. 둘째로 공간과 관련해서 생각해 볼 때, 체적의 분할은 곧 물질의 분할을 뜻하게 된다. 따라서 물질이 하나의 체적 전체를 차지하고 있다면, 그 체적이 계속해서 반분(半分)되어도 거기에는 그에 상응하는 분량의 물질이 있게 될 것이다. 공간의 한 점에 있어서의 밀도의 개념은 바로 이러한 공간의 성질로부터 이끌어낸 개념인 것이다. 그래서 밀도의 개념을 인정하는 사람은 누구도 현대의 극단적인 몇몇 상대성 이론가들이 만족할 수 있을 만큼 시간과 공간을 유사한 것으로 취급하지 못한다. 왜냐하면 물질에 대하여 시간의 분할이 행하는 작용과 물질에 대하여 공간의 분할이 행하는 작용은 전혀 다르기 때문이다.

더 나아가 물질이 시간의 분할과 아무런 관련도 없다는 사실은 시간의 경과가 물질의 본질에 속한다기보다는 부수적인 것에 불과한 것이라는 결론을 낳는다. 물질은 아무리 짧게 분할된 시간 가운데서도 완전하게 자신을 존속시킨다. 그래서 시간의 추이는 물질의 특성과 아무런 관계도 없는 것이 된다. 물질은 시간의 각 순간에 있어서 항상 그 자체로 머물러 있는 것이다. 여기서 시간의 각 순간은 추이하지 않는 것으로 간주된다. 왜냐하면 오히려 시간의 추이가 각 순간들의 계기(繼起)로 이해되기 때문이다.

그러므로 "세계는 무엇으로 만들어져 있는가"라는 고대 이오니아 철학자들의 물음에 대하며 17세기의 천재들은 세계란 질료나 물질—이보다 더 미세한 소재를 포함시킨다면 에테르와 같은 것—의 순간적인 배치 구조들의 계기라고 답하였던 것이다.

과학이 자연의 근본적인 요소와 관련하여 그와 같은 가정에 만족하고 있었다는 것은 조금도 이상한 일이 아니다. 중력과 같은 자연의 거대한 힘이 전적으로 질량의 배치 구조에 의해서 결정되었다. 이처럼 배치 구조가 자신의 변화를 결정하게 됨에 따라 과학 사상의 영역은 완벽하게 폐쇄되고 말았다. 이것이 바로 17세기 이래 줄곧 최고의 지배권을 행사해 왔던 저 유명한 기계론적 자연관이다. 이것은 물리

과학의 정통 신조이다. 이 신조는 실제적인 검증에 의해 정당화되었고 또 효과적으로 기능 하기도 하였다. 물리학자들은 더 이상 철학에 관심을 두지 않았다. 그들은 저 "역사적 반역"의 반(反)합리주의를 강조하였다. 그러나 이 유물론적 기계론의 여러 난점들은 오래지 않아 분명하게 드러나게 되었다. 18, 19세기의 사상사는 세계가 버릴 수도 없고 취할 수도 없는 하나의 일반 관념에 매달려 있었다는 사실에 의해 단적으로 요약될 수 있다.

순간적인 물질적 배치 구조의 단순 정위는 그것이 시간에 관련되는 한, 그리고 그것이 구체적 자연의 근본적인 사실로 간주되는 한, 베르그송[4]이 강력하게 비난했던 개념이다. 그는 그것을 지성에 의한 실재의 "공간화(spatialisation)"에 기인하는 자연의 왜곡이라고 주장한다. 나는 베르그송의 비난에 동의한다. 그러나 나는 그러한 왜곡이 지성에 의한 자연 파악에 필연적으로 따르게 되는 해악이라고 본 점

4) 베르그송(Henri Bergson, 1859~1941)
현대 프랑스의 대표적 철학자. 1894년부터 3년간 고등 사범학교 교수, 1900년부터 1921년까지 콜레주 드 프랑스의 교수로 활동하였다. 1914년에 아카데미 회원으로 피선, 1927년에 노벨상을 받았다. 그는 시간을 도외시하고 공간에 치중하는 전통 형이상학의 실재론을 공격하면서 시간을 철학의 중심 과제로 올려놓았다. 그러나 그것은 물리적 시간과 같은 동질적이고 무기적인 지속으로서가 아니라, 어디까지나 반복되지 않고 창조적으로 진화하는, 이질적으로 유기적인 지속으로서의 시간을 말하는 것이었으며, 이것이 다름 아닌 순수한 의식의 존재 방식인 "순수 지속"이다. 이것이야말로 진정한 구체적 실재이며, 이것을 파악하는 것은 분석적 사유가 아니고 직관이라고 주장하였다. 사유는 이 순수 지속을 추상화하고 고정화시킨다. 그것은 진정한 실재를 놓치고 만다. 사유는 지속을 고정시키고, 진정한 시간을 "공간화"시키고 만다. 이것이 바로 물리적 시간이다. 그는 더 나아가서 지속을 생명 발전의 기초에 두면서, 약동하는 생명의 표현을 엘랑 비탈(élan vital)이라 불렀으며, 생명의 진화뿐만 아니라 인간의 도덕이나 종교의 문제도 이와 결부시켜 해명하였다. 주요 저서로는 *Essai sur données immédiates de la conscience* (1889), *Matière et memoire*(1896), *Le rire*(1900), *L' évolution créatrice*(1907), *Les deux sources de la morale et de la religion*(1932) 등이 있다.

에는 동의하지 않는다. 나는 다음의 여러 장에서, 이러한 공간화란 보다 구체적인 사실을 매우 추상적인 논리적 구조물의 형태로 표현하는 데서 생겨나는 것임을 밝히려고 노력할 것이다. 사실 여기에 하나의 과오가 있기는 하다. 하지만 그것은 단지 추상적인 것을 구체적인 것으로 오인하는 데서 오는 우연한 과오에 지나지 않는다. 그것은 내가 "잘못 놓인 구체성의 오류"(Fallacy of misplaced concreteness)[5]라 부르려고 하는 것의 한 가지 사례이다. 이 오류는 철학에 있어 커다란 혼란의 원인이 된다. 위의 사례에서는 지성이 이러한 함정에 쉽게 빠지는 경향을 보여 오긴 했지만, 지성이 반드시 그렇게 되도록 되어 있다고 할 수는 없다.

단순 정위의 개념이 귀납법에 커다란 난점을 불러일으킨다는 것은 당장 명백해진다. 왜냐하면 일정 기간의 시간을 통해서 물질의 배치

---

5) 화이트헤드 철학의 뚜렷한 특징 중의 하나는, 빅터 로우 교수도 지적한 바와 같이, 전통적 관념에 대한 3대 비판을 통해서 독자적인 사상을 형성시키고 있다는 점이다. 첫째는 재래의 수학 개념을 비판하면서 수리(기호)논리학을 대성시킨 점이고, 둘째는 뉴턴의 고전물리학에 기초를 둔 소위 과학적 유물주의를 통렬히 반박하면서 독창적인 과학철학을 형성시킨 점이고, 셋째는 흄 철학이 대표하는 "경험의 지각적 개념"을 비판하면서 새로운 지각적 인식론을 전개시키고 있는 점이다. 그런데 이러한 화이트헤드의 3대 비판은 그 기조에 있어 어디까지나 추상에 의한 이해를 삼가고, 모든 문제를 가장 구체적인 경험의 견지에서 파악해야 한다는 철학 정신의 관철이라고 볼 수 있다. 그렇기 때문에 그는 근대의 과학과 철학의 밑바닥에는 추상적인 것을 구체적인 것으로 오인하는, 이른바 "잘못 놓인 구체성의 오류"(fallacy of misplaced concreteness)가 뿌리박혀 있다는 것을 간파했던 것이다. 그에게 있어, 근대의 과학과 철학이 기초 개념으로 전제하고 있는 "단순 정위"(simple location)라든지 "자연의 2원적 분열"(bifurcation of nature)이라든지, 그 밖에 근세 이래로 모든 학문이 범하고 있는 오류의 근원은 바로 그가 말하는 "잘못 놓인 구체성의 오류"에 뿌리박고 있다는 것이다.

이 오류에 관해서는 다시 그의 *Symbolism, Its Meaning and Effect*(1927), 2장, 2절 및 3절에서, 그리고 *Process and Reality*(1929), 1부, 1장, 3절; 2장, 1절; 3장, 3절에서도 거론되고 있다.

구조의 정위(定位)가 과거나 미래의 다른 어느 시간과도 아무런 내적 관련이 없다고 한다면, 어떤 기간 동안의 자연은 다른 어느 기간 동안의 자연과도 아무런 관련이 없다고 하는 결론이 곧장 뒤따라 나오게 되기 때문이다. 따라서 귀납법은, 자연에 내재하는 것으로서 관찰될 수 있는 어떤 것에도 기초하고 있지 않는 것이 된다. 그래서 중력의 법칙과 같은 어떤 법칙들에 대한 우리의 신념을 정당화시키기 위해 자연을 보는 것은 부질없는 일이 된다. 다시 말해 자연의 질서는 자연에 대한 단순한 관찰만으로는 정당화될 수 없다는 것이다. 왜냐하면 현재의 사실 가운데에는 과거나 미래에 본질적으로 관련되어 있는 것이 아무것도 없기 때문이다. 그러므로 귀납법이 그러하듯이 기억도 자연 그 자체 속에서 자신을 정당화시킬 수 있을 만한 어떤 것을 결코 찾아낼 수 없을 것처럼 보인다.

나는 지금까지 17세기 이후의 사상이 걷게 될 과정을 미리 말하였고, 이를 위해 흄의 논거를 그대로 되풀이하였다. 이러한 사상의 노선은 단순 정위라는 개념에 대한 고찰로부터 곧바로 나타나는 것이기 때문에, 나로서는 이에 대한 언급을 18세기를 논의할 다음 장으로 미룰 수가 없는 것이다. 한 가지 기이한 점은 세계가 흄에 이르러 비로소 이러한 난점을 깨닫게 되었다는 것이다. 또한 흄이 나타났을 때 주목을 끌었던 것이 그의 철학에 담겨 있는 종교적인 의미뿐이었다는 사실은 과학자들 세계의 반합리주의를 예증하고 있다고 하겠다. 이는 성직자들이 원칙적으로 합리주의자들이었는 데 반해 과학자들은 자연의 질서에 대한 단순한 신념에 만족하고 있었기 때문이었다. 흄은 분명히 냉소하는 투로 "우리들의 신성한 종교는 신앙에 기초를 둔다"고 말하였다. 이러한 태도는 왕립 협회를 만족하게 하였으나, 영국 국교회에 대해서는 그렇지 못하였다. 그것은 또한 흄을 만족시켰고, 그 후의 경험론자들을 만족시켜 왔던 것이다.

단순 정위설과 나란히 놓고 보아야 할 사상의 또 다른 전제가 있다. 즉 실체와 속성이라는 두 개의 상관적인 범주가 그것이다. 그러나 여기에는 다음과 같은 차이가 있다. 공간의 상태를 적절히 기술한 다른 이론들이 있었지만, 그 상태가 어떠한 것이든 간에 공간 속에 존재하는 사물들이 공간에 대해서 갖는 관계가 단순 정위의 관계라는 사실을 의심하는 사람은 아무도 없었다. 간단히 말하면 공간은 단순 정위의 장소라고 암암리에 전제하고 있었던 것이다. 공간 속에 존재하는 것은 무엇이나 단순히 공간의 어떤 특정 부분에 존재한다. 그러나 이와는 달리 실체와 속성에 관해서는 17세기의 지도적 입장에 있던 사람들이 정녕 어찌할 바를 몰라하고 있었다. 비록 그들이 천재성을 발휘하여 그들의 당면 목적에 적합한 이론을 곧바로 만들어 내기는 하였지만 말이다.

물론 실체와 속성은 단순 정위의 경우와 마찬가지로 인간 정신이 지극히 자연스럽게 생각하기 쉬운 관념이다. 그것은 우리가 사물을 생각할 적의 사고 형식인데, 이러한 사고 형식이 없다면 일상생활에서 바로 사용 가능한 관념들을 얻을 수 없을 것이다. 이는 의심의 여지가 없다. 다만 문제가 되는 것은, 이러한 개념들을 통해서 자연을 고찰할 때 우리가 과연 얼마만큼 구체적으로 사고하고 있느냐 하는 점이다. 내가 말하려고 하는 것은, 여기서 우리가 직접적인 사실을 단순화시켜 놓은 복제판을 머리에 떠올리고 있을 뿐이라는 사실이다. 이러한 단순화된 복제판의 기본적인 요소들을 검토해 본다면, 그것들은 사실상 고도의 추상적인 지평에서 정교하게 조립된 논리적 구성물로서만 정당화될 수 있는 것들임을 발견하게 될 것이다. 물론 사사로운 심리적 측면에서 보자면 우리는 누구나 지엽 말단적인 것처럼 보이는 것들을 배제해 버리는 단도직입적인 방법에 의해 여러 관념에 도달한다. 그러나 우리가 이 지엽 말단적인 것들의 배제를 정당화하려 할 때, 배제되지 않고 남아 있는 것들은, 우리가 말하고 있는 것에 대응하는 것들이기는 하지만 고도로 추상화된 것들임을 발견하게 된다.

그래서 나는 실체와 속성이 잘못 놓인 구체성의 오류를 범하고 있는 또 하나의 사례라고 생각한다. 어떻게 실체와 속성에 대한 여러 가지 생각이 일어나게 되는지를 고찰해 보자. 우리는 하나의 대상을 일정한 특성의 담지자로서 관찰한다. 게다가 각각의 개별적인 존재는 그 특성을 통해서 파악된다. 예컨대 어떤 물체를 관찰한다고 해 보자. 그 물체에는 우리의 주의를 끄는 무엇인가가 있다. 단단하다든가 푸르다든가 둥글다든가 소리가 난다든가 하는 것들이 바로 그런 것들이다. 우리는 이런 성질들을 갖고 있는 무엇인가를 관찰하고 있는 것이다. 우리가 관찰하고 있는 것이라고는 오직 이런 성질들뿐이다. 따라서 사물이란 우리가 그 성질을 관찰하게 되는 기체(基體) 또는 실체(實體)인 것이다. 성질 가운데 어떤 것은 본질적인 것이어서 이것 없이는 그 사물이 그 사물일 수 없게 되는 것인 반면, 그 밖의 다른 것들은 우연적이고 가변적인 것들이다. 17세기말에 존 로크는 물체에 있어서, 양적으로 규정되는 질량을 갖는다거나 어딘가에 단순 정위한다거나 하는 성질들을 본질적인 것으로 간주하였다. 물론 위치를 점유한다는 것은 가변적이며, 질량의 불변성은 극단론자들을 제외하고는 누구에게나 하나의 실험적 사실에 지나지 않는 것으로 간주되고 있었다.

여기까지는 그런 대로 괜찮다. 하지만 파랑이나 소리와 같은 문제로 나아갈 때 우리는 하나의 새로운 상황에 직면하지 않을 수 없게 된다. 우선 무엇보다도 물체란 언제나 파랗다거나 소리를 낸다거나 하지 않을 수도 있는 것이다. 우리는 이미 우연적인 성질이라는 개념에 의해 이 사실을 인정했는데, 지금 당장은 이 생각을 타당한 것으로 받아들여도 좋겠다. 그러나 두 번째로, 진짜 난점이 17세기에 노출되었다. 위대한 물리학자들은 그들의 유물론적 자연관을 기반으로 해서 빛과 소리의 전달에 관한 학설을 정교하게 만들어 냈다. 빛과 관련하여 두 개의 가설이 있었다. 그 하나는 빛이 물질적 에테르의 파동에 의해 전달된다는 것이었고, 또 하나는—뉴턴의 주장—빛이 어떤 섬세한 물질의 지극히 미소한 입자들의 운동에 의해서 전달된다는 것이었다. 누구나 알고 있다시피 호이겐스의 파동설은 19세기의 지배적인 학설이었으며, 오늘날 물리학자들은 복사(輻射)에 수반되는 다소 불분명한 사실들을 설명하기 위해 그 두 학설을 결합시키는 데 치중하고 있다. 그러나 어떤 학설을 택하든지 간에, 빛이나 소리는 외적 자연의 사실로서는 결코 존재하지 않는 것이 된다. 거기에는 다만 물질의 운동이 있을 뿐이다. 또한 빛이 우리의 눈에 들어와 망막에 닿을 때에도 물질의 운동이 있을 뿐이다. 이때 우리의 시신경과 뇌수가 자극되지만 이때에도 역시 물질의 운동이 있을 뿐인 것이다. 에테르의 파동 대신에 공기의 파동을, 눈 대신 귀를 대치시킨다면, 소리에 대해서도 동일한 논의를 할 수 있다.

다음으로 우리는 파랑이나 소리가 어떤 의미에서 물체의 성질이 되는 것인가를 물어볼 수 있다. 또한 이와 마찬가지로 우리는 장미의 향기가 어떤 의미에서 장미의 성질이 되는가를 물어 볼 수 있다.

갈릴레이는 이 문제를 고찰하면서 눈, 귀, 코를 떠나서는 빛깔, 소리, 냄새가 존재하지 않는다는 점을 곧바로 지적하였다. 데카르트와 로크는 제1성질과 제2성질의 이론을 만들어 냈다. 예를 들어 데카르트는 그의 《성찰》 6 * 에서 다음과 같이 말하고 있다.

> 사실 내가 다양한 종류의 빛깔, 소리, 향기, 맛, 열, 굳기 따위를 지각할 때, 감관에 다양한 지각을 유발시키는 물체들 편에서도, 실재에 있어 그 지각들과 비슷하지 않을지는 모르지만, 그 지각들에 상응하는 일정한 변화가 일어나고 있다고 나는 단언한다. …

또한 그는 그의 《철학 원리》에서 이렇게 말하고 있다. "감각에 의해 우리가 외부의 물체에 대해서 알 수 있는 것은 오직 그 모양(또는 상태)과 크기 및 운동밖에 없다."

뉴턴 역학을 다소 이해하고 저술에 임했던 로크는 질량을 물질의 제1성질에 속하는 것으로 보았다. 요컨대 그는 17세기말의 물리 과학에 입각하여 제1성질과 제2성질에 관한 이론을 만들어 냈던 것이다. 제1성질은 물체의 본질적 성질이며, 이 성질들의 여러 시공적 관계가 자연을 구성한다. 이들 관계의 질서로부터 자연의 질서가 나온다. 자연의 사건들은 살아 있는 신체에 결부되어 있는 정신에 의해서 어떻게든 파악된다. 일차적으로 이 정신에 의한 파악은 정신과 상관적인 신체의 어떤 부분에 있어서의 사건, 예를 들어 뇌수에서 일어나는 사건들에 의해서 야기된다. 그러나 파악하는 것으로서의 정신은 감각을, 정확하게 말해서 정신만이 갖고 있는 성질로서의 감각을 경험한다. 이러한 감각들은 정신에 의해 투사되어 외부의 자연에 놓여 있는 것으로서의 물체를 표현할 수 있게 된다. 그렇기 때문에 물체는 실재에 있어 물체에 속하지 않는 성질들을 갖고 있는 것으로 지각되는데, 이 성질들은 사실상 순전히 정신의 산물인 것이다. 그래서 실제로 우리 자신에게 마땅히 돌려져야 할 명예를 자연이 대신 얻고 있는 것이

---

* 존 베이치 교수의 번역판에 의거함.-지은이 주

다. 그렇다면 장미꽃은 그 향기를, 꾀꼬리는 그 노래를, 태양은 그 광휘를 우리에게서 차용한 것이 될 것이니, 그러한 객관적 자연을 노래하는 시인은 전적으로 오류를 범하고 있는 것이다. 왜냐하면 그들은 마땅히 그들의 노래를 그들 자신에게 바치고, 그 노래를 인간 정신의 우수성에 대한 자기 예찬의 노래로 변경함이 지당할 것이기 때문이다. 그 결과, 자연은 소리도 없고 냄새도 없고 빛깔도 없는 무미건조한 것, 물질의 어수선한, 목적도 의미도 없는 준동에 불과한 것이 되고 만다.

자연에 어떠한 옷을 입혀 놓았든지 간에, 자연에 대한 이와 같은 관점은 17세기를 마감했던 독특한 성격의 과학철학으로부터 사실상 도출되고 있었다.

우선 무엇보다도 우리는, 이 철학이 과학적 탐구의 조직화를 위한 하나의 개념 체계로서 놀랄 만한 성과를 거두고 있다는 데 주목하지 않으면 안 된다. 이 점에서 그 철학은 그것을 산출했던 17세기의 천재성에 어울리고도 남음이 있는 것이다. 그것은 그 이후 과학적 탐구의 주도적인 원리로서 행세해 왔다. 그것은 아직껏 여전히 패권을 거머쥐고 있다. 세계의 대학들은 모두 과학적 탐구에 있어 그것에 순응하고 있다. 과학적 진리의 탐구를 달리 조직할 다른 체계는 한번도 제시된 적이 없었다. 그것은 패권을 거머쥐고 있을 뿐만 아니라, 그것에 도전하는 자도 없다.

그러나 이것은 전혀 믿을 수 없는 사상이다. 이러한 우주의 개념은 확실히 고도의 추상적인 관념으로 짜인 것이다. 그리고 이러한 역설은 다만 추상 관념을 구체적인 실재로 오인하는 데서 발생하고 있는 것이다.

17세기 과학 사상의 업적을 기술할 때 아무리 개괄적으로 한다 해도 수학에서의 발전을 생략할 수는 없다. 다른 분야에서와 마찬가지로 여기서도 그 시대의 천재성이 뚜렷이 나타나 있다. 프랑스가 낳았던 위대한 세 사람, 즉 데카르트, 데자르그[6], 파스칼은 근대 기하학의 창시자가 되었다. 또 한 사람의 프랑스인, 페르마[7]는 근대 해석학의 초석을 마련하였고 미분학의 방법을 거의 완성시켰다. 뉴턴과 라이프니츠는 제각기 수학적 추리의 실제적인 방법으로서의 미분학을 창안하여 현실화시켰다. 이 세기가 마감될 무렵 수학은 물리학적 문제에 응용되는 수단으로서 착실하게 성장하였는데, 이는 오늘날의 그 기능과 유사한 성격의 것이었다. 근대의 순수 수학은 기하학을 제외하고는 아직 요람기에 있었고, 그것이 19세기에 이룩하게 될 놀라운 성장을 예고해 주는 어떤 징후도 보여 주지 않았다. 그러나 저 수리 물리학자[8]가 나타나서 다음 세기의 과학계를 지배하게 될 정신의 전형을 보여 주고 있었다. 다음 세기는 "해석학 승리"의 시대로 예정되어 있었다.

17세기는 결국 과학 사상의 한 도식을 산출하였다. 이것은 수학자들이 사용하기 위해 수학자들 자신이 만들어 낸 것이었다. 수학적 정신의 커다란 특징은 추상 관념을 다룰 줄 아는 능력과 이러한 관념들

---

6) 데자르그(Gérard Desargues, 1593～1662)
프랑스의 수학자. 투시 화법을 창시하였고 근대 사영기하학(射影幾何學)의 기초를 닦았다.

7) 페르마(Pierre de Fermat, 1601～1665)
프랑스의 수학자. 자기의 연구를 데카르트나 메르센에게 서한 형식으로 썼을 뿐, 저서는 남기지 않았으나, 그의 수학상의 수기는 사후에 그의 아들에 의해 간행되었다. "x, y, z의 어떠한 정수치도, n이 2보다 큰 정수일 때는 방정식 $x^n + y^n = z^n$을 만족시킬 수 없다"고 하는 그의 유명한 정리(定理)는 아직도 증명되지 못하고 있다. 그는 데카르트가 발표하기 수년 전에, 독자적으로 해석기하학을 연구하였다. 또 라플라스는 그를 미분학의 진정한 발명자라고 불렀다.

8) 라그랑주(Joseph Louis Comte Lagrange, 1736～1813)를 가리킴. 4장 참조.

로부터 일련의 추리를 통해 명확한 논증을 이끌어 내는 능력이다. 그리고 이때의 일련의 추리는 우리가 고려하고자 하는 것이 추상 관념들인 한, 전적으로 만족할 만한 것이다. 한편에서는 공간과 시간 속에 단순 정위하는 물질이라는 관념을 낳은 동시에, 또 다른 한편에서는 지각하고 고민하며 추리하지만 다른 것에 영향을 주지 않는 정신이라는 관념을 낳았던 과학적 추상 관념이 크게 성공한 결과, 철학은 이 추상 관념들을 사실에 대한 가장 구체적인 해석으로 받아들이지 않을 수 없었던 것이다.

여기에 근대철학은 파멸하고 말았다. 철학은 세 개의 극단적인 견해 사이에서 착잡하게 동요하고 있었다. 물질과 정신을 동등한 것으로 간주하는 이원론자들과 정신을 물질 속에 두거나 물질을 정신 속에 두는 두 종류의 일원론자들이 있다. 그러나 추상 관념들의 조작만으로는 17세기의 과학적 도식에 기인된 잘못 놓인 구체성에 의해 야기되는 철학의 내적 혼란을 결코 극복할 수 없는 것이다.

제4장

18세기

시대를 달리하는 지적 풍토를 서로 대비시켜 볼 수 있다면, 유럽의 18세기는 중세기와 완전히 정반대였다. 이 대비는 사르트르의 대성당과, 달랑베르와 볼테르가 논쟁을 벌였던 파리의 살롱과의 차이로 상징된다. 중세기가 언제나 무한자를 합리화시키려는 열망에 사로잡힌 시대였다면, 18세기는 근세의 공동체에 있어서의 사회생활을 합리화시키는 동시에, 그들의 사회학설의 기초를 자연의 사실에 대한 호소에다 마련했던 시대였다. 중세기는 이성을 기반으로 하는 신앙의 시대였다. 18세기는 긁어 부스럼 만드는 일을 하지 않았다. 18세기는 신앙에 기반을 둔 이성의 시대였다. 내가 여기서 의미하는 바는 다음의 예로 보다 분명해질 것이다. 성 안셀무스[1]는 신의 존재에 대한 설득

---

1) 안셀무스(Cantaberiensis Anselmus, 1033~1109)
이탈리아 피에몬테의 귀족 출신으로, 30년 동안 노르망디의 베크 수도원장을 지낸 후, 영국의 캔터베리 대주교가 된 유명한 스콜라철학자. 중세기의 치열했던 "보편 논쟁"에 있어 보편을 단순한 이름에 지나지 않는다고 보았던 유명론(唯名論)에 맞서 개념실재론(槪念實在論)을 주장한 대표적인 인물로서 후세에까지 많은 영향을 끼쳤다. 그는 특히 "신의 존재에 관한 본체론적 증명"으로 유명하다. 교회적 신앙이 이성적 인식의 전제가 된다고 보았으며 "알기 위해서 믿는다"고 설파하였다. 저서로는 *Cur Deus homo, Monologium, Proslogium* 등이 있다.

력 있는 논증을 찾아내지 못했더라면 크게 번민했을 것이다. 그러나 그는 그러한 논증을 기반으로 해서 신앙의 성전을 구축하였다. 이와는 반대로 흄은 자연의 질서에 대한 그의 신앙을 바탕으로 해서 《종교의 자연사》(*Dissertation on the Natural History of Religion*)[2]를 전개하였다. 이 두 시대를 비교할 때, 이성이 오류를 범할 수 있으며 신앙이 그릇된 것일 수 있다는 것을 염두에 두는 것이 좋겠다.

나는 앞 장에서 17세기에 그 이후의 사상을 지배해 왔던 과학적 관념들의 도식이 어떻게 마련되었었는가를 살펴보았다. 그 도식은 한편으로는 물질과, 다른 한편으로는 정신과 관련된 근본적인 이원성을 내포하고 있다. 이 둘 사이에 생명, 유기체, 기능, 순간적 실재, 상호 작용, 자연의 질서라는 개념들이 있고, 이것들이 모여서 그 체계 전체에 대해, 마치 아킬레스의 발꿈치처럼 하나의 약점으로 작용하고 있다.

나의 확신은 다음과 같은 것이다. 즉 우리가 자연적 사실이 갖고 있는 구체적인 성격에 대해 보다 근본적인 표현을 얻으려 할 경우, 위의 도식 가운데 제일 먼저 비판해야 할 요소는 단순 정위 개념이라는 것이다. 이 책에서 그 개념은 중요한 것이 되리라는 생각에서, 나는 내가 그 말에 부여했던 의미를 다시 한번 설명하겠다. 하나의 물질 조각이 단순 정위한다는 말은 다음과 같은 것을 의미한다. 즉 그 물질이 지니고 있는 여러 시공적 관계를 표현하려 할 때, 다른 공간의 영역과 다른 시간의 지속에 대해서 그 물질이 가지고 있는 본질적 관련을 떠나서 그 물질은 그것이 존재하고 있는 곳, 즉 공간의 어떤 유

2) 흄에 의하면 종교의 발생과 그 진리는 학문의 대상이 된다. 이 책에서 그는 종교란 만들어지는 것이 아니고, 인간 정신으로부터 필연적으로 자연 발생하는 것이며, 원시 민족의 신앙으로부터 다신교를 거쳐 점차적으로 일신교로 변화하는 것이라고 주장하였다.

한한 특정 영역에, 그리고 시간의 어떤 유한한 특정한 지속 내부에 존재한다고 말하는 것으로 충분하다는 것이다. 또한 이 단순 정위의 개념은 시간과 공간에 대한 절대론적 견해와 상대론적 견해 사이의 논쟁과 무관하다. 공간이나 시간에 관한 이론이 공간과 시간의 일정한 영역에, 상대적인 것이든 절대적인 것이든 간에 하나의 의미를 줄 수만 있다면, 단순 정위라는 개념은 완전히 명확한 하나의 의미를 갖는다. 이 개념은 바로 17세기에 있어 자연에 관한 도식의 기초가 되고 있는 것이다. 이 개념이 없이는 그 도식이 표현될 수 없는 것이다. 나는 우리의 직접 경험에 의해 파악되는 자연의 근원적 요소들 가운데 단순 정위라는 특성을 지니고 있는 요소는 하나도 없다는 것을 논증할 것이다. 그러나 그렇다고 해서 17세기의 과학이 전적으로 틀렸다는 것은 아니다. 내가 보기에 우리는 구성적 추상화의 방법에 의해, 단순 정위하는 물질 조각들이라는 추상 관념과 과학적 도식에 내포되는 정신이라고 하는 또 다른 추상 관념에 이를 수 있다. 따라서 17세기 과학의 진정한 과오는 그것이 내가 앞서 불렀던 "잘못 놓인 구체성의 오류"를 범한 하나의 사례라는 데 있는 것이다.

한정된 일군(一群)의 추상 관념에만 주목할 때, 우리는 한정된 명확한 관계를 갖고 있는 한정된 명확한 사물들에만 우리의 사고를 집중시킬 수 있다는 장점이 있다. 따라서 논리적 두뇌의 소유자라면, 이들 추상적인 존재들 사이의 여러 관계에 관한 다양한 결론들을 연역해 낼 수 있을 것이다. 게다가 이 추상 관념들이 확고한 토대를 가지고 있다면, 즉 그것들이 경험에 있어 중요한 것을 모조리 사상하지 않는다면, 이들 추상 관념에만 주목하는 과학 사상은 자연에 대한 우리의 경험과 관련된 갖가지 중요한 진리에 도달할 수 있을 것이다. 누구나 다 아는 바와 같이, 명확하고 날카로운 지성이면서도 추상 관념의 단단한 껍질 속에 꼼짝 않고 박혀 있는 경우가 흔히 있다. 그러한 지성은 좋아하든 그렇지 않든 우리로 하여금 오직 그 추상 관념들에만 몰두하게 한다.

아무리 확고한 토대를 가진 것들이라 해도, 오로지 일군의 추상 관념에만 주목하게 될 때, 그러한 시도의 본성상 우리는 나머지 모든 것을 사상(捨象)한다는 단점이 있다. 그러므로 제외된 것들이 우리의 경험에서 중요한 것인 한, 이러한 사고방식은 그러한 것들을 다루기에는 부적절하다고 하겠다. 물론 우리는 추상 관념 없이는 사고할 수 없다. 따라서 추상의 여러 방식을 비판적으로 수정할 때 조심하는 것이 매우 중요하다. 바로 여기에 철학은 사회의 건전한 진보에 불가결한 것으로서 그 지위를 확보하게 된다. 즉 철학은 추상 관념의 비판자인 것이다. 당대의 추상 관념들을 극복하지 못하는 문명은 지극히 짧은 진보의 시기를 보낸 후 불모지로 그 운명을 다하고 마는 법이다. 철학의 활동적인 일파가 사상발전을 촉진시키는 데 중요하다는 것은 마치 철도 기사들의 활동적인 일파가 연료를 운반하는 데 중요하다는 것과 같다.

때때로 추상 관념의 한 도식이 한 시대의 지배적인 관심사를 표현하는 데 놀랄 만한 성공을 거두게 됨으로써 철학의 공헌이 완전히 빛을 잃게 되는 경우가 있다. 18세기가 바로 그러한 시대였다. 당시의 소위 철학자들(les philosophes)[3]은 철학자가 아니었다. 그들은 명석하고도 날카로운 두뇌를 지닌 천재들로서 17세기의 일군의 과학적 추

---

3) 18세기는 프랑스인에게는 "철학자의 세기"라 불린다. 여기서 말하는 철학자는 널리 자유사상가를 지칭하는 것이지만, 좁은 의미로는 특히 백과전서파의 사람들을 지칭하는 경우도 있다.

상 관념들을 광대무변한 우주의 분석에 적용시켰다. 그 당시의 사람들로부터 주목받고 있던 온갖 관념들과의 싸움에서 그들이 거둔 승리는 압도적인 것이었다. 그들의 도식에 적합하지 않은 것은 모조리 무시되고 조소당하고 부정되었다. 고딕 양식의 건축에 대한 그들의 혐오는 막연하게나마 먼 곳을 전망하는 태도에 대하여 그들이 공감하지 않고 있었음을 상징한다. 그것은 이성의 시대, 건전하고 패기 넘치는 의연한 이성의 시대였지만, 그 이성은 편견에 휩싸인 이성이었고, 깊은 곳을 통찰하지 못하는 이성이었다. 그러나 그렇더라도 우리가 18세기 사람들로부터 입고 있는 은혜는 아무리 크게 평가해도 지나치다고 할 수 없다. 당시까지 1천 년 동안의 유럽은 참아 내기 어려운 편협한 공상가들의 손에 시달려 오고 있었다. 18세기에서의 상식, 인간의 고통이라는 명백한 사실에 대한 파악, 그리고 인간 본성의 명백한 욕구에 대한 이해는 세계를 정신적으로 정화시켜 주는 목욕과 같은 역할을 하였다. 볼테르는 부정(不正)을 증오하고, 잔인을 증오하고, 무분별한 억압을 증오하고, 속임수를 증오했다는 점에서 찬사를 받아 마땅하다. 더구나 그는 이런 해악을 보면 바로 그것을 간파하였다. 이런 고귀한 미덕이라는 점에서 그는 18세기의 밝은 측면을 예증하는 대표적 인물이었다. 그러나 사람이 빵만으로 살 수 없을진대, 하물며 어찌 소독제만으로 살 수 있겠는가. 여기에 이 시대의 한계가 있었다. 그러나 이 시대의 긍정적인 업적을 제대로 정당하게 평가하지 않고서는, 어째서 이 시대의 주요 입장들 가운데 일부가 지금껏, 특히 과학의 여러 유파에서 열렬히 옹호되고 있는가 하는 것을 이해할 수 없을 것이다. 17세기의 개념 도식은 과학적 탐구를 위한 완벽한 수단임이 입증되어 가고 있었던 것이다.

이 유물론(materialism)의 승리는 합리적인 역학, 물리학 및 화학과 같은 자연과학의 분야에서 주로 거두어졌다. 역학과 물리학에 관한 한, 진보는 전시대의 주요 관념들을 직접 전개시키는 형식으로 이루어 졌다. 근본적으로 새로운 것은 하나도 도입되지 않았으나, 세부적인 측면에서는 상당한 발전을 보였다. 특수한 사실 하나가 밝혀졌다. 그것은 마치 "천계"(天界) 그 자체가 정해진 계획에 따라 전개되어 가고 있는 것과 같았다. 18세기 후반에 라브와지에는 사실상 화학에 그 현대적 기초를 마련해 주었다. 그는 어떠한 화학적 변화에 있어서도 물질은 증감하지 않는다는 원리를 화학에 도입하였다. 이것은 유물론적 사상이 거둔 마지막 성공이었다. 그러나 이것이 궁극적으로는 상대방과 자신을 동시에 해치게 될 양날을 가지고 있다는 사실을 미처 인지하지 못하고 있었다. 그 당시에 화학은 다만 다음 세기의 원자론을 기다리고 있을 뿐이었다.

18세기에 자연의 모든 과정을 기계론적으로 설명하려는 생각이 마침내 하나의 과학적 신조로 굳어져 갔다. 이런 생각은 그 나름의 장점에 힘입어 계속해서 커다란 성과를 거두어 갔는데, 여러 수리물리학자들이 이룩했던 기적에 가까운 일련의 성공이 그것이었고, 이 성공은 1787년에 출판된 라그랑주[4]의 《해석 역학》(*Méchanique Analytique*)에서 절정을 이루고 있었다. 뉴턴의 《수학의 원리》(*Principia*)가 1687년에 출판되었으므로, 이 두 위대한 저서는 꼭 1백 년의 간격을 사이에 두고 있는 셈이다. 현대적 유형의 수리 물리학자들이 처음 출현하게

---

4) 라그랑주(Joseph Louis Comte Lagrange. 1736~1813)
이탈리아 토리노 태생의 저명한 프랑스 수학자. 19세에 수학 교수가 되었고, 토리노, 베를린, 파리 등지에서 가르쳤다. 22세에 변분법(變分法)을 확립시켰으며, 그 밖에 정수론, 미분 방정식론, 타원 함수론에 관한 많은 연구가 있고, 1788년에 출판한 대저 해석기하학은 역학 원리의 수학적 전개에 커다란 진보를 이룩하였다.

되는 제1기는 18세기에 속한다. 1873년 맥스웰[5]의 《전자기학》(*Electricity and Magnetism*)의 간행으로 제2기가 마감된다. 이들 세 저서는 제각기 그 후에 도래하는 모든 것에 영향을 주게 될 사상의 새로운 지평을 열어 주고 있다.

인류가 체계적으로 사유해 온 갖가지 주제들을 고찰해 볼 때, 우리는 상이한 여러 분야에 재능이 공평하게 분배되지 않고 있다는 점에 놀라지 않을 수 없다. 원래 거의 모든 연구 분야에는 두세 명의 탁월한 인물이 있는 법이다. 새로이 각별한 사유 주제가 되는 하나의 연구 영역을 개척하는 데는 천재를 필요로 하기 때문이다. 그러나 많은 주제들이 처음에는 그것에 직접 제기된 문제에 아주 적절하게 대처하여 활발하게 연구되지만, 그 후의 전개 과정에서 실패를 거듭하는 가운데 저조해지다가 급기야는 그 연구 영역 전체가 사상을 발전시켜 나갈 힘을 상실하게 되는 것이 보통이다. 하지만 수리 물리학의 경우는 전혀 사정이 달랐다. 우리가 이 영역을 연구하면 할수록 우리는 그것이 보여 주는 지성의 승리, 믿기 어려울 정도의 승리에 더욱 놀라게 될 것이다. 18세기와 19세기 초에 걸쳐 수년간 활동했던 위대한 수리 물리학자들은—이들 가운데 대다수가 프랑스 사람들이었는데—이러한 사실을 적절히 예증해 주고 있다. 모페르튀이[6], 클레로,

---

5) 맥스웰(James Clerk Maxwell, 1831～1879)
영국의 물리학자. 런던대학, 케임브리지대학에서 교수로 활동한 후 카벤디시 연구소장이 되었다. 그는 패러데이의 전자장(電磁場)의 사상을 기초로 해서, 유체역학적 유추(流體力學的 類推)에 의해 이것을 수학화함으로써 전자장의 기본 방정식을 세웠다. 그는 빛이 전자설의 기초를 부여하는 한편, 기체 운동에 관해서도 많은 공헌을 했다. 주요 저서로는 *Treatise on Electricity and Magnetism*(1873)이 있다.

6) 모페르튀이(Pierre Louis Moreau de Maupertuis, 1698~1759)
프랑스의 수학자, 물리학자, 철학자. 영국에 건너가 뉴턴을 연구하였으며, 데카르트 우주

달랑베르, 라그랑주, 라플라스[7], 푸리에(1768~1830), 카르노(1768~1832) 등은 저마다 우리에게 일류급의 업적을 상기시켜 주는 이름들이다. 칼라일이 그 후에 도래한 낭만주의 시대의 대변자로서, 18세기를 "해석이 승리한 시대"라 하여 비웃고, 모페르튀이를 "백색의 가발을 쓴 거만한 신사"라고 조롱했을 때, 그는 다만 당시 자신이 대변하고 있었던 낭만주의자들의 편협한 측면을 보여 주고 있었던 것에 불과했던 것이다.

이 일련의 학자들이 이룩한 진보의 세부적인 내용을 짧은 시간에, 그리고 전문적인 술어를 사용하지 않고 명쾌하게 설명한다는 것은 불가능하다. 하지만 나는 모페르튀이와 라그랑주가 공동으로 이룩해 놓은 주요 업적을 설명해 보겠다. 그들의 업적은 그 후 19세기 초반의 두 위대한 독일 수학자 가우스[8]와 리만[9]의 수학적 방법과 결부되어,

---

론의 와동설(渦動說)에 반대하는 입장을 취한, 프랑스인으로서는 최초의 뉴턴학도였다. 1736년에 라플랑 지방으로 측량 원정을 하였다. 프리드리히 대왕의 초청으로 프러시아 학사원장으로 취임한 적도 있다. 1744년 그는 현실적으로 행해지고 있는 운동에 있어 단지 사유 가능한 운동에 있어서와는 달리 물체의 질량, 속도 및 운동 거리의 상승적(相乘積)이 최소치를 취한다고 주장하고, 이것을 "최소작용의 원리"라고 이름하였다. 그러한 역학 원리의 여러 수학적 형식은 후에 라그랑주, 헬름홀츠에 의해서 주어졌다. 그러나 모페르튀이의 이 주장의 밑바닥에는 목적론적 형이상학이 있음이 화이트헤드에 의해 지적되고 있다.

7) 라플라스(Pierre Simon Laplace, 1749~1827)
프랑스의 천문학자, 수학자. 그는 성운설(星雲說)을 주장함으로써 태양계의 생성을 설명(칸트, 라플라스의 성운설)하였고, 한편 해석 수학을 사용하여 뉴턴의 천문학을 발전시킴으로써, 유명한 《천체 역학》, 전 5권을 저술하였다. 미적분학, 미분 방정식론, 측지학(測地學), 확률론 등의 분야에서도 많은 업적을 남겼다.

8) 가우스(Karl Friedrich Gauss, 1777~1855)
독일의 유명한 수학자, 물리학자, 천문학자. 괴팅겐대학에서 공부하였고, 19세에 정17각형의 작도에 성공, 이로부터 수학에 전념, 24세에 정수론에 관한 위대한 저작을 출판하였다. 물리학 분야에서도 많은 연구를 하였으며, 전기학, 역학, 지자기(地磁氣)를 연구, 천체 역학 등에 공헌한 바도 크다. 수학에 있어서는 최소자승법(最小自乘法), 급수론(級數論), 곡면

헤르츠[10]와 아인슈타인이 수리물리학에 도입한 바 있는, 새로운 관념에 필요한 예비적인 작업이 되었음이 최근에 밝혀졌다. 또한 그들은 이 장에서 이미 언급했던 맥스웰의 저서에 들어 있는 극히 우수한 관념들 가운데 일부를 시사하기도 하였다.

그들은 앞 장에서 논의되었던 뉴턴의 운동 법칙보다 더 근본적이고 더 일반적인 것을 발견하려고 하였다. 그들은 보다 폭넓은 관념들을 발견하고자 했으며, 특히 라그랑주는 수학적 설명의 보다 일반적인 방법을 찾아내려고 했다. 그것은 야심에 찬 하나의 기도였다. 그리고 그들은 이를 완벽하게 성취하였다. 모페르튀이는 18세기 전반기에 살았고, 라그랑주의 활동적인 생애의 시기는 18세기 후반기에 해당된다. 우리는 모페르튀이에게서 그가 태어나기 이전의 신학적 시대의 엷은 색조를 엿볼 수 있다. 그는 임의의 시간 내에서의 질점(質點)의 운동 경로 전체는 신의 섭리에 따르는 어떤 완전성을 갖지 않으면 안 된다는 관념에서 출발하였다. 이 기본 신조에는 두 가지의 흥미로운 사실이 들어 있다. 첫째로, 그것은 내가 1장에서 단언했던 논제, 즉 중세 교회가 합리적인 인격신의 세세한 섭리의 관념을 유럽

론(曲面論), 허수론(虛數論), 방정식론 등에 많은 재능을 발휘하였다.

9) 리만(George Friedrich Bernhard Riemann, 1826~1866)
독일의 유명한 수학자. 괴팅겐과 베를린대학에서 수학한 후, 가우스에게 사사, 1851년의 졸업 논문에 일반 함수론을 다루어 가우스의 찬사를 받았다. 1854년에 *Über die Hypothesen, die der Geometrie zugrunde liegen*(1854)를 발표함으로써 비(非)유클리드 기하학의 새 형식을 논하였다. 그 밖에 타원 함수론이나 아벨 함수론에도 업적을 남겼다.

10) 헤르츠(Heinrich Rudolf Hertz, 1857~1894)
독일의 물리학자. 1888년에 실험을 통해서 전자파의 존재 및 그 성질을 밝혔으며, 맥스웰의 빛의 전자 이론을 실증하였다. 또 그는 역학에서 힘, 에너지, 포텐셜(Potential) 등의 개념을 제외시켜 실제로 관측되는 양으로서의 시간, 공간, 질량의 개념에 의해서 역학의 재건에 힘썼다. 그것은 1894년의 *Prinzipien der Mechanik*(1894)로 공간되었다.

에 각인했던 그 방식은 자연의 질서에 대한 신뢰를 탄생하게 한 하나의 요소였다는 논제를 예증하고 있다. 둘째로, 지금은 누구나 그러한 사고방식이 세세한 과학적 탐구에 아무런 직접적 효용도 없다는 것을 확신하고 있지만, 모페르튀이가 그 자신의 특정 문제 상황에서 거둔 성공은 현존하는 추상 관념들과는 별도로 우리에게 무엇인가를 암시해 주는 관념이, 그것이 어떤 것이건 간에 전혀 없는 것보다는 낫다는 점을 보여 주고 있다. 이 경우 그런 관념이 모페르튀이에게 유리하게 작용한 것이 있었다면, 그것은 그런 관념이 그로 하여금 전체로서의 경로가 갖는 어떠한 일반적 특성이 뉴턴의 운동 법칙에서 연역될 수 있는가 하는 것을 탐구하도록 하게 한 것이었다. 그 신학적 관념이 무엇이었든 간에, 이것은 확실히 현명한 탐구 방법이었다. 또한 그는 이러한 일반 관념에 힘입어 그러한 일반적 특성은 그 경로에서 조금이라도 벗어날 경우 그 값이 증가하는 하나의 총체적인 양일 것이라는 생각에 도달할 수 있었다. 이와 같은 가정을 통해 그는 뉴턴의 운동의 제1법칙을 일반화시켰다. 왜냐하면 구속을 받지 않는 질점은 등속도로 최단 통로를 통과하기 때문이다. 그래서 모페르튀이는 힘의 장소를 통과하는 질점은 어떤 양의 최소치를 나타낼 것이라고 추측하였다. 그는 그러한 양을 발견해 내고는, 그것을 고려되고 있는 시간 내에서의 전체 작용이라 불렀다. 현대 용어로 표현하자면 그것은 연속되는 각 순간에 있어서의 질점의 운동 에너지와 위치 에너지의 차를, 연속되는 미소한 시간 간격마다 차례차례로 총계한 것이다. 그러므로 이 작용은 운동에서 일어나는 에너지와 위치에서 일어나는 에너지 간의 상호 교환에 관계를 맺고 있는 것이 되지 않으면 안 된다. 모페르튀이는 여기서 유명한 최소 작용의 정리를 발견해 냈다. 모페르튀이를 라그랑주와 비교해 본다면, 그가 일류급의 인물에 해당되는 사람은 아니었다고 할 수 있다. 그 자신과 그를 뒤이어 나타난 사람들은 그 원리를 각별히 중요한 것으로 다루지 않았다. 라그랑주는 동일한 문제를 보다 넓은 기반 위에 올려놓았고, 그 결과 그 문제에 대한 그의 답변은 역할의 전개에 있어 현실적인 방법으로서 적절한 것이 될 수 있었다. 운동하는 질점계(質點系, systems in motion)에 적용된 그의 "가상 작업(Virtual Work)의 원리"는 사실상 질점계의 각 순간에 적용되는 것으로 간주되었던 모페르튀이의 원리에 지나지 않는다. 그러나 라그랑주는 모페르튀이보다 넓은 시야를 가지고 있었다. 그는 자신이 질점계의 여러 부분의 위치를 정할 때 사용되는 특정한 측정방식들과는 아무런 관계도 없는 하나의 방식으로 역학적 진리를 기술하는 방법을 확보했다는 점을 간파했다. 따라서 그는 더 나아가 어떠한 양적 측정이 이루어졌건 간에 그것이 그 위치를 정하기에 적절한 것인 한, 언제나 적용될 수 있는 운동 방정식을 연역하였다. 이 방정식은 극히 탁월하고도 신묘하리만큼 단순한 것이어서, 고대인들이 만물의 근저에 있는 "최고의 이성"을 직접 나타내는 것으로 생각했던 신비스런 상징에 비교될 만한 것이었다. 후일 전자파(電磁波)의 발견자 헤르츠는 모든 질점이 그 운동을 제약하는 주변 조건하에서 그것에 허용된 최단 경로를 통과한다는 관념을 역학의 기초로 삼았다. 그리고 궁극적으로 아인슈타인은 가우스와 리만의 기하학 이론을 이용하여, 그 주변 조건이 시공 자체의 성질에 내재하고 있는 것으로 이해될 수 있다는 것을 보여 주었다. 대체적인 윤곽만을 따라가 볼 때, 갈릴레이로부터 아인슈타인에 이르는 역학의 역사는 이상과 같은 것이다.

다른 한편으로 그 당시에 갈바니와 볼타가 나타나서 전기학상의 발견을 하였다. 그리고 생물학은 서서히 그 재료를 모아 가고 있었다.

하지만 생물학은 주도적인 관념을 확보하는 데까지 이르지는 못하고 있었다. 심리학도 일반 철학에서 분리되기 시작하고 있었다. 심리학의 독자적인 성장은 원래 존 로크가 형이상학적 방종을 비판하면서 심리적 측면에 호소했던 데서 시작된 것이었다. 생명을 다루는 과학들은 하나같이 분류와 기술에 치중하는 초보적인 관찰 단계에 머물러 있었는데, 이 정도의 단계까지는 앞서 논의한 추상 관념의 도식이 적절한 것일 수 있었다.

실천의 영역에서 볼 때, 합스부르크 가의 요셉 황제, 프리드리히 대왕, 월폴, 채텀 경, 조지 워싱턴과 같은 계몽된 통치자들을 배출하였던 시대가 실패의 시대로 규정될 수는 없을 것이다. 특히 이 밖에도 영국에서는 의회제 내각 정치, 미국에서는 연방제 대통령 정치, 프랑스에서는 혁명의 인도주의적인 여러 원리가 각각 창안되었었다는 사실을 고려할 때 더욱 그러하다. 또 기술적인 측면에서 그 시대는 증기기관을 만들어 냈고 이로써 문명의 새로운 기원을 열었다. 18세기가 실천의 영역에 있어 성공한 시대였다는 데에는 의심의 여지가 없다. 만일 우리가 18세기 이전에 태어난 사람이면서도 이 시대의 초기 단계를 경험한 사람들 가운데 가장 현명하고 전형적인 인물 한 사람, 즉 존 로크에게 그가 그 시대에서 무엇을 기대하고 있었는지를 물어본다고 한다면, 그는 그 시대가 실제로 성취했던 것을 넘어서는 어떤 것도 기대하지 않았었다고 대답할 것이다.

18세기의 과학적 도식에 대한 비판을 전개하는 데 있어, 나는 우선 19세기의 관념론을 무시하는 나의 주된 이유를 제시해야 할 것 같다. 여기서 내가 말하는 관념론이란 오로지 인식 활동만을 본령으로 하는 정신 속에서 실재의 궁극적인 의미를 찾아내는 철학적 관념론을 가리킨다. 이 관념론의 입장은, 오늘날까지의 그 발전 양상을 놓고 볼 때,

과학적 관점에서 너무 멀리 떨어져 있다. 이 관념론은 과학적 도식을 자연의 사실의 유일한 표현으로 간주하여 그대로 받아들이고, 나아가 그것을 근원적 정신에 포함된 하나의 관념이라고 설명하였다. 절대적 관념론의 경우 자연의 세계는 단지 "절대자"의 단일성을 어떻게든 분화시키고 있는 여러 관념들의 세계에 지나지 않는다. 모나드(monade)적 정신들을 내세우는 다원적 관념론의 경우에 있어 이 세계는 다양한 모나드들의 다양한 정신적 단일성들을 분화시키고 있는 갖가지 관념들의 최대공약수이다. 그러나 어느 쪽의 것을 놓고 보아도, 이 관념론의 입장은 자연의 사실과 그들의 관념론 철학을 유기적으로 결합시키는 일에 명백히 실패하였다. 이 책에서 내가 논의하려는 것에 관한 한, 독자의 궁극적 관점이 실재론적인 것이건 관념론적인 것이건 상관없을 것이다. 내가 논의하려는 바의 기본 요지는, 과학적 도식이 새로이 구축되어 유기체라는 궁극적 개념에 기초를 마련하게 되는 진일보한 단계의 잠정적 실재론이 필요하다는 점이다.

그 대체적인 윤곽을 말하자면 나의 방법은 공간과 시간의 지위, 또는 현대적 술어로 말해서 시공의 지위에 대한 분석에서 출발한다는 것이다. 이 양자에는 각기 두 가지 특성이 있다. 사물들은 공간에 의해서도 분리되고 시간에 의해서도 분리된다. 그러나 또한 그것들은 공간에 있어서 공존하며, 비록 동시적인 것은 아니라 하더라도 시간에 있어서 또한 공존한다. 나는 이러한 두 특성을 각각 시공의 분리적(separative) 특성 및 파악적(prehensive) 특성이라 부를 것이다. 그런데 시공의 제3특성이 있다. 우선 공간 내에 있는 모든 사물은 어떤 명확한 제한을 받기 때문에, 어떤 의미에서 그것은 오직 현재의 모양만을 가질 뿐 다른 모양을 갖지 않으며, 또 어떤 의미에서 그것은 오직 이 장소에 존재할 뿐 다른 장소에는 존재하지 않는다고 할 수 있다. 시간에 있어서도 이와 마찬가지로 한 사물은 어떤 기간 동안 존속할 뿐이지 그와 다른 어떤 기간 동안 존속하는 것이 아니다. 나는 이것을 시공의 양태적(modal) 특성이라 부르겠다. 이 양태적 특성만을 떼어 내어 생각할 때, 단순 정위라는 관념이 생겨나게 되는 것임이 분명하다. 그러나 이 특성은 분리적 특성 및 파악적 특성과 결합되어야만 한다.

논의를 쉽게 하기 위해 나는 먼저 공간에 대해서만 말하고, 뒤이어 동일한 관점을 가지고 시간에 대해 말하고자 한다.

체적은 공간의 가장 구체적인 요소이다. 그러나 공간의 분리적 특성은 체적을 부분 체적으로 분할하는바, 이 과정은 무한히 계속될 수 있다. 따라서 분리적 특성만을 고립시켜 놓고 볼 때, 체적이란 단지 체적이 없는 요소들—사실상 점(點)들—의 집적(集積)에 불과한 것이라고 추론해야 할 것이다. 그러나 경험의 궁극적 사실은 체적의 통일이다. 예를 들어, 강당의 내부 공간으로서의 체적 같은 것이 그것이다. 점들의 단순한 집적으로 간주되는 강당이란 논리적 상상의 구성물에 불과한 것이다.

따라서 근원적 사실은 체적의 파악적 통일(prehensive unity of volume)이며, 이 통일은 그 속에 포함된 무수한 부분들이 이루고 있는 분리된 여러 통일에 의해 약화 내지 제한된다. 우리는 속에 포함된 부분들의 통합으로서 별개의 것으로 간주되는 파악적 통일을 갖게 된다. 그러한 체적의 파악적 통일은 부분들의 단순한 논리적 통합으로 이루어지는 통일이 아니다. 이때 부분들은 다음과 같은 의미에서 질서를 갖춘 하나의 통합을 형성한다. 즉 각 부분들 하나하나는 다른 하나하나의 부분의 관점으로부터 그 의미를 획득하며, 동시에 다른 하나하나의 부분들은 바로 그러한 관점에 의한 처음의 각 부분과의 관계로부터 그 의미를 획득하게 된다는 것이다. 그래서 *A*, *B*, *C*를 공간의 부분 체적들이라고 할 때, *B*는 *A*의 관점으로부터 보이는 하나의 양상을 가지며 *C* 역시 그렇고, *B*와 *C*의 관계에서도 또한 그렇다. 이때 *A*로부터의 *B*의 이러한 양상은 *A*의 본질에 속한다. 공간의 부분 체적들은 독자적으로 존재하지 못한다. 그것들은 전체 안에 있는 것으로서만 존재하는 것이다. 그래서 우리가 그것들을 그 주변 환경으로부터 떼어 낼 경우, 언제나 우리는 그것들의 본질을 파괴하게 되는 것이다. 따라서 나는 *A*에서 본 *B*의 양상을 *B*가 *A*의 구성에 참여하는 양태라 부르겠다. 이와 같은 것이 공간의 양태적 특성인데, 이에 의하면 *A*의 파악적 통일은 *A*의 관점에서 본 다른 모든 부분 체적들의 양상을 *A*가 파악하는 데서 성립하는 통일이 된다. 하나의 체적이 지니고 있는 형상은 그것으로부터 그것의 양상 전체를 모두 이끌어 낼 수 있는 공식이다. 따라서 체적의 형상은 그것의 여러 양상들보다 더 추상적인 것이다. 나는 라이프니츠의 표현을 빌려, 모든 체적들 하나하나는 공간 내의 다른 모든 체적들을 자신 속에 반영하고 있다고 분명하게 말할 수 있을 것이다.

시간에 있어서의 지속에 관해서도 이와 아주 유사한 고찰이 가능하다. 시간에 있어 지속이 없는 하나의 순간이란 상상에 의한 논리적 구성물이다. 시간의 각 지속 역시 다른 모든 지속들을 자신 속에 반영하고 있다.

그러나 나는 두 가지 측면에서 단순화의 오류를 범했다. 첫째로, 나는 공간과 시간을 결합시켜 시공의 4차원 영역에 대해 설명했어야 옳았다. 하지만 여기서 더 설명해야 할 것은 아무것도 없다. 앞서 설명한 공간적 체적 대신에 지금 말한 4차원 영역을 머릿속에 떠올려 보기 바란다.

둘째로, 나의 설명은 일종의 악순환에 연루되어 있다. 왜냐하면 나는 *A*라는 부분 체적의 파악적 통일성이 *A* 속에 들어오는 다른 모든 체적들의 여러 양상에 대한 파악적 통일로 이루어진다고 했기 때문이다. 이러한 난점이 생기는 까닭은 시공이 실재에 있어 자립적인 존재로 간주될 수 없다는 데 있다. 그것은 하나의 추상 관념이다. 그래서 그것에 대한 설명은, 그것이 추출되기에 앞서 그것을 포함하고 있던 것에 대한 언급을 필요로 한다. 시공은 여러 사건들과 이것들 상호 간의 질서가 지니고 있는 일반적 특성을 명확히 규정해 놓은 것이다. 이처럼 구체적인 사실로 다시 눈을 돌릴 때, 우리는 18세기를, 그리고 사실상 17세기의 프란시스 베이컨을 머리에 떠올리게 된다. 그래서 우리는 지배적인 과학적 도식에 대한 비판이 그 여러 시기에 걸쳐 어떻게 전개되어 왔는가를 고찰해 보지 않으면 안 된다.

어떠한 시기도 하나의 성격만으로는 이루어지지 않는다. 하나의 특성에 의해 주도되었던 상당히 긴 기간 중의 어느 한 시기를 놓고 보더라도, 그 시대는 그 시대에 속해 있으면서도 그 시대의 색조에 반대하는 태도를 취하는 사람들, 그것도 위대한 사람들을 배출할 가능성을 언제나 머금고 있는 법이다. 18세기는 분명히 이를 실현했다고 볼 수 있다. 내가 이 시대의 성격을 묘사하고 있는 동안, 여러분은 예컨대 웨슬리나 루소의 이름을 머리에 떠올렸을 것이다. 하지만 나는 그들이나 그 밖의 그들과 유사한 사람들에 대해서는 말하고 싶지 않다. 내가 그의 생각을 다소간 상세히 고찰해야 할 사람은 버클리 주교이다. 18세기 벽두에 그는 적어도 원리상으로는, 정당한 비판을 남김없이 다하였다. 그가 아무런 영향력도 행사하지 못했다는 것은 사실이 아니다. 그는 당시 널리 알려진 인물이었다. 조지 2세의 아내는 지극히 명민하고도 현명한 몇 안 되는 왕비 가운데 한 사람으로서 학문을 사려 깊게 후원하였다. 그래서 버클리는, 대영제국에서 주교직이 오늘날에 비해 훨씬 더 고귀한 자리였던 시대에 주교로 임명되었다. 또한 주교직을 얻었던 것보다 더 중요한 것은 흄이 그를 연구하고, 나아가 이 고위 성직자의 망령을 괴롭혔을지도 모를 방식으로 버클리 철학의 일면만을 발전시켰으며, 그 후 칸트가 흄을 연구하였다는 점이다. 따라서 버클리가 18세기에 아무런 영향력도 행사하지 못했다고 하는 것은 확실히 터무니없는 말이라 하겠다. 그러나 그렇다고는 하지만 그는 과학 사상의 주류에는 영향을 주지 못하였다. 그 주류는 마치 버클리가 아무것도 저술하지 않았다는 듯이 계속 흘러갔다. 과학 사상은 자신의 전반적인 성공에 힘입어 그 당시에 있어서나 그 이후에 있어서나 자신에 대한 비판의 소리를 무시하였다. 과학의 세계는 줄곧 자신의 특정한 추상 관념에 완전히 만족하고 있다. 그 관념들은 효과적인 기능을 하였고, 과학의 세계로서는 이것으로 충분했던 것이다.

우리가 당면하고 있는 문제점은, 이 과학적 사상의 영역이 20세기에 들어선 지금 우리가 분석해야 할 구체적인 여러 사실들을 처리하기에는 너무 협소한 것으로 판명되었다는 사실에 있다. 이것은 물리학 내에서도 그러하지만, 생물학에서 특히 더 절박한 문제가 되어 있다. 따라서 근세의 과학 사상이 내포하고 있는 여러 난점과 근대세계에 끼친 이 사상의 영향을 이해하자면, 우리는 우리의 직관적 경험이 지니고 있는 완전한 구체성에 보다 가까이 접근해 가는 한층 더 구체적인 분석과 보다 폭넓은 추상 관념의 영역을 염두에 두고 있지 않으면 안 될 것이다. 이때의 분석은, 우리의 물리적 경험 가운데 많은 것을 해석해 낼 수 있는 추상 관념으로서, 물질과 정신의 개념을 받아들이기 위한 적절한 자리를 자신 속에 가지고 있어야 할 것이다. 과학 사상을 위한 바로 이와 같은 보다 넓은 기반을 구축함에 있어 버클리는 매우 중요한 의미를 갖는다. 그는 뉴턴과 로크의 일파들이 그들의 작업을 완결 지은 얼마 후에 비판 작업에 착수하여, 그들이 소홀히 했던 약점을 정확히 지적했다. 나는 여기서 버클리로부터 유래한 주관적 관념론이나, 버클리 사상의 발전이면서 흄과 칸트에 각각 그 기원을 두는 학파들에 대해 논할 생각은 없다. 다만 내가 말하고 싶은 것은—우리가 어떠한 형이상학을 궁극적으로 택하든지 간에—버클리 사상 속에 깊이 간직되어 있으면서, 지금 우리가 찾고 있는 분석을 향하고 있는 또 하나의 줄기가 있다는 점이다. 버클리 자신은 이 점을 미처 깨닫지 못했는데, 그 까닭은 부분적으로는 그가 철학자들의 초주지주의에 쏠려 있었다는 데 있으며, 또 다른 면에 있어서는 그가 신의 정신 속에 객관성의 근거를 마련하는 관념론에 성급하게 의지하였다는 데 있다. 위에서 내가 문제의 열쇠는 "단순 정위"라는 개념에 있다고 말한 적이 있음을 여러분은 기억하고 있을 것이다. 버클리는 사실 이 개념을 비판하고 있다. 또한 그는 "대체 사물이 자연 세계에 실재한다고 하는 것은 무엇을 뜻하는가?"라는 물음을 제기하고 있다.

버클리는 그의 《인간 지식의 원리》(*Principles of Human Knowledge*) 23~24절에서 위의 물음에 답하고 있다. 나는 이제 이 두 절 가운데 일부를 발췌하여 인용해 보겠다.

> 23절 그러나 예컨대, 공원의 나무나 방 안의 책 같은 것을 상상하면서 동시에 옆에서 그것들을 보고 있는 사람이 없다고 상상하는 것은 지극히 손쉬운 일이라고 당신은 말하는데, 나 역시 그렇다고 생각한다. 그것은 조금도 어려울 것이 없다고 말이다. 하지만 잘 생각해 보기 바란다. 이 모두는 결국 당신이 책과 나무라고 부르는 관념들을 당신의 머릿속에 만들고, 동시에 그것들을 보고 있을 수 있는 사람들에 대한 관념을 만들지 않는다는 것에 불과하지 않은가? …

우리가 최선을 다하여 외부 물체의 존재를 파악하려 하고 있을 때, 사실상 우리는 내내 우리 자신이 갖고 있는 관념들을 찬찬히 주시하고 있을 뿐인 것이다. 그러나 **자신에게 주목하지 않는** 정신은, 우리가 그것을 의식하지 않는데도, 즉 정신 밖에서도 줄곧 존재하고 있는 물체를 파악할 수 있다거나 또는 사실상 파악하고 있다고 생각하는 과오를 범하기 쉽다. 이때 물체가 정신에 의해 파악되고 있다거나 정신 그 자체 속에 존재하고 있다는 것을 사실상 인정하면서도 그와 같은 잘못된 생각을 하기 쉽다는 것이다. …

24절 우리의 생각들을 조금만 탐구해 본다면, **감각적 사물이 그 자체로, 즉 정신 밖에 절대적으로 존재한다는** 것이 무엇을 의미하는지를 우리가 이해할 수 있는가 어떤가 하는 것을 알 수 있다는 것은 지극히 명백하다. 내가 보기에 강조된 말은 직접적인 모순을 범하고 있는 표현이거나 아니면 적어도 무의미한 표현임에 틀림없다. …

또한 버클리의 《알시프론》(*Alciphron*)에 들어 있는 제4대화의 10절에 아주 중요한 구절이 있다. 나는 일찍이 나의 글 《자연 인식의 원리》(*Principles of Natural Knowledge*)에서 그것을 보다 길게 인용한 바 있다.

유프라노 알시프론, 자네는 저기 보이는 저 성의 문이나 창, 총안(銃眼)이 있는 흉벽(胸壁) 등을 하나하나 식별할 수 있겠는가?

알시프론 전혀 식별할 수 없네. 멀리 떨어진 이곳에서 보니까 저것은 마치 조그마한 둥근 탑처럼 보일 뿐이네.

유프라노 하지만 나는 그곳에 가본 적이 있기 때문에, 저것이 조그마한 둥근 탑이 아니라 흉벽과 작은 탑들이 있는 네모난 커다란 건물임을 알고 있다네. 자네에겐 그것들이 안 보이는 모양이네만.

알시프론 자네가 그런 사실로부터 끌어내려는 결론은 무엇인가?

유프라노 자네가 눈으로 정확하게 찬찬히 지각하고 있는 것으로서의 대상은 수마일 떨어진 곳에 있는 것으로서의 대상과 다르다는 사실일세.

알시프론 어째서 그런가?

유프라노 작고 둥근 것과 크고 네모난 것과는 별개의 것이기 때문이네. 그렇지 않은가? …

이어지는 대화에서 유성(遊星)과 구름에 대해서도 이와 유사한 논의가 이루어지고, 다음과 같은 말로 그 구절은 끝을 맺고 있다.

유프라노 그러니 자네가 여기서 보고 있는 성이나 유성, 구름 따위의 것들은, 자네가 멀리 떨어진 곳에 존재하고 있다고 생각하는 실재의 것들이 아님에 분명하지 않은가?

앞에 인용한 처음 구절을 놓고 볼 때, 버클리 자신은 분명히 극단적인 관념론적 해석을 택하고 있다. 그에게는 정신이 유일한 절대적 실재이며, 자연의 통일은 곧 신의 정신 속에 있어서의 여러 관념들의 통일이다. 내가 생각하기로는 형이상학적 문제에 대한 버클리의 해석에서 생겨나는 여러 난점들은, 그가 저 과학적 도식이 행하는 실재론적 해석에서 생긴다고 보았던 여러 난점들에 못지않은 것이다. 그러나 우리로 하여금 어쨌든 잠정적인 실재론의 입장을 택할 수 있도록 하는 동시에, 과학 그 자체에도 유익하게끔 저 과학적 도식을 확대시킬 수 있도록 해 주는 또 하나의 가능한 사상 노선이 있다.

앞 장에서 인용했던 베이컨의 《자연사》(*Natural History*) 9절로 돌아가 보자.

> 모든 물체들이 비록 감각(sense)을 갖고 있지는 않다 하더라도, 지각(perception)을 가지고 있다는 것은 분명하다. … 그리고 이 물체가 변화하는 가운데 있건 이미 변화했건 간에, 지각은 언제나 행동보다 앞선다. 그렇지 않다면 모든 물체는 서로 유사한 것이 되고 말 것이기 때문이다.…

또한 앞 장에서 나는 지각(베이컨이 말하고 있는)을 사물의 본질적 특성의 영향 수용이라는 뜻으로 해석하는 한편, 감각을 인식의 뜻으로 해석하였다. 사실 우리는 현재 뚜렷하게 인식하지 않고 있는 사물들의 영향을 수용하고 있다. 우리는 심지어, 그때 뚜렷한 인식을 갖지 못했었다 하더라도, 기억을 통해 그러한 영향 수용을 뚜렷이 인식할 수도 있다. 또한 베이컨이 "… 그렇지 않다면, 모든 물체는 서로 유사한 것이 되고 말 것이기 때문이다"라고 말하고 있는 데서도 지적하고 있는 바와 같이, 우리가 그 영향을 수용하는 것은 그 사물의 본질적 특성을 구성하는 어떤 요소, 즉 사물 간의 차이, 단순한 논리적 차이가 아닌 차이를 가능하게 하는 어떤 것임에 틀림없다.

지각한다(perceive)는 말은 일상적인 용법에서 어디까지나 인식적 파악이라는 개념적 의미를 지니고 있는 말이다. 인식적(cognitive)이란 형용사 없이 사용되는 직관적 이해(apprehension)라는 말도 마찬가지다. 나는 비인식적 · 직관적 이해(uncognitive apprehension)를 표현하는 데 파악(把握, prehension)이라는 말을 사용하고자 한다. 여기서 파악(prehension)이란, 인식적인 것일 수도 있고 그렇지 않은 것일 수도 있는 파악(apprehension)을 의미하는 말이다. 이제 유프라노의 마지막 말을 다시 인용해 보자. "그러니 자네가 여기서 보고 있는 성이나 유성, 구름 따위의 것들은, 자네가 멀리 떨어진 곳에 존재하고 있다고 생각하고 있는 실재의 것들이 아님이 분명하지 않은가?" 따라서 이 경우, 저 다른 장소에 관계하고 있는 사물에 대한, 그 장소인 이곳에 있어서의 파악이 성립하고 있는 것이다.

이제 또《인간 지식의 원리》로부터 인용했던 버클리의 구절을 상기해 보자. 그는 자연적 사물의 실현(realisation)[11]을 성립하게 하는 것은 통일체를 이루는 정신 내부에서의 지각이라고 주장하고 있다.

그런데 우리는 여기서 이러한 사상을 고쳐서, 실현은 사물들이 모여 파악에 의한 통일체를 이루는 것이고, 또 이때 실현되는 것은 사물들이 아니라 파악이라고 하는 주장으로 대치시켜 볼 수 있다. 이 파악에 의한 통일체는 하나의 이곳과 지금으로 규정되고, 모여서 파악적 통일체를 이루는 사물들은 다른 여러 장소 및 여러 시간과 본질적인 관계를 맺는다. 나는 버클리의 정신 대신에 파악적 통일화의 과정을 생각한다. 자연현상들의 이와 같은 점진적 현실화라는 개념을 쉽게 이해할 수 있도록 하기 위해서는 상당히 긴 설명이 필요하겠고, 또 이 개념이 현실적으로 함축하고 있는 여러 의미들이 구체적인 경험에 의해 조명되어야만 할 것이다. 이것은 뒤의 여러 장의 과제가 될 것이다. 우선 무엇보다도 단순 정위라는 관념이 사라진다는 점에 주목해 주기 바란다. 이곳, 지금에서 파악됨으로써 실현된 통일체를 이루는 사물은 단순히 그 자체로서의 성(城), 구름, 유성이 아니라 파악적 통

---

11) "실현"은 화이트헤드의 특수한 용어. 제2기의 과학철학 사상에 있어서는, 자연적 사물은 각기 독립된 것으로서 그것은 "관계성"(상관성, relatedness)이라는 술어로 표현되고 있는데, 이 책에서는 "현실적 존재가 되어 성립하는 프로세스"에 역점을 두는 "실현"이 분명히 사용되고 있다. 여기서 그의 사상적 전환과 심화를 볼 수 있다.

일의 공간 및 시간에 있어서의 입각점에서 본 성, 구름, 유성이다. 바꾸어 말해 그것은 이곳에서의 통일의 입각점에서 본 저편의 성의 배치상(perspective)이다. 따라서 이곳에서 파악되어 통일체를 이루는 것은 성, 구름, 유성의 여러 양상들인 것이다. 여러분도 익히 알고 있겠지만 배치상이라는 관념은 철학에서 널리 알려져 있는 개념이다. 라이프니츠가 우주의 여러 배치상을 반영하는 모나드라는 그의 개념에서 그것을 처음으로 사용하였다. 나도 지금 그와 동일한 개념을 사용하고 있다. 여기서 다만 나는 그의 모나드를 공간과 시간에 있어서의 통일된 사건으로 변형시켰을 뿐이다. 어떤 점에서는 오히려 스피노자의 양태와 더 유사하다. 그래서 나 역시 양태 및 양태적이라는 말을 사용하고 있는 것이다. 스피노자와의 유사성을 염두에 두고 보자면, 그의 유일한 실체는 나에게 있어, 서로 연결되는 다수의 양태로 자신을 개별화시켜 가고 있는 하나의 기계적인 실현 활동력이다. 따라서 구체적 사실은 과정(process)이다. 그것은 먼저 파악의 기체적인 활동력과 실현된 여러 파악적 사건들로 분석된다. 각 사건은 기체적 활동력의 개체화에서 생겨나는 하나하나의 사실이다. 그러나 개체화된다는 것이 곧 실체로서 독립한다는 것을 의미하지는 않는다.

우리가 감각적 지각을 통해 의식하게 되는 존재는 우리의 지각 행위의 종착점이 된다. 나는 그러한 존재를 감각 대상(sense-object)이라 부르려 한다. 예컨대 어떤 일정한 색조의 녹색은 하나의 감각 대상이며, 일정한 음색과 높낮이를 가진 소리도, 또 어떤 일정한 냄새도, 어떤 일정한 성질의 감촉도 모두 다 감각 대상들인 것이다. 이러한 존재가 어떤 일정한 시간 동안 공간과 관계 맺는 방식은 복잡하다. 나는 감각 대상이 시공(時空) 속으로 진입(ingression)한다고 말하겠다. 어떤 감각 대상에 대한 인식적 지각이란, 그 감각 대상을 포함하는 여러 감각 대상들의 다양한 양태들을 (입각점 *A*에서) 파악적으로 통일하는 의식을 말한다. 물론 입각점 *A*는 시공의 한 부위이다. 즉 그것은 어떤 길이의 시간을 통해서 존재하는 어떤 크기의 공간이다. 그러나 하나의 존재로서의 이 입각점은 하나의 실현된 경험이다. *A*에서 본 어떤 감각 대상의 한 양태는, 이 감각 대상을 사상해 버릴 때—그 양태가 이 감각 대상과 *A*의 관계를 규정하고 있는데—*A*로부터 어떤 다른 부위 *B*를 본 양상이 된다. 그래서 그 감각 대상은 *B*에 위치하는 양태를 가지고서 *A* 속에 존재하는 것이 된다. 그러므로 가령 녹색을 문제의 감각 대상이라 할 경우 녹색은 그것에 대한 지각이 일어나고 있는 *A*에 단순히 존재하거나 또는 그것이 위치하고 있는 것으로 지각되는 *B*에 단순히 존재하는 것이 아니라, *B*에 위치하는 양태를 가지고서 *A*에 존재하고 있는 것이다. 여기에 어떤 신비스런 요소가 들어 있는 것은 결코 아니다. 거울을 앞에다 놓고, 등 위에 있는 녹색의 잎사귀가 그 거울 속에 반사되어 나타나는 상(像)을 보고 있는 경우를 잠시 생각해 보면, 내 말의 의미를 쉽게 이해할 수 있을 것이다. 이 경우 *A*에 있는 사람에게 녹색이 나타나 보일 것이다. 하지만 그 녹색은 단순히 그 사람이 서 있는 *A*에 존재하는 것이 아니다. *A*에서 본 녹색은 거울 속에 있는 잎사귀의 상에 위치하는 양태를 가지고 있는 녹색이 될 것이다. 여기서 이제 뒤돌아서서 그 잎사귀를 본다고 하자. 이때에도 그 사람은 앞서의 경우와 꼭 마찬가지로 녹색을 지각할 것이다. 다만 이때는 그 녹색이 진짜 잎사귀의 위치에 그 양태를 가지고 있게 된다는 것이 앞서와 다를 뿐이다. 지금 나는 우리가 실제로 지각하는 것을 기술하고 있을 뿐이다. 우리는 녹색을, 여러 감각 대상의 파악적 통일 속에 들어 있는 하나의 요소로서 의식한다. 여기서 각각의 감각 대상들은, 그리고 녹색도 이 가운데 하나인데, 그 밖의 다른 곳에 위치하는 것으로서 표현될 수 있는 각기의 특정한 양태를 갖고 있다. 양태적인 위치 점유에는 다양한 유형들이 있다. 예를 들어 소리는 체적을 가지고 있어서 강당을 가득 채운다. 분산되는 색채도 때때로 그럴 경우가 있다. 그러나 어떤 색채의 양태적인 위치 점유는, 가령 방의 벽 색채가 그렇듯이 한 체적의 외곽을 이루고 있는 경우도 있다. 따라서 시공은 일차적으로 여러 감각 대상들이 양태적으로 진입하는 장소인 것이다. 이 점은 공간과 시간—분석의 편의를 위해 양자를 나눈다면—이 온전히 그대로 주어지는 것이라는 사실의 근거가 된다. 왜냐하면 각 공간 체적, 또는 각 시간 경과는 그 본질 가운데 모든 공간 체적의 여러 양상 또는 모든 시간 경과의 모든 양상을 포함하고 있기 때문이다. 공간과 시간에 관련된 여러 철학적 난점의 원인은 그것들을 일차적으로 단순 정위의 장소라고 잘못 생각하는 데 있다. 단적으로 지각이란 파악적 통일에 대한 인식에 지나지 않으며, 보다 간단히 말하자면 지각이란 파악에 대한 인식이다. 현실 세계는 다수의 파악으로 성립되고 있는 것이며, 하나의 "파악"은 하나의 "파악적 계기"(prehensive occasion)이다. 그리고 파악적 계기란 그 자체에 있어, 그리고 그 자체로서 존재하고 있는 것으로 간주되는 가장 구체적인 유한한 존재이며, 그 밖의 다른 계기의 본질 속에 반영되는 그 양상의 측면에서 고려된 존재는 아니다. 파악적 통일은 그것의 체적 *A*에 단순 정위한다고 말할 수 있을지 모른다. 그러나 이렇게 말하는 것은 단순한 동어 반복이 될 것이다. 왜냐하면 시간과 공간은 서로 상대방 속에서 유형화되어 있는 것으로서의 여러 파악적 통일들의 총체로부터 추상화된 것들에 지나지 않기 때문이다. 따라서 파악은, 사람의 얼굴이 얼굴 전면에 퍼지는 미소에 꼭 들어맞는 것과 마찬가지로 체적 *A*에 단순 정위한다. 지금까지 논의된 범위에만 한정시켜 본다면 다음과 같이 말하는 것이 보다 이치에 맞을 것 같다. 즉 지각 작용은 단순 정위한다. 왜냐하면 그것은 오로지 인식된 파악에 있는 것으로 간주될 수 있기 때문이다.

자연에는 지금까지 고찰한 단순한 감각 대상 이상의 존재들이 포함되어 있다. 그러나 보다 완전한 관점을 취하게 될 경우에는 수정되어야 할 것이라는 점을 일단 인정하면서, 우리는 자연에 부여해야 할 실재의 성격에 관한 버클리의 물음에 대해 우리 나름의 답변을 마련해 볼 수 있다. 버클리는 그러한 실재를 정신에 있어서의 관념의 실재라고 말하고 있다. 정신에 관한 어떤 개념과 관념에 관한 어떤 개념에 도달한 완벽한 형이상학 체계라면 궁극에 가서는 어쩌면 이러한 견해를 택할 수도 있을 것이다. 이 책의 목적으로 볼 때, 이와 같은 근본 문제를 물을 필요는 없겠다. 우리는 자연을 여러 파악적 통일로 이루어진 하나의 복합체로 간주하는 잠정적 실재론에 만족하기로 하자. 공간과 시간은 그러한 파악태들의 상호 연결된 여러 관계의 일반적 도식을 나타낸다. 우리는 그 어느 파악태도 그것의 전체적 연관으로부터 떼어낼 수 없다. 그러나 그러면서도 그 하나하나는 모두 그 복합체 전체가 가지는 실재성을 온전히 갖고 있다. 그리고 반대로 그 전체도 하나하나의 파악태가 갖고 있는 것과 똑같은 실재성을 갖는다. 왜냐하면 각각의 파악태는 자신의 입각점에서 전체의 각 부분에 부여해야 할 여러 양태성을 통일하고 있기 때문이다. 파악이란 통일의 과정이다. 그러므로 자연은 파악에서 파악으로의 필연적인 전이를 통한 팽창적 발전의 과정이다. 완성된 것은 그 완성과 더불어 그 운(運)을 다하게 되지만, 바로 뒤따라 나타나는 여러 파악태에 제공되는 자신의 여러 양상들을 통해 계속 보존된다.

이처럼 자연은 발전하는 여러 과정의 조직체이다. 실재는 과정이다.[12] 붉은색의 실재 여부를 묻는 것은 난센스이다. 붉은색은 실현 과정에 있는 하나의 요소이다. 자연의 실재들이란 자연에 있어서의 여러 파악태, 즉 자연에 있어서의 여러 사건들인 것이다.

이제 우리는 공간과 시간에서 단순 정위라는 해독을 제거했으므로, 파악이라는 어색한 용어를 부분적으로는 포기해도 좋을 것이다. 내가 이 말을 끌어들였던 것은 한 사건의 본질적 통일성, 즉 여러 부분이나 여러 구성 요소의 단순한 집합으로서가 아니라 하나의 존재로서의 사건을 나타내기 위해서였다. 시공은 여러 집합들을 여러 통일체 속으로 끌어들이는 하나의 체계에 불과하다는 것을 이해할 필요가 있겠다. 그러나 사건(event)이라는 말은 바로 이러한 시공적 통일체들 가운데 하나를 의미할 뿐이다. 따라서 이 말은 파악된 사물을 의미하는 것으로 "파악태"라는 말 대신에 사용될 수 있을 것이다.

하나의 사건은 여러 동시 존재자들을 갖는다. 이것은 한 사건이 그 동시 존재자들의 여러 양태를, 그때 막 이루어진 완성의 표현으로서 그 자신 속에 반영한다는 것을 의미한다. 또한 사건은 과거를 갖는다. 이것은 사건이 그에 선행하는 사건들의 여러 양태를, 그 자신의 내용으로 들어오는 여러 기억으로서 그 자신 속에 반영한다는 것을 의미한다. 그리고 또 사건은 미래를 갖는다. 이것은 사건이, 미래가 현재에 의존하고 있는 여러 양상을, 다시 말해 현재가 미래에 관하여 결정해 놓은 여러 양상을 그 자신 속에 반영한다는 것을 의미한다. 그래서 사건은 미래를 예기(豫期)한다.

다가오는 것을 꿈꾸는

12) 원문은 The reality is the process. 이는 화이트헤드의 기본적인 주장이다.

광대한 세계를 예언하는 영혼이여.[13)]

이상의 결론은 어떠한 형태의 실재론에 있어서도 본질적인 것이다. 왜냐하면 이 세계 속에는 우리가 인식할 수 있는, 과거에 대한 기억과 실현의 직접성과 다가올 것의 조짐이 있기 때문이다.

앞서 논한 바 있는 과학적 사고의 도식이 행하는 분석보다 더 구체적으로 분석하고 있는 나의 도식에 대한 이상의 개괄적 논의에 있어, 나는 인식 작용을 떠맡고 있는 우리 자신의 심리적 영역에서 출발했었다. 나는 심리적 영역에서의 인식을 그것이 주장하는 그대로의 것으로, 즉 우리의 신체적 사건의 자기 인식으로서 받아들이고 있는 것이다. 그런데 이러한 인식의 사건은 하나의 전체적 사건을 의미하며, 신체의 세세한 부분에 대한 점검을 의미하는 것이 아니다. 이 자기 인식은 자신의 밖에 있는 존재들이 가지는 여러 양태적 현존에 대한 파악적 통일을 나타낸다. 나는 이 전체적인 신체적 사건이, 그 내적인 패턴에 있어 매우 복잡하면서도 안정되어 있다는 점을 제외하고는 다른 모든 사건들과 동일한 지평에 있다는 원리를 이용하여 자기 인식에 대한 이와 같은 규정을 일반화시켰다. 유물론적 기계론의 강점은 설명의 불충분함을 보충하기 위해서 자연 속에 자의적인 단절을 설정해서는 안 된다고 주장했던 데 있었다. 나는 이 원칙을 받아들인다. 그러나 경험론자라면 마땅히 그래야 하는 것처럼 만일 우리가 심리적 경험의 직접적인 사실들에서 출발한다면, 곧바로 우리는 이 장에서 내가 그 서술에 착수한 유기체적 자연관에 이르게 될 것이다.

---

13) The prophetic soul
Of the wide world dreaming on things to come.

18세기의 과학 도식의 결함은, 그것이 인간의 직접적인 심리적 경험을 구성하는 요소들을 하나도 제시하지 않는 데 있다. 또한 그것은 전자, 양성자, 분자 및 생명체 등이 여러 가지 유기적 통일체를 이루면서 나타나게 되는 전체의 유기적 통일성에 관해서 조금도 고찰하지 않았다. 그 도식에 따르면 물질의 부분들이 어째서 상호 간에 어떤 물리적 관계를 갖게 되는 것인가라는 데 대한 어떠한 답변도 사물의 본성 속에서 발견될 수 없다. 이제 우리는 자연 법칙들의 필연성을 인식할 수 있으리라고 기대할 수 없음을 인정하기로 하자. 그러나 우리는 자연의 질서라는 것이 반드시 있어야만 한다는 것을 인식할 수 있다고 기대할 수는 있다. 자연의 질서라는 개념은, 발전하는 과정 가운데 있는 여러 유기체들의 장소로서의 자연의 개념과 밀접하게 결부되어 있다.

노트 : 이 장의 후반과 관련하여, 데카르트의 "《성찰》에 대한 … 여러 반론에 대한 답변" 속의 다음과 같은 글은 흥미롭다. "따라서 태양의 관념은 태양이 하늘에 존재하는 것처럼 실질적으로가 아니라, 여러 대상이 항상 정신 속에 존재하는 것처럼 객관적으로 정신 속에 존재하는 태양 그 자체이다. 그리고 이 존재 방식은, 사물이 정신 밖에 존재하는 방식보다 한결 불완전한 것임에는 틀림없지만 내가 이미 말했던 바와 같이, 그렇다고 해서 그것이 단순한 무(無)가 되는 것은 결코 아니다"(반론 제1에 대한 답변, 홀데인 및 로스 공역, 제2권, 10면). 내가 보기에 관념에 대한 이와 같은 이론(나로서는 이에 동의하지만)은 데카르트 철학의 다른 여러 부분과 조화되기 어려울 것 같다.

제5장

낭만주의적 반동

앞 장에서 나는 18세기가 그 전 시대로부터 물려받은, 한정된 범위에서 유효하게 작용했던 과학적 개념들의 도식이 이 세기에 어떠한 영향을 끼쳤는가에 대해 논하였다. 그 도식은 아우구스티누스 신학에 깊숙이 공감하는 정신성의 산물이었다. 프로테스탄트의 칼뱅주의[1]와 가톨릭의 얀센주의[2]는 인간을 "항거할 수 없는 은총"에 무기력하게 협력하는 존재로 제시하였고, 당시의 과학적 도식은 인간을 항거할 수 없는 자연의 메커니즘에 무기력하게 협력하는 존재로 제시하였다. 신의 메커니즘과 물질의 메커니즘은 편협한 형이상학과 명석한 논리적 지성이 낳은 괴물들이었다. 또 17세기는 천재를 배출하여 사상계의 혼탁한 요소들을 제거하였다. 18세기도 이 제거 작업을 효과적으로 계속하는 데 물불을 가리지 않았다. 그 과학적 도식은 신학적 도식

1) 칼뱅(Jean Calvin, 1509~1563)
루터(M. Luther)와 동시대의 종교개혁자로서 스위스에서 활약하였다. 칼뱅주의는 인간의 구원에 대해 하느님의 예정설을 내세우고 있다.

2) 얀센주의(Jansenism)
네덜란드의 신학자 얀센(C. Jansen, 1585~1638)이 성 아우구스티누스의 교의에 따라 창시한 것으로, 종교적 체험을 존중하고 교권에 반대하였기 때문에 로마 교회로부터 이단시되었다. 파스칼도 얀센주의자였다.

보다 더 오랫동안 존속되었다. 인류는 오래지 않아서 "항거할 수 없는 은총"에 더 이상 관심을 두지 않게 되었으나, 과학에 힘입어 생겨난 효과적인 기술을 즉시 높이 평가하게 되었다. 18세기 초에 버클리는 그 과학 체계의 궁극적 기초에 대하여 철학적 비판을 가하였다. 그러나 그는 당시의 지배적인 사조를 흔들어 놓지는 못하였다. 앞 장에서 나는 그와 유사한 논법을 전개하여, 자연의 기초를 물질이라는 개념 대신에 유기체라는 개념에 두는 하나의 사상 체계를 끌어들이려 하였다. 이 장에서는 먼저 지식인들의 구체적인 사상이 메커니즘과 오가니즘(organism)의 이와 같은 대립에 대하여 어떤 관점을 취하고 있었는지를 고찰해 보고자 한다. 사물에 대한 인간의 구체적인 관점이 선명히 나타나는 곳은 문학이다. 따라서 우리가 한 세대의 내면적인 사상들을 찾아내고자 한다면, 문학, 특히 보다 구체적인 형태의 문학인 시와 희곡을 살펴보아야 한다.

우리는 서양 사람들이 특히 중국인에게 더 잘 들어맞는 것으로 보통 간주되는 특성을 크게 드러내고 있음을 쉽게 발견하게 된다. 사람들은 중국인이 두 가지의 종교를 가지고 있으면서, 경우에 따라 유교 신자가 되기도 하고 불교 신자가 되기도 한다는 데 대해 종종 놀라움을 표시한다. 중국인이 사실 그러한지 어떤지 나로서는 잘 모른다. 또한 설사 그것이 사실이라고 해도 과연 그 두 가지 태도가 실제로 모순되는 것인지 어떤지 나는 잘 모른다. 그러나 이와 유사한 사실이 서양인에게 있어서는 진실이며, 이때 취해지는 두 가지 태도가 서로 모순된다는 점은 의심할 여지가 없다고 본다. 메커니즘에 기초를 둔 과학적 실재론은, 인간 및 고등 동물의 세계가 자기 결정적인 유기체들로 이루어져 있다고 하는 확고한 신념과 결합되어 있다. 근대 사상의 밑바닥에 있는 이 근본적인 모순은 현대 문명에 내포되어 있는 거대한 불안과 동요의 원천이 되고 있다. 이 모순이 사상을 지리멸렬하게 한다고까지 말한다면 지나친 주장이 되겠지만, 이 모순이 배후에 숨어 있으면서 사상을 약화시킨다는 것은 부인할 수 없을 것이다. 결국 중세기의 사람들은 우리가 그 존재를 거의 잊고 있는 어떤 탁월한 것을 추구하고 있었다. 그들은 조화에 대한 이해에 도달하겠다는 이상을 가지고 있다. 그런데 우리는 다양하고 임의적인 여러 출발점으로부터 나온 피상적인 질서에 만족하고 있다. 예컨대 유럽 사람들의 개인주의적 역량이 낳은 모험적인 사업은 목적인(目的因)으로 향하는 물리적 작용들을 전제로 삼고 있다. 그러나 그 사업의 전개 과정에서 활용되는 과학은 물리적 인과 관계가 최고의 원리라고 단정하면서 물리적 원인을 궁극 목적으로부터 분리시키는 철학을 기반으로 삼고 있다. 여기에 내포되어 있는 이 절대적인 모순을 길게 논하는 것은 흔히 있는 일이 아니다. 그러나 사람들이 온갖 언사를 동원해서 아무리 그럴듯하게 둘러댄다 해도, 이 모순은 엄연한 사실인 것이다. 물론 우리는 18세기 페일리의 유명한 논의 가운데 메커니즘은 자연의 창조자인 신을 전제로 한다는 주장을 발견할 수 있다. 그러나 페일리가 이 논의를 완전한 형식으로 마무리하기도 전에, 흄은 우리가 발견하게 될 신은 그 메커니즘을 만든 신일 것이라는 반론을 제기했었다. 바꾸어 말하면, 그 메커니즘은 기껏해야 조종자를, 어떤 일반적인 조종자가 아니라 바로 그 메커니즘만의 조종자를 전제로 할 수 있을 뿐이라는 것이다. 메커니즘을 완화시키려 한다면, 그것이 메커니즘이 아니라는 것을 발견해 내는 길밖에 없다.

변증론적[3] 신학을 떠나 일반 문학에 들어오면, 우리는 예상할 수 있었던 대로 과학적 관점이 대개의 경우 전적으로 무시되고 있음을 발견하게 된다. 대부분의 문학 작품에 관한 한, 과학에 대해서는 전혀 아는 바가 없었을는지도 모른다. 최근까지 거의 모든 작가들은 고전 문학과 르네상스 문학에 흠뻑 젖어 있었다. 대체로 철학과 과학은 하나같이 그들의 흥미를 끌지 못했고, 그들의 정신은 그것들을 무시하도록 훈련되어 있었다.

이상의 포괄적인 분석에 예외가 되는 사례가 없는 것은 아니다. 영문학만을 놓고 보더라도 그 예외자 중에는 일류 작가들이 들어 있고, 또 그들이 과학으로부터 간접적으로나마 상당한 영향을 받았음도 알 수 있다.

근대 사상에 내포된 이 어수선한 모순을 측면에서 조명하는 빛은, 영문학의 일반적인 특성에서 나온 교훈적인 성격을 띠고 있는 위대하고 진지한 시 몇 편을 음미하는 데서 얻어질 수 있다. 여기에 적절한 예로는 밀턴의 《실낙원》(*Paradise Lost*), 포프[4]의 《인간론》, 워즈워스의 《소요》[5], 테니슨[6]의 《인 메모리엄》을 들 수 있다. 밀턴은 왕정복고 이후에 펜을 들었지만 과학적 유물론의 영향을 받지 않은 17세기 초의 신학적 입장을 대변하고 있다. 포프의 시는 과학 운동이 그 확실한

3) 변증론(Apologetics)이란 기독교가 초기부터 상이한 입장의 사람들로부터 받아 온 공격에 대하여 자기 옹호적인 논의를 전개해 왔는데, 이러한 과정을 통해 발전시켜 온 논의를 일컫는 말이다.

4) 포프(Alexander Pope, 1688~1744)
영국 신고전파의 거장. 그의 *Essay on Man*은 4편으로 된 서간체의 시이다. 여기에서 그는 라이프니츠의 변신론을 끌어들여 우주의 완전 무결성을 찬양하고, 인간은 단지 좁은 안목으로 인하여 그것을 모를 뿐이라고 하였다.

5) 이 *Excursion*(1814)은 철학시를 노린 야심적인 대작이다. 4, 5명의 인물들이 대화를 통하여 자연의 신비적인 작용, 지성을 초월한 신앙 등을 논하는 내용으로 되어 있는데, 중요한 작품으로 평가된다.

6) 테니슨(Alfred Tennyson, 1809~1892)
빅토리아 왕조의 대표 시인. *In Memoriam*은 그의 친구 하람의 죽음을 애도하는 내용이나, 당대의 과학과 종교 간의 부조화에 대해서도 문제 삼고 있다.

승리를 거두게 되는 첫 시기로부터 60여 년 동안 일반 사상에 끼친 영향을 표현하고 있다. 워즈워스는 그가 지닌 모든 역량을 동원해서 18세기 정신에 대한 의식적인 반항을 표현하고 있다. 18세기의 정신이란 다름 아닌 과학적 관념들을 액면 그대로 받아들이는 정신을 말한다. 워즈워스는 어떤 주지적 관점에서 항거했던 것이 결코 아니었다. 그를 움직인 것은 도덕적 반발이었다. 그는 무엇인가가 온갖 것들을 포함하고 있다고 느꼈다. 테니슨은 19세기 전반기(1825~1850)에 쇠퇴하기 시작한 낭만주의 운동을 과학과 타협시키려 했던 대표적 인물이었다. 이 무렵에 이미 근대 사상의 두 요소는 제각기 자연의 추이와 인간의 삶에 관한 상충되는 해석을 제시하는 가운데 근본적인 괴리를 드러내고 있었다. 테니슨은 그의 시에서 내가 앞서 언급한 분열을 완벽하게 예증해 주고 있다. 서로 대립하는 세계관이 있으며, 이 양자는 탈출구가 없는 것처럼 보이는 각자의 궁극적 직관에 호소함으로써 상대방의 동의를 강요하고 있는 것이다. 테니슨은 이러한 난국의 한복판으로 뛰어들고 있다. 여기서 그를 섬뜩하게 하는 것은 바로 메커니즘의 문제이다.

> "별들은 맹목적으로 달린다."라고 그녀는 속삭이네.[7)]

이 한 줄의 시는《인 메모리엄》에 포함된 철학적인 문제 전체를 명확하게 말해 주고 있다. 각 분자는 맹목적으로 달린다. 인체는 분자의 집합이다. 따라서 인간의 육체는 맹목적으로 달리는 것이며, 그렇기

---

7) "The stars", she whispers, "blindly run."
(*In Memoriam*, 3연, 2구, 1행)

때문에 육체의 활동에 대해서는 개인에게 어떠한 책임도 없는 것이 된다. 만약 우리가 분자란 유기체적 전체로서의 육체에 의한 어떠한 제한도 받지 않고 그 자체로서 존속하도록 명확하게 규정되어 있는 것임을 일단 인정한다면, 그리고 분자의 맹목적인 주행은 기계적인 일반 법칙에 따라 정해지는 것임을 인정한다면, 위와 같은 결론은 피할 수 없는 것이 된다. 그러나 정신의 내적 작용을 포함하여 갖가지 정신적인 경험들은 육체의 활동에서 파생된다. 따라서 정신의 유일한 기능은 적어도 자신에게 맡겨진 얼마간의 정신적 경험을 가지는 일과 육체의 활동—이것이 내적인 것이든 외적인 것이든 간에—에 구속됨이 없이 자신이 자유로이 행할 수 있는 다른 경험들을 추가하여 가지는 일이다.

그래서 이때 정신에 두 가지 설이 가능하게 된다. 우리는 정신이 육체에 의해 제공되는 경험 이외의 다른 어떤 경험을 스스로 취할 수 있다는 것을 부정할 수도 있고 긍정할 수도 있다.

만약 우리가 추가되는 경험을 인정하지 않는다면, 개인의 도덕적 책임은 완전히 사라지게 될 것이다. 반대로 우리가 이런 경험을 인정한다면, 인간은 비록 육체의 활동에는 책임이 없다 하더라도 자신의 정신 상태에 대해서는 책임이 있게 될 것이다. 근세에 있어 사상의 약화는 이 명백한 문제점이 테니슨의 시에서 어떻게 회피되고 있는가에서 예시되고 있다. 남의 이목을 꺼리는 집안의 비밀과 같은 무엇인가가 그의 시 배후에 숨겨져 있다. 그는 종교와 과학에 관련된 거의 모든 문제들에 관해 언급하고 있지만 위의 문제에 관해서는 가볍게 암시하고 있을 뿐 그 이상은 조심스럽게 회피하고 있다.

바로 이 문제는《인 메모리엄》이 나왔을 당시 한창 논의되고 있었다. 존 스튜어트 밀은 결정론을 주장하고 있었다. 이 학설에 따르면 의지는 동기에 의해 결정되고, 동기는 정신과 육체 모두의 상태들을 포함하는 여러 선행 조건으로 이루어지는 것으로 설명될 수 있다.

이러한 학설이, 철저한 메커니즘으로 인해 나타나게 된 딜레마로부터 벗어날 길을 제시해 주지 못한다는 것은 명백하다. 왜냐하면 만일 의지가 육체의 상태에 영향을 미치는 것이라 한다면, 이때 육체의 분자들은 맹목적으로 달리지 않을 것이요, 반대로 의지가 육체의 상태에 영향을 미치지 않는 것이라 한다면, 그때 정신은 여전히 불안정한 위치에 놓여 있게 될 것이기 때문이다.

밀의 학설은 일반 사람들 사이에, 특히 과학자들에게 마치 그것이 어쨌든 극단적인 기계론적 유물론을 받아들일 수 있도록 하면서도 그 믿기 어려운 결론들을 완화해 주는 것이거나 한 것처럼 받아들여지고 있었다. 그의 학설은 사실상 그럴 수 없는 것이었다. 육체의 분자들은 맹목적으로 달리든가 그렇지 않든가 둘 중의 하나이다. 만일 그 분자들이 맹목적으로 달린다면, 정신 상태는 육체적 활동을 규정하는 데 있어 전적으로 무시될 수 있을 것이다.

나는 지금까지의 논의를 간결하게 이끌어 왔다. 이 문제는 사실상 지극히 단순한 것이기 때문이다. 논의를 길게 진행시키는 것은 혼란의 원천이 될 뿐이다. 분자의 형이상학적 지위에 관한 문제는 여기서 고려될 필요가 없다. 분자란 단순히 구성체에 불과하다는 언명도 지금의 논의와 아무런 관계가 없다. 왜냐하면 구성체라고 해도 그것은 그 무엇을 의미할 것이기 때문이다. 만일 구성체가 아무것도 의미하지 않는다면, 기계론 전체가 또한 무의미하게 될 것이요, 그래서 문제는 사라지게 될 것이다. 이와 반대로 구성체가 그 무엇인가를 의미하는 것이라면, 위의 논의는 구성체가 의미하는 바의 것에 정확하게 적용될 것이다. 난점을 무시해 버린다는 간단한 방법 이외에 난점을 회

피해 버리는 전통적인 방법으로 오늘날 "생기설"(vitalism)[8]이라고 불리는 학설의 한 형태에 의지하는 길이 있다. 이 학설은 사실상 하나의 타협이다. 무생물 전체가 메커니즘에 의해 완전히 장악되어 있음을 인정하면서도 생명체에 있어서는 그 메커니즘이 부분적으로 완화된다고 주장한다. 내가 느끼기에 이러한 이론은 불만족스러운 타협이다. 생물과 무생물 사이의 간격이 지나치게 모호하고 미심쩍은 것이어서, 어딘가 본질적인 이원론을 내포하고 있는 듯한 그와 같은 가정을 뒷받침하기에는 역부족인 것이다.

내가 주장하고 있는 학설에 따르자면, 유물론의 사상 전체는 오직 극히 추상적인 존재들, 즉 논리적인 식별을 통해 얻어지는 것들에만 적용될 수 있다. 구체적으로 존속하는 존재는 유기체이며, 따라서 전체의 계획은 그 속에 들어가는 여러 종속적 유기체들의 특성 자체에 영향을 미친다. 동물의 경우, 그 정신 상태는 그 유기체 전체의 계획 속에 들어가며, 그리하여 종속적 유기체들의 계획을 변경시켜 가는데, 이러한 변경은 순차적으로 하위의 유기체로 계속 이어지면서 궁극적으로는 전자(電子)와 같은 극미한 유기체에까지 이르게 된다. 그러므로 생명체 내부에 들어 있는 전자는 신체가 갖는 계획 때문에 생명체 외부에 있는 전자와 다르다. 전자는 신체의 내외를 가리지 않고 맹목적으로 달린다. 그러나 신체 속에서는 그 속에서 그것이 갖게 되는 특성에 따라 달린다. 즉 신체의 일반적 계획에 따라 달리는 것이다. 그리고 이 계획 속에 정신 상태가 포함되어 있다. 하지만 이와 같은 존재 방식 변경의 원리는 자연 전체에 걸쳐 일반적으로 적용되는 것이며, 생명체만이 갖는 특성을 나타내는 것은 아니다. 이 학설은 전

8) 이는 기계론과는 달리 생물의 자발적이고 합목적적인 생활 능력이나 기능을 인정한다.

통적인 과학적 유물론을 버리고 유기체설을 그 대안으로 내세우는 일에 적극 관여하고 있음이 다음의 여러 장에서 밝혀질 것이다.

밀의 결정론은 이 책의 의도와 동떨어진 것이기 때문에, 나는 그것에 관해 더 이상 논하지 않을 것이다. 내가 앞서 그것을 거론했던 까닭은, 결정론이든 자유 의지론이든 유물론적 기계론이나 타협적인 생기설이 야기하는 여러 난점에서 벗어나, 나의 논제와 어떤 관련을 맺도록 하려는 데 있었다. 나는 이 책에 제시되는 학설을 **유기체적 메커니즘**이라 이름하고 싶다. 나의 이 이론에 따르자면, 분자는 일반 법칙에 따라 맹목적으로 달릴 수 있으나, 각 분자들은 그것들을 둘러싸고 있는 환경이라는 유기체 전체의 계획에 따라 그 내재적 성격을 달리한다.

과학의 유물론적 기계론과 구체적인 삶에 있어 전제되는 도덕적 직관 간의 괴리는 시대가 지나감에 따라 단지 서서히 그 진정한 의미를 드러냈을 뿐이다. 앞서 언급한 몇 편의 시가 쓰였던 각 시대마다의 독특한 색조가 묘하게도 그 시들의 첫 구절에 반영되어 있다. 밀턴은 다음과 같은 기도로 서장을 끝맺고 있다.

> 이 위대한 주제의 높이에 어울리도록,
> 나는 영원한 섭리를 밝히고
> 인간에 대한 하느님의 길이 옳다는 것을 증거하리라.[9)]

밀턴을 논하는 오늘날의 여러 비평가들의 시각을 빌려 판단하자면,

---

9) That to the height of this great argument
I may assert eternal Providence,
And justify the ways of God to men.
(*Paradise Lost,* 제1권, 24~26행)

《실낙원》과 《복낙원》(*Paradise Regained*)은 일련의 무운시(無韻詩)를 실험해 보기 위해 쓰였다고 생각할 수도 있을 것이다. 그러나 이것은 분명 밀턴이 그의 시에서 의도했던 바는 아니었다. "인간에 대한 하느님의 길이 옳다는 것을 증거하는 것"이 바로 그의 주된 목적이었다. 그는 《투기사 삼손》(*Samson Agonistes*)에서도 이와 동일한 사상을 다시 노래하고 있다.

> 옳은 것은 하느님의 길
> 그 옳음을 인간에게 증거할 수 있나니.[10)]

우리는 여기서 조만간 닥쳐올 과학의 눈사태에 마음을 쓰지 않는 태연자약함을 엿볼 수 있다. 《실낙원》이 실제로 출판된 것은 그 작품이 쓰였던 시대가 막을 내린 직후였다. 그것은 사라져 가고 있던 흔들림 없는 확신의 세계를 노래한 마지막 작품이다.

포프의 《인간론》과 《실낙원》을 비교해 보면, 밀턴의 시대와 포프의 시대를 가르는 50, 60년 동안에 영국 사상이 겪었던 색조의 변화를 일견할 수 있다. 밀턴은 그의 시를 하느님에게 쓰고 있고, 포프는 그의 시를 볼링브로크 경에게 쓰고 있다.

> 깨어나거라, 나의 세인트 존이여!
> 온갖 천한 것은

---

10) Just are the ways of God
And justifiable to men.
(*Samson Agonistes*, 294~314행)

하찮은 야심과 왕자의 교만에 내맡겨라.
(인간의 삶은 그저 자기 한 몸만을 둘러보며
죽어 갈 수밖에 달리 길이 없기에)
자, 인간 만사를 자세히 말해 보자꾸나.
그것은 크나큰 미로!
하지만 정해진 길 없는 것이 아니라네.[11)]

포프의 자신에 찬 확신,

그것은 크나큰 미로!
하지만 정해진 길 없는 것이 아니라네.[12)]

와 밀턴의

옳은 것은 하느님의 길
그 옳음을 인간에게 증거할 수 있나니.[13)]

---

11) Awake, my St. John! leave all meaner things
To low ambition and the pride of kings.
Let us (since life can little more supply
Than just to look about us and to die)
Expatiate free o'er all this scene of man;
A mighty maze! but not without a plan
(*Essay on Man*, 서장, 첫 시구)

12) A mighty maze! but not without a plan.

13) Just are the ways of God
And justifiable to men.

를 비교해 보라. 하지만 여기서 진정 주목해야 할 점은, 밀턴과 마찬가지로 포프도 근대세계에 늘 따라다니고 있는 매우 당혹스런 문제에 조금도 동요하지 않고 있다는 점이다. 밀턴이 길잡이로 삼았던 것은 인간을 다스리는 하느님의 길을 역설하는 일이었다. 이로부터 두 세대가 흐른 후 포프도 근대과학의 계몽된 방법이 "크나큰 미로"의 지도(地圖)로서 적절하게 기능 하는 계획("정해진 길")을 제공하고 있다는 확신에 차 있었다.

워즈워스의 《소요》는 이들에 뒤이어 동일한 주제를 다룬 영시(英詩)이다. 산문으로 쓰인 서문에 의하면, 이 시는 "인간, 자연, 그리고 사회에 관한 견해를 담은 철학시"라고 정의되는 보다 광대한 기획의 작품 속에 들어가는 하나의 단편이라고 한다.

이 시는 다음과 같은 매우 독특한 구절로 시작되고 있다.

> 때는 바야흐로 한여름, 해는 이미 높이 솟아 있네.[14)]

이처럼 낭만주의적 반동은 신이나 볼링브로크 경에게서가 아니라 자연에서 출발했던 것이다. 우리는 여기서 18세기의 색조 전체에 대한 의식적 반동을 목격한다. 18세기는 과학의 추상적 분석을 통해 자연에 접근했던 데 반해, 워즈워스는 그의 충만한 구체적 경험을 가지고 과학적인 추상 관념에 대항하고 있다.

《소요》와 테니슨의 《인 메모리엄》 사이에는 종교의 부흥과 과학의 발전을 도모했던 한 세대가 놓여 있다. 초기의 시인들은 저 당혹스런 문제를 무시함으로써 해결했었다. 테니슨에게는 그런 길이 열려 있지

---

14) 'Twas summer, and the sun had mounted high.

않았다.

> 하느님의 강한 아들, 불멸의 사랑이여,
> 그대의 얼굴 일찍이 본 적이 없는 우리는
> 오로지 믿음, 믿음으로만 그대를 껴안으며
> 증명은 할 수 없어도 굳게 믿나니.[15)]

당혹스런 음조가 당장 눈에 띈다. 19세기는 당혹의 세기였다. 19세기가 겪은 그와 같은 당혹은 그 이전의 근대 어느 시대도 겪은 바 없었다. 그 이전의 각 시대에는 그 시대가 근본적이라고 생각한 문제를 놓고 전혀 상이한 주장을 하는 대립된 진영들이 있었다. 소수의 이탈자를 제외하고는 어느 진영이나 하나같이 전력을 다하고 있었다. 테니슨의 시가 중요한 의미를 지닌 까닭은, 그것이 그 시대의 성격을 정확하게 표현했다는 사실에 있다. 개개인이 저마다 자기 분열을 일으키고 있었다. 그 이전 시대의 심오한 사상가들은 명석한 사람들이었다. 데카르트, 스피노자, 로크, 라이프니츠가 모두 그러했다. 그들은 그들이 품고 있는 생각을 정확히 알고 있었고 또 그것을 말하였다. 그러나 19세기에 있어 신학자나 철학자로 불렸던 심오한 사상가 가운데에는 명석하지 못한 사람들이 있었다. 그들은 양립될 수 없는 학설들로부터 동의를 강요받고 있었는데, 그것들을 조화시키려는 그들의 노력은 피할 수 없는 혼란을 야기할 뿐이었다.

---

15) Strong Son of God, immortal Love,
Whom we, that have not seen Thy face,
By faith, and faith alone, embrace,
Believing where we cannot prove.

매튜 아놀드는 19세기의 특징이었던 자기 분열의 색조를 테니슨보다 한층 더 강하게 표현한 시인이었다. 《인 메모리엄》을 아놀드가 쓴 《도버의 해변》(*Dover Beach*)의 종결 부분과 비교해 보라.

> 우리는 이곳에
> 마치 무지한 군대가 야음에 격돌하며
> 난투와 질주의 혼탁한 함성이 휩쓸고 간
> 어둠에 잠긴 싸움터에 서 있는 듯하네.[16)]

추기경 뉴먼은 《내 생애의 변명》(*Apologia pro Vita Sua*)에서 영국 교회의 고위 성직자 퓨지(Pusey)의 특성을 들어 말하기를, "그는 지성적으로 당혹스런 어떤 문제에도 사로잡히지 않았다"고 하였다. 이런 점에서 퓨지는 테니슨, 클러프, 아놀드 및 뉴먼 자신과 대조가 되는 반면에 밀턴, 포프, 워즈워스를 머리에 떠올리게 한다.

아마 독자도 예상할 수 있었겠지만, 영문학에 관한 한, 프랑스 혁명기와 그에 뒤이은 시대에 있어서의 낭만주의적 반동의 지도적 위치에 있던 인물들 가운데 과학 사상에 대한 매우 흥미 있는 비평을 시도했던 사람들이 있음을 발견할 수 있다. 영문학에서 낭만주의 계열에 속하는 심오한 사상가로는 콜리지, 워즈워스, 셸리가 있다. 키츠는 과학의 영향을 조금도 받지 않았던 영문학 작가 가운데 한 사람이다. 우리는 명료한 철학적 구성을 시도했던 콜리지를 무시해도 좋을 것이다.

---

16) And we are here as on a darkling plain
Swept with confused alarms of struggle and flight,
Where ignorant armies clash by night.

그의 그러한 시도가 그의 세대에 영향을 주기는 하였지만, 이 책에서 나는 과거 사상의 여러 요소 가운데 모든 시대에 통하는 것들만을 언급하려 하고 있기 때문이다. 이렇게 한정시킨다 하더라도 그 중 다시 선택적으로 몇 사람에게 주목해 볼 수 있을 뿐이다. 우리의 목적에 비추어 보자면, 콜리지는 단지 워즈워스에 끼친 그의 영향 때문에 의미가 있을 뿐이다. 그래서 결국 워즈워스와 셸리가 남게 된다.

워즈워스는 자연에 심취되어 있었다. 스피노자를 보고 신에 도취된 사람이라고 말하는데, 워즈워스는 자연에 도취된 사람이라고 말할 수 있다. 그러나 그는 사색적이고 박식하며 철학적 관심을 가진, 산문적이라고까지 말할 수 있을 만큼 건전한 사람이었다. 게다가 그는 천재였다. 그런데 과학에 대한 그의 혐오가 그의 사상의 근거를 약화시키고 말았다. 널리 알려져 있듯이, 그는 어머니의 무덤을 몰래 들여다보며 사물에 관해 탐구하는 궁핍한 사내를 다소 성급하게 비난하면서 그에게 냉소를 퍼부었다. 그의 작품에서 이러한 반발을 표현하고 있는 구절은 얼마든지 찾아볼 수 있을 것이다. 이와 관련된 그의 특징적인 사상은 "우리는 분석하기 위해 죽인다"[17]는 그의 구절로 요약될 수 있다.

이 구절에서 그는 과학 비판을 위한 자신의 지적인 기반을 단적으로 드러내고 있다. 그는 과학이 추상 관념에 몰두하고 있다 하여 비난한다. 그의 일관된 논지는 과학적 방법으로는 자연의 중요한 사실

---

17) 이 구절은 "The Tables Turned", 7연 가운데 있다.

Sweet is the lore which nature brings;
Our meddling intellect
Misshapes the beauteous forms of things:
— We murder to dissect.

을 파악할 수 없다는 것이다. 그렇다면 워즈워스는 과학적으로 표현될 수 없는 것으로서 대체 어떤 것을 자연에서 발견했는지를 물어보는 것이 중요하겠다. 내가 이 물음을 제기하는 것은 바로 과학을 위해서이다. 왜냐하면 이 책에서의 나의 주요 의도 가운데 하나가 과학의 추상 관념이 수정되거나 변경될 수 없다고 하는 생각에 대하여 항의하는 일이기 때문이다. 그런데 워즈워스가 무생물들을 과학의 손에 맡겨 버리고, 나아가 생물인 경우에는 과학이 분석할 수 없는 어떤 요소가 있다는 신념에 매달렸던 것은 결코 아니다. 물론 누구나 그렇듯이, 그 또한 어떤 의미에서는 생물과 무생물이 다르다는 것을 인정한다. 그러나 그것이 그의 주안점은 아니다. 그의 의식 속에 늘 맴돌고 있는 것은 사랑의 날개로 조용히 덮이는 작은 산의 모습이다. 그의 주제는 전체상에서 바라본 자연이다. 즉 그는, 우리가 그 하나하나를 개별적인 존재로 간주하는 갖가지 요소들 모두에 투영되어 있는, 주변 사물들의 저 신비스런 모습을 되풀이해서 읊고 있다. 그는 언제나 자연의 전체상을, 개별적인 사례의 색조 속에 포함되어 있는 것으로서 파악한다. 바로 이런 까닭에 그는 "수선화와 더불어 웃기"[18]도 하고 앵초꽃 속에서 "너무나 깊은 눈물의 사상"[19]을 발견하기도 하였던 것이다.

---

18) 이 구절은 "I wandered lonely as a cloud"로 시작되는 그의 서정시(1804) 속에 들어 있다.
A poet could not but be gay,
In such a jocund company
And then my heart with pleasure fills,
And dances with the daffodils.

19) 이 구절은 "Intimations of Immortality from Recollections of Early Childhood"(1803)의 끝에 있다.
To me the meanest flower that blows can give
Thoughts that do often lie too deep for tears.

워즈워스의 시 가운데 가장 뛰어난 것은 단연코 《서곡》(*The Prelude*)의 제1권이다. 거기에는 언제나 붙어 다니는 자연의 여러 모습에 대한 이와 같은 감각이 짙게 깔려 있다. 너무 길어서 여기에 인용할 수는 없지만, 일련의 장엄한 구절들이 이러한 사상을 표현하고 있다. 물론 워즈워스는 시를 쓰고 있는 시인이지, 무미건조한 철학적 진술에 관여하고 있는 것은 아니다. 그러나 각 통일체에 다른 여러 통일체의 양태적 존재들이 융화되는 가운데 서로 얽히고 있는 파악적 통일체를 나타내고 있는 것으로서의 자연에 대한 감정을 이보다 더 생생하게 표현하는 것은 거의 불가능할 것이다.

> 그대 하늘과 땅에 나타난 자연이여!
> 언덕의 아름다운 광경이여!
> 그리고 고독한 땅의 영혼들이여!
> 그대 비천한 소망은 갖지 않으려니와
> 그 오묘한 섭리를 펼쳐 보이던 시절에,
> 그 옛날 어린 시절 소꿉장난하던 때도
> 언제나 나를 뒤따르며
> 동굴 언저리와 나무에, 숲속에, 언덕 위에,
> 온갖 것에 두려움과 소망을 아로새기며
> 그리하여 끝없이 펼쳐지는 대지로 하여
> 마치 너울거리는 바다처럼
> 승리와 환희, 소망과 두려움으로
> 약동하게 하던 그 시절에 ….[20)]

내가 이처럼 워즈워스를 인용하는 가운데 강조하고 싶은 것은, 근대과학이 우리의 사상에 부과하고 있는 자연관이 얼마만큼 왜곡된 것이며 모순에 찬 것인지를 우리가 까맣게 잊고 있다는 점이다. 워즈워스는 그의 탁월한 천재성을 발휘하여 우리가 직접 파악하는 구체적인 사실들, 과학적 분석으로는 왜곡되고 마는 사실들을 표현하고 있다. 과학이 보통 사용하는 개념들은 오직 제한된 좁은 영역, 어쩌면 과학 그 자신의 입장에서 보아도 너무 좁은 영역 안에서만 타당할 수 있는 것이 아닐까?

과학에 대한 셸리의 태도는 워즈워스의 태도와 정반대의 극에 있었다. 그는 과학을 사랑했고, 과학이 암시하는 갖가지 사상을 시로 표현하는 일에 조금도 싫증을 내지 않았다. 그에게 과학은 환희, 평화, 계몽의 상징이었다. 셸리에게 있어 화학 실험실은 워즈워스의 젊은 날에 있어 산언덕과 같은 것이었다. 셸리를 평가하는 비평가들이 이런 점에서의 셸리적인 특성을 그들 자신의 정신 속에 가지고 있지 않다는 것은 불행스러운 일이다. 그들은, 사실상 셸리 정신의 기본 골격을 이루고 있으면서 그의 시 구석구석까지 침투해 있는 것을 셸리의 성격에 우연히 나타난 괴벽으로 돌리려는 경향이 있다. 그러나 만약

---

20) Ye Presences of Nature in the sky
And on the earth! Ye Visions of the hills!
And Souls of lonely places! can I think
A vulgar hope was yours when ye employed
Such ministry, when ye through many a year
Haunting me thus among my boyish sports,
On caves and trees, upon the woods and hills,
Impressed upon all forms the characters
Of danger or desire; and thus did make
The surface of the universal earth,
With triumph and delight, with hope and fear,
Work like a sea? …

셸리가 100년 후에 태어났더라면, 20세기는 화학자들 가운데 뉴턴과 같은 인물을 낳을 수 있었을지도 모른다.

셸리가 증거 자료로 삼고 있는 것의 가치를 평가하는 데에는, 그의 정신이 과학 사상에 흡수되고 있다는 것을 이해하는 것이 중요하다. 이 점은 그가 계속해서 썼던 서정시로 예증될 수 있다. 나는 그의《프로메테우스의 속박》(*Prometheus Unbound*)의 제4막 중 한 편만을 선정해 보겠다. 여기서는 "대지"와 "달"이 엄밀한 과학의 언어로 대화를 나누고 있다. 여러 가지 물리적 실험이 그의 비유적 표현에 지침을 제공한다. 가령 대지의 외침,

> 밀폐될 수 없는 수증기와도 같은 환희![21]

는 과학책에 적혀 있는 "기체의 팽창력"을 시구로 옮겨 놓은 것이다. 또 "대지"의 한 절을 보면,

> 나는 하늘 높이 솟은
> 밤의 피라미드 아래에서 회전하며
> 환희를 꿈꾸며
> 황홀한 잠 속에서 승리의 기쁨을 속삭이네.
> 마치 어여쁜 연인의 그늘에 누워
> 빛과 따사로운 기운이 에워싸는
> 꽃다운 사랑의 꿈에 가볍게 한숨짓는 젊은이처럼.[22]

---

21) The vaporous exultation not to be confined!

이 한 절은, 명확한 기하학적 도형을, 내가 수학을 강의하는 시간에 종종 학생들에게 보여 주어야 했던 것과 같은 도형을 머릿속에 그리는 사람이 아니고는 쓰기 어려웠을 것이다. 그 증거로는 밤의 피라미드를 둘러싸는 빛에 시적 심상을 부여하고 있는 마지막 구절에 주목해 볼 때 특히 분명해진다. 이러한 착상은 도형을 머릿속에 갖지 않는 사람에게는 결코 떠오르지 않을 것이다. 그런데 이 시 전체가 그러하거니와 다른 시들도 모두 이런 종류의 표현으로 가득 차 있다.

그런데 이처럼 과학에 공감하면서 과학 사상에 심취하고 있는 이 시인도 과학의 여러 개념에 기초가 되는 제2차 성질 이론을 전혀 이용할 수 없었다. 셸리에게 있어 자연은 그 미와 색채를 그대로 보유하고 있다. 셸리의 자연은 그 본질상 우리의 지각적 경험의 내용 전체와 더불어 기능 하고 있는 유기체로 된 자연이다. 우리는 정통적 과학 사상이 함축하고 있는 의미를 무시하는 데 익숙해져 있어서 우리가 암묵리에 생각하고 있는 과학 사상에 대한 비판을 명백히 드러내기가 쉽지 않다. 만일 이 문제를 진지하게 다룬 사람이 있었다고 한다면, 그는 셸리였을 것이다.

나아가 셸리는 자연 속의 "존재"들이 융합하고 있다는 데 관해 워즈워스와 전적으로 입장을 같이 하고 있다. 다음은 《몽블랑》(*Mont Blanc*)이라는 그의 시의 첫 절이다.

---

22) I spin beneath my pyramid of night,
Which points into the heavens,– dreaming delight,
Murmuring victorious joy in my enchanted sleep;
As a youth lulled in love-dreams faintly sighing,
Under the shadow of his beauty lying,
Which round his rest a watch of light and warmth doth keep.

만물이 사는 영겁의 우주
정신을 뚫고 물결치며 흐른다
때로는 어둡고 때로는 번득이며
때로는 그림자를 반사하며 때로는 번쩍 빛난다
그것은 사람의 생각의 샘
흐르는 물을 은밀히 나르는
그 물결 가냘프나 소리 내어 들려오고
마치 쓸쓸한 산, 울창한 숲속에서
폭포수가 흩어지는
나무와 바람이 서로 다투며
큰 시냇물이 바위에 부딪치어
소리 내어 부서지듯.[23)]

이 시를 쓸 때 셸리는 분명히 관념론의 어떤 형태—칸트의 것이든 버클리의 것이든 아니면 플라톤의 것이든—를 염두에 두고 있었을 것이다. 그러나 셸리를 어떻게 해석하든, 그는 여기서 자연의 존재

---

23) The everlasting universe of Things
Flows through the Mind, and rolls its rapid waves,
Now dark – now glittering – now reflecting gloom –
Now lending splendour, where from secret springs
The source of human thought its tribute brings
Of waters, – with a sound but half its own,
Such as a feeble brook will oft assume
In the wild woods, among the Mountains lone,
Where waterfalls around it leap for ever,
Where woods and winds contend, and a vast river
Over its rocks ceaselessly bursts and raves.

자체를 구성하는 것으로서의 파악적 통일에 대한 유력한 증인이 되고 있다.

버클리, 워즈워스, 셸리는 하나같이 존재의 추상적 유물론을 진지하게 직관적으로 거부한 대표적인 인물들이다.

워즈워스와 셸리는 다 같이 자연을 다루고 있으면서도 흥미로운 차이를 보여 주고 있는데, 이 점은 우리가 숙고해 보아야 할 문제를 제기한다. 셸리는 자연을, 이를테면 요정의 손에서 변화되고 분해되고 변형되거나 하는 것처럼 생각한다. 나뭇잎들은 "서풍" 앞에서,

> 마술사로부터 도망치는
> 망령처럼[24)]
> 날아간다.

《구름》(*The cloud*)이라는 시에서 그의 상상력을 자극하는 것은 물의 다양한 변형이다. 이 시의 주제는 만물의 끝없는, 영원한, 알기 어려운 변화이다.

> 나는 변화하지만 죽지 않는다.[25)]

이것은 자연의 한 양상, 곧 포착하기 어려운 변화이다. 이 변화란 단순한 위치 이동으로 나타나는 변화가 아니라 내면적 성격의 변화이다. 셸리가 죽지 않는 것의 변화를 강조한 것은 바로 이런 측면에서이다.

---

24) Like ghosts from an enchanter fleeing.

25) I change but I cannot die.

워즈워스는 두메산골에서 태어났다. 그 두메산골은 나무가 거의 자라지 않는 불모의 땅이어서 계절에 따른 변화는 조금밖에 볼 수 없었다. 그의 뇌리 속에는 언제나 자연의 거대한 영속성이 자리하고 있었다. 그에게 있어 변화란 지속을 배경으로 해서 어쩌다 일어나는 하찮은 사건이다.

아득히 먼 헤브리디스 섬들 사이
바다의 정적을 깨뜨리며[26)]

자연을 분석하기 위한 모든 도식은 변화와 지속이라는 이 두 가지 사실에 필연적으로 직면하게 된다. 그런데 또 하나 이들과 나란히 놓이는 제3의 사실이 있으니, 나는 이것을 영원이라 부르겠다. 산은 지속한다. 그러나 오랜 세월을 두고 닳아 낮아지면 그것도 없어지고 만다. 같은 형태로 다시 생겨난다 해도 그것은 어디까지나 새로운 산일 뿐이다. 빛깔은 영원하다. 그것은 혼백처럼 때의 흐름을 따라 다닌다. 그것은 나타났다가 사라진다. 그러나 그것이 나타날 때면, 그것은 언제나 같은 빛깔이다. 그것은 살아남는 것도 아니다. 그것을 필요로 할 때면 그것은 모습을 나타낸다. 앞 장에서 나는 내가 영원한 것으로 간주하는 존재들이 시공에 대해서 갖는 관계를 주로 고찰하였다. 지속

---

26) 이 구절은 "The Solitary Reaper"(1807)의 15~16행이다.
A voice so thrilling ne'er was heard
In spring-time from the Cuckoo-bird,
Breaking the silence of the seas
Among the farthest Hebrides.
헤브리디스 섬들은 스코틀랜드 서북 해상에 위치해 있다.

하는 사물들에 대한 고찰로 넘어가기에 앞서 그 작업이 필요했던 것이다.

또한 우리는 우리의 논의 진행의 기반을 다시 한번 머릿속에 떠올려 보아야 한다. 나는 철학이란 여러 추상 관념의 비판자라고 생각한다. 그 기능은 이중적이다. 첫째는 추상 관념들에다 추상 관념으로서의 적절한 상대적 지위를 부여함으로써 그것들을 조화시키는 일이며, 둘째는 그것들을 우주에 대한 보다 구체적인 직관과 직접 비교함으로써 그것들을 완전하게 하고, 그렇게 함으로써 보다 완전한 사상의 도식을 형성할 수 있게끔 하는 일이다. 이처럼 비교하는 일과 관련해서 위대한 시인들의 증언이 매우 중요한 의미를 갖게 된다. 그들의 시가 오늘날까지도 읽히고 있다는 사실은, 구체적인 사실 속에 들어 있는 보편적인 요소를 통찰하는 인류의 심오한 직관을 그들이 표현하고 있다는 증거가 된다. 철학은, 저마다 추상 관념들의 소규모 도식을 가지고 있으면서 그것의 완성과 개선에 힘쓰는 여러 과학들 가운데 하나가 아닌 것이다. 철학은 여러 과학들에 대한 개관으로서 그것들을 조화시키고 완전하게 한다는 특수한 목적을 지니고 있는 것이다. 철학은 이러한 임무를 수행하기 위해서 개별 과학들이 제시하는 증거뿐 아니라 구체적인 경험에 호소하여 얻어지는 그 나름의 증거를 끌어들인다. 철학은 여러 과학과 구체적인 사실을 마주 세워 놓는다.

19세기의 문학, 특히 영국의 시문학(詩文學)은 인간의 미적 직관과 과학의 메커니즘 사이의 불일치를 증거한다. 셸리는 기초가 되는 유기체에 깊숙이 영향력을 행사하는 변화 가운데에 출몰하는, 감각되는 영원한 객체에 대한 포착의 어려움을 우리 눈앞에 생생하게 보여 준다. 워즈워스는 중대한 의미를 지닌 신탁을 그 속에 간직하고 있는 지속하는 영원적 사실들의 장(場)으로서의 자연을 노래한 시인이다. 그에게는 영원한 객체들도 현존하고 있다.

> 바다에도 땅에도 일찍이 없었던 빛.[27)]

셸리와 워즈워스는 다 같이, 자연은 그 미적 가치로부터 분리될 수 없다는 것, 그리고 이들 가치는 어떤 의미에서 전체가 드리우는 사랑의 날개가 그 다양한 부분들을 차곡차곡 품는 데서 생긴다는 것을 명확하게 증거하고 있는 것이다. 그래서 우리는 이들 시인으로부터 자연에 관한 철학은 적어도 다음의 여섯 가지 개념에 관여하지 않으면 안 된다는 것을 배우게 된다. 변화, 가치, 영원한 객체, 지속, 유기체, 융합이 그것이다.

이처럼 19세기 초의 낭만주의 문학 운동이 100년 전의 버클리의 관념론적 철학 운동과 마찬가지로, 전통적 과학의 유물론적 개념들 속에 틀어박혀 있기를 거부하고 있었음을 알 수 있다. 또 이 책에서 20세기를 다루게 될 때, 우리는 과학 자체의 내적 발전으로 말미암아 어쩔 수 없이 과학의 개념들을 재구성하려는 운동이 과학 안에서 일어나고 있음을 보게 될 것이다.

그러나 이러한 일련의 작업을 진행시키려 할 때, 우리는 먼저 그와 같은 사상의 개조를 객관주의적 입장에서 할 것인가 아니면 주관주의적 입장에서 할 것인가를 결정해야만 한다. 주관주의적 입장에 선다는 것은, 우리가 직접적으로 경험하는 자연이란 경험하는 주관의 지각적 특성의 산물이라고 믿는다는 것을 말한다. 바꾸어 말해 이 입장에서 보자면, 지각되는 것은 그 인식 작용으로부터 대체로 독립해 있

27) The light that never was, on sea or land.

는 여러 사물들의 복합체가 지닌 부분적 모습이 아니라, 그 인식 작용 자체의 하나하나의 특성 표현에 불과한 것이 된다. 따라서 다양한 인식 작용에 공통되는 것이라고는 그것들의 지각에 결합되는 논리적 추리뿐이다. 그래서 이 경우 우리의 감각적 지각에 결합된 사유라는 공통의 세계는 있지만, 우리가 사유할 공통의 세계는 없는 것이다. 우리가 사유하는 것은, 전적으로 우리 각자의 것인 우리 자신의 개별적인 여러 경험에 차별 없이 적용되는 공통의 개념 세계이다. 이와 같은 개념 세계는 궁극적으로 응용수학의 방정식에서 완벽하게 표현될 수 있을 것이다. 이런 것이 극단적인 주관주의가 취하는 입장이다. 물론 주관주의를 이처럼 극단적으로 몰고 가지 않고 중도적인 주관주의 입장을 견지하는 사람들도 있다. 이들은 우리의 지각적 경험이 우리에게 공통의 객관적 세계에 관해 말해 준다고 믿는다. 그러나 또한 이들은 지각된 사물들이란 공통의 객관적 세계가 우리에게 나타난 바의 것일 뿐, 그것들 자체로서 저 공통의 객관적 세계를 구성하고 있는 요소는 아니라고 생각한다.

또한 객관주의의 입장이 있다. 이것의 신조에 의하면, 우리의 감각에 의해 지각되는 현실적인 요소들은 그것들 자체로서 공통 세계의 요소이며, 이 공통 세계는 우리의 인식 작용을 포함하면서도 그것을 초월하는 여러 사물들로 이루어진 복합체이다. 이러한 관점에 따를 때, 경험된 사물은 그 사물에 대한 우리의 지식과 구별되어야 한다. 이 양자 사이에 의존 관계가 있다고 한다면, 어디까지나 사물이 인식을 가능하게 하는 것이지 그 반대는 아니다. 하지만 여기서의 요점은 경험되는 현실적인 사물이, 지식을 포함하면서도 또한 지식을 초월하는 공통의 세계 속에 들어간다는 것이다. 중도적인 주관주의자라면 경험된 사물은 그것이 인식하는 주체에 의존하는 것이라는 사실에 힘입어 오직 간접적으로만 공통의 세계에 들어간다고 주장할 것이다. 그러나 객관주의자는 경험된 사물과 인식하는 주체가 동등한 자격으로 공통의 세계에 들어간다고 주장한다. 나는 이 책에서, 내가 과학의 요구와 인간의 구체적 경험에 다 같이 부응하는 객관주의 철학의 정수라고 생각하는 것을 개설해 보려 한다. 주관주의에 의해 야기되는 여러 난점들에 대한 세부적인 비판은 접어 두고라도, 내가 온갖 형태의 주관주의를 불신하는 데는 크게 세 가지 이유가 있다. 첫째 이유는 우리의 지각적 경험을 직접 검토해 보는 데서 나타난다. 지각적 경험을 검토해 볼 때, 우리는 공간 및 시간 속에서 돌, 나무, 신체와 같이 지속하는 대상에 결합된 빛깔이나 소리와 같은 여러 감각적 대상들의 세계 내부에 존재하고 있는 것처럼 생각된다. 우리 자신도 우리가 지각하는 다른 사물들과 꼭 마찬가지로 이 세계의 구성 요소인 것처럼 보인다는 것이다. 그러나 주관주의자들은, 온건한 중도적 주관주의자들까지도, 저와 같은 세계가 우리에게 의존하는 것이라고 주장하는 가운데 우리의 소박한 경험을 즉각 거부해 버린다. 나는 소박한 경험에 궁극적으로 호소해야 한다고 생각한다. 그리고 이것이 바로 시에 나타난 증거 자료들을 그처럼 강조하고 있는 이유이기도 하다. 내가 말하고자 하는 바는, 우리가 우리의 감각 경험을 통해 우리 자신의 내적 세계를 떠나, 이것을 넘어서서 무엇인가를 인식한다는 것이다. 이와는 달리 주관주의자는, 감각 경험에서 우리가 인식하는 것은 오직 우리 자신의 내적 세계에 관한 것뿐이라고 주장한다. 중도적인 주관주의자조차도 우리가 인식하는 세계와 그가 인정하는 공통의 세계 사이에 우리 자신의 내적 세계를 개재시킨다. 그에게 있어 우리가 인식하는 세계는, 배후에 있는 공통 세계의 압력을 받아 생겨나는 우리의 내적 세계의 변형(internal strain)인 것이다.

내가 주관주의를 불신하는 둘째 이유는, 특정한 경험의 내용을 기초로 하고 있다. 우리의 역사적 지식에 의하면, 우리가 아는 한 지구상에 생명체가 존재하지 않았던 먼 과거의 시대가 있다. 또 그 지식에 의하면 우리가 그 상세한 역사를 알 수 없는 무수한 항성계가 있다. 달이나 지구만을 생각해 보더라도 그렇다. 지구의 내부나 달의 반대쪽 면에는 무슨 일이 일어나고 있을까? 우리는 우리의 지각에 근거하여, 별에서나 지구 내부에서, 또는 달의 반대쪽 면에서 무엇인가가 일어나고 있을 것이라고 추측한다. 또 지각을 통해서 우리는 먼 옛 시대에 여러 가지 일들이 일어났다는 것을 안다. 그러나 분명 일어났으리라고 생각되는 이 모든 것들은 상세히 인식될 수 없는 것이든가, 아니면 추측된 증거에 의거해서 재구성시켜 놓은 것이든가 둘 중의 하나이다. 우리의 개인적 경험이란 언제나 이런 내용의 것에 불과하다는 사실에 비추어 본다면, 경험되는 세계가 우리 자신의 내적 세계에 속하는 것이라고 보기는 어렵다. 셋째 이유는 행동 본능에 기초를 두고 있다. 감각적 지각이 주체의 밖에 놓여 있는 것에 대한 지식을 제공하는 것처럼 보이는 것과 꼭 마찬가지로 행동도 자기 초월 본능에 근원을 두고 있는 것처럼 보인다. 활동은 자기를 넘어서서, 인식된 초월적 세계로 옮겨 간다. 여기서 최종의 목표가 중요한 의미를 지니게 된다. 왜냐하면 그것은, 중도적인 주관주의자의 베일에 싸인 세계로부터 촉구된, 또 그 세계로 옮겨 가는 활동이 아니기 때문이다. 그것이 인식된 세계에 속해 있는 결정된 목표를 지향하는 활동이기는 하지만, 그것은 자기를 초월하는 활동인 동시에 인식된 세계 내에 들어 있는 활동인 것이다. 그러므로 인식된 것으로서의 세계는 그것을 인식하는 주체를 초월하고 있는 것이 된다.

주관주의의 입장은 자연과학에서 최근의 상대성 이론을 철학적으로 해석하는 데 관여하고 있는 사람들 사이에서 널리 유행하고 있다. 감각의 세계가 지각자 개인에 의존한다는 명제는 이 이론에 내포된 의미들을 표현하는 손쉬운 방법인 것처럼 보인다. 물론 무(無) 가운데 홀로 있으면서 우주 전체를 자신이 만들어 간다고 하는 데 만족한다는 사람을 제외하면 누구나 어떤 객관주의적 입장으로 애써 돌아가고 싶어 할 것이다. 나로서는 공통의 사유 세계가 어떻게 공통의 감각 세계 없이 구축될 수 있는 것인지 도무지 이해할 수 없다. 나는 이 점을 여기서 자세히 논하지는 않겠다. 그러나 사유 세계의 초월성 및 감각 세계의 초월성을 인정하지 않고서는 주관주의자가 그의 고립성을 탈피한다는 것은 결코 쉬운 일이 아닐 것이다. 또 중도적인 주관주의자도 인식될 수 없는 그의 배후의 미지의 세계로부터 아무런 도움도 받지 못할 것으로 보인다.

실재론과 관념론의 구별이 객관주의와 주관주의의 구별과 일치하는 것은 아니다. 실재론자와 관념론자는 다 같이 객관주의적 관점에서 출발할 수 있다. 그들은 모두 감각적 지각에 나타나는 세계가 지각자 개인을 초월하고 있는 공통의 세계라는 점에 동의할 수 있을 것이다. 그러나 객관주의적 관념론자는 이 세계의 실재가 포함하고 있는 것을 분석하게 될 때, 온갖 미세한 존재에 이르기까지 어떤 방식으로든 정신과 결부되어 있어 서로 분리시킬 수 없다는 점에 주목하게 된다. 실재론자가 거부하는 것은 바로 이 점이다. 그러므로 이 두 부류의 객관주의자들은 형이상학의 근본 문제에 이를 때까지는 서로 떨어지지 않는다. 그들은 상당 부분을 공통으로 갖고 있다. 이런 까닭에 나는 앞 장에서 잠정적 실재론의 입장을 취하겠다고 말했던 것이다.

지금까지 객관주의의 입장은 단순 정위라는 학설을 수반하고 있던 고전적인 과학적 유물론을 받아들여야 한다고 가정해 왔기 때문에 줄

곧 왜곡되어 왔다. 그렇기 때문에 성질을 제1차 성질과 제2차 성질로 구분하는 사상이 필요하게 되었다. 그래서 감각 대상들과 같은 제2차 성질들은 주관주의적 원리에 따라 취급된다. 이것은 곧바로 주관주의자가 행하는 비판의 미끼가 되고 마는 불만족스런 주장이다.

만일 우리가 제2차 성질을 공통의 세계에 포함시키려 한다면, 우리의 근본 개념을 철저하게 재편성해야 할 것이다. 외부 세계에 대한 우리의 파악이 신체 안에서 일어나는 사건에 절대적으로 의존하고 있다는 것은 명백한 사실이다. 신체에 적당한 조작이 가해질 때, 사람은 거의 모든 것들을 지각하게 되기도 하고, 반대로 거의 아무것도 지각하지 못하게 되기도 한다. 완전한 상상의 세계에서 신체, 뇌, 신경만이 실재적인 것인 양 말하는 사람들이 있다. 바꾸어 말하면 신체를 객관주의적 원리에 따라, 그리고 그 밖의 세계를 주관주의적 원리에 따라 취급하려는 사람들이 있다는 것이다. 이들의 생각은 적절하지 않다. 이는 특히 실험자가 증거 자료로 드는 것이 타인의 신체에 대한 그의 지각인 경우를 상정해 본다면 더욱 그러하다.

그러나 우리는 신체란 유기체이며, 그 여러 상태가 세계에 대한 우리의 인식을 규제한다는 사실을 인정하지 않으면 안 된다. 이때 지각 세계의 통일은 신체적 경험의 통일임에 틀림없다. 신체적 경험을 의식하는 가운데 우리는 신체적 삶 속에 반영된 시공적 세계 전체의 여러 양상들을 의심하고 있음이 분명하다. 이것이 내가 앞 장에서 제기했던 물음에 대한 답변이다. 여기서 이를 되풀이해서 말하지는 않겠으나, 다음 한 가지, 즉 나의 이론은 단순 정위가 사물이 시공에 포함되는 기본 방식이라는 생각을 완전히 폐기한다는 점만은 분명히 해두고자 한다. 어떤 의미에서는 모든 사물이 언제 어디에나 있다고 할 수 있다. 왜냐하면 모든 장소는 다른 모든 장소에 있어서의 자신의 양상을 포함하고 있기 때문이다. 그래서 모든 시공적 관점은 세계를 반영하고 있는 것이다.

이러한 학설을, 단순 정위를 전제로 하는 공간 및 시간에 관한 재래의 사고방식으로 구상하려 한다면, 그것은 크나큰 자가당착이 될 것이다. 그러나 이 학설을 우리의 소박한 경험에 비추어 생각한다면, 그것은 명백한 사실을 그대로 묘사한 것에 불과한 것이 된다. 우리는 어떤 장소에서 사물들을 지각하고 있다. 우리의 지각은 우리가 있는 장소에서 일어나며, 그때 우리 신체의 작용 방식에 전적으로 의존한다. 그러나 한 장소에서의 이 신체의 작용은 우리에게 멀리 떨어져 있는 환경의 양상을 인식할 수 있게 하는데, 이러한 양상들은 신체로부터 멀어져 감에 따라 점차 희미해지다가 결국에는 저편에 사물이 있다고 하는 막연한 인식 속에 흡수된다. 만일 이러한 인식이 초월적 세계에 대한 지식을 전해 주는 것이라면, 이는 신체적 삶이라는 사건이 자기 속에 우주의 제 양상을 통일하고 있다는 점에서 가능한 것임에 틀림없다.

이 학설은 워즈워스나 셸리와 같이 상상력이 풍부한 작가들의 자연시에서 찾아볼 수 있는 개인적 체험의 생생한 표현과 아주 잘 조화된다. 사물들이 서로 따뜻하게 감싸는 생생한 모습은 언제나 워즈워스를 사로잡고 있다. 이 학설은 인식을 영위하는 정신으로부터 경험의 통일에 필요한 기체(基體)라는 그 종래의 지위를 박탈한다. 그러한 통일은 이제 한 사건의 통일 속에 놓이게 된다. 이 통일에는 인식 작용이 수반될 수도 있고 그렇지 않을 수도 있다.

이쯤 해서 워즈워스와 셸리의 시적인 통찰이 제시하는 증거 자료를 검토했을 때 제기되었던 저 커다란 문제로 되돌아가 보자. 이 하나의 문제는 일군의 문제들로 확대되었다. 빛깔이나 형상과 같은 영원한 객체들과 구별되는 것으로서 지속하는 사물이란 대체 무엇인가? 그런 사물들은 어떻게 가능한 것인가? 그것들이 우주에서 갖는 지위나 의미는 무엇인가? 요컨대 자연 질서의 지속적 안정성이라는 것의 지위는 어떤 것인가? 이에 대한 간결한 답변이 있다. 이것은 자연을 그 배후에 있는 보다 큰 어떤 실재에 관련시킨다. 이러한 실재는 사상사에서 절대자, 범천(梵天, Brahma)[28], 천도(天道), 신 등과 같은 여러 이름으로 등장하고 있다. 근본적인 형이상학적 진리를 서술하는 것은 이 장의 과제가 아니다. 내가 말하고자 하는 요지는 이렇다. 즉 그와 같은 자연 질서의 존재를 확신한 나머지, 곤란을 제거하기 위해서는 무턱대고 호소할 수밖에 없는 그런 궁극적 실재가 있다고 하는 손쉬운 가정을 안이하게 결론으로 삼는 것은 합리성의 견지에서 볼 때 전적으로 온당하지 못하다는 점이다. 우리는 자연이 그 자체에 있어서 자기 설명적인 것으로 나타나 있는지 어떤지를 탐구해 보아야 한다. 내가 여기서 의미하는 바는 사물의 본질에 관한 단순한 진술이 사물이 왜 존재하는가를 설명해 주는 요소들을 포함할 수도 있다는 것이다. 이러한 요소는 우리가 명확하게 파악할 수 있는 것들 저편에 있는 심연의 존재와 관련되어 있다고 생각해 볼 수 있을 것이다. 어떤 의미에서 설명이란 결국 독단적일 수밖에 없다. 내가 요구하고 싶은 점은, 우리가 학설을 세울 때 출발점으로 삼는 사실이 결국 독단적인 것이라 해도, 우리는 그러한 사실이, 우리의 명확한 인식 등의 한계 밖으로 뻗쳐 있는 것으로 우리가 희미하게 식별하는 실재의 일반 원리와 동일한 원리를 보여 주는 것이 되도록 해야 한다는 것이다. 자연은 일정한 조건에 따라 유기체들이 진화해 간다고 하

---

28) 힌두교의 신.

는 철학을 예증하면서 자기를 나타낸다. 그러한 조건들로는 공간의 차원, 자연의 법칙, 그리고 이러한 법칙을 예증하는 원자나 전자와 같은 한정된 지속적 존재 등을 예로 들 수 있다. 그러나 이런 존재들의 본질 그 자체나 그들의 공간성 및 시간성의 본질 그 자체는, 그런 조건들이 자연을 초월하는 보다 광범위한 진화—이 속에서 자연은 하나의 한정된 양태에 불과하다—에서 생겨난 것으로서 독단적인 것임을 보여 주는 것이어야 할 것이다.

만유를 꿰뚫으며 실재하는 것의 본성 자체에 내재하고 있는 하나의 사실은 만물 유전, 즉 어떤 것에서 다른 어떤 것으로 흘러가고 있다는 사실이다. 이러한 흐름의 추이는 산재해 있는 존재들로 이루어지는 단순한 일직선적인 행렬이 아니다. 우리가 어떤 특정의 사물을 아무리 확고하게 규정한다 해도, 우리가 처음에 전제로 삼은 어떤 것에 비해 보다 협의의 규정이 언제나 있게 마련이다. 그리고 처음에 전제한 어떤 것보다 협의의 규정이 변천을 통해 자신을 넘어서서 융화해 들어가는 더욱 폭넓은 규정이 언제나 있게 된다. 자연의 전체상은 진화적 팽창의 상이다. 내가 사건이라고 부르는 이 통일체들은 어떤 것이 현실 속으로 발현[29]하여 나타난 것들이다. 이처럼 발현하는 어

29) 루이스(G. H. Lewes)는 그의 *Problems of Life and Mind*(전 4권, 1874~1879), 제2권(1875)에서 발현(emergent: 발전 진화의 과정에서 그 이전 단계에서는 예상하지 못했던 새로운 특성의 출현)하는 것과 합성적으로 생기(生起)하는 것을 구별하였다. 혼합물의 성질은 그 구성 요소에서 예견된다. 즉 거기에는 구성 요소로 환원시킬 수 없는 새로운 성질은 존재하지 않는다. 그러한 혼합물은 그 구성 요소의 결과로 생긴 것이다. 이에 대하여 emergent는 그 발현에 앞서 존재하는 구성 요소의 성질에서 예견될 수 없는 성질을 포함한다. 즉 emergent는 그 구성 요소의 수학적 내지 기계적 총화를 초월한 것, 따라서 이 경우 구성 요소들은 단순히 양적으로 팽창하고 있는 것이 아니라 질적으로 변화하고 있는 것이 된다. 이 두 개념의 구별은 로이드와 모건을 통해서 알렉산더, 다시 화이트헤드에 의해 받아들여지고 있다.

떤 것을 어떻게 특징지으면 좋을까? 그러한 통일체에 부여한 사건(event)이라는 명칭은, 현실의 통일성과 결부되어 있는 내재적 유동성에 주목할 수 있도록 한다. 그러나 이 추상적 용어는 한 사건이 실재한다는 사실 그 자체가 무엇인가를 밝히기에 불충분하다. 우리가 조금만 생각해 보면 어떠한 개념도 그 사실을 나타내는 데 충분한 것일 수 없음을 알 수 있다. 왜냐하면 하나하나의 사건에서 그 의미를 얻게 되는 관념은 하나같이 사건의 실재 그 자체에 기여하고 있는 그 무엇인가를 표현하지 않으면 안 되기 때문이다. 따라서 하나의 단어만으로는 충분하지 못하다. 그러나 반대로 버려야 할 단어도 없다. 우리의 구체적 경험에 대한 시적인 표현을 염두에 둔다면, 우리는 가치의 구성 요소가 된다든가 가치가 있을 수 있다든가 가치를 갖고 있다든가 하는 요소, 그리고 그 자체로 목적이 된다든가 그 자체를 목적으로 하고 있는 무엇이 된다든가 하는 요소를, 가장 구체적인 현실 사물을 설명함에 있어 어떤 경우에도 빠뜨려서는 안 되리라는 것을 곧바로 깨닫게 된다. 나는 "가치"란 말을 사건 그 자체의 고유한 실재를 표현하는 것으로 사용한다. 가치는 시적인 자연관에 충만해 있는 요소이다. 우리는 인간의 삶의 견지에서 흔히 인식하게 되는 가치를 사물의 실현 형태 그 자체의 구조 속에 옮겨 놓기만 하면 된다. 이것이 워즈워스가 자연을 숭배하게 되었던 내밀한 이유였다. 그러므로 실현이란 그 자체가 가치의 달성이다. 그러나 단순한 가치라는 것은 없다. 가치는 제한의 산물이다. 뚜렷하게 한정되어 있는 존재는 달성을 구현하고 있는 선택된 양태라고 할 수 있다. 이처럼 개별적 사실로의 구현을 떠나서 달성이란 있을 수 없는 것이다. 존재하는 온갖 것들의 단순한 융합은 한정성의 결여로 말미암아 비존재가 되고 말 것이다. 실재를 구제하는 것은 그 완강하고 원리로 환원시킬 수 없는, 자신 이외의 다른 어떤 것도 될 수 없도록 한정된, 사실의 존재들(matter-of-fact entities)이다. 과학이나 예술 또는 그 밖의 어떤 창조적 활동도 그 완강하고 원리에로 환원시킬 수 없는 한정된 사실들을 뿌리칠 수 없는 것이다. 사물들이 지속한다는 것은, 그 자신을 위해 독립된 명확한 달성 형태로 나타나 있는 존재가 자기를 보존해 간다는 것을 의미한다. 지속하고 있는 것은 제한받고 있는 것인 동시에 완강한 장애물로서 어떠한 타협도 없이 그 자신의 환경을 자신의 여러 양상으로 물들인다. 그러나 이것으로 충분한 것은 아니다. 모든 사물의 양상은 그 사물 자체의 본질 속에 들어간다. 사물은 자신이 속해 있는 전체를 제한된 자신 속으로 끌어들임으로써 비로소 그 자신이 되고 있는 것이다. 또한 역으로 사물은 자신이 속해 있는 바로 그 환경에 자신의 여러 양상을 넘겨줌으로써 비로소 그 자신이 되고 있기도 하다. 진화의 문제는, 사물들이 자기를 넘어서서 점차 높은 단계의 달성을 성취해 가는 데 관여하고 있는 지속적인 가치 형식들의 지속적인 조화의 전개 문제이다. 미의 달성은 실현 형태의 구조적 짜임 속에서 이루어진다. 한 사물의 지속은 제한된 미적 성취의 달성을 나타내는 것이다. 우리가 그것 자체를 넘어서서 그 외적 영향을 본다면, 그것이 미에 있어 실패한 것으로 나타나는 경우가 있을 수는 있지만 사물 자체 안에서조차 그것은 작은 성취와 보다 큰 실패와의 충돌을 나타낼 것이다. 이러한 충돌은 와해의 징조이다.

지속하는 대상의 본질과 이 대상들이 요구하는 조건에 관한 더 이상의 논의는 19세기 후반기를 지배했던 진화론에 대한 고찰과 관련을 맺게 될 것이다. 내가 이 장에서 분명히 하려고 노력했던 점은 낭만주의 부흥기의 자연시야말로 유기적 자연관을 위한 항변이었으며, 사태의 본질로부터 가치를 배제하는 데 대한 항의였다는 것이다. 이런 점에서 낭만주의 운동은 그보다 100년 앞서 버클리가 제기했던 항의의 부활로 간주될 수도 있을 것이다. 낭만주의적 반동은 가치를 옹호하기 위한 항거였다.

제 6 장

19세기

앞 장에서 나는 영국 낭만주의 운동의 자연시와 18세기로부터 물려받은 유물론적 과학 사상을 비교하였다. 그리고 이 두 사상의 흐름은 전적으로 상충되고 있다는 점에 주목했다. 또한 거기서 나는, 시에서 그 표현을 찾아볼 수 있을 뿐 아니라 일상생활의 여러 전제 속에 실제로 예증되어 나타나는 인류의 근본적 직관과 과학 사이의 간극을 메울 수 있는 객관주의적 철학을 개관하려고 하였다. 19세기가 진행됨에 따라 낭만주의 운동은 쇠퇴해 갔다. 완전히 소멸한 것은 아니었지만, 적어도 그것은 그 조류의 뚜렷한 통일성을 상실하였고, 인간의 다른 관심사들과 결부되면서 여러 지류로 나뉘어 흩어졌다. 19세기의 신념은 세 가지 근원에서 유래하였다. 첫째는 종교적 부흥, 예술, 정치적 열망 등의 형태로 나타난 낭만주의 운동이었다. 둘째는 사상의 대로를 열어 준 과학의 집중적 발전이었다. 그리고 셋째는 인간 생활의 조건들을 완전히 변화시킨 기술상의 진보였다.

이 세 가지 근원은 모두 그 이전 시대에 뿌리를 두고 있는 것들이었다. 프랑스 혁명 자체가 루소를 물들였던 형태의 낭만주의가 탄생시킨 최초의 아들이었다. 제임스 와트는 1769년에 증기 기관으로 특허를 얻었다. 과학의 발전은 18세기 내내 프랑스의 영광이자 프랑스의 영향의 영광이었다.

이 시대의 초기까지만 해도 이 흐름들은 서로 영향을 주고받으며 합류하기도 하고 서로 충돌하기도 하였다. 그러데 19세기에 이르러 이 세 조류는 완벽한 발전과 독특한 균형에 도달하여, 워털루 격전 이후 60년간의 특징을 이루게 되었다.

19세기와 그 이전 시대를 갈라놓고 있는 19세기 특유의 새로운 요소는 기술이다. 그것은 단순히 별개의 분야에서 몇몇 위대한 발명을 가져왔다는 데 그치는 것이 아니었다. 무엇인가 그 이상의 것이 포함되어 있다는 느낌을 금할 수 없다. 예를 들어 문자라는 것은 증기 기관보다 더 위대한 발명이었다. 그러나 문자가 차차 발달해 온 역사적 과정을 더듬어 보면, 증기 기관의 경우와 크게 다르다는 것을 알 수 있다. 물론 이때 우리는 이 양자에 앞서 여기저기서 그 출현의 전조가 되었던 사소한 자료들을 일단 무시하고, 오로지 그것들이 실제로 만들어져 실효를 거두게 되기까지의 기간에만 주목해야 한다. 시간의 규모에서 볼 때, 이 양자는 현격하게 다르다. 증기 기관의 경우 줄잡아 대략 100년이 걸린다고 할 수 있을 것이다. 문자의 경우는 그 기간의 단위를 1천 년 정도로 잡아야 한다. 그리고 문자가 보급되어 완전히 일반화되었을 때, 사람들은 기술상에 있어 다음 단계로의 이행을 기대하지 않고 있었다. 그 변화는 의식되지도 예기되지도 않은 채 서서히 이루어져 갔던 것이다.

19세기에 있어서의 변화는 의식되고 예기되면서 급속도로 이루어졌다. 이 세기의 전반부는 변화에 대한 이와 같은 새로운 태도가 최초로 확립되고 또 환영받았던 시기였다. 그것은 희망에 찬 특이한 시기였고, 60, 70년이 지난 오늘에서 볼 때, 각성의 색조 또는 적어도 불안의 색조를 머금고 있던 시기였다.

19세기에 있어 최대의 발명은 발명 방법의 발명이었다. 하나의 새로운 방법이 적용되기 시작했던 것이다. 우리의 시대를 이해하기 위해 철도, 전신, 라디오, 방직 기계, 합성물감 등과 같은 변화의 온갖 세부적인 요소들을 우리가 일일이 고찰할 필요는 없다. 우리는 방법 그 자체에 주목해야만 한다. 그런데 저 방법은 진정 새로운 것이었다. 그것은 낡은 문명의 기초를 파괴하여 버렸다. 베이컨의 예언이 이때 비로소 실현되었던 것이다. 때때로 자신을 천사보다 조금 낮은 존재로 꿈꾸던 인간이 허리를 굽혀 자연에 봉사하는 하인이 되기에 이르렀던 것이다. 한 사람의 배우가 두 역할을 연기할 수 있을 것인지 어떤지는 장차 검토해 보아야 할 문제이다.

이 변화 전체는 새로운 과학적 지식에서 발원하였다. 그 원리보다도 그 결과를 통해서 이해되는 과학은, 유용한 착상들이 저장되어 있는 투명한 창고와 같은 것이다. 그러나 이 세기에 일어난 일들을 이해하려 한다면 창고보다는 광산에 비유하는 것이 더 좋을 것이다. 또 발명은 단순한 과학적 착상을 마련하는 데서 완결되는 것이므로 단지 그것을 취하여 사용하기만 하면 된다고 생각하는 것은 크나큰 잘못이다. 이 두 사태 사이에는 상상을 동원하여 설계해 나가는 긴장된 시기가 있는 법이다. 새로운 방법에 내포된 하나의 요소는 바로 여러 과학적 착상과 그 궁극적 산물과의 간극을 메우는 수단을 발견해 내는 것이다. 그것은 여러 난관에 차례차례로 도전해 가는 훈련받은 공격의 과정인 것이다.

근대 기술이 갖고 있던 여러 가능성은 부유한 중산층의 역량에 힘입어 영국에서 최초로 구현되었다. 그런 까닭에 산업 혁명은 영국에서 시작되었던 것이다. 그러나 독일인은 과학이라는 광산 속에 들어 있는 보다 깊은 광맥에 도달하는 방법을 분명하게 체득하고 있었다.

그들은 어쩌다 떠오르는 연구 방법을 폐기하였다. 그들의 공업학교나 공과대학에서는, 간혹 나타나는 천재나 요행스럽게 우연히 떠오르는 착상을 기다리지 않고서도 발전을 거듭할 수 있었다. 19세기를 통해서 그들이 보여 준 학문상의 공적들은 세계적인 찬사의 대상이 되었다. 이와 같은 지식 훈련은 기술을 넘어 순수 과학에, 그리고 다시 이를 넘어서서 학문 전반에 적용되었다. 이것은 아마추어에서 전문가로 탈바꿈해 갔다는 것을 뜻한다.

예로부터 특정의 사상 영역에 생애를 바치는 사람들이 언제나 있었다. 특히 법률가나 교회의 목사는 전문 분야의 두드러진 실례가 된다. 그러나 모든 분야에서 지식의 전문화가 지니는 힘, 전문가를 길러내는 방법, 기술 발전에 있어서의 지식의 중요성, 추상적 지식을 기술과 연결시키는 방법, 기술의 진보가 갖는 무한한 가능성 등, 이 모든 것들을 최초로 철저히 자각하여 체득하게 되었던 것은 19세기의 일이었으며, 특히 독일에서 그러하였다.

과거에는 인간이 우마차와 더불어 생활했지만 미래에는 항공기와 더불어 생활하게 될 것이다. 그리고 속도의 변화는 결국 질의 변화로 나타나게 된다.

이렇게 해서 성취된 지식 영역의 변화가 전적으로 이득만을 가져온 것은 아니었다. 그 변화가 능률을 증대시켰다는 데에는 의심의 여지가 없지만, 적어도 그 변화 속에는 몇 가지 위험이 도사리고 있었다. 새로운 상황이 사회생활에 미치게 되는 갖가지 영향에 대한 논의는 이 책의 마지막 장에서 다루기로 하겠다. 지금으로서는 정연한 진보라는 이 새로운 상황이 바로 19세기의 사상이 전개되었던 무대였음을 지적해 두는 것으로 충분하겠다.

이제 고찰하려는 이 시대에, 네 개의 큼직한 새로운 관념이 이론과학에 도입되었다. 물론 네 개 이상의 관념을 들 수 있으며, 또 그 각각에 적절한 근거를 댈 수도 있을 것이다. 하지만 나는 가장 넓은 의미로 해석될 때, 물리학의 기초를 재건하려는 현대의 시도에 지극히 중요한 것이었던 관념들만을 들려고 하는 것이다.

이들 관념 중에서 두 개는 서로 대립되는 것이어서, 나는 이들을 묶어서 고찰하려고 한다. 우리가 문제 삼는 것은 세부적인 사실들이 아니라 사상에 끼친 근본적인 영향들이다. 그 한 관념은 공간 전체에, 심지어 진공 상태라고 생각되는 공간에까지도 고루 퍼져 있는 물리적 작용의 장(場)이라는 관념이다. 이 관념은 이미 많은 사람들의 머리에 갖가지 형태로 떠오르고 있었다. 자연은 진공을 기피한다는 공리가 중세기에서 통용되었다. 또 한때 데카르트의 와동설(渦動說)이 마치 과학적 가설 가운데 하나로 확립되었던 것처럼 보인 적도 있었다. 뉴턴은 중력이 어떤 매질(媒質)을 통해 작용한다고 믿었다. 그러나 대체로 18세기에 이르러 이러한 관념들은 하나같이 도외시되었다. 빛의 전파는 뉴턴 식 미립자의 질주로 설명되었지만, 이것은 곧 진공을 인정한 것이었다. 수리 물리학자들은 중력 이론의 여러 귀결들을 연역해 내는 일에 분망한 나머지 그 원인에 대해서는 그다지 신경을 쓰지 않았다. 또 설령 그들이 그 문제에 머리를 썼다 해도 전혀 방향을 잡지 못하고 있었던 것이다. 몇 가지 억설이 나오기는 하였지만 그리 중요한 것은 아니었다. 따라서 19세기가 시작되었을 당시, 공간 전체를 가득 채우고 있는 물리적 현상이라는 관념은 과학에 있어 아무런 실권도 쥐고 있지 않았다. 그러나 이 관념은 두 개의 원천에서 그 부활을 보게 되었다. 빛의 파동설은 토마스 영과 프레넬의 덕택으로 승리를 거두었다. 이 학설에 따르면 진동할 수 있는 무엇인가가 전 공간에 걸쳐 존재해야만 했다. 그래서 전 공간에 퍼져 있는 엷은 물질과 같은 것으로서의 에테르가 안출되었다. 그리고 마침내는 맥스웰에 의해 전 공간에 걸쳐 전자의 현상이 존재해야 한다고 주장하는 전자기 이론이 구축되기에 이르렀다. 맥스웰의 이론이 완전한 형태를 갖추게 된 것은 1870년대의 일이었다. 그러나 이에 대한 예비 작업이 이미 앙페르, 에르스텟, 패러데이와 같은 다수의 뛰어난 학자들에 의해 이루어져 있었다. 그 당시의 유물론적인 관점에서 볼 때 이 전자기 현상도 그것이 일어나는 장소로서 물질을 필요로 하는 것이었다. 그래서 다시 에테르를 불러들였다. 그런데 맥스웰은 그의 이론의 직접적인 첫 수확으로서, 빛이 전자기 현상의 파동에 불과하다는 것을 증명하였다. 이렇게 하여 전자기설은 빛의 이론을 흡수하여 버렸다. 이것은 위대한 단순화였음이 분명하다 하겠다. 그러나 그것은 유물론에 관한 한, 하나의 불행스런 결과를 초래하였다. 왜냐하면 빛만을 놓고 볼 때, 탄력성을 지닌 아주 단순한 종류의 에테르라는 것만으로도 충분했지만, 전자기적 에테르에는 전자기 현상을 일으키는 데 필요한 여러 성질들이 부여되지 않으면 안 되었기 때문이다. 사실상 에테르라는 것은 이러한 현상들을 뒷받침하는 것으로 가정되고 있던 물질에다 붙인 명칭에 불과한 것이다. 그러나 에테르를 가정해야만 하는 형이상학을 내세우고 있지 않은 경우라면, 그것은 폐기될 수 있는 것이다. 왜냐하면 그것은 어떠한 독자적인 생명도 지닌 것이 아니기 때문이다.

그래서 1870년대에 주요 자연과학은 연속성이라는 관념을 전제로 하는 토대 위에 확립되었다. 다른 한편 원자성(原子性)이라는 관념이 돌턴에 의해 도입되어 화학의 기초에 관한 라브와지에의 작업을 완성시켰다. 이것은 둘째의 큼직한 관념이다. 보통의 물질은 원자로 이루어진 것으로 간주되었고, 전자기 현상은 연속적인 장(場)에서 생기는 것으로 간주되었다.

여기에는 어떠한 모순도 없었다. 첫째로 이 두 관념이 서로 대립되긴 하지만, 구체화된 개개의 것들을 제쳐 놓고 본다면 논리적으로 모순되는 것은 아니다. 둘째로 이들 관념은 서로 다른 과학 영역에, 즉 하나는 화학에 다른 하나는 전자기학에 각기 적용되었다. 그리고 이 무렵까지도 양자가 제휴할 가능성은 단지 미미한 조짐으로 나타나 있을 뿐이었다.

물질이 원자로 되어 있다는 관념은 긴 역사를 갖고 있다. 그것은 데모크리토스나 루크레티우스의 이름을 당장 독자의 머리에 떠오르게 할 것이다. 내가 이 관념을 새롭다고 말하는 것은, 18세기를 통해서 과학의 유력한 기반을 형성한 여러 관념들의 확립과 관련하여 볼 때 비교적 새롭다는 것을 의미할 뿐이다. 사상사를 고찰할 때, 한 시대를 결정하는 진정한 흐름과 우연히 받아들여진 영향력 없는 사상을 구별하지 않으면 안 된다. 18세기에 있어 지식인은 누구나《루크레티우스》(*Lucretius*)를 읽었고, 원자에 관한 여러 가지 관념들을 품고 있었다. 그러나 그런 관념들을 과학의 흐름 속에서 효과적으로 작용하게 했던 것은 돌턴이었고, 이 효과적인 작용에 있어 원자성은 하나의 새로운 관념이었던 것이다.

원자성의 관념이 화학에만 영향을 끼쳤던 것은 아니었다. 생물학에서의 살아 있는 세포는 물리학에서의 전자와 양자에 비견될 수 있다. 세포와 세포들의 집합체를 떠나서는 생물학적 현상이란 것도 있을 수 없다. 세포설은 돌턴의 원자설이 나왔던 시기에, 이와는 별도로 생물학에 도입되었다. 결국 이 두 이론은 제각기 "원자론"이라는 동일한 사상을 예증하고 있었다 하겠다. 생물학의 세포설은 서서히 성장해 나온 것이었다. 그래서 연대와 인명만을 단순히 나열해 보아도, 생물에 관한 과학들이 사상의 유력한 도식으로 등장한 것은 고작 100년밖에 되지 않았음을 알 수 있다. 비샤(M. F. S. Bichât, 프랑스 해부 · 생리학자)는 1801년에 조직설(a tissue theory)을 마련하였고, 뮐러[1]는 1835년에 세포를 기술하고 세포의 성질 및 세포들 사이의 관계에 관한 몇 가지 사실들을 입증하였으며, 슐라이덴[2]은 1838년에, 슈반[3]은 1839년에 결국 세포의 근본 특성을 확립하였다. 이렇게 해서 1840년에 이르러 생물학과 화학은 함께 원자론의 기반 위에 세워졌다. 원자론의 결정적인 승리는 19세기말의 전자의 등장[4]을 기다려야 했다. 배후에서 작용하는 상상력이 중요하다는 것은, 돌턴이 그의 일을 성취한 지 50년쯤 지난 후에 또 한 사람의 화학자 파스퇴르가 원자성에 관한 동일한 관념들을 더욱 밀고 나가 생물학의 영역에 적용시켰다는 사실에 의해 예증되고 있다. 세포설과 파스퇴르의 작업은 몇 가지 점에서 돌턴의 작업보다 한층 혁명적이었다. 왜냐하면 그것들은 미생물의 세계에 유기체라는 관념을 도입시켰기 때문이다. 그 이전에는 원자를, 오직 외적관계만을 가질 수 있는 궁극적 존재로 취급하려는 경향이 없지 않았다. 이런 생각은 멘델레예프의 주기율의 영향으로 무너져 가고 있었

---

1) 뮐러(Johannes Peter Müller, 1801~1858)
독일의 생리학자, 비교 해부학자로서 인체 해부학, 발생학, 병리 해부학, 동물학, 고생물학에 이르기까지 광범위하게 연구하였다. 근대 생리학의 아버지라고 불린다.

2) 슐라이덴(M. J. Schleiden, 1804~1881)
독일의 식물학자. 식물의 세포설을 확립하였다.

3) 슈반(T. Schwann, 1810~1882)
독일의 생물학자. 슐라이덴과 협력하여 동물의 세포설을 확립하였다.

4) 영국의 물리학자 스토니는 1874년에 전기 분해에 있어서의 이온의 전하량(電荷量)을 계산하여 전기소량(電氣素量)의 존재를 주장하였으며, 이것에 전자라는 이름을 붙였다. 같은 해에 크룩스가 음극선 입자를 발견하였고, 톰슨(J. J. Thomson)에 의해 이것이 전자임이 확인되었다.

다. 그런데 파스퇴르는 미시 세계에 있어서 유기체의 관념이 결정적으로 중요하다는 것을 보여 주었다. 과거 천문학자들은 우주가 얼마나 큰지를 가르쳐 왔었다. 이제 화학자와 생물학자들은 우주가 얼마나 작은지를 가르쳐 주고 있는 것이다. 현대 과학에서 널리 사용되는 길이의 척도는 대단히 미소한 것이다. 그것에 도달하기 위해서는 1센티미터를 1억으로 나누어 그 하나를 취해야 한다. 파스퇴르의 유기체는 이 길이에 비한다면 상당히 큰 물체가 된다. 원자와 관련시켜 볼 때, 오늘날 우리는 곤란할 정도로 원자와의 그러한 격차가 큰 유기체들이 있다는 것을 알고 있다.

이 시대에 귀속되어야 할 나머지 두 개의 새로운 관념은 모두 변천 내지 변화라는 개념과 결부되어 있다. 그것들은 에너지 불변의 법칙과 진화론이다.

에너지 이론은 변화의 밑바닥에 있는 양(量)이 영속한다고 하는 개념과 깊은 관계가 있다. 진화론은 새로운 유기체가 우연[5]의 산물로서 발현한다는 것과 깊은 관계가 있다. 에너지 이론은 물리학의 영역에 속한다. 진화론은 주로 생물학의 영역에 속한다. 예전에 칸트와 라플라스가 항성 및 유성의 형성과 관련하여 진화를 언급한 적이 있기는 하지만 말이다.

이 네 가지 관념이 모여 과학의 발전을 위한 새로운 힘의 원천이 된 결과, 19세기의 중엽은 과학적 승리의 자축장으로 화하였다. 당시 명민하면서도 그렇기에 또한 명백한 과오를 범하기 쉬운 사람들은 물리적 우주의 비밀이 드디어 밝혀지게 되었다고 선언하였다. 일정한

5) 케임브리지판에는 "변화(change)"로 되어 있고, 맥밀런판 초판에도 그렇게 되어 있다. 그러나 1926년 이후의 맥밀런판에는 우연(chance)으로 바뀌어 있다.

설명 노선에 포섭되지 않는 일체의 것들을 무시하기만 한다면, 과학의 설명력은 그야말로 걸릴 것이 없었다. 한편 머리가 명석하지 못한 사람들은 어물어물하는 사이에 더 이상 방어할 수 없는 입장에 몰리게 되었다. 그리고 결정적인 사실에 관해 무지했던 현학적인 독단론은 새로운 법칙을 제창하는 과학자들로 말미암아 패배의 쓴잔을 마셔야 했다. 그리하여 당시 기술 혁명에서 오는 흥분에다, 과학 이론에 의해 밝혀진 여러 전망에서 오는 흥분이 덧붙여지게 되었다. 사회생활의 물질적 · 정신적 기반은 점차 변모되어 가고 있었다. 1875년대에 접어들면서 이 세기에 영감을 불어넣었던 세 개의 원천, 즉 낭만주의와 기술 그리고 과학은 이미 그 본래의 역할을 끝내 놓고 있었다.

이때 거의 갑자기 시대의 발걸음이 멈추고 말았다. 이 마지막 20년 동안에 있어 19세기는 제1차 십자군 시대 이래 가장 침체되었던 시기의 하나로 그 막을 내렸다. 그 20년은 18세기의 메아리에 불과했고, 게다가 볼테르와 풍류를 즐겼던 프랑스 귀족들도 결여된 그런 시기였다. 이 시기는 능률을 추구할 뿐 활력도 열의도 없었다. 그래서 오직 전문가의 승리를 찬양하는 데 그친 시기였다.

그러나 이제 우리가 멈춰 섰던 이 기간을 되돌아본다면 거기서 우리는 변화의 조짐을 읽을 수 있다. 첫째로, 오늘날에는 체계적인 연구가 여러모로 요청되기 때문에, 절대적인 정체는 인정되지 않는다. 비록 당시 과학의 각 부분에서 수용되었던 관념에 엄격히 국한된 일이기는 했지만, 그 각 부분 모두에서 효과적인 진보가, 아니 급속한 진보가 이루어지고 있었다. 그것은 관례를 깨뜨리는 풍부한 사유에 마음을 쓰지 않는 성공적인 과학적 정설(定說)의 시대였다.

둘째로, 이제 우리는 당시 사상 도식으로서의 과학적 유물론이 과학에 아주 유용한 것이라는 믿음이 위태롭게 되었음을 알 수 있다.

에너지의 불변은 양적인 영속성의 새로운 유형을 제시하였다. 물론 에너지가 물질에 수반되는 어떤 것으로 해석될 수도 있었다. 그러나 아무튼 질량이라는 개념은 하나의 궁극적인 불변량으로서의 그 특유의 우월한 지위를 상실해 가고 있었다. 그 후 질량과 에너지의 관계는 역전되었다. 그래서 오늘날에는 질량이란, 에너지가 산출하는 역학적 효과 가운데 일부와 관련해서 고찰되는 에너지의 양을 의미하게 되었다. 이러한 일련의 사고는 에너지가 근본적인 것이며[6], 따라서 그것이 물질의 종래 지위를 물려받아야 한다는 귀결을 낳았다. 그러나 에너지는 여러 사건으로 이루어지는 조직체의 양적 양상을 나타내는 명칭에 불과하다. 요컨대 에너지는 유기체가 기능 한다는 관념에 의존하고 있는 것이다. 그래서 문제는, 과연 우리가 단순 정위하는 물질 개념에 호소하지 않고서도 유기체를 정의할 수 있는 것인가 하는 점이다. 나중에 우리는 이 점을 보다 상세히 고찰해 보아야 할 것이다.

물질로부터의 그와 같은 지위 박탈은 또한 전자기장(電磁氣場)과 관련해서도 초래된다. 현대의 이론은 전자기장에서 물질에 직접적으로 의존함이 없이 일어나는 사건들을 전제로 하고 있다. 그리고 흔히 에테르가 그 기체(基體)로서 제시되기는 하지만, 에테르는 사실상 이 이론과 관계가 없는 것이다. 따라서 여기서도 물질의 관념이 그 근본

6) 질량은 뉴턴 물리학의 기본 개념 가운데 하나로서, 뉴턴의 운동 법칙에 따라 힘과 가속도와의 비(比)로서 역학적으로 정의된다. 이런 의미에서의 질량은 물체의 타성을 나타내기 때문에 타성적 질량이라고 한다. 이에 대하여 중력(重力)의 속도에 관계하는 질량을 중력적 질량이라고 하며, 이 둘이 이론적으로 동일하다는 것은 아인슈타인의 일반 상대성 이론으로 확인되었다. 또 한편에서는 전자적(電磁的) 질량이나 에너지의 타성이 인정됨에 따라 질량 개념은 크게 흔들렸다. 이러한 현상은 상대론 역학으로 해명되며, 질량은 이미 각 물체에 고유한 양이 아니고 그 속도에 관계할 뿐만 아니라, 본질적으로는 각 에너지에 귀속되는 것이며, 물체가 질량을 갖는다는 것도 실은 에너지를 갖고 있기 때문이라고 해석하게 되었다.

적인 지위를 상실하게 된다. 뿐만 아니라 원자도 유기체로 변형되고 있다. 그리고 궁극적으로 진화론은 다양한 유형의 유기체들이 형성되어 생존해 나가는 여러 조건들에 대한 분석 이외에 아무것도 아니다. 실제로 최근에 있어 가장 의미심장한 사실은 생물 과학의 진보라고 할 수 있다. 이 과학은 본질적으로 유기체에 관한 과학이다. 지금 문제 삼고 있는 시기에 있어, 그리고 사실상 현대에 있어서도 보다 완전한 과학의 형태라고 하는 명성은 물리학의 몫이 되고 있다. 그런 까닭에 생물학은 물리학의 방식을 모방하고 있다. 생물학이 탐구하는 것들은 모두 다소 복잡한 조건 아래서 일어나고 있는 메커니즘에 불과하다는 주장이 정설로 되어 있는 것이다.

이상과 같은 입장에는 하나의 난점이 있는바, 그것은 물리 과학의 여러 기초 개념들에 관한 오늘날의 혼란이다. 이와 똑같은 난점은 그와 반대되는 생기설에도 따라다니고 있다. 왜냐하면 이 후자의 설은 메커니즘—유물론에 기초를 두고 있는 메커니즘을 말한다—의 사실을 인정하고, 나아가 생물체의 활동을 설명하기 위해 생명력의 지배라는 것을 부가적으로 도입하고 있기 때문이다. 원자의 운동에 적용된다고 생각되는 여러 물리적 법칙들이, 현재 정식화되고 있는 것처럼 상호 무모순적인 것들이 아니라는 점을 분명하게 이해해 두는 것은 대단히 중요하다. 생물학을 위해 메커니즘에 호소한다는 것은 본래 모든 자연현상의 기초를 나타내는, 자기모순이 없는 확증된 물리적 개념에 호소하는 것이었다. 그러나 오늘날에는 바로 그러한 개념 체계가 없는 것이다.

과학은 이제 순수하게 물리학적인 것도 아니요 순수하게 생물학적인 것도 아닌 새로운 양상을 띠어 가고 있다. 과학은 유기체에 대한 연구가 되어 가고 있는 것이다. 생물학은 비교적 큰 유기체에 대한 연구인 반면 물리학은 비교적 작은 유기체에 대한 연구인 것이다. 과학의 이 두 부문 사이에는 또 하나의 차이점이 있다. 생물학에서의 유기체는 물리학에서의 미소한 유기체들을 구성 요소로 갖고 있다는 점이다. 하지만 오늘날 보다 미소한 물리학적 유기체가 그것을 구성하고 있는 여러 유기체로 분석될 수 있다는 증거는 없다. 어쩌면 이러한 분석이 가능할지도 모른다. 그러나 어쨌든 우리는 지금 더 이상 분석될 수 없는 근원적인 유기체의 유무에 관한 문제에 직면하고 있다. 자연을 한없이 분석해 갈 수는 없을 것처럼 보인다. 그렇기 때문에 유물론을 거부하는 과학 이론이라면 이러한 근원적인 존재의 특성에 관한 물음에 답변해야만 한다. 유물론을 떠날 때 가능한 답변은 오직 하나뿐이다. 우리는 사건(event)을 자연현상의 궁극적 단위로 삼아 출발하지 않으면 안 된다는 것이다. 하나의 사건은 존재하는 모든 것, 특히 다른 모든 사건들과 관계하고 있다. 이와 같은 사건들의 융합은, 자연에 불가결한 것이면서도 자연에서 나오지도 않는 빛깔, 소리, 향기, 기하학적 성질 등과 같은 저 영원한 객체들의 여러 양상에서 비롯되고 있다. 이러한 영원한 객체는 한 사건의 성분이면서 다른 사건을 규정하는 모습 내지 양상으로 나타나게 될 것이다. 여러 양상들의 상호성이라는 것이 있고, 또 여러 양상들의 패턴이라는 것이 있다. 각 사건은 두 개의 그러한 패턴에 응한다. 여기서 두 개의 패턴이란, 그 사건이 자신의 통일 속에 끌어들이는 다른 여러 사건의 양상들의 패턴과, 다른 여러 사건들이 제각기 자신의 통일 속에 끌어들이는 그 사건의 양상들의 패턴을 말한다. 따라서 비유물론적인 자연철학은 근원적인 유기체를 실재하는 한 사건의 통일 속에 끌어들여진 어떤 특정 패턴의 출현으로 간주할 것이다. 그러한 패턴은 또한 다른 사건들 속에 끌어들여진, 저 실재하는 사건의 여러 양상들을 포함할 것이다.

그리고 이 점에서 다른 사건들은 수정, 즉 부분적인 제한을 받게 된다. 이렇게 해서 한 사건에는 내적 실재와 외적 실재가 있게 되는데, 스스로 파악하는 것으로서의 사건과 다른 여러 사건에 의해 파악되는 것으로서의 사건이 그것이다. 그러므로 유기체라는 개념은 유기체들 사이의 교호 작용이라는 개념을 내포하고 있는 것이다. 비견해서 말하자면 전달(transmission) 및 연속(continuity)이라는 통상적인 과학적 관념들은, 공간과 시간을 통해서 경험적으로 관찰된 이들 패턴의 특성들을 기술한 것이다. 여기서 제시되고 있는 기본 주장은, 하나의 사건이 갖는 관계들은 그 사건 자신에 관한 한 내적인 것이라는 것, 즉 그 관계들은 그 사건의 본질을 구성하고 있다는 것이다.

앞 장에서 우리는 다음과 같이 생각했었다. 즉 현실적인 사건(actual event)은 독자적인 성립 형태로서, 다양한 존재들[7]을, 이것들이 그 패턴 속에 실재적으로 공재(共在, togetherness)한다는 데 근거하여 하나의 가치 속으로 끌어들이며, 그 밖의 다른 존재들을 배제한다는 것이다. 그것은 단순히 그저 다를 뿐인 사물들이 단지 논리적으로 공재한다는 뜻이 아니다. 왜냐하면 그럴 경우, 베이컨의 말을 빌려서, "모든 영원한 객체들은 서로 유사한 것이 되고 말 것"이기 때문이다. 여기서 말하는 실재적 공존이란, 각자의 내적인 본질, 즉 각각의 영원한 객체 그 자신이, 사건의 모습을 띠고 나타나는 하나의 제한된 가치에 관여하고 있다는 것을 의미한다. 그러나 가치들이란 저마다 그 중요성을 달리한다. 그러기에 각 사건은 여러 사건으로 이루어지는 집합체에 있어 불가결한 요소이지만 그 각 사건이 그 집합체에 기여하는 정도는 각 사건에 내재하는 어떤 성질에 의해 결정된다. 이제 우리는

7) 영원한 객체를 가리키는 것으로 볼 수 있다.

이러한 속성이 과연 어떤 것인가를 논하지 않으면 안 된다. 경험적 관찰에 의하면 그것은 보존(retention), 존속(endurance), 또는 반복(reiteration) 등 그 어느 것으로 불러도 무방할 그런 속성이다. 이 속성은 결국 일시적인 실재 가운데서 가치를 실현하기 위해, 근원적인 영원한 객체들[8)]이 향유하고 있는 것과 같은 자기 동일성을 확보해 가는 성격의 것이 된다. 하나의 사건 속에 있어서의 가치의 특정한 형상(또는 형태)의 반복은, 하나의 전체로서의 그 사건이 그 계기하는 부분들 하나하나에서도 똑같이 드러나게 되는 어떤 형상을 되풀이하여 가질 때 일어난다. 그런 까닭에 우리가 사건을, 시간 속에서 흐르고 있는 그 부분들의 길이에 따라 아무리 분석할지라도 우리 앞에는 언제나 동일한 사물이 그 자체로서 있게 되는 것이다. 따라서 자신의 내적 실재의 형태에 있어서의 그 사건은, 그 자신 속에서 완벽하게 실현시키고 있는 것과 똑같은 패턴을 갖는 가치의 양상들을, 그 자신의 여러 부분에서 파생되는 것으로서 자신 속에 반영하고 있는 것이다. 그러므로 그 사건은, 자신 속에 자신의 생활사를 포함하면서 존속하고 있는 개별적인 존재의 모습으로 나타나는 것이다. 그리고 또한 다른 여러 사건들 속에 반영된 것으로서의 그 사건의 외적 실재도 그처럼 존속하는 개별태의 모습을 띠게 된다. 다만 이 경우에는 그 개별태가, 그 환경을 구성하고 있는 다른 여러 사건들 속에 자신의 양상들을 반복하는 방식으로 뿌리내리고 있는 것이다.

존속적 패턴을 갖는 그러한 사건의 시간적 지속 전체가 그 사건의 외관상의 현재(specious present)이다. 이 외관상의 현재 속에 그 사건은 하나의 전체로서 나타나며, 또 그렇게 하는 가운데 그 사건은 그

8) 감각적 객체를 의미한다. 로크의 1차적 성질도 화이트헤드는 영원적 객체에 포함시킨다.

것의 시간적 부분들이 갖고 있는 다수의 양상들을 결합시키고 있는 것으로서 나타난다. 그 사건 전체에서 실현되는 패턴과 그 사건의 다양한 부분들이, 그 사건 전체 속에 끌어들여져 공재하고 있는 자신들의 양상을 통해 나타내는 패턴은 동일한 하나의 것이다. 또한 동일한 패턴의 초기 생활사는 이 사건 전체에 포함되어 있는 그것의 여러 양상에 의해 제시된다. 그런 까닭에 이 사건 속에는, 그 자신의 이전 환경에 있어서 가치의 요소를 형성해 왔던 자신의 지배적인 패턴의 생활사에 대한 기억이 포함되어 있는 것이다. 존속하는 사실의 생활사(life-history)에 대한 내면으로부터의 이와 같은 구체적인 파악(prehension)은 두 개의 추상물로 분석될 수 있는데, 그 하나는 다른 사물들에게 자신의 영향을 수용하도록 하는 실재적 사실로서 발현한 존속적 존재이며, 다른 하나는 기저에 놓여 있는 실현 활동력이 구체적인 형태를 갖추어 개체화된 것이다.

사건들의 일반적인 흐름에 대한 고찰을 통해 기저에 있는 이와 같은 영원한 활동력을 분석해 낼 수 있게 되는데, 이 활동력의 본성 가운데에 모든 영원한 객체들의 영역에 대한 직시(envisagement)가 성립된다. 이러한 직시는 보다 복잡 미묘한 존속적 패턴들의 생활사 속에서 사유상(thought-aspects)으로 나타나는 개별적인 사유의 성립 기반인 것이다. 또한 영원적 활동력의 본성 가운데에 관념적 상황에서 직시되고 있는 것으로서, 영원한 객체들이 실재적으로 공재하는 데에서 나타나게 되는 일체의 가치에 대한 직시도 성립해 있어야만 한다. 어떠한 실재와도 관계하고 있지 않은 그와 같은 관념적 상황은 그 자신의 고유한 가치를 갖고 있지 않은 것이지만, 목적을 구성하는 요소로서는 가치가 있는 것이다. 이 관념적 상황의 양상들을 개개의 사건 속으로 개별화시켜 파악한다는 것은 개체화된 사상의 형태를 취한다는 것이며, 또 그러한 것으로서의 고유한 가치를 갖게 된다. 따라서 가치란, 사유에 있어서의 관념적인 양상들과 현상의 과정에 있어서의 현실적인 양상들이 실재적으로 공재하는 데에서 생겨나게 되는 것이다. 그렇기 때문에 실재적 세계의 사실적 사건에서 유리되어 있는, 기저에 있는 활동력에는 어떠한 가치도 귀속시킬 수 없는 것이다.

결국 지금까지의 일련의 논의는 다음과 같이 요약될 수 있겠다. 사물이 실현한다는 사실을 떠나서 고찰되는 기저의 활동력은 세 유형의 직시를 가지고 있다. 첫째는 영원한 객체에 대한 직시이고, 둘째는 영원한 객체들의 종합과 관련해서 본 가치의 기능성들에 대한 직시이며, 셋째는 미래에 가서야 비로소 성취될 수 있는 상황 전체와 관계를 맺지 않으면 안 될 현실적 사실에 대한 직시이다. 그러나 현실을 사상할 경우 영원한 활동력은 가치로부터 유리된다. 현실이 바로 가치이기 때문이다. 존속하는 대상들로부터 생겨나는 개개의 지각은, 패턴이 자기의 경로를 정하는 방식에 따라, 그 깊이나 폭을 달리하게 될 것이다. 즉 그것은 일반적인 기체적(基體的) 활동력을 분화시켜 가진 극히 미세한 잔물결을 표상할 수도 있고, 이와 정반대로 관념적인 공재의 여러 상황에 내재하는 가치의 추상적 가능성을 자각적 판단 앞에 갖다 놓는 의식적 사유로 상승할 수도 있을 것이다. 이 두 극단의 중간인 경우는, 파악되기 위해서 거기에 존재하고 있는 현실적 양상들에 주목하면서, 자기의 직접적인 과거에 가장 유사한 것을 나타내는 하나의 직접적인 달성 가능태를 (무자각적으로) 직시하는 개별적인 지각이 주축을 이루고 있을 것이다. 물리학의 법칙이란, 직시라고 하는 이 독특한 규정 원리로부터 나온 것을 조화시키고 조정하여 나타낸 것이다. 따라서 역학을 지배하는 것은 최소 작용의 원리이며, 이 작용의 세부적인 특성은 관찰을 통해서 규명되어야 하는 것이다.

자연과학에서 고찰되는 원자적인 물질적 존재들은 개별적으로 존속하는 존재들에 불과한 것으로, 그 각 생활사의 역사적 경로를 결정해 나가는 그들 상호 간의 작용에 관한 것 이외의 모든 것을 사상하고 생각한 존재들이다. 이러한 존재는 부분적으로는 그 자신의 과거로부터 이어받은 여러 양상에 의해 형성되지만, 또 부분적으로는 그 환경을 이루고 있는 다른 여러 사건들의 양상에 의해 형성된다. 물리학의 법칙들은 존재들이 어떻게 서로 영향을 주고받고 있는가를 명확하게 기술하고 있는 법칙들이다. 물리학에 있어 이 법칙들은 독단적인 것이다. 왜냐하면 물리학은 있는 그대로의 존재로부터 상당 부분을 사상해 버렸기 때문이다. 앞서 살펴본 바와 같이, 본래 있는 그대로의 존재란 그 환경에 의해 수정될 수 있는 것이다. 따라서 물리학의 법칙들은, 그것들이 타당한 것으로 관찰되었던 환경과 현격하게 다른 환경에서도 수정될 수 없는 것이라고 가정한다면, 이는 매우 위험한 생각인 것이다. 이 법칙에 관련된 것으로서의 한 물리적 존재는 매우 본질적인 측면에서 수정될 수도 있는 것이다. 그러한 존재가 발전하여, 보다 광대한 직시를 구현하는, 보다 근본적인 유형에 속하는 개체가 되는 것까지도 가능하다. 그러나 직시는, 물리적 법칙 밖에 있는 것으로서 오직 목적이라는 개념에 의해서만 나타낼 수 있는 선택권과 여러 대안적 가치들을 인정하는 단계에 도달할 수도 있을 것이다. 이처럼 먼 단계는 잠시 제쳐 놓는다 해도, 다음과 같은 사실은 곧바로 연역될 수 있다. 즉 자신의 생활사가, 보다 크고 보다 깊고 보다 완전한 어떤 패턴의 생활사의 부분을 이루고 있는 그러한 개별적 존재는 자신의 존립을 지배하고 있는 그보다 큰 패턴의 여러 양상을 포함해 가질 수 있으며, 그래서 그보다 큰 패턴의 수정을 자신의 존립의 수정으로서 경험할 수 있다는 것이다. 이것이 바로 유기체적 메커니즘의 이론이다.

이 이론에 따르면 자연법칙의 진화는 존속적 패턴의 진화와 때를 같이 한다. 왜냐하면 우주의 일반적 상태가 그 자체로서, 자연법칙에 의해 그 작용 방식이 표현되고 있는 존재들의 본질 자체를 부분적으로 규정하기 때문이다. 여기서의 일반 원리는 존재들이 새로운 환경에 들어가게 될 때 새로운 형태로 진화하게 된다는 것이다.

철저한 자연 유기체설을 이처럼 간략하게 개괄해 놓고 보면, 우리는 진화론에 불가결한 주요 조건들을 이해할 수 있다. 19세기말의 정체 시기에 진행된 주요 작업은 이 진화론을 모든 과학 분야의 방법론의 지침으로서 섭취하는 일이었다. 많은 종교 사상가들이, 경솔하고 천박한 사고방식에나 걸맞은 것이라고 할 수 있을 그런 맹목적인 태도를 가지고 이 새로운 설에 반대하였다. 사실상 철저한 진화론 철학은 유물론과 양립할 수 없는 것임에도 불구하고 말이다. 유물론 철학의 출발점인 원초적 소재 즉 물질은 곧 진화할 수 없다. 이 물질은 본질적으로 궁극적인 실체인 것이다. 유물론에 따를 때, 진화란 물질의 각 부분 사이의 외적 관계의 변화를 기술하기 위한 또 하나의 말에 불과한 것이 되고 만다. 외적 관계들의 한 집합은 외적 관계들의 다른 모든 집합들과 매한가지이기 때문에 진화할 것이 아무것도 없는 것이다. 목적도 진보도 없는 변화가 있을 뿐이다. 그러나 현대 진화론의 주안점은 복잡한 유기체가 그에 선행하는 보다 덜 복잡한 유기체의 상태로부터 진화한다는 데 있다. 그래서 진화론은, 유기체를 자연 성립의 기초로 생각해야 할 것이라고 천명한다. 또한 진화론은 기저에 있는 활동력—실체적 활동력—을 요구한다. 이것은 개개의 구체적인 존재들 속에 자기를 표현하며, 여러 가지 성립 형태의 유기체로 진화해 나가는 것이다. 유기체는 발현하는 가치의 단위이자, 영원한 객체들의 특성을 실재적으로 융합한 것으로서, 그 자신을 목적으로 하여 출현한 것이다.

그런 까닭에 우리는 자연 그 자체의 특성을 분석해 나가는 과정에서, 유기체의 발현이 목적과 유사한 선택 작용에 의존하고 있음을 보게 된다. 여기서 주목해야 할 것은 존속하는 유기체들은 이제 진화의 산물이며, 존속하는 유기체 이외에는 존속하는 것이 아무것도 없다는 점이다. 유물론에 의하면 존속하는 물질—예를 들어 질료나 전기 같은 것—이 있다. 유기체설에 의하면 존속하는 것은 오직 활동의 조직체들뿐이며, 이 조직체들이 진화해 가는 것이다.

따라서 존속적인 사물들은 시간적 과정의 산물인 반면, 영원한 것들은 그 과정의 존립 자체에 필요한 요소들인 것이다. 우리는 존속을 다음과 같이 엄밀하게 정의할 수 있다. 이제 사건 *A*에 하나의 존속적인 조직체를 이루는 패턴이 침투해 있다고 하자. 그렇다면 *A*는 시간적으로 계기(繼起)하는 여러 사건으로 완전히 세분될 수 있을 것이다. 이처럼 *A*를 세분하고 있는 하나의 계열에 속하는 여러 사건들 가운데 임의로 하나를 취한 *A*의 부분을 *B*라고 하자. 이때 그 존속적 패턴은, *A* 전체가 표시하는 패턴 속에 있으면서 *A*의 통일 속에 파악되고 있는 여러 양상들의 패턴이며, 또 *A* 전체가 표시하는 패턴 속에 있으면서 *A*의 임의의 시간적 부분, 예컨대 *B*의 통일 속에 파악되고 있는 패턴이기도 하다. 예를 들어 분자는 1분간의 사건과 그 1분 속에서 임의의 1초간의 사건으로 표시된 패턴인 것이다. 그러한 존속적 패턴이 보다 더 중요한 것일 수도 있고 보다 덜 중요한 것일 수도 있다는 것은 분명하다. 그것은 개별화된 기초적 활동력들을 연결시키는 사소한 어떤 사실을 표현하고 있을 수도 있고, 지극히 밀접한 어떤 연결을 표현하고 있을 수도 있다. 만일 존속하는 패턴이 단지 여러 부분들의 각 입각점에 반영되는 외적 환경의 직접적 양상들에서 유래하고 있는 것에 지나지 않는다면, 그 존속성은 그다지 중요하지 않은 외적 사실이다. 그러나 만일 존속하는 패턴이 사건의 여러 시간적 부분의 직접적 양상들에서 전적으로 유래하고 있다는 것이라면, 그 존속성은 중요한 내적 사실이 된다. 그것은 개체화된 기초적 활동력들을 통일하는 어떤 단일적인 특성을 표현한다. 그때 자기 자신과 그 밖의 자연 모두에 대해서 어떤 통일성을 갖는 하나의 존속하는 대상이 존재한다. 이러한 유형의 존속을 표현하기 위해 물리적 존속(physical endurance)이라는 말을 사용하기로 하자. 물리적 존속이란 여러 사건들의 역사적 경로를 통해서 전달되는 어떤 동일한 특성을 계속적으로 이어받는 과정이다. 이러한 특성은 그 경로 전체에 속하는 것이며, 그래서 또한 그 경로상의 모든 사건 하나하나에 속하는 것이다. 이것은 엄밀한 의미에서의 물질의 속성이다. 만약 물질이 10분간 존재하고 있었다면, 그것은 그 10분 속의 어느 1분에도, 그리고 그 1분 속의 1초간에도 존재한 것이 된다. 다만 여기서 우리가 물질을 근본적인 것으로 간주할 경우, 이 존속이라는 속성은 자연 질서의 바탕으로 상정해 놓은 자의적인 사실이 되고 말 것이다. 그러나 우리가 유기체를 근본적인 것으로 간주할 경우, 이 속성은 진화의 산물이 된다.

언뜻 보기에는, 그 자신으로부터 이어받는 과정을 거듭하고 있는 물리적 사물은 환경에 의존하고 있지 않은 것처럼 보인다. 그러나 그러한 단정은 부당하다. 그 이유는 다음과 같은 사실에 있다. 즉 물리적 사물의 생애에서 계기하는 두 부분을 *B*와 *C*라 하고 *C*가 *B*에 뒤따르는 것이라고 한다면, 이때 *C*의 존속적 패턴은 *B* 및 그 사물의 생애의 다른 유사한 선행 부분으로부터 이어받은 것이 된다. 그것은 *B*를 통해서 *C*에 전달되지만 *C*에 전달되는 것은 *B*와 같은 여러 사건들에서 나온 양상들의 전체적 패턴이다. 이 전체적 패턴은 *B* 및 그 사물의 생애의 다른 선행 부분에 끼친 환경의 영향도 받는다. 이렇게 해서, 선행하는 생애의 양상들 전체가 그 생애의 여러 시기 전체를 통해 존속하는 부분적 패턴으로서 전달된다. 따라서 유리한 환경이란 물리적 사물이 존속하는 데 있어 본질적인 것이다.

우리가 알고 있듯이, 자연 속에는 거대한 영속성을 지닌 많은 것들이 있다. 보통의 질료 가운데에도 영속하는 것이 있다. 지질학자들이 알고 있는 가장 오래된 암석 속에 들어 있는 분자들은 10억 년 이상 그 자체에 있어서 뿐만 아니라 상호 간의 상대적 배치에 있어서도 변치 않고 존재해 왔을지 모른다. 10억 년 동안 나트륨 황색광(黃色光)의 진동 속도로 진동한 분자가 있었다면 그 진동수는 대략 $16.3 \times 10^{22} = 163{,}000 \times (10^6)^3$ 정도나 될 것이다. 최근까지만 해도 원자는 파괴될 수 없는 것처럼 보였다. 오늘날 우리는 원자에 대해 보다 많은 것을 알게 되었다. 그러나 파괴될 수 없는 원자 대신에 파괴될 수 없는 것처럼 보이는 전자와 양성자(陽性子)가 출현한다.

설명이 필요한 또 하나의 사실은 실제로 파괴되지 않는 사물들 사이에 커다란 유사성이 있다는 점이다. 모든 전자들은 서로 매우 유사하다. 우리가 증거를 넘어서서, 그것들이 동일하다고 말할 필요까지는 없겠지만, 우리의 관찰 능력으로는 어떠한 차이점도 찾아낼 수가 없다. 이와 마찬가지로 모든 수소핵도 서로 유사하다. 그밖에도 유사한 것이 얼마든지 있다. 그런 것들의 수효는 엄청나게 많다. 마치 어떤 유사성이 있다는 것은 존속에 유리한 조건이 되거나 하는 것처럼 말이다. 상식적으로 생각해도 이런 결론이 나온다. 유기체들이 살아남으려 한다면, 그것들은 서로 협력해야만 한다.

따라서 진화의 메커니즘의 요건은, 거대한 영속성을 지닌 어떤 특수한 유형의 유기체의 진화에 동반되는 유리한 환경의 진화이다. 자신의 환경에 유해한 영향을 주어 그것을 퇴락시키는 자연물은 자멸하고 만다.

개별적인 유기체의 발전과 병행해서 유리한 환경을 진화시키는 가장 간단한 방법 가운데 하나는 각 유기체가 환경에 끼치는 영향이, 같은 유형에 속하는 다른 여러 유기체들의 존속에도 유리한 것이 되도록 하는 방법이다. 더 나아가 만일 그 유기체가 또한 같은 유형에 속하는 다른 여러 유기체의 발전에도 유리하게 작용하는 경우라면, 우리는 관찰되는 바와 같은 고도의 존속력을 지닌 유사한 존재들의 대집단을 만드는 데 적합한 진화의 메커니즘을 확보한 셈이 된다. 왜냐하면 환경은 종(種)과 함께 자동적으로 발전하며, 종 또한 환경과 함께 자동적으로 발전하기 때문이다.

여기서 무엇보다도 먼저 문제가 되는 것은, 존속하는 유기체의 진화에서 이와 같은 메커니즘에 대한 직접적인 증거가 과연 있는가 하는 점이다. 자연을 개관할 때, 우리는 그 구성 요소가 단지 영원한 객체들의 양상일 뿐인 그런 기초적 유기체들만이 있는 것이 아님을 기억해야 한다. 여러 유기체들로 이루어진 유기체도 있다. 논의를 간결하게 하기 위해, 어떤 증거가 있는 것은 아니지만, 일단 전자와 수소핵이 그와 같은 기초적 유기체라고 가정해 보기로 하자. 그런데 분자는 말할 것도 없고 원자도 고차적 유형의 유기체로서 일정하게 정돈된 유기적 통일을 나타내고 있다. 그러나 우리가 보다 큰 물질의 집합체로 나아가 보면, 그러한 유기적 통일은 배후로 사라지고 만다. 그것은 미약하고 초보적인 것에 불과한 것처럼 보인다. 그것이 거기에 있기는 있지만 그 패턴은 희미하고도 모호하다. 다음으로 우리가 생물에 이르게 되면, 패턴의 윤곽이 재차 명확해지고 유기적 특성도 다시 뚜렷하게 나타난다. 따라서 무기물에 잘 들어 있는 법칙들은 주로 뒤섞인 다수의 집합체로부터 산출된 통계상의 평균인 것이다. 이런 법칙들은 사물의 궁극적 본질에 빛을 던지기는커녕 유기적 개체의 개별적 특성을 더 이상 볼 수 없게 하고 만다. 이제 우리가 유기체에 관련된 사실들을 밝히고자 한다면, 개개의 분자와 전자를 연구하거나 개개의 생물체를 연구해야 한다. 이 양성자의 중간 단계에 있는 것들은 비교적 혼란 상태에 있기 때문이다. 그런데 개개의 분자를 연구할 때의 난점은 우리가 분자의 생활사에 관해서 아는 것이 거의 없다는 데 있다. 우리가 하나의 분자를 끊임없이 계속적으로 관찰할 수는 없는 일이다. 대개의 경우, 우리는 큰 집합체 속에 있는 분자들을 다룬다. 개개의 분자에 관한 한, 이따금 뛰어난 실험자가 간신히, 이를테면 그것에 섬광을 쏘아 그 순간적인 결과의 한 유형을 관찰하는 것이 고작이다. 따라서 개개의 분자나 전자의 작용의 역사는 대부분 우리의 관찰로부터 소원해지고 있는 것이다.

그러나 생물의 경우는 각 개체의 역사를 추적해 볼 수 있다. 이제 우리는 여기서 필요로 하는 메커니즘을 정확하게 발견해 낸다. 무엇보다 종은 같은 종의 구성원으로부터 번식되어 나간다. 그리고 또한 부족이나 종족의 존속, 또한 열매 속의 종자의 존속을 위한 유리한 환경을 용의주도하게 마련해 나간다.

하지만 나는 확실히 진화의 메커니즘을 너무 단순하게 설명하였다. 생물의 종 가운데는 서로 유리한 환경을 주고받는 제휴 관계를 유지하고 있는 것들을 볼 수 있다. 그래서 같은 종의 구성원들이 서로 협력하듯이 제휴[9] 관계를 유지하고 있는 종들의 구성원들도 서로 협

---

9) 이 책 13장에서 설명되고 있다.

력하고 있는 것이다. 전자와 수소핵이라는 두 종 사이에도 기본적인 제휴 관계가 유지되고 있음을 볼 수 있다. 우리가 이것들 사이에서 거대한 존속성을 보게 되는 까닭은, 그들의 제휴 관계가 단순하며, 그것들이 다른 종들과 적대적인 경쟁에 말려들지 않는 것처럼 보인다는 사실에 있다.

결국 자연의 발전에 내포되어 있는 기계 장치에는 두 가지 국면이 있다. 그 한 국면에는 주어진 환경과 이에 적응하는 유기체가 있다. 19세기말의 과학적 유물론은 이 측면을 강조하였다. 이 관점에서 보면, 일정량의 물질이 주어져 있고 한정된 수의 유기체가 그것을 이용할 수 있도록 되어 있을 뿐이다. 여기서 환경이 주어져 있다는 것은 만사의 지배 원리가 된다. 그래서 과학의 최종적 언명은 생존 경쟁과 자연 도태인 것처럼 보였다. 다윈의 저술은 결코 직접적인 증거 밖으로 나아가지 않았고 모든 가능한 가설들을 세심하게 유지시켰다는 점에서 우리가 항상 본받아야 할 전형이 되고 있다 하겠다. 그렇지만 이와 같은 그의 훌륭한 자세는 그의 후계자들에게서 찾아보기 어렵고, 그 아류에 속하는 사람들에게서는 더욱더 그렇다. 유럽의 사회학자들과 정치 평론가들의 상상력은 진화론에 나타나 있는 이해관계의 상충이라는 측면에만 전적으로 주목하는 가운데 얼룩이 지고 말았다. 그 결과 상거래나 국가의 이익에 관한 문제를 처리하는 데 있어 윤리적 배려를 무시해 버리는 과감한 현실주의가 당시의 사고방식을 지배하게 되었다.

진화하는 기계 장치의 다른 한 국면은 무시되어 온 것으로서, 창조성(creativeness)이라는 말로 표현되는 것이다. 유기체는 그 자신의 환경을 창조할 수 있다. 단 하나의 유기체만으로는 거의 이런 일을 해낼 수 없다. 창조에 필요한 충분한 힘을 얻기 위해서는 협력하는 유기체들의 사회가 필요하다. 하지만 그러한 협력이 이루어질 경우 거기에 쏟아 넣는 노력 여하에 따라 진화의 윤리적 양상 전체를 바꾸어 놓을 수도 있는 유연성을 환경은 갖고 있는 것이다.

얼마 전에 혼란된 정신 상태가 세상을 휩쓸었고 현재에도 그렇다. 과학적 기술이 발전한 결과, 인류가 환경을 점점 더 쉽게 개조할 수 있게 되어 간다는 사실이, 환경의 불변성을 전제할 때만 정당화되는 사유의 습관에 의해 오늘날 해석되고 있다.

우주의 수수께끼는 그렇게 단순하지 않다. 어떤 특정의 성립 형태에는 어디까지나 그 형태로서 끝없이 되풀이 되는 영속의 측면이 있는 동시에, 다른 것—보다 높은 가치의 것일 수도 있고 보다 낮은 가치의 것일 수도 있는—으로 변천해 가는 측면도 있다. 또한 거기에는 투쟁의 측면이 있는가 하면 상호 협력의 측면이 있다. 그렇지만 무자비한 낭만주의적 태도가 현실 정치와 떨어져 있다는 것은 자기희생적인 낭만주의적 태도의 경우와 다를 바가 없다.

제7장

상대성 원리

앞의 여러 장에서 우리는 과학 운동을 가능하게 했던 여러 가지 선행 조건들을 고찰하면서, 17세기로부터 19세기까지의 사상의 발전 과정을 추적해 보았다. 과학을 축으로 하여 고찰하는 한, 19세기의 사상사는 세 부분으로 나누어진다. 즉 낭만주의 운동과 과학과의 접촉, 19세기 전반기의 기술과 물리학의 발달, 그리고 생물에 관련된 과학들의 전반적인 발전과 결부된 진화론이 그것들이다.

지난 3세기 전반에 걸쳐 나타난 주된 특징은 유물론이 과학의 개념에 적절한 기초를 제공해 주었다는 점이다. 사실상 유물론은 전혀 의문시되지 않았다. 파동이란 것이 필요하게 되자 에테르가 도입되어 파동하는 물질로 상정되었다. 나는 그러한 유물론이 전적으로 가정이라는 것을 보여 주기 위해서 자연 유기체설이라는 대안적 이론을 개괄적으로 약술하였다. 앞 장에서 나는 생물학의 발전, 진화론, 에너지설 및 분자 이론이 정통 유물론의 타당성을 급속도로 철저히 뒤흔들어 놓게 되었음을 지적했다. 그러나 19세기말까지 그 누구도 유물론이 불충분한 가정이라고 결론짓지는 않았다. 유물론은 여전히 그 지배권을 행사하고 있었던 것이다

현대의 특징은 우리가 알고 있듯이 물질, 공간, 시간 및 에너지에

관해서 지극히 많은 복잡한 문제들이 제기되었고, 그래서 정통적인 낡은 가정들이 지니고 있던 단순한 안정성이 자취를 감추게 되었다는 데 있다. 뉴턴이 남기고 간 그러한 가정들, 아니 맥스웰이 남기고 간 그러한 가정들조차도 충분한 것일 수 없다는 것은 분명하다. 이것들은 이제 재편성되어야 한다. 오늘날의 사상에 있어서의 새로운 상황은 과학이 상식을 능가하고 있다는 사실에서 발생하고 있다. 18세기가 이어받은 안정 상태는 상식을 조직화시켰던 데서 얻어진 승리였다. 그것은 중세의 환상이나 데카르트의 와동설(渦動說)에서 벗어나 있었다. 그 결과 그것은 종교개혁 시대의 역사적 반항에서 파생된 반합리주의적 경향에 완전한 자유를 제공하였다. 그것은 사람들이 육안으로 볼 수 있는 사실들, 또는 적어도 적당한 배율의 현미경을 통해 볼 수 있는 사실들을 자신의 토대로 삼았다. 그것은 명확하게 측정할 수 있는 것을 측정하고, 또 명확하게 일반화시킬 수 있는 것을 일반화시켰다. 18세기가 시작되었을 때, 어리석은 생각들이 마침내 제거되었다는 내적인 확신이 널리 깔려 있었다. 오늘날 우리는 이와 정반대의 극에 처해 있다. 어리석은 생각처럼 보이는 것이 내일에 가서 진리로 입증이 안 된다고는 아무도 장담할 수 없게 된 것이다. 우리는 19세기 초기의 색조를 얼마간 되찾았다. 그러나 이것은 어디까지나 보다 높은 상상의 지평에서 이루어진 일이다.

보다 높은 지평에 올라서게 된 것은 보다 섬세한 상상력을 가지게 되었기 때문이 아니라, 보다 좋은 기계 장치를 가지게 되었기 때문이다. 과학에서 지난 40년 동안에 일어났던 가장 중요한 것은 기계 설계 분야의 진보이다. 이 진보는 부분적으로 마이컬슨[1]과 같은 소수의 천재들과 독일의 광학 기계 제조자들의 덕택으로 가능했다. 그리고 또한 부분적으로 그것은 제조 기술, 특히 야금학(冶金學) 영역의 제조 기술 발달에 힘입기도 했다. 오늘날 설계자는 물리적 성질이 다른 갖가지 재료를 자유자재로 사용할 수 있다. 즉 그는 자기가 원하는 재료를 구할 수 있다는 전제 위에서 그의 작업을 진척시킬 수 있으며, 약간의 인내심만 발휘한다면 그 재료를 자기가 원하는 형태로 다듬어 낼 수도 있는 것이다. 이러한 기계 장치들이 사상을 새로운 지평으로 끌어올린 것이다. 참신한 기계 장치는 마치 외국 여행이 가져다주는 것과 같은 효과를 가져다준다. 즉 그것은 사물들을, 평상시의 것과는 다른 결합 형태의 것으로 보여 준다. 여기서의 이득은, 무엇인가가 단순히 부가되는 데 그치지 않고 형태의 변화가 일어난다는 데 있다. 실험 기술에서의 진보는 아마 오늘날 각국의 유능한 인재들이 전보다 더 많이 과학 연구에 종사하고 있다는 데에도 힘입었을 것이다. 그러나 원인이야 어디 있든지 간에, 정교하고도 기발한 실험이 최근 30년간 상당히 많이 이루어졌다. 그 결과 인류의 일상적인 경험에서 아주 멀리 떨어져 있는 자연의 영역에 관해서 많은 지식이 축적되기에 이르렀다.

두 개의 유명한 실험, 즉 과학 운동의 초창기에 갈릴레이가 고안해냈던 실험과, 마이컬슨이 그의 유명한 간섭계(干涉計)를 사용하여 1881년에 처음 시도했고, 1887년과 1905년에 되풀이했던 적이 있는 실험은 모두 내가 위에서 말한 바를 예증해 준다. 갈릴레이는 피사의

1) 마이컬슨(A. A. Michelson, 1852~1931)
폴란드 출신의 미국 물리학자. 미국인으로서는 최초의 노벨상 수상자. 그는 마이컬슨 간섭계(干涉計)를 만들었다. 이것은 에테르에 대한 지구의 상대 운동을 조사하기 위해서 (마이컬슨-몰리 실험) 만들어졌다. 예기했던 결과는 나타나지 않았으나, 거기서 아인슈타인의 상대성 이론의 전제가 마련되었다. 그 밖에 이 간섭계는 광파장(光波長)을 기초로 하여 표준 미터 값을 실측하는 데도 사용되었다.

사탑 꼭대기에서 물체를 낙하시키면서, 중량이 다른 물체들이라도 동시에 낙하시키면 함께 지상에 닿는다는 것을 증명하였다. 실험 기술이나 장치의 정밀도만을 놓고 보자면, 이러한 실험은 5천 년 전에도 가능했을 것이다. 그 실험에 포함된 관념들은 중량과 속도에 관한 것들뿐인데, 이것들은 일상생활에서 흔히 경험하는 관념들인 것이다. 크레타 섬의 미노스 왕가의 사람들이 해안이 높이 솟은 성벽에서 바다 속으로 조약돌을 던졌을 때에도 이러한 관념들을 모두 잘 알고 있었을 것이다. 우리는 과학이 일상적인 경험들의 조직화에서 출발했다는 것을 아무리 주의 깊게 이해한다 해도 지나치다고 할 수 없을 것이다. 바로 그렇게 함으로써 과학은 저 역사적 반항의 반합리주의적 경향과 그처럼 쉽사리 제휴할 수 있었던 것이다. 그것은 사물의 궁극적 의미를 찾고자 하지 않았다. 그것은 오로지 명백한 현상들의 계기(繼起)를 규제하는 결합 관계만을 탐구했던 것이다.

마이컬슨의 실험은 보다 앞서 이루어질 수 없었을 것이다. 그것은 기술상의 전반적인 진보와 실험에서의 마이컬슨의 천재성을 필요로 했던 것이다. 그것은 에테르 속에서의 지구 운동을 규정하는 작업과 관련되어 있으며, 빛이란 에테르 속을 어느 방향으로나 일정한 속도로 달리는 진동파로 이루어지는 것이라고 가정한다. 물론 지구도 에테르 속에서 운동하고 있고, 마이컬슨의 장치도 지구와 함께 운동하고 있다. 그 장치의 중심부에서 하나의 광선이 둘로 나뉘는데, 한쪽 광선은 그 장치 속에서 한 방향으로 일정한 거리를 통과하여 그 장치 속에 있는 거울에 반사되어 중심부로 되돌아온다. 다른 한쪽의 광선은 앞서의 광선과 직각을 이루는 방향으로 그 장치를 가로질러 동일한 거리를 통과해서는 역시 반사되어 중심부로 되돌아온다. 이때 반사된 두 광선이 재결합되어 그 장치 속에 있는 스크린에 반영된다. 이것을 유심히 관찰해 보면 간섭(干涉)무늬가 나타날 것이다. 즉 두 광선이 통과한 거리에 근소한 차이가 있기 때문에, 한쪽 광선의 마루가 다른 쪽 광선의 골을 메움으로써 생기는 검은 띠 모양의 무늬가 스크린의 어떤 부분에 나타나게 될 것이다. 여기서 거리의 차이는 지구의 운동에 의해 야기되는 것이다. 왜냐하면 그 차이는 에테르 속에서 통과한 거리의 차이이기 때문이다. 따라서 실험 장치가 지구와 함께 운동하고 있기 때문에, 한쪽 광선의 진행은 다른 쪽 광선의 진행과는 다른 방식으로 이 운동에 의해 영향을 받게 될 것이다. 여러분이 열차 속에서, 처음에는 열차의 진행 방향으로, 다음에는 이것을 횡단하는 방향으로 움직인다고 생각하고, 그 철로상에서의 여러분의 이동 경로에 주목해 보면 좋을 것이다. 이 비유에서 철로는 에테르에 해당된다. 그런데 지구의 운동은 빛의 운동에 비해 상당히 느리다. 그러므로 위의 비유에서 열차가 거의 정지 상태에 있으며, 여러분 자신은 매우 빠른 속도로 움직이고 있는 것으로 생각해야 한다.

위의 실험에서 이러한 지구 운동의 효과는 스크린에서의 간섭무늬의 위치에 영향을 미칠 것이다. 또 그 장치를 90도 회전시키면, 두 광선에 미치는 지구 운동의 영향은 교차될 것이며, 간섭무늬의 위치도 바뀔 것이다. 우리는 태양의 주위를 도는 지구의 운동에서 생기는 미소한 변화를 계산할 수 있다. 또한 우리는 그 효과에다 에테르 속에서의 태양의 운동에 기인하는 효과를 가산해야 할 것이다. 기계 장치의 정밀도는 검토될 수 있고, 위의 두 영향에서 생기는 효과들이 장치에 의해 관측될 수 있을 만큼 크다는 것도 증명될 수 있다. 그런데 문제는 아무것도 관찰할 수 없었다는 데 있다. 장치를 회전시켰을 때, 아무런 변화도 나타나지 않았던 것이다.

결론은 지구가 에테르 속에서 항상 정지하고 있든가, 아니면 실험을 해석할 때 사용된 근본 원리 가운데 무엇인가 잘못된 점이 있든가 둘 중의 하나로 귀착된다. 분명코 이러한 실험은 미노스 왕가의 아이들의 생각이나 놀이와는 거리가 먼 것이다. 에테르, 에테르 속의 파동, 간섭, 에테르 속에서의 지구의 운동, 마이컬슨의 간섭계 등의 관념들은 일상 경험에서 동떨어진 것들이다. 그러나 이 관념들이 아무리 동떨어진 것들이라 해도, 아무것도 보여 주지 못했던 이 실험 결과를 해명함으로써 인정받게 되었던 설명 방식에 비한다면 간단명료한 것들이다.

이 설명의 근거는 과학에서 사용되는 공간 및 시간의 관념이 너무 소박한 것이기 때문에 수정되어야 한다는 것이다. 이러한 주장은 상식에 대한 정면에서의 도전이다. 왜냐하면 종래의 과학은 일상인들이 흔히 사용하는 개념을 세련시킨 것에 불과했기 때문이다. 관념들의 이와 같은 근본적인 재편성은, 여기서 거론할 필요조차 없는 다른 많은 관찰에 의해 뒷받침되지 못했더라면 도저히 용인될 수 없었을 것이다. 상대성 이론[2]의 한 형식은, 다른 이론에서는 어떤 특별한 설명이 제각기 요구되는 많은 사실들을 지극히 간단하게 설명하고 있는 것처럼 보인다. 따라서 상대성 이론은 그것의 출현을 가져왔던 여러 실험에 단순히 의존하고 있는 것이 아니다.

그 설명의 핵심은, 마이컬슨이 실험에 사용했던 장치와 같은 모든 기계 장치는 빛의 속도를 그 장치에 대해서 동일 불변하는 것으로 기록해 두고 있어야 한다는 것이다. 다시 말해, 혜성에서의 간섭계와 지구상에서의 간섭계가 있다고 할 때, 빛의 속도는 그것들에 대해서 반드시 같은 값으로 나타나게 되리라는 것이다. 이것은 명백히 불합

---

2) 특수 상대성 이론을 가리킴.

리하다. 왜냐하면 빛은 에테르 속을 일정한 속도로 달리기 때문이다. 그러므로 에테르 속을 상이한 속도로 운동하고 있는 두 물체, 예컨대 지구와 혜성은 광선에 대해서 상이한 속도를 갖는다고 예상될 수 있을 것이다. 예를 들어 두 대의 자동차가 각각 시속 10마일과 20마일로 달리고 있는데, 시속 50마일로 달리는 다른 자동차가 이들을 추월한다고 해 보자. 50마일로 달리는 자동차는 두 자동차 가운데 한쪽에 대해서는 시속 40마일의 상대적 속도로, 다른 한쪽에 대해서는 시속 30마일의 상대적 속도로 추월할 것이다. 빛의 문제로 돌아가서, 이제 빠른 쪽의 자동차를 광선이라고 한다면, 도로를 달리는 빛의 속도는 추월을 당하는 두 자동차의 어느 쪽에 대해서도 추월한 자동차의 속도와 전적으로 같다고 할 수 있겠다. 그러나 빛의 속도는 초속 30만 킬로미터로서 대단히 빠른 것이다. 이제 우리는 공간과 시간에 대해서 이만한 크기의 속도에 어울리는 관념을 가져야만 한다. 그러므로 상대적 속도에 대한 우리의 모든 관념들도 개조되어야 한다. 그런데 이러한 관념들은 공간과 시간에 대한 우리의 일상적인 관념들에서 직접 나온 것들이다. 그래서 우리는, 소위 공간과 시간이라는 것에 대한 일반적인 해석에서는 무엇인가가 간과되고 있다는 주장으로 되돌아가게 된다.

그런데 우리의 일상적인 근본적 가정은 다음과 같은 것이다. 즉 공간에 대해서 주어져야 할 일의적(一義的)인 의미와 시간에 대해서 주어져야 할 일의적인 의미가 있으며, 따라서 지구상의 장치에 관련된 공간 관계에다 어떠한 의미가 주어진다 해도, 그와 동일한 의미가 혜성상의 장치에 관련된 공간 관계 및 에테르 속에 정지해 있는 장치에 관련된 공간 관계에 똑같이 주어져야만 한다는 것이다. 상대성 이론은 이러한 가정을 거부한다. 공간에 관한 한, 상대적 운동의 여러 명백한 사실들에 대해 생각해 본다면 이 이론에 쉽게 동의할 수 있을 것이다. 그러나 이 경우에서조차도 그 의미는 더 이상 상식적인 차원의 것이 아니다. 이를 넘어서는 것으로 변화되어야 한다. 그리고 이러한 주장은 시간에 대해서도 똑같이 적용된다. 즉 갖가지 사건들 각각의 시점이나 사건들 간의 시간 경과는 지구상의 장치, 혜성상의 장치, 그리고 에테르 속에 정지해 있는 장치에 대해서 각기 상이한 것으로 간주되어야 한다. 이것은 우리의 일상적인 믿음에 더욱 어긋난다. 여기서 우리는, 지구와 혜성에 대해서 공간성 및 시간성은 지구와 혜성이 보여 주는 상이한 조건 밑에서 저마다 다른 의미를 갖지 않으면 안 된다고 결론짓는 이상으로 이 문제를 파고들 필요는 없겠다. 따라서 속도는 이 두 천체에 대해서 상이한 의미를 갖게 된다. 그래서 현대 과학은 다음과 같이 가정한다. 즉 무엇인가가 공간 및 시간의 어떤 계(系)에서 광속도를 갖고 있다면, 그것은 공간 및 시간의 다른 어떤 계에서도 광속도를 갖는다는 것이다.

이러한 사실은 모든 물체가 동시적으로 실재하는 어떤 한순간을 전제로 하고 있는 고전적인 과학적 유물론에 결정적인 타격을 가하게 된다. 현대의 이론에서 그와 같은 일의적인 순간이란 존재하지 않는다. 우리는 자연 전체를 관통하는 동시적 순간이라는 관념에 하나의 의미를 줄 수는 있지만, 그 의미는 시간상에 대한 다른 관념에 있어서는 전혀 다른 것이 될 것이다.

이 새로운 이론에 대해서 극단적으로 주관주의적인 해석을 가하려는 경향이 있어 왔다. 즉 공간 및 시간의 상대성을 마치 관측자의 선택에 달려 있는 것처럼 해석해 왔다는 것이다. 만일 관측자를 관련시킬 때 설명이 용이해진다면, 그러한 시도는 전적으로 정당한 것이라 하겠다. 그러나 필요한 것은 관측자의 신체이지 그의 정신은 아니다.

그리고 신체라고 해도, 그것은 아주 흔히 볼 수 있는 형태를 지닌 장치의 한 예로서 도움이 되는 데에 불과하다. 일반적으로 말해, 마이컬슨의 간섭계에 주의를 집중하고, 그의 신체나 정신은 염두에 두지 않는 편이 좋을 것이다. 문제는 어째서 간섭계의 스크린에 검은 간섭무늬가 나타났으며, 어째서 이 장치를 돌렸을 때 이 무늬에 아무런 변화도 나타나지 않았느냐 하는 것이다. 새로운 상대성 이론은 공간과 시간을 과거에는 생각해 볼 수도 없었으리만큼 긴밀하게 결합시켰으며, 그래서 구체적 사실에 있어서의 양자의 분리는, 다른 의미를 낳게 되는 다른 추상 방식에 의해 이루어질 수 있는 것이라고 가정하고 있다. 그러나 모든 추상 방식은 자연 안에 있는 어떤 것에 주목하고, 그렇게 함으로써 그것을 고립시켜서 고찰한다. 실험에 들어맞는 사실은, 여러 자연적 존재들 사이에 성립되는 시공 관계의 다른 여러 체계들 중에서 단지 그 간섭계에 들어맞는 어떤 하나의 체계에 속한 것일 뿐이다.

여기서 철학에 맡겨진 과제가 있다면, 그것은 상이한 의미의 공간과 시간이 가능하도록 자연에서의 공간과 시간의 지위를 해석해 내는 일이다. 이 책에서 이를 상세히 설명할 수는 없겠지만, 공간과 시간 사이의 구별의 기원을 어디서 찾아야 할 것인가를 지적하는 일은 어렵지 않다. 나는 지금 철저한 객관주의의 기초로서 앞서 약술한 바 있는 자연 유기체설을 전제로 하고 있다.

사건이란 여러 양상들을 하나의 패턴 속으로 끌어들이고 있는 통일체이다. 어떤 사건이 그 외부에 미치는 작용은, 파악된 통일체들로서의 다른 여러 사건들을 형성하는 데 관여하는 그 사건의 여러 양상을 통해 이루어진다. 이때 반영되는 패턴이 하나의 전체로서의 사건에 단순히 부착되는 데 불과한 경우라면, 이러한 작용은 기하학적 도형의 체계적인 양상들이 아니고는 미미한 것이다. 그런데 만일 그 패턴이 그 사건의 계기하는 여러 부분들을 통해서 지속하며, 또 그 전체에도 나타나서 사건이 그 패턴의 생애가 되고 있는 경우라면, 그 사건은 그처럼 지속하는 패턴에 의해 외부에 강하게 작용하게 된다. 왜냐하면 그 사건 자체의 작용성은 그 계기하는 모든 부분들의 유사한 양상에 의해 더욱 강화되기 때문이다. 그 사건은 자신의 부분들 전체에 내재하는 영속성에 힘입어 패턴화된 하나의 가치를 구성한다. 그리고 이러한 내재적 지속성을 갖게 됨으로 해서 그 사건은 그 환경의 변경에 중요한 것이 된다.

시간이 공간으로부터 분화되는 것은 바로 이와 같은 패턴의 지속성에 있어서이다. 그 패턴은 지금 공간적으로 존재한다. 그리고 이 시간적 규정은 각 부분적 사건에 대한 그 패턴의 관계를 구성한다. 왜냐하면 그 패턴은 자신의 삶에 포함된 공간적 부분들의 시간적 계기 속에서 재생되기 때문이다. 이것은 시간적 질서의 이 특수한 법칙이 그 패턴으로 하여금 그 생애의 각 시간적 부분 속에서 재생될 수 있도록 한다는 것을 의미한다. 이를테면 지속하는 각 대상은 시간으로부터 공간을 분화시키는 원리를 자연 속에서 발견하며, 또 그 원리를 자연에게서 요구한다는 것이다. 지속하는 패턴이라는 사실을 떠나서도 이 원리가 존재할지 모르지만, 그때는 표면에 나타나지 않게 될 것이고 힘도 미약할 것이다. 이와 같이, 시간에 대한 공간의 특수한 의의, 그리고 공간에 대한 시간의 특수한 의의는 지속하는 유기체의 발전과 더불어 발전되어 왔다. 지속하는 대상은 사건들 속에 들어 있는 갖가지 패턴과 관련되며, 공간을 시간으로부터 분화시키는 데 중요한 역할을 한다. 그리고 이와 반대로 사건들 속에 들어 있는 갖가지 패턴에서 공간의 시간으로부터 분화는, 여러 사건들의 집합체가 존속하는 대상들을 위해 지속한다는 것을 말한다. 지속하는 대상들이 없이도 집합체는 있을 수 있겠지만, 특히 지속하는 대상들을 위해 존속하는 집합체가 없이는 지속하는 대상들은 있을 수 없을 것이다.

이 점이 결코 잘못 이해되어서는 안 된다. 지속한다는 것은 한 사건의 파악태에 나타나는 패턴이, 그 패턴의 여러 부분들 가운데서 어떤 법칙에 의해 식별되는 부분들의 파악태에도 나타난다는 것을 의미한다. 사건 전체의 모든 부분이 전체가 나타내는 것과 똑같은 패턴을 나타낼 수는 없다. 예를 들어 인체의 삶에 있어 1분 동안 나타나는 신체 전체의 패턴을 고찰해 보자. 그 1분 동안의 한쪽 엄지손가락은 신체 전체라는 사건의 부분이다. 그러나 이 부분의 패턴은 엄지손가락의 패턴이지 신체 전체의 패턴은 아니다. 따라서 지속은 여러 부분들을 장악하기 위해 일정한 규칙을 필요로 한다. 위의 예에서 그 규칙이 무엇인지 당장 알 수 있다. 우리는 그 1분 동안의 어느 부분적 시간 동안에도, 예컨대 1초 혹은 10분의 1초 동안에도 신체 전체의 삶을 고려해야만 한다. 바꿔 말하면, 지속의 의미는 시공 연속체에 있어서의 시간 경과의 의미를 전제로 하고 있다는 것이다.

여기서 다음과 같은 문제가 제기된다. 즉 지속하는 모든 대상들은 시간으로부터 공간을 분화시키는 동일한 원리를 발견할 수 있는가 어떤가 하는 것, 또는 하나의 대상이 자신의 생애의 여러 단계에 있어 그 시공적 분화를 달리하는가 어떤가 하는 것이다. 몇 해 전까지만 해도, 발견할 수 있는 그와 같은 원리는 오직 하나밖에 없다고 가정하는 데 아무도 주저하지 않았다. 그렇기 때문에 한 대상을 다루는 데 있어 시간은, 다른 대상의 지속을 다루는 데 있어서와 전적으로 동일한 의미를 그 대상의 지속에 대해서도 가질 수 있었다. 그리고 또 이로부터 공간적인 관계는 일의적인 의미를 갖게 되었던 것이다.

그러나 오늘날 대상들의 관측된 작용은 오직 다음과 같은 가정에 의해서만 설명될 수 있는 것처럼 보인다. 즉 서로 상대적으로 운동하고 있는 대상들은 각자의 지속을 위해 제각기 다른 공간 및 시간의 의미를 이용하고 있는 것으로 가정하는 것이다. 지속하는 모든 대상은 각자의 고유한 공간에 있어 정지해 있으며, 각자의 독특한 지속에 내재하는 공간과는 다른 형태로 정의되는 임의의 공간 속에서 운동하는 것으로 간주되지 않으면 안 된다. 만일 두 대상이 상대적인 정지 상태에 있다면, 그것들은 자신들의 지속을 표현하기 위해서 공간 및 시간의 동일한 의미를 이용하고 있고, 만일 상대적으로 운동하고 있다면 그들이 이용하는 공간과 시간은 다른 것이 된다. 그러므로 만일 어떤 물체가 그 생애의 어떤 단계에서 다른 단계의 자기 자신에 대해 상대적으로 운동하고 있다면, 그 물체는 그 두 단계에 있어 각기 공간의 상이한 의미를, 또 그에 따른 시간의 상이한 의미를 이용하고 있는 것이 될 것이다.

자연을 유기체로 간주하는 철학에 있어서는 시간 한정의 일의성을 내세우는 과거의 가설과 그 다양성을 내세우는 새로운 가설 중에서 어느 쪽이 좋다고 결정할 수 없다. 그것은 전적으로 여러 관찰에서 유도되는 증거에 따라 결정해야 할 문제인 것이다.*

앞서 나는 사건이 동시적 존재들을 갖는다고 말한 적이 있다. 그런데 새로운 가설에 의거할 때에도, 어떤 특정한 시공계와의 관계를 언급하지 않고도 그러한 진술이 가능할지는 흥미로운 문제이다. 어떤 시간계(時間系)에 있어서 두 사건이 동시에 존재한다는 의미인 한에

---

* A. N. Whitehead, *An Inquiry Concerning the Principles of Natural Knowledge*(Cambridge Univ. Press, 1919), 52절, 3항 참조.—지은이 주

서는 그 진술이 가능하다. 시간계가 다르면 두 개의 동시 존재적 사건은 부분적으로 중첩될 수 있다고는 해도 동시에 존재하지는 않을 것이다. 이와 마찬가지로 하나의 사건이 다른 사건에 선행한다는 것은, 그것이 모든 시간계에서 그러할 경우에만 가능하다고 할 수 있을 것이다. 이제 우리가 사건 *A*에서 출발한다면 다른 사건들 일반은 두 조(組)로, 즉 무조건적으로 *A*와 동시 존재적인 사건들과, *A*에 선행 내지 후행하는 사건들로 분화되리라는 것은 분명하다. 그러나 이때 또 하나의 조가 있게 될 것인데, 곧 앞의 두 조를 함께 갖는 사건들이다. 여기서 우리는 하나의 결정적인 사실을 확보하게 된다. 여러분은 설명해야 할 임계(臨界) 속도(critical velocity), 즉 진공 속에서의 빛의 이론적 속도*가 있다는 것을 기억할 것이다. 또한 상이한 시공계를 이용한다는 것이 대상들의 상대적 운동을 뜻한다는 것도 기억하고 있을 것이다. 임의의 한 사건 *A*에 대해 특수한 한 조의 사건이 갖는 앞서 말한 결정적인 관계를 분석해 본다면, 우리는 임계 속도를 설명할 수 있게 될 것이다. 지금 나는 세부적인 것들은 모조리 생략하고 있다. 엄밀하게 서술하기 위해서 먼저 점, 선, 순간을 도입하는 일부터 시작해야 되리라는 것은 분명하다. 또한 기하학의 기원, 예컨대 길이의 측정, 직선성, 평면성, 수직성 등에 관해서도 논의되어야 할 것이다. 나는 얼마 전에 출간된 나의 저서에서 연장적 추상화 이론이라는 제목의 장을 통해 이것들에 대한 연구에 힘쓴 적이 있다.[3] 그러나 그것은 너무 전문적인 것이기 때문에 여기서 다루기에는 적합하지 않다.

---

* 중력장(重力場)에서 분자나 전자로 되는 매질(媒質)에서의 광속도가 아니다.-지은이 주

3) *An Inquiry Concerning the Principles of Natural Knowledge* 및 *The Concept of Nature*에서 "연장적 추상화의 방법"에 관해서 상세히 설명하고 있다.

만약 거리에 관한 기하학적인 관계들이 일정한 하나의 의미를 갖지 않는다고 한다면, 명백히 중력의 법칙은 다른 방식으로 표현되어야 한다. 왜냐하면 그 법칙을 표현하는 공식이란, 두 개의 입자가 서로 끌어당기는 힘은 그 둘의 질량의 적(積)에 비례하며, 그 둘 사이의 거리의 제곱에 반비례한다는 것이기 때문이다. 이 명제는, 인력이 고찰되는 순간에 주어지는 하나의 일정한 의미가 있으며, 또한 거리에 주어지는 하나의 일정한 의미가 있다고 암암리에 가정하고 있다. 그러나 거리란 순수한 공간적 개념이며, 따라서 새로운 이론에 있어서는 우리가 채택하는 시공계에 따라 그것의 의미가 여러 가지로 달라지게 된다. 만일 두 입자가 상대적으로 정지해 있다면, 우리로서는 그 양자가 함께 이용하고 있는 시공계를 고려하는 것으로 충분할 것이다. 불행하게도 이러한 착상은, 두 입자가 상대적으로 정지해 있지 않을 때의 취급 방법에 대해서는 아무런 실마리도 제공해 주지 못한다. 그러므로 어떠한 특정의 시공계도 전제로 하지 않는 성격의 것으로 위의 법칙을 재구성해야 한다. 아인슈타인이 이 일을 해냈다. 물론 그 결과는 더욱 복잡해졌다. 그는 채택된 특정의 측정계에 의존함이 없이도 그 법칙을 공식화시킬 수 있는 순수 수학의 한 방법을 수리 물리학에 도입하였다. 이 새로운 공식은 뉴턴의 법칙에는 없는 여러 사소한 귀결들을 포함하고 있다. 그러나 주요 귀결들에 있어서는 뉴턴의 법칙과 아인슈타인의 법칙이 서로 일치한다. 그런데 아인슈타인의 법칙에서 새롭게 나타난 귀결들은 뉴턴의 법칙으로 설명할 수 없었던 수성(水星) 궤도의 불규칙성을 설명할 수 있다. 이 점은 새 이론의 타당성을 입증해 주는 유력한 근거가 된다. 그러나 아주 묘하게도, 다수의 시공계를 생각하는 새로운 이론에 입각해 있으면서 동시에 뉴턴의 법칙을 구현할 뿐만 아니라 수성 운동의 특이성까지도 설명해 주는 성질을 갖고 있는 그와 같은 공식은 그 밖에 또 있다.[4] 이들 중에서 어느 것을 선택하느냐 하는 것은 그 각 공식에 따라 달라지는 여러 귀결들에 관한 실험적 증거에 의해 결정될 문제이다. 어쩌면 자연은 수학자들이 즐기는 심미적인 것에는 전혀 관심이 없을지 모른다.

여기서 한 가지만 더 추가로 지적해 두자면, 아인슈타인은 아마도 내가 지금까지 설명한 다수의 시공계 이론을 거부할 것이라는 점이다. 그는 그의 공식을, 측정을 위해 불변식론(不變式論)을 변경하는 시공 내의 일그러짐(contortions)에 의해, 그리고 각 역사적 행정(行程)의 고유 시간에 의해 해석하려 할 것이다. 그의 기술 방식은 수학적으로 매우 단순하며, 오직 하나의 중력 법칙만을 인정하고 그 밖의 것들은 배척한다. 그러나 나로서는 우리가 경험하고 있는 동시성이나 공간 배치에 관한 사실들을 그의 주장과 조화시킬 수가 없다. 또한 이 밖에도 더 추상적인 성격의 난점들이 허다하게 있다.

우리는 이제 여러 사건들 사이의 관계 이론에 도달하였는데, 이 이론은 하나의 사건이 갖는 관계란, 다른 관계항에 관해서는 반드시 그렇지 않다 해도 그 사건에 관한 한 모두 내적인 관계들이라는 학설에 기본적으로 그 토대를 두고 있다. 예컨대 관계항으로서 관련되는 여러 영원한 객체들은 사건과 외적인 관계를 갖는다. 앞서 말한 내적인 관계는, 어째서 하나의 사건이 바로 그것이 있는 장소에만, 그리고 그러한 존재 방식으로만 발견될 수 있는 것인가, 즉 일정한 조(組)의 관계에 있어서만 발견될 수 있는 것인가를 설명해 주는 근거가 되는 것

4) 화이트헤드는 1922년에 발표한 자신의 *The Principle of Relativity, with Applications to Physical Science*에서 아인슈타인과는 별개로 자신의 과학철학적 분석의 결과로부터 필연적으로 귀결되는 일반 상대성 이론을 전개시켜 학계의 주목을 끈 바 있다. 여기서 화이트헤드가 그 밖에 공식이 또 있다고 한 것은 자신의 독자적인 상대성 원리를 가리킨다.

이다. 왜냐하면 각 관계가 그 사건의 본질에 들어가며, 그래서 그 관계를 떠날 때 그 사건은 더 이상 그 사건일 수 없을 것이기 때문이다. 이것은 바로 내적인 관계라는 개념의 의미이다. 과거에는 시공 관계가 외적인 것이라고 흔히 생각했었다. 이러한 생각이 여기서 부정되는 것이다.

내적 관계라는 개념은 사건이 두 가지 요소로 분석된다는 것을 의미한다. 그 하나의 요소는 기저에 있으면서 개체화되는 실체적 활동력이며, 다른 하나는 이 개체화된 활동력에 의해 통일되는 여러 양상들의 복합체, 즉 한 사건의 본질 속에 들어가는 여러 관계들의 복합체이다. 바꾸어 말하자면, 내적 관계라는 개념은 여러 관계를 종합하여 사건의 발현적 특성을 만들어 내는 활동력으로서의 실체라는 개념을 필요로 한다. 사건이 사건으로서 성립하게 되는 까닭은 그것이 자신 속에 다수의 관계들을 통일하고 있다는 데 있다. 이러한 상호 관계들에 대한 일반적인 도식은 각 사건을, 사실상 독립적인 것이 아닌데도 각기 독립적 존재로 전제하고는, 한 사건을 구성하는 관계들 가운데 어느 것이 외적 관계의 형태로 남아 있는가를 묻는 하나의 추상적 관념이다. 이처럼 공평하게 표현된 관계들의 도식은 부분에 대한 전체로서, 그리고 어떤 하나의 전체 내에서의 부분들의 결합체로서 다양하게 관계를 맺고 있는 여러 사건들의 복합체를 표현하는 도식이 된다. 그러나 이 경우에도 내적 관계는 우리가 주목하지 않을 수 없는 항목이다. 왜냐하면 분명히 부분이 전체를 구성하는 것이기 때문이다. 뿐만 아니라 사건들로 이루어지는 어떠한 복합체 속에도 들어 있지 않은 고립된 사건이란 것은 사건의 본질 자체에 위배되는 것이기에 이미 사건일 수 없다. 따라서 전체는 명백히 부분으로 이루어지는 것이다. 그래서 관계의 내적 특성은 추상적인 외적 관계의 이 공평한 도식 속에 실재적인 것으로 나타나는 것이다.

그러나 이처럼 현실의 우주를 연장적(延長的)이고 가분적(可分的)인 것으로 표현한다는 것은 공간과 시간의 구별을 무시하는 처사이다. 그것은 여러 사건들이 자신을 실현하는 데 이용하고 있는 개개의 종합적 활동력들을 조정해 나가는 실현의 과정을 무시하고 있는 것이다. 이 조정은 기저에 있는 여러 활동적 실체들에 대한 조정이며, 그 조정에 의해서 이 실체들은 스피노자가 말하는 유일 실체의 개체화, 즉 양태들로 나타나게 된다. 이 조정이 시간적 과정을 이끌어 들이는 장본인이다.

따라서 시간은 어떤 의미에서 종합적 실현의 과정을 조정하는 특성을 갖고 있음으로 해서 자연의 시공 연속체를 넘어서고 있다.* 이러한 의미의 시간적 과정이 반드시 단 하나의 일직선적 계기의 계열로 구성되어야 한다는 법은 없다. 따라서 우리는 과학적 가설이 현재 요구하고 있는 바를 충족시키기 위해, 시간적 과정은 결코 그러한 것이 아니라는 형이상학적 가설을 끌어들인다. 그렇지만 우리는 (직접적인 관측을 토대로 하여) 실현의 시간적 과정이, 계열을 이루는 일직선적 과정들의 1군(群)으로 분석될 수 있다고 가정하는 것이다. 이 직선적 계열들은 각기 하나의 시공계이다. 일정한 계열적 과정들에 대한 이와 같은 가정을 옹호하기 위해 우리는 다음과 같은 것에 호소한다. 즉 (1)우리의 외부에 확대되어 있으면서 우리 자신과 동시적으로 존재하는 우주에 대한 감관을 통한 직접적인 표상, (2)감관에 의해 인식할 수 없는 영역에서 무엇이 바로 지금 일어나고 있는가라는 물음

* A. N. Whitehead, *The Concept of Nature*(Cambridge Univ. Press, 1920), 3장 참조.-지은이 주

이 함축하고 있는 의미에 대한 지적인 파악, (3) 발현하는 대상들의 존속에 포함되어 있는 것에 대한 분석 등이 그것이다. 대상들의 이러한 존속은 지금 실현된 패턴의 현시(顯示)를 포함한다. 이 현시는 패턴을, 한 사건에 내재하는 것으로, 그러나 또한 영원한 객체들에다 여러 양상을 부여하는 자연(또는 마찬가지로 사건들에다 여러 양상을 부여하는 영원한 객체들)의 시각적 단편을 표시하는 것으로 현시하는 것을 말한다. 그 패턴은 사건의 본질 속에 들어가며, 그럼으로써 지속 기간 전체를 통해서 공간화된다. 사건은 지속(duration)의 부분이다. 즉 사건 자체에 내재하는 여러 양상으로 나타나는 것의 부분이다. 그리고 이와 반대로 지속은 앞서 말한 동시라는 의미에서 사건과 동시적인 자연 전체이다. 이렇게 해서 사건은 자신을 실현시키는 가운데 하나의 패턴을 현시하며, 이 패턴은 명확한 의미의 동시성에 의해 규정되는 일정한 지속을 필요로 하는 것이다. 그와 같은 의미의 동시성은 제각기 이처럼 현시된 패턴을 하나의 명확한 시공계에 연결시킨다. 여러 시공계의 현실성은 패턴의 실현에 의해 성립되지만, 그것은 실현의 시간적 과정을 뒷받침해 주고 있는, 여러 사건을 이루는 도식 전체에 내재해 있다.

여기서 패턴은 단순히 순간적인 시간이 아니라 어떤 일정한 시간의 경과를 포함하는 지속을 필요로 한다는 사실에 주의해야 한다. 순간이란, 그것이 단지 구체적인 사건들 간의 어떤 접촉을 나타낼 뿐이라는 의미에서 보다 추상적인 것이다. 이렇게 해서 지속은 공간화된다. 그리고 "공간화된다"는 것은, 지속이 사건의 특성을 구성하는 실현된 패턴을 위한 장(場)이 된다는 것을 의미한다. 지속이라는 것을, 패턴에 포함된 여러 사건들 중의 하나가 현실화되는 가운데 실현되는 그 패턴의 장이라고 할 때, 이 지속은 에포크(epoch)[5],즉 유동 정지

(流動 停止)이다. 존속이란 계기하는 사건들에 있어서의 패턴의 반복이다. 따라서 존속은 저마다 패턴을 지니고 있는 여러 지속들의 계기를 필요로 한다. 이 설명에 이어 "시간"은 "연장"으로부터 분리되며, 또 시공의 연장적 특성에서 생기는 "가분성"으로부터 분리된다. 그러므로 시간을 또 다른 형식의 연장이라고 생각해서는 안 된다. 시간이란 오직 에포크를 이루는 여러 지속들의 계기일 따름인 것이다. 그러나 이 설명에 있어 차례로 계기하는 존재는 지속들이다. 지속은 일정한 사건 속에서 패턴이 실현되는 데 필요한 것이다. 따라서 가분성과 연장성은 일정한 지속 안에 있는 것이다. 에포크를 이루는 지속은 그 계기하는 가분적 부분들을 통해서 실현되는 것이 아니라 그 부분들과 함께 주어지는 것이다. 이렇게 볼 때, 다음에 인용하는 칸트의 《순수이성 비판》(*Critique of Pure Reason*)의 두 구절이 동시에 가질 수 있는 타당성에 대해 제논이 제기할지도 모르는 반론에 대처하고자 한다면 처음 구절을 포기하면 될 것이다. 내가 이제 인용하려는 구절들은 "직관의 공리"라는 항에 들어 있는 것으로서, 처음의 것은 외연량(外延量)을 설명하는 단락에, 그리고 두 번째 것은 내포량(內包量)을 설명하는 단락에 각각 실려 있다. 이 후자에는 외연량 및 내포량을 포함하는 양(量) 일반에 관한 고찰이 요약되어 있다. 처음 구절은 다음과 같다.*

내가 외연량이라고 부르는 것은 부분들의 표상이 전체의 표상을 가능하

---

5) 에포크(epoch)란 그리스어 *επακή*에서 파생된 말로 본래 "중지", "정지"를 뜻하던 것이 변화해서 특수한 사건에 의해 표시되는 시간의 조각, 즉 "획기", "신기원"이란 뜻이 되었다. 여기서 화이트헤드는 시간을 여러 지속의 계기로 보는데, 이 지속은 결코 점적(點的) 순간이 아니고, 어떤 폭을 가지면서 전후의 구획을 내장(內藏)하는 것, 즉 에포크를 말한다.

* 뮐러(M. Müller)의 번역에 의한 것임.—지은이 주

> 게 하는, **따라서 부분들의 표상이 전체의 표상에 필연적으로 선행하게 되는*** 그러한 양이다. 하나의 선을 표상하는 일은, 그 선이 아무리 짧은 것이라 하더라도 그것을 머릿속에서 그어 보지 않는 한, 즉 어떤 한 점에서 시작하여 순차적으로 그 모든 부분들을 만들어 내고 그렇게 함으로써 무엇보다도 먼저 그것에 대한 직관을 그려보지 않는 한 불가능한 것이다. 이것은 모든 시간—아무리 짧은 시간이라 하더라도—에 대해서도 똑같이 적용된다. 시간이란 한순간에서 다른 순간으로의 계기적 진행으로밖에 생각될 수 없는 것이다. 이러한 진행에 있어 시간의 모든 부분과 이들의 합산으로 결국 일정량의 시간이 산출되는 것이다.

두 번째의 인용문은 다음과 같다.

> 그 어떤 부분도 가능한 최소의 부분일 수 없다(불가분한 부분이란 없다)고 하는 양(量)의 독특한 성질을 연속성이라고 한다. 공간과 시간의 연속량이다. 왜냐하면 공간이나 시간의 어떠한 부분도 한계(점이나 순간)에 의해 둘러싸이지 않으면 존재할 수 없으며, **이 부분 자체가 또한 공간이나 시간이 아니고는 존재할 수 없기 때문이다. 공간은 여러 공간들만으로, 시간은 여러 시간들만으로 이루어지고 있다. 점과 순간은 단지 한계,** 즉 제한을 나타내는 위치에 불과하며, 그러한 위치로서 또한 그것들은 그것들을 한정 내지 규정해 줄 직관을 **항상 전제로 하고 있다.** 공간이나 시간에 선행하여 주어질 수 있는 것이라고 생각되는 단순한 위치나 부분들로부터는 공간이나 시간이 구성될 수 없는 것이다.

* 이하의 인용문 가운데 고딕 표시는 지은이에 의한 것임.—지은이 주

만일 "시간 및 공간"이 연장적 연속체라면, 나는 두 번째 인용문에 전적으로 동의할 것이다. 그러나 이것은 첫 번째 인용문과 모순된다. 왜냐하면 제논이라면 악무한적(惡無限的)인 역행이 거기에 포함되어 있다 하여 반대할 것이기 때문이다. 시간의 모든 부분은 보다 작은 자신의 부분을 포함하고 있으며, 이러한 관계는 무한히 계속될 수 있다. 또 이 계열은 역행하여 궁극에 가서는 무(無)에 이른다. 왜냐하면 발단이 되는 순간은 지속을 갖지 않는 것으로서 선행하는 시간과의 접촉 관계를 나타낼 뿐이기 때문이다. 그러므로 만일 위의 두 인용문을 양립시키려 한다면, 시간은 불가능한 것이 되고 만다. 나는 두 번째 인용문은 받아들이지만 첫 번째 것은 받아들일 수 없다. 실현이란 연장의 장(場)에 있어서의 시간의 생성이다. 연장은 가능태로서의 여러 사건들의 복합체이다. 실현을 통해 가능태는 현실태가 된다. 그렇지만 가능태로서의 패턴은 지속을 필요로 하며, 지속은 패턴의 실현에 의해서, 하나의 에포크를 이루는 전체로서 나타내야 한다. 그러므로 시간은 본질적으로 접촉하고 있는 가분적인 요소들의 계기인 것이다. 지속은 시간적인 것이 될 때 비로소 어떤 존속적 사물의 실현을 초래한다. 여기서 시간화란 실현인 것이다. 시간화는 실현을 떠난 또 하나의 연속적 과정이 아니다. 그것은 원자상(原子狀)을 이루고 있는 것의 계기이다. 따라서 시간화되는 것은 가분적(可分的)이지만, 시간은 원자적인 것(즉 에포크를 이루는 것)이다. 이러한 학설은 사건 및 존속적 대상의 본질에 관한 학설에서 비롯되고 있다. 다음 장에서 우리는 이 학설과 현대 과학의 양자론과의 관계를 고찰해 보지 않으면 안 된다.

주의해야 할 것은 시간의 에포크적 성질을 내세우는 이 학설은 현대의 상대성 이론에 의존하지 않으며, 설령 이 후자의 이론이 폐기된다 해도 여전히, 아니 더욱 간명하게 타당하리라는 점이다. 이 학설은 가장 구체적인 유한 존재라고 생각되는 사건의 내적 특성에 대한 분석에 의거하고 있는 것이다.

위의 논의를 재검토할 때 주의해 주었으면 하는 것은 우선 무엇보다도, 이 논의가 토대로 삼았던 칸트의 두 번째 인용문이 칸트의 독창적인 학설만을 기초로 하고 있는 것은 아니라는 점이다. 이 두 번째 인용문은 아리스토텔레스의 사상과 대립하고 플라톤의 사상과 일치한다.* 둘째로 주의했으면 하는 것은, 위의 논의는 제논이 자신의 이론을 소극적으로 전개한 것으로 가정하고 있다는 점이다. 그는 시간과 공간의 관계를 내포하고 있는 운동의 존재를 부정할 것이 아니라, 시간 그 자체에 대한 당시의 사고방식에 항거하여 그의 주장을 강하게 밀고 나갔어야 했다. 왜냐하면 생성하는 것은 지속을 갖지만, 어떠한 지속이든 더 짧은 지속(자신의 부분)이 먼저 생겨나고 나서야 생겨날 수 있는 것이며(칸트의 첫 번째 인용문), 이와 같은 논법은 후자의 더 짧은 지속에도 적용되고, 그 이하에서도 계속해서 똑같이 적용되며, 또한 이들 지속의 무한한 역행은 무에 수렴—아리스토텔레스의 견해에서조차도 최초의 순간이란 것은 없다—할 것이므로 시간이란 불합리한 개념이 될 것이기 때문이다. 셋째로 주의를 요하는 것은, 에포크를 내세우는 학설로 제논의 난점을 해소시키려면 시간화를 하나의 완전한 유기체의 실현으로 보면 된다. 이 유기체는 시공 연속체 속에서 (사건 자신의 내외에 걸친) 그 시공적 관계를 자신의 본질 속에 지니고 있는 사건인 것이다.

---

* 히스 경(Sir. T. L. Heath), "Euclid in Greek"(Cambridge Univ. Press)의 점(點)에 관한 각주 참조.—지은이 주

제 8 장

양자론

상대성 이론이 일반 사람들로부터 크게 주목받게 되었던 것은 당연하다. 그러나 그것은 극히 중요한 것이었음에도 불구하고, 최근에 물리학자들의 주된 관심사가 되지는 못했다. 의심할 것 없이 최근 물리학자들의 최대의 관심거리는 양자론이다. 양자론에서 흥미있는 점은 그것이, 원래 점진적으로만 증감될 수 있다고 여겨지는 몇몇 현상들이 실제로는 오직 어떤 일정한 비약에 있어서만 증감될 수 있다고 주장하는 데 있다. 이것은 마치 우리가 시속 3마일이나 4마일로 걸을 수는 있어도 시속 3마일 반으로는 걸을 수 없다고 하는 것과 같다.

문제의 현상은 모종의 충돌에 의해 여기(勵起)[1]된 분자로부터 나오는 빛의 복사(輻射)와 관계가 있다. 빛은 전자장(電磁場)에서 진동하는 파동으로 성립된다. 하나의 파동이 주어진 한 점을 통과한 후, 그 점에서의 모든 것은 본래의 상태로 되돌아가서는 다음에 이어지는 파동을 대기한다. 대양의 파도를 상상하면서, 줄기차게 일어나는 파

1) 여기(勵起, excitation)
[물] 양자론에서, 원자나 분자의 바깥쪽에 있는 전자가 기준 상태에서 일정한 에너지 준위(準位)를 가지고 있으나 적당한 자극을 받으면 일정한 에너지를 흡수하여 보다 높은 에너지의 상태로 변화하는 일. (이희승 편저, 《국어대사전》, p. 2481)

도의 물마루를 하나하나 세어 본다고 하자. 1초 동안에 주어진 점을 통과하는 파동의 수를 그 파동계의 진동수라고 한다. 일정한 진동수를 갖는 광파(光波)의 한 계(系)는 스펙트럼에 있어 하나의 일정한 빛깔에 대응한다. 그런데 분자는 여기될 때 일정한 진동수로 진동한다. 바꾸어 말하면, 분자의 진동 방식에는 일정한 조(組)가 있으며, 각 진동 방식은 일정한 진동수를 갖는다. 각 진동 방식은 전자장 속에 저마다 독자적인 진동수를 갖는 파동을 일으킬 수 있다. 이러한 파동들은 진동이라는 에너지를 실어 보내며, 그래서 궁극적으로(그러한 파동들이 존재하고 있을 경우) 분자는 여기(勵起) 에너지를 잃게 되고 파동도 없어진다. 이처럼 분자는 어떤 일정한 빛깔들, 즉 일정한 진동수를 갖고 있는 빛을 복사할 수 있는 것이다.

각 진동 방식은 임의의 강도로 여기되고, 그 진동수를 가진 빛이 실어 보내는 에너지도 임의의 양을 가질 수 있을 것이라고 여러분은 생각할 것이다. 그러나 사실은 그렇지 않다. 여기에는 더 이상 분할될 수 없는 어떤 최소량의 에너지[2]가 있는 것처럼 보인다. 이것은, 미국의 시민이 미국 화폐를 사용할 때 그가 구입한 물품을 미소한 분량으로 세분하고 이에 상당하도록 1센트까지도 쪼개어 지불할 수는 없다고 하는 사실에 비유될 수 있겠다. 이 1센트는 빛의 에너지의 최소량에 상응하며, 구입한 물품은 여기시키는 에너지에 상응한다. 이 여기시키는 것은 1센트분의 에너지를 방사시킬 만큼 강할 때도 있고, 이렇다 할 에너지를 방사시키지 못할 때도 있다. 그 어느 쪽이든 간에

2) 독일의 물리학자 플랑크(M. Planck, 1858～1947)는 실험적 사실과 일치하는 흑체 복사(黑體 輻射)의 법칙을 세우기 위해서 종래의 고전 역학의 관념을 버리고, 복사에너지는 연속량이 아니라 어떤 단위량의 정수배를 취한다(즉 불연속량)고 가정하였다. 이 에너지의 단위량을 에너지양자 즉 양자(量子)라고 부른다.

분자는 오직 1센트분의 에너지의 정수배만을 방사할 것이다. 거기에는 또 하나의 특성이 있는데, 영국인을 등장시켜 이를 설명해 볼 수 있다. 영국인은 물건 값을 영국 통화로 지불할 터인데, 그 화폐의 최소 단위는 1센트와 값이 다른 1파딩[3]이다. 1파딩은 약 2분의 1센트에 해당된다. 분자에 있어, 진동 방식이 달라지면 진동수도 달라진다. 각 진동 방식을 국가에 비유해 보자. 한 방식은 미국에 대응하고 다른 한 방식은 영국에 대응한다고 하자. 한쪽 방식은 1센트분의 에너지의 정수배밖에는 방사하지 못하며, 따라서 1센트분의 에너지는 그 방식이 지불할 수 있는 최소치가 된다. 반면 다른 한쪽 방식은 1파딩분의 에너지의 정수배밖에는 방사하지 못하며, 따라서 1파딩분의 에너지는 그 방식이 지불할 수 있는 최소치가 된다. 또한 이 경우 한쪽 방식의 1센트분의 에너지가 다른 쪽 방식의 1파딩분의 에너지에 대해서 갖게 되는 상대적 가치를 셈하는 하나의 규칙을 확보할 수 있다. 이 규칙은 유치하리만큼 간단하다. 각 최소 단위의 화폐분의 에너지는 그 방식의 각각에 속한 진동수에 정확하게 비례하는 가치를 지닌다. 이 규칙에 따라 파딩과 센트를 비교하면, 미국인의 진동수는 영국인의 진동수의 약 두 배가 될 것이다. 바꾸어 말하면, 미국인은 1초 동안에 영국인에 비해 대략 두 배의 일을 할 것이라는 것이다. 이것이 과연 두 국민의 특성에 들어맞는 것인지 어떤지는 여러분의 판단에 맡기겠다. 그리고 또 하나 지적해 두자면, 태양 스펙트럼의 양쪽 끝에는 그 나름의 장점들이 들어 있다는 것이다. 우리에게 적색광이 필요할 때가 있는가 하면 자색광이 필요할 때도 있는 것이다.

3) 파딩(farthing)
영국 화폐의 최소 단위. 1파딩은 동전으로 4분의 1페니에 해당한다.

이상에서 여러분은 양자론이 분자에 대해서 주장하는 바를 이해하는 데 그리 큰 어려움은 없었으리라고 믿는다. 그런데 당혹스런 문제는 분자나 원자 속에서 일어나고 있는 것에 대한 오늘날의 과학적 설명에다 이 이론을 적용하려 할 때 발생한다.

자연현상은 물질의 위치 이동에 의해 설명될 수 있다는 것이 유물론의 기반이었다. 이 원리에 따라 과거에는 광파가 물질적 에테르의 위치 이동으로 설명되었는데, 오늘날에는 분자의 내적 현상들이 그 원리에 따라 독립된 물질 입자들의 위치 이동으로 설명되고 있다. 광파와 관련해서 볼 때 물질적 에테르는 오늘날 무대의 뒷면으로 밀려나 있어 별반 논의의 대상이 되지 않고 있다. 그러나 그 원리는 그대로 원자에 적용되고 있으며, 이것을 문제 삼는 사람도 없다. 예를 들어 중성의 수소 원자는 최소한 두 개의 물질 조각으로 구성되어 있다고 가정되고 있다. 즉 그 한 조각은 양전기라 불리는 물질로 된 핵이며, 다른 한 조각은 음전기라는 하나의 전자이다. 핵은 보다 미소한 조각들—그 중의 일부는 양전기를 띠며, 그 밖의 것들은 전자[4]인데—로 분석될 수 있는 복합체의 특성을 지니고 있다. 그래서 원자 안에서 일어나는 진동은 모두 다른 조각에서 떨어져 있는 어떤 물질 조각의 진동적 위치에 귀속시킬 수 있는 것으로 가정되고 있다. 양자론에 수반되고 있는 난점은 다음과 같다. 즉 위의 가설에 입각할 때 우리는 원자를, 진동이 일어날 수 있는 유일한 길임에도 고전 과학이 제공해 주지 못하고 있는 그러한 한정된 수의 일정한 궤도[5]들을 구비하고 있

4) 원자핵은 방사능 원소의 변탈(變脫, disintegration)에 있어서 α 입자 및 β 입자의 방출이 인지되었고, 또한 러더퍼드(Rutherford)의 원자 파괴의 실험으로 양자(陽子)의 방출이 인지됨으로써, 이 입자들이 구성 요소가 되는 것으로 추정되었다. 그러나 중성자 및 양전자가 발견되었기 때문에 이 책에서 표명되고 있는 견해는 일반적으로 인정되지 않는다.

는 것으로 묘사하지 않으면 안 된다는 점이다. 양자론은 한정된 수의 노선을 가진 시내 전차를 필요로 하는데, 고전 과학에서의 그림이 제공하는 것은 초원을 자유롭게 질주하는 말(馬)이다. 그 결과 원자 물리학은 코페르니쿠스 이전 천문학의 주전원(周轉圓)을 강하게 연상시키는 상태에 빠지고 말았다.

자연 유기체설에서 볼 때, 근본적으로 상이한 두 종류의 진동이 있다. 곧 진동적 위치 이동과 진동적 유기체 변형이 그것인데, 이 두 유형의 변화의 조건은 그 성격을 달리한다. 바꾸어 말하면, 하나의 전체로서의 어떤 주어진 패턴의 진동적 위치 이동과 패턴의 진동적 변화가 있다는 것이다. 유기체설에 있어서 완전한 하나의 유기체는 유물론에서의 물질 입자에 해당된다. 많은 종(種)의 유기체를 포함하는 근원적인 유(類)가 있겠는데, 여기서는 그 근원적 유에 포함되는, 하나의 종에 속하는 각각의 근원적 유기체는 하위의 유기체로 분해될 수 없을 것이다. 나는 근원적 유를 이루는 유기체를 모두 소원체(素原體, primate)라 이름하겠다. 소원체에는 다양한 종이 있을 수 있다.

여기서 염두에 두고 있어야 할 것은 우리가 물리학의 추상 관념들을 다루고 있다는 점이다. 그렇기 때문에 우리는 소원체가 본질적으로 무엇인가 하는 것을, 구체적인 양상들의 파악에서 생기는 하나의 패턴으로서 이해하려 하고 있는 것이 아니며, 또 소원체의 그 환경에 대하여 무엇인가 하는 것을, 그 환경에서 파악되는 소원체의 구체적인 양상들에 비추어 이해하려 하고 있는 것도 아니다. 우리는 오직 패

---

5) 덴마크의 물리학자 보어(N. Bohr)는 1913년에 양자가설(量子假說)을 적용시킴으로써 수소의 스펙트럼선의 계열을 교묘하게 설명하였다. 즉 핵외 전자는 핵의 주위에 몇 개의 정상 궤도를 그리며 회전하면서 어떤 궤도에서 다른 궤도로 옮겨갈 때의 에너지 차가 복사와 연관된다는 것이다.

턴과 위치 이동에 대한 이들 양상의 영향이 시공에 의해 표현될 수 있는 것들인 한도 내에서만, 이 양상들을 고려해 보고 있는 것이다. 따라서 물리학 용어로 하자면, 소원체의 양상들이란 그 소원체가 전자장에 참여하고 있음을 나타내고 있는 데 불과하다. 사실상 전자와 양자에 관해서 우리가 알고 있는 것도 바로 이것이다. 우리가 이해하고 있는 전자란, 그 여러 양상들이 전자장에 관여하고 있는 한, 그 환경 속에서의 양상들의 패턴에 지나지 않는 것이다.

그런데 상대성 이론을 논의하는 가운데, 우리는 두 소원체의 상대적 운동이란 각 유기적 패턴이 서로 다른 시공계를 이용하고 있다는 것을 의미할 뿐이라는 것을 지적한 바 있다. 만일 두 소원체가 서로 정지된 상태에 계속 놓여 있거나 또는 제일적(齊一的)인 상대적 운동을 계속하고 있는 경우가 아니라면, 적어도 그 둘 중 하나는 그것이 지니고 있는 시공계를 변경시키고 있는 것이 된다. 운동의 법칙은 시공계가 이처럼 변경될 때의 조건들을 표현한다. 진동적 위치 이동의 조건들은 이와 같은 일반 법칙에 따르고 있다.

그러나 어떤 종의 소원체들은 시공계를 변경시켜 나가는 조건들 아래에서 쉽사리 붕괴되어 버릴 수도 있을 것이다. 그러한 종들은, 그것들이 이종(異種)의 소원체 사이에 적절한 결합—붕괴되려는 경향이 이 결합의 환경에 의해 중화되어 버리는 그런 결합—을 구축하는 데 성공하는 경우에만 장기간에 걸쳐 존속할 수 있을 것이다. 우리는 원자핵이 많은 이종의 소원체와 아마도 많은 동종의 소원체로 이루어져 있으며, 그 결합 전체가 안정성에 유리하도록 되어 있을 것이라고 상상해 볼 수 있을 것이다. 이와 같은 결합의 실례로서 우리는 양전기를 띤 핵이 음전기를 띤 전자와 결합하여 중성적 원자가 되는 경우를 들 수 있다. 이렇게 될 때 중성적 원자는 전자장의 영향을 전혀 받지 않지만, 만일 그 원자가 중성이 아니라면 전자장은 그 원자의 시공계에 변화를 일으킬 것이다.

오늘날 물리학의 여러 주장들은 유기체 철학에 잘 조화되는 관념들을 시사하고 있다. 나는 이것들을 질문의 형식으로 기술해 보겠다. 즉 존속에 대한 우리의 유기체설은 이 설이, 존속이란 반드시 존속하는 것의 전 생애에 걸친 무차별적인 동일을 의미하는 것이라고 주저없이 가정하는 한, 유물론의 색조로 물들어 있는 것인가? 아마 기억하고 있겠지만 (앞의 장에서) 나는 "존속"(endurance)의 동의어로서 "반복"(reiteration)이라는 말을 사용하였다. 하지만 분명코 그 말은 완전한 동의어가 아니다. 그래서 이제 나는 반복이 존속과는 다르다는 점에서 유기체설의 요구하는 바에 한층 더 부응하는 것이라고 말하려 한다. 이 두 용어의 차이는 갈릴레이학파와 아리스토텔레스학파 사이의 차이와 비슷하다. 즉 아리스토텔레스가 "정지"라고 했던 데에다 갈릴레이는 "또는 제일적인 직선 운동"이라는 말을 첨가하였다. 따라서 유기체설에서 패턴은 어떤 시간을 통해서 무차별적 동일의 형태로 존속할 필요가 없는 것이다. 본질적으로 패턴은 자신을 전개시키기 위해서 시간의 경과를 필요로 하는 일종의 미적 대조물(aesthetic contrasts)이라 할 수 있을 것이다. 음조(音調)는 그러한 패턴의 한 예이다. 그러므로 패턴의 존속은 이제 그 계기하는 대조물의 반복을 의미한다. 이것은 명백히 유기체설에 있어 가장 일반적인 존속 개념이며, "반복"은 아마도 존속을 가장 직접적으로 표현하는 말이 될 것이다. 그러나 이 개념을 물리학의 추상적 개념으로 번역한다면, 그것은 "진동"(vibration)이라는 술어가 된다. 이 진동은 위치 이동이 아니라 유기체 변형의 진동이다. 현대 물리학에는, 물리학적 영역의 기초에서 입자적 유기체의 역할을 하는 진동하는 존재들이 필요하다는 주장의 어떤 징후가 나타나 있다. 그러한 입자는 원자의 핵에서 추방된 것으로서 탐지되는, 그리고 이때 곧바로 소멸하여 광파가 되어 버리는 그런 입자일 것이다. 이와 같은 입자적 물체는 고립되어 있을 때, 아주 안정된 존속성을 지니지는 못하는 것이라고 생각해도 좋을 것이다. 따라서 그 고유한 시공계에 급격한 변화를 일으키는 불리한 환경, 즉 그 입자에 충격을 가하여 그것을 맹렬한 가속도로 움직이게 하는 환경은 입자를 붕괴, 소멸시켜 그와 동일한 진동 주기를 지닌 광파로 만들고 있다.

아마 전자도 그렇겠지만 양성자(陽性子)는, 그 나름의 진동수와 공간적 차원을 갖고서 서로 겹쳐 있으면서, 충격에 의해 급격하게 가속될 때 복합적 유기체의 안정성이 증진되도록 배열되어 있는 그러한 원소체들의 결합일 것이다. 안정의 조건은 양성자에 있어 가능한 여러 주기들의 결합을 가져다줄 것이다. 어떤 원소체의 추방은, 양성자로 하여금 또 다른 결합으로 낙착시키든가 아니면 받아들인 에너지의 도움으로 새로운 소원체를 산출하게 하든가 하는 급격한 충격으로부터 발생할 것이다.

소원체는 진동하는 유기체 변형의 일정한 진동수와 결합되어 있어서, 그것이 붕괴될 때 소멸하여 그것이 갖고 있던 평균 에너지 전부를 실어 가는 동일한 진동수의 광파가 될 수 있는 그런 것이어야만 한다. 전자장의 진동에 있어 일정한 진동수를 가지고 방사적으로 중심을 향하거나 중심에서 나오는 정상(定常) 진동을 상상해 보는 것은(특수한 하나의 가설로서) 아주 쉬운 일이다. 이러한 정상 진동은 일반적으로 인정되고 있는 전자기학의 법칙에 따라, 한 조의 조건들을 만족시키는 진동하는 구상(球狀)의 중심과, 다른 한 조의 조건들을 만족시키는 외부의 진동하는 장으로 이루어질 것이다. 이것은 진동하는 유기체 변형의 한 예이다. 나아가 (이 특정한 가설에 입각할 때) 수리 물리학이 흔히 요구하는 것들을 만족시킬 수 있도록 부대 조건들을 결정하는 방법에는 두 가지가 있게 된다. 한쪽의 방법을 따르면, 전체 에너지는 양자 조건(量子條件)을 만족시킬 것이다. 그래서 전체 에너지는 어떤 소원체가 가지는 1센트분의 에너지가 그 진동수에 비례하도록 1센트, 즉 1단위의 정수배로 이루어질 것이다. 나는 안정이라든가 안정된 결합이라든가 하는 것들의 조건을 밝히지는 않았다. 자연 유기체설은 이에 대립하는 유물론과 달리, 궁극적인 물리적 방법들을 재검토할 수 있도록 해 준다는 점을 예증하기 위해 나는 저 특수한 가설을 끌어들였던 것이다.

진동하는 소원체에 관한 이 특수한 가설에서, 맥스웰의 방정식들은 양성자의 내부를 포함하여 모든 공간에서 성립하는 것으로 가정된다. 그 방정식들은 에너지의 진동적 산출 및 흡수를 지배하는 법칙을 표현한다. 각 소원체에서 일어나는 과정 전체는 결국 그 소원체의 특성을 지니면서 그 질량에 비례하는 어떤 평균 에너지가 된다. 사실상 에너지는 질량이다. 소원체의 내외를 가리지 않고 에너지의 진동적인 방사적 흐름들이 있다. 소원체의 내부에는 전기밀도(電氣密度)의 진동적 분포가 있다. 유물론에서 그러한 밀도는 물질의 현존을 나타내며, 진동을 내세우는 유기체설에서 그것은 에너지의 진동적 산출을 나타낸다. 이와 같은 산출은 소원체의 내부에 한정되고 있다.

과학은 그것이 취급하는 사실들의 궁극적 분석에 관한 어떤 가정에서 출발하지 않으면 안 된다. 이러한 가정은, 그것이 우리가 직접 의식하는 종류의 현상을 고수하고 있을 때 부분적으로 정당화되며, 또 그것이 임시방편적인 상상을 피하고 관찰된 사실을 어떤 일반적 형태로 표현하는 데 성공했을 때 부분적으로 정당화된다. 내가 약술한 소원체의 진동을 내세우는 일반 이론은 유기체설이 물리학에 제공할 수 있는 여러 가능성들 가운데 하나로서 예시된 것에 불과하다. 그 이론의 핵심은 그것이 단순한 위치 이동의 가능성에다 유기체 변형의 가능성을 추가시키고 있다는 점이다. 여기서 광파는 유기체 변형의 중요한 사례가 되고 있다.

어느 시대에서이건 과학의 가정은, 그것이 17세기에 천문학이 탈피했던 주전원설이 띠고 있었던 것과 같은 징후를 보이고 있을 때 무너지게 된다. 물리학은 현재 그러한 징후를 보여 주고 있다. 그 기초를 재검토하기 위해서는 실재하는 사물의 특성에 관한 보다 구체적인 시각으로 되돌아가서, 그 기초 개념들이 이와 같은 직접적인 직관에서 도출된 추상 관념들임을 이해하지 않으면 안 된다. 이런 길을 통해서 비로소 물리학은 전반적인 수정의 가능성을 전망할 수 있게 되는 것이다.

양자론(量子論)이 이끌어 낸 불연속성의 개념은 이에 대처하기 위한 물리학적 개념들의 수정을 요구한다. 특히 이미 지적한 바와 같이 불연속적 존재를 내세우는 어떤 이론이 요구된다. 그러한 이론이 주어진다면, 우리는 전자의 궤도를 연속적인 선으로서가 아니라 떨어져 있는 위치들의 계열로 간주할 수 있게 될 것이다.

위에 기술한 소원체 내지 진동하는 패턴을 내세우는 이론은, 앞 장에서 언급했던 시간성과 연장성의 구별과 결부되어 정확히 다음과 같은 귀결을 가져온다. 여러분도 기억하고 있겠지만, 사건으로 이루어진 복합체의 연속성은 연장성의 여러 관계로부터 생겨나는 반면, 시간성은 하나의 주체적 사건 속에서 하나의 패턴이 실현되는 데서 생겨나는데, 이 패턴은 그 사건에서의 자신의 여러 양상들에 의해 주어지는 것으로, 그것이 나타나기 위해서는 하나의 지속 전체가 공간화

(즉 정지)되어야만 하는 그런 것이다. 이렇게 해서 실현은 에포크를 이루는 여러 지속들의 계기를 통해 진행되며, 연속적 추이, 즉 유기체적 변형은 이미 주어져 있는 지속 가운데 있는 것이다. 진동적인 유기체 변형이란 사실상 패턴의 반복이다. 어떤 하나의 주기가 일정한 패턴에 필요한 지속을 결정한다. 그리하여 소원체는, 그 각각이 하나의 최대에서 다른 최대까지를 점거하고 있는 여러 지속들의 계기에 있어 원자적인 형태로 실현된다. 따라서 하나의 전체를 이루는 존속적 존재로서의 소원체가 고려되어야만 하는 경우라면, 그것은 이들 여러 지속에 차례차례 계기적으로 귀속되어져야만 한다. 소원체가 하나의 사물로 간주되는 경우, 그 궤도는 떨어져 있는 점들의 계열에 대한 그림으로 표시될 수 있다. 이처럼 소원체의 위치 이동은 공간 및 시간에 있어 불연속적이다. 만일 우리가 소원체의 계기하는 진동의 주기에 지나지 않는 시간에서의 양자(量子)의 이면을 들여다본다면, 그 각각의 지속되는 시공에 정상적으로 존재하고 있는 진동적 전자장들의 계기를 발견하게 될 것이다. 이러한 장(場)은 각기 소원체를 구성하는 전자장 진동의 한 주기를 나타낸다. 이 진동이 실재의 생성으로 간주되어서는 안 된다. 그것은 소원체가 그 불연속적인 실현 과정에서 자신을 실현시켜 놓은 것들 가운데 하나이다. 또한 소원체가 실현되는 계기적 지속들은 서로 인접하고 있다. 따라서 소원체의 생애는 전자장에 있어서의 여러 현상들의 각기 어떤 한정된 길이의 시간을 점유하고 있는 완전한 형태의 원자상(atomic blocks)으로서 실현에 참여하는 것이다.

모든 패턴이 동일한 계기적 지속에서 실현되지 않으면 안 된다는 의미에서 시간이 원자상을 이룬다고 생각할 필요는 없다. 우선 무엇보다도, 비록 두 소원체가 주기에서 동일한 경우일지라도 실현의 지속은 동일하지 않을 수도 있는 것이다. 바꾸어 말하면, 그 두 소원체는 실현의 위상에서 다를 수 있다는 것이다. 그리고 또한 만일 주기가 다르다면, 한 쪽 소원체의 원자상을 이루는 하나의 지속은 반드시 다른 쪽 소원체의 지속들을 한정하면서 연결시키고 있는 시점들에 의해 분할될 것이다.

소원체의 위치 이동의 법칙은 어떠한 조건 아래서 소원체가 그 시공계를 변경시키게 되는 것인가를 표현한다.

이 개념에 관한 논의를 더 이상 계속할 필요는 없다. 진동적 존재라는 개념은 전적으로 실험을 통해서 정당화되어야 한다. 예를 통해 위에서 제시한 논의의 요점은, 우리가 채택한 우주론적 관점이 물리학 쪽에서 제기된 불연속성의 주장과 완전히 합치하고 있다는 것이다. 또한 시간화(temporalisation)라는 것은 에포크를 이루는 여러 지속의 계기적 실현이라는 명제를 받아들인다면, 제논이 지적한 난점에서 벗어날 수 있을 것이다. 내가 위에서 이 명제에다 특수한 형식을 부여하긴 했으나, 그것은 오직 예증을 위한 것이었고, 따라서 그것이 실험 물리학의 결과에 적용될 수 있으려면 그에 앞서 그 형식이 수정되어야만 할 것이다.

제9장

과학과 철학

이 장에서는 지금 우리가 문제 삼고 있는 근대의 여러 세기에 걸쳐 과학이 철학 사상의 흐름에 끼쳤던 영향에 관해 고찰하려고 한다. 나는 여기서 근대철학의 역사를 한 장(章) 분량의 논의로 압축시키려 하지 않을 것이다. 우리는 단지 과학과 철학의 접촉을, 이 책에서 전개시키고자 하는 사상의 도식에 들어가는 한에서만 고찰하게 될 것이다. 이러한 이유에서 저 위대한 독일 관념론의 운동은, 철학과 과학이 서로 주고받는 개념의 수정에 관한 한, 그 당시의 과학과 효과적으로 접촉했다고 볼 수 없기에 우리의 논의에서 제외될 것이다. 이 운동의 근원자가 되었던 칸트는 뉴턴 물리학과 뉴턴의 사상을 발전시켰던 프랑스의 뛰어난 물리학자들—예를 들어 클레로*와 같은—의 사상을 완벽하게 흡수하고 있었다. 그러나 칸트학파의 사상을 전개시켰거나

---

* *Critique of Pure Reason, Transcendantal Analytic, Second Analogy of Experience* 여기서 모세관 현상에 관하여 언급하고 있음—에서 칸트가 과학 서적을 읽었다는 흥미로운 증거를 발견할 수 있는데, 구태여 이런 복잡한 현상을 예시할 필요는 없었다. 책상에 놓인 책을 들어 예시해도 충분했을 것이다. 이 현상은 클레로에 의해 처음으로 그의 저서 *Figure of the Earth*의 주석에서 적절히 취급되었을 뿐이었다. 칸트가 이 주석을 읽고 나서 그것을 크게 염두에 두었음은 의심할 여지가 없을 것 같다.—지은이 주

그것을 헤겔주의로 변형시켰던 철학자들은 칸트의 사상적 배경이었던 과학적 지식을 갖지 못한 사람들이었거나, 아니면 만일 철학에만 그의 모든 정력을 바치지 않았더라면 아마 위대한 물리학자가 되었을지도 모를 칸트의 것과 같은 잠재 능력을 지니고 있지 못한 사람들이었다.

근대철학의 기원은 근대과학의 기원과 유사하며 시기적으로도 일치하고 있다. 근대철학의 발전에 있어 전반적 경향은 부분적으로 과학적 원리를 확립시켰던 사람들에 의해 17세기에 결정되었다. 이와 같은 방향 설정은 15세기부터 시작되었던 과도기의 뒤를 이어받은 것이었다. 사실상 당시 유럽 정신에는 하나의 전반적인 흐름이 있었고, 이것이 종교, 과학, 철학의 방향을 대체로 결정하고 있었다. 이 흐름의 특징은 간단히 말하자면 중세기의 유산에서 파생되고 있던 사유 구조를 가진 사람들이 그리스적 영감의 근원으로 되돌아가는 것이라고 할 수 있을 것이다. 따라서 그리스 정신이 원상대로 완벽하게 부활한 것은 아니었다. 새로운 시대는 죽은 자로부터 일어나지 못한다. 그리스 문명에 생기를 주었던 미(美)와 이성의 원리들은 근대정신에서 새 옷으로 갈아 입혀졌다. 양자 사이에는 산 자를 죽은 자와 갈라놓는 다른 종교, 다른 법체계, 다른 무질서, 다른 민족적 유산이 있었다.

철학은 그와 같은 차이에 특히 민감하다. 왜냐하면 우리가 고대의 조각을 복제할 수는 있지만 그 정신을 복제할 수는 없기 때문이다. 정신의 복제는, 가면극이 실생활을 묘사하는 것 정도로밖에는 원형에 접근하지 못한다. 과거를 이해할 수는 있을 것이다. 그러나 동일한 자극에 대해서도 근대와 고대의 반응 사이에는 차이가 있는 것이다.

특히 철학의 경우 색조의 차이가 두드러지게 표면에 나타난다. 근대철학은 고대인들의 객관주의적 태도에 대립되는 주관주의에 의해 채색되고 있다. 이와 동일한 변화가 종교에도 나타나 있다. 기독교회사의 초기에 신학적 관심은 신의 본질, "강생"(降生, incarnation)[1]의 의미, 세계의 궁극적 운명에 대한 묵시적 예언 등에 관한 논의에 집중되고 있었다. 종교개혁 시대에 이르러 교회는 의인(義認, justification)과 관련된 신자들의 개인적 체험에 관한 의견 대립으로 말미암아 사분오열되었다. 경험하는 개인 극간이 모든 실재를 연출하는 극 전체를 대신하게 되었다. 루터는 "내가 어떻게 의인(義認)되는가?"라고 물었으며, 근대철학자들은 "내가 어떻게 인식하는가?"라고 물었다. 양자는 다 같이 경험하는 주관에 중점을 두고 있다. 이러한 관점의 변화는 신자들을 양 떼처럼 보살핀다고 하는 목가적 측면을 지니고 있는 기독교의 작품이다. 여러 세기에 걸쳐 기독교는 인간 하나하나의 영혼이 갖는 무한한 가치를 강조하여 왔다. 그리하여 그것은 자연적 욕망으로 이루어진 본능적 자아 중심주의에다, 주지적 전망에서 오는 자아 중심주의를 정당한 것으로 느끼는 본능적 감정을 첨가시켰던 것이다. 본성상 인간은 누구나 자기 자신의 존엄성을 지키려 한다. 의심할 나위 없이 이 근대인들의 시선은 최고 가치의 진리에만 집중되고 있었다. 그 결과 그것은, 예컨대 실제의 사회생활에서 노예제도를 폐지하였고, 인간의 기본권을 민중의 머릿속에 각인시켜 놓았던 것이다.

데카르트는 그의 《방법서설》(*Discourse on Method*)과 《성찰》(*Meditationes*)에서, 그 이후의 근대철학에 영향을 끼쳤던 일반 개념들을 극명하게 표현하고 있다. 경험을 받아들이는 주관이 있다. 《방법서설》에서 이 주관은 항상 일인칭으로, 즉 데카르트 자신으로 언급되고

---

1) 신자 성육(神子 成肉), 즉 인간을 구원하기 위해서 그리스도가 신의 아들로서 육신과 인간성을 가지고 지상에 태어난 일.

있다. 데카르트는 정신적 존재로서의 자기 자신에서 출발한다. 이 정신은 그 자신에 내재하는 감각과 사유의 표상에 대한 의식을 통해 자기 자신을 하나의 단위 존재로서 의식한다. 그 후의 철학사는 데카르트가 정식화시켜 놓은 이 원초적 여건을 중심으로 하여 전개된다. 고대세계가 우주의 연극을 토대로 하였다면, 근대세계는 영혼 내면의 연극을 토대로 하였다고 볼 수 있다. 데카르트는 그의 《성찰》에서 이 내면적인 연극의 존재를 오류의 가능성 위에 분명하게 올려놓고 있다. 객관적 사실과 전혀 대응하지 않을 수도 있는 것이다. 따라서 여러모로 활동을 하면서도 그 자체의 실재성이 전적으로 그 자신으로부터 파생되고 있는 영혼이라는 것이 있어야만 한다. 예를 들어 《성찰》 2에서 한 구절을 인용하면 다음과 같다.*

> 그러나 이 표상들은 거짓이며, 나는 꿈을 꾸고 있다고 할 수 있을 것이다. 그렇다고 해 보자. 그러나 그렇다고 하더라도 내가 빛을 보고 소리를 들으며 열을 느끼고 있는 것 같다는 것은 확실하다. 이것은 거짓일 수 없다. 이것이 바로 내가 지각(sentire)이라고 부르는 것이다. 그리고 이것은 또한 사유에 불과한 것이다. 이러한 사실로부터 나는 내가 무엇인지를 전보다 다소간 더 명석하고 판명하게 인식하기 시작한다.

또 《성찰》 3에는 다음과 같은 구절이 있다.

> … 왜냐하면 앞서 내가 지적한 바와 같이, 내가 감각하거나 상상하는 것들은 나를 떠날 때 아마 무(無)가 되고 말겠지만, 그럼에도 나는 내가 감

---

* Veitch의 번역에서 인용함.–지은이 주

각 및 상상이라고 이름하는 의식의 양태들이, 의식의 양태들인 한 내 속에 존재한다고 확신하기 때문이다.

중세와 고대의 객관주의는 과학에 이입되었다. 거기서 자연은 그 자체 내에서 상호 작용하고 있는 독자적인 존재로 간주되고 있었다. 최근에 이르러 상대성 이론의 영향으로 주관주의적 관점에서 여러 이론을 구축하려는 경향이 생겨나기는 했다. 그러나 최근에 나타난 이 예외적인 경향을 제쳐 놓는다면, 과학에서 생각하는 자연은 개개의 관측자에 달려 있는 것들을 떠나서 정식화되는 그 자체의 법칙을 갖고 있었다. 그러나 과학에 대한 고대 및 중세의 태도와 근대의 태도에는 다음과 같은 차이가 있다. 즉 근대인들의 반합리주의는 과학의 궁극적 개념들과 실재 전체에 대한 보다 구체적인 전망으로부터 끌어낸 관념들을 조화시키려는 시도를 완전히 억눌러 버렸다. 물질, 공간, 시간, 물질적 배치 구조의 변화에 관한 여러 가지 법칙 등은 더 이상 어찌할 수 없는 궁극적인 완강한 사실로 간주되었다.

철학에 대한 이와 같은 적대시는 철학과 과학 모두에 똑같이 불행한 영향을 주었다. 이 장에서 우리는 철학을 문제 삼고 있다. 철학자는 합리주의자이다. 그들은 원리에로 환원시킬 수 없고 굽힐 수도 없는 엄연한 사실들(stubborn and irreducible facts)의 배후를 탐색하려고 노력한다. 즉 그들은 만물의 유동 속으로 들어오는 여러 다양한 사물들 사이의 상호 관계를 보편적 원리의 견지에서 설명하려고 한다. 또한 그들은 단순한 자의(恣意)를 배제하는 원리, 그래서 그것에 입각할 때 사실의 어떠한 부분이 전제되거나 주어진다 해도 그 밖의 다른 사물들의 존재가 어떤 합리성의 요구를 만족시키게 될 그러한 원리를 추구하고 있는 것이다. 철학자는 의미를 요구한다. 시즈위크의 말을 빌리면 다음과 같다.*

> 철학의 일차적인 목표는 합리적 사유의 모든 부문을 완전히 통합시켜 명확한 정확성을 부여하는 데 있으며, 이러한 목표는 윤리학의 주제를 이루는 중요한 일군의 판단 및 추리를 무시하는 철학으로는 결코 달성될 수 없다.

따라서 어떤 궁극적 매카니즘의 배후로 깊숙이 파고들어 이를 합리화시키려고 하지 않는 자연과학이나 사회과학이 역사를 크게 좌우하고 있었기 때문에, 철학은 근대인의 현실적인 삶에 효과적으로 영향력을 행사할 수 없었다. 철학은 편파적인 사상 형성을 끊임없이 비판한다고 하는 그 본래의 역할을 상실하고 있었다. 철학은 과학에 의해 물질이라는 객관주의적 영역으로부터 추방당하는 신세가 되어 정신이라는 주관주의적 영역으로 물러나게 되었던 것이다. 그래서 17세기에 사상의 발전은 중세기에서 유래하고, 한층 고양된 개인의 인격의 의식과 협력을 하게 되었다. 우리가 알고 있는 바와 같이, 데카르트는 그의 철학에서 확증된 그 자신의 궁극적 정신 위에 확고하게 서 있으며, 나아가 그의 과학에서 가정되고 있는 궁극적 물질—《성찰》2에서 육체와 밀랍덩어리로 예증되고 있는—과 정신과의 관계를 문제 삼고 있다. 여기에 아론의 지팡이와 마법사의 뱀[2]이 있다. 철학에서 유일한 문제는 이 중 어느 하나가 다른 것을 삼키느냐 하는 것, 또는 데카르트가 생각했던 것처럼, 그 양자가 공존할 수 있느냐 없느냐 하는 것이었다. 이러한 사유의 흐름 속에 로크, 버클리, 흄, 칸트가 들어 있음

* H. Sidgwick, *A Memoir*, 부록 I 참조.—지은이 주

을 볼 수 있다. 위대한 두 인물, 즉 스피노자와 라이프니츠는 이 흐름에 들어 있지 않다. 과학과의 관계에 있어 이 두 사람의 철학적 영향을 놓고 본다면, 그들은 상당히 고립되어 있다. 스피노자는 낡은 사유 방식을 존속시킴으로써, 그리고 라이프니츠는 모나드에 의거한 새로운 사유 방식을 끌어들임으로써, 그들은 마치 안일 무사한 철학의 경계 밖에 있는 저 벽지에서 방황하고 있었던 것처럼 보인다.

철학사는 묘하게도 과학사와 나란히 달리고 있다. 이 양자 모두에 있어, 17세기는 그 후 2세기 동안의 무대를 마련해 주고 있다. 그러나 20세기와 더불어 새로운 활동이 시작된다. 사상의 풍토에서의 전반적인 변화와 그 원인을 어느 한 저작이나 어느 한 저자의 업적으로 돌린다는 것은 지나친 일일 것이다. 데카르트도 당시 이미 널리 통용되고 있던 것을 명확하고도 결정적인 형태로 표현했던 데 지나지 않았다는 것은 분명하다 하겠다. 이와 마찬가지로 만일 제임스(W. James)에 의해 철학의 새로운 무대가 시작되었다고 한다면, 이는 그의 시대의 다른 여러 영향들을 간과하고 있는 셈이 될 것이다. 그러나 이러한 사실을 인정한다 해도, 1904년에 나온 〈의식은 존재하는가〉("Does Consciousness Exist")라는 제임스의 논문과 1637년에 나온 데카르트의 《방법서설》을 대조해 보는 데는 별 문제가 없다. 제임스는 무대로부터 낡은 소도구들을 치워 버리고 있다. 아니 오히려 그는 무대의 조명을 바꾸어 놓고 있다. 예를 들면 그의 논문 가운데 다음

2) 아론(Aron)은 모세이 형. 이집트 왕 바로에게 아론이 자기의 지팡이를 내던졌을 때 여호와의 힘에 의해 그것은 한 마리의 뱀이 되었다. 이집트군은 이에 대항하여 마법사들을 불러들여, 그들이 갖고 있던 지팡이를 던지게 하여 전부 뱀이 되게 했다. 아론의 지팡이는 이 뱀들을 모두 삼켜 버렸다(출애굽기, 7장 8절, 13절 참조). 아마 화이트헤드는 정신을 아론의 지팡이로, 물체를 마법사의 뱀으로 비유한 것으로 보인다.

과 같은 구절이 있다.

> "의식"의 존재를 정면으로 부정하는 것은 외관상 불합리한 것—"표상들"이 분명히 존재하는 까닭에—처럼 보이기 때문에, 독자들 가운데는 나의 주장에 동조하지 않을 사람들이 있을지도 모르겠다. 그래서 내가 지금 분명히 해 두지 않으면 안 될 것은, 여기서 나는 오직 그 말이 어떤 존재를 표현하고 있다는 것을 부정하고, 나아가 어디까지나 그 말이 하나의 기능을 표현하고 있다는 것을 강력하게 주장하려 하고 있을 뿐이라는 점이다.

과학적 유물론은 과학으로부터, 그리고 이와 동시에 데카르트의 자아는 심리학을 연구 한 바 있는 제임스가 대변했던 철학으로부터 각기 공격을 받았다. 이 두 가지 공격은 대략 250년 동안 지속되었던 한 시대의 종말을 알리는 것이었다. 물론 "물질"과 "의식"은 하나같이 일상적인 경험에 있어 지극히 분명한 무엇인가를 나타내고 있는 것이기 때문에, 어떠한 철학이든 이것들의 각 의미에 부응하는 그 무엇을 제시하지 않으면 안 된다. 그러나 중요한 점은, 이 양자에 관해서 17세기가 내렸던 단안이 현재 공격의 표적이 되고 있는 하나의 전제 위에서 이루어졌었다는 것이다. 제임스는 의식이 하나의 존재라는 것을 부정하지만, 그것이 기능이라는 것은 인정한다. 따라서 제임스가 낡은 사고방식에 가했던 공격을 이해하려 할 때, 존재와 기능 간의 구별이 아주 중요하게 된다. 문제의 저 논문에서 제임스는 의식의 특성을 상세히 논하고 있다. 그러나 의식에 적용시키지 않으려 했던 존재의 개념을 그가 어떤 의미로 이해하고 있었는가에 대해서는 분명하게 설명하고 있지 않다. 앞에서 든 인용문에 뒤이은 구절에서 그는 다음과 같이 말하고 있다.

> 물질적 대상을 구성하고 있는 것에 대립되며, 이들 대상에 대한 우리의 여러 표상을 만들어 내는 원초적인 질료 boriginal stuff) 내지 존재라고 할 만한 것은 없다. 경험에는 여러 표상들이 수행하는 기능이 있을 뿐이며, 이렇게 수행되는 기능에서 존재라 일컬어지는 것이 도출되고 있다. 이 기능은 인식하는 작용이다. "의식"은 사물이 단지 존재할 뿐만 아니라 보고되고 인식된다는 사실을 설명하는 데 필요한 것으로 상정되어 있다.

이처럼 제임스는 의식이 "질료"임을 부정하고 있다.

"존재"(entity)라는 말, 심지어 "질료"라는 말은 분명하게 잘 열려 있는 말들이라고 할 수 없다. "존재"라는 개념은 극히 일반적인 것이기 때문에 사고의 대상이 되는 것은 무엇이나 의미할 수 있는 것으로 간주되어도 좋을 것 같다. 우리는 순수한 무(無)를 생각할 수 없다. 그래서 사고의 대상이 되는 것이라면 무엇이나 존재라고 해도 좋을 것이다. 이러한 의미에서 기능은 하나의 존재인 것이다. 분명코 이것은 제임스가 염두에 두고 있던 것은 아니다.

내가 이 책에서 지금까지 시험 삼아 제안해 왔던 자연 유기체설에 입각하여 나의 목적에 부합하도록 제임스를 해석한다면, 그가 데카르트의 《방법서설》과 《성찰》에서 주장하고 있는 바를 부정하고 있다고 보아도 좋을 것 같다. 데카르트는 두 종류의 존재, 즉 물질과 정신을 구별한다. 물질의 본질은 공간적 연장이며, 정신의 본질은 데카르트가 생각하다(cogitare)라는 말에 부여하고 있는 의미를 그대로 지닌 사유이다. 그는 그의 《철학 원리》(*Principles of Philosophy*) 1부 53절에서 이렇게 주장하고 있다.

> 모든 실체에는 각기 하나의 주된 속성이 있다. 정신에 있어서는 사유가, 물체에 있어서는 연장(延長)이 그것이다.

그 앞의 51절에서는 다음과 같이 말하고 있다.

> 우리는 실체라는 것을, 그것이 존재하기 위해서 자기 자신 이외에 아무것도 필요로 하지 않는 방식으로 존재하는 어떤 것으로밖에는 생각 할 수 없다.

더 나아가 데카르트는 이렇게 말하고 있다.

> 예컨대 존속하지 않게 되는 실체는 또한 존재하지 않게 되는 것이기 때문에, 지속은 사고 속에서가 아니고는 실체로부터 분리될 수 없는 것이다.

따라서 우리는 다음과 같이 결론지을 수 있겠다. 즉 데카르트에게 있어 정신과 물체는 각기 자기 자신 밖에는 아무것도 필요로 하지 않는 (신만은 만유의 근거이기 때문에 이들에게 필요하지만) 방식으로 존재한다는 것, 정신도 물체도 다 같이 존속함이 없이는 존재하지 않게 될 것이기 때문에 존속한다는 것, 그리고 공간적 연장은 물체의 본질적 속성이고 사유는 정신의 본질적 속성이라는 것이다.

《철학 원리》에서 이러한 문제들을 다룬 구절 전체에 걸쳐 나타나 있는 데카르트의 천재성은 아무리 찬사를 보내도 지나치다 할 수 없을 정도이다. 그것은 그 당시의 프랑스 지성의 명석성을 대변하고도 남음이 있는 것이다. 데카르트는 시간과 지속을 구별하고 시간의 근거를 운동에 두며 물질과 연장을 밀접하게 관련시키는 가운데, 상대성 이론이나 만물의 생성에 관한 베르그송 철학의 어떤 측면에 의해 제기되고 있는 현대적인 개념들을 그 당시에 있어 가능한 형태로 예측하고 있었다 하겠다. 그러나 그 기초가 되는 여러 원리들은, 시간적인 여러 지속들의 집합체 내에 단순 정위하면서 독립적으로 존재하는 실체들을, 그리고 물체의 경우에는 공간적인 연장들의 집합체 내에 단순 정위하는 실체들을 전제로 해서 세워진 것이었다. 그 원리들을 사유하는 정신에 의해 개관되는 유물론적 · 기계론적 자연관으로 곧장 이어지고 있다. 17세기가 마감된 후, 과학은 유물론적 자연을 떠맡았고, 철학은 사유하는 정신을 떠맡게 되었다. 철학의 일부 학파에서는 궁극적 이원론을 받아들였고, 관념론의 입장에 서는 학파에서는 자연이란 정신이 가지고 있는 사유 형태들의 주요 사례에 지나지 않는다고 주장하였다. 그러나 그 어느 학파를 막론하고 하나같이 자연의 궁극적 요소에 관한 데카르트의 분석을 받아들이고 있었다. 나는 지금까지 데카르트에서 비롯되는 근대철학의 주요 흐름에 관해 논의하면서 스피노자와 라이프니츠를 제외시켰다. 물론 그들은 데카르트의 영향을 받았고 또 그들도 다른 철학자들에게 영향을 주었다. 그러나 나는 여기서 주로 과학과 철학 사이의 유효한 접촉을 고찰하려는 것이다.

과학과 철학의 영역을 이처럼 구분하는 것은 간단한 작업이 아니었다. 그리고 사실 그것은 그 기초가 되고 있는, 틀에 박힌 전제 전체의 취약성을 드러내는 것이었다. 우리가 인식하는 자연이란, 여러 물체, 빛깔, 소리, 향기, 맛, 감촉, 그리고 그 밖의 여러 신체적 감각들이 서로 얽혀 작용하면서, 그들 사이에 개재하는 간격에 의해 서로 격리되어 제각기 개별적인 형태를 지니며 나타나는 그런 패턴으로 공간 속에 나타난 것을 말하였다. 또한 자연 전체는 시간의 경과와 더불어 변화해 가고 있는 유동(流動)이다. 이 조직적인 전체상은 여러 사물로 이루어진 하나의 복합체로서 우리 앞에 나타난다. 그러나 17세기의 이원론은 이러한 전체를 양단(兩斷)시키고 있다. 즉 과학의 객관적 세계는, 공간과 시간 속에 단순 정위하면서 일정한 규칙에 따라 운동하고 있는 순수한 공간적 물질의 세계를 의미했다. 철학의 주관적 세계는, 사유하는 정신의 주관적 내용을 형성하는 것들로서의 빛깔, 소리, 향기, 감촉, 신체적 느낌 등으로 이루어져 있었다. 이 두 세계는 다 같이 전반적인 유동을 공유하고 있지만, 데카르트는 측정된 시간을 관측하는 정신의 사유 형태에 귀속시켰다. 이 도식에는 명백히 하나의 치명적인 결함이 들어 있다. 정신의 여러 사유 형태는, 예컨대 빛깔과 같은 존재들을 주시하는 대상으로서 정신 앞에 제시되는 것으로 나타난다. 그러나 이 이론에서 빛깔은 결국 정신 속에 있는 것에 지나지 않게 된다. 따라서 정신은 자기만의 사적 사유 세계에 갇혀 있게 되는 것처럼 보인다. 경험에 있어 주관과 객관의 완전한 합치는 하나의 사적인 정념(passions)으로서 정신 속에서 이루어지는 것이 된다. 데카르트가 택한 사고방식에서 나온 이러한 결론은 버클리, 흄, 칸트가 각기 그들 나름의 체계를 전개시킨 출발점이 되고 있다. 그리고 그것은 그들에 앞서 로크가 가장 중요한 문제로 간주하여 주목했던 점이기도 하였다. 그래서 어떻게 하면 과학의 진정한 객관적 세계에 관한 지식을 얻을 수 있는가라는 물음은 가장 중요한 문제가 된다. 데카르트에 따르면 객관적 물체는 사유하는 정신에 의해서 지각된다고 한다. 그는《성찰》2에서 다음과 같이 말하고 있다.

> 그러므로 나는 이 한 조각의 밀랍이 무엇인지를 상상으로는 이해조차 할 수 없음을 인정하지 않을 수 없다. 나는 이 특정한 한 조각의 밀랍에 대

> 해 말하고 있다. 왜냐하면 밀랍 일반에 대해서라면 더욱더 그럴 것이기 때문이다. 그렇다면 정신에 의해서만 지각될 수 있는 이 한 조각의 밀랍이란 대체 무엇인가? … 그것에 대해 지각은 시각의 작용도, 촉각의 작용도, 또 상상의 작용도 아니다. 그리고 예전에는 그렇게 생각되었다 하더라도 그것이 이것들 가운데 어느 하나의 작용은 결코 아니었다. 그것은 전적으로 정신의 직관(inspectio)인 것이다.

여기서 주의해야 할 것은 데카르트가 사용한 "inspectio"라는 라틴어는 그 고전적 용법에 있어 실천에 대립하는 관조(theory)라는 개념과 연결되어 있다는 점이다.

이제 근대철학이 탐구에 몰두했던 두 가지 커다란 문제가 분명하게 드러난다. 정신에 관한 연구는 두 부문으로 나누어진다. 그 하나는 심리학, 즉 정신의 여러 기능을 그 자체로서 또 그 상호 관계에 있어서 고찰하는 연구이며, 다른 하나는 인식론, 즉 공통의 객관적 세계에 대한 인식의 이론이다. 바꾸어 말하면, 정신에서 일어나는 작용으로서의 여러 사유 형태에 관한 연구와, 객관적 세계에 대한 직관에 이르는 여러 사유 형태에 관한 연구가 있다는 것이다. 이러한 구분은 극히 불안정한 것으로 많은 까다로운 문제를 야기시켰고, 18, 19세기는 이런 문제에 골몰하고 있었다.

사람들이 객관적 세계를 생각하는 경우에는 물리학의 개념을 이용하고 주관적 세계를 생각하는 경우에는 정신성을 이용하는 데 머무는 한, 데카르트가 마련해 놓았던 것과 같은 문제 설정은 하나의 출발점으로서 충분한 것이었다. 그러나 그러한 균형은 생리학의 발흥과 더불어 깨지고 말았다. 17세기에 사람들은 물리학의 연구에서 철학의 연구로 나아갔다. 19세기가 끝날 무렵, 특히 독일에서는 생리학의 연구로부터 심리학의 연구로 나아갔다. 이와 같은 색조의 변화는 결정적인 것이었다. 물론 17세기에도 신체와 심리적 현상 사이의 관계가 충분히 고려되었다. 예를 들면 데카르트의 《방법서설》 5부가 바로 그 점을 문제 삼고 있다. 그러나 당시까지 생리학적 본능에 관해서는 미개척 상태에 있었다. 신체를 고찰하는 데 있어 데카르트는 마치 물리학자와 같은 정신적 자세로 사고하였다. 그런데 현대의 심리학자들은 의학적 생리학자의 사고방식을 갖추고 있다. 윌리엄 제임스의 경력은 바로 이와 같은 태도 변화의 실례가 된다. 또한 그는 문제의 핵심을 일시에 해명할 수 있는 명석하고도 예리한 천재성을 겸비하고 있었다.

위에서 내가 데카르트와 제임스를 밀접하게 병치시켰던 이유가 이제 분명해진다. 이 두 철학자는 모두 문제를 최종적으로 해결함으로써 한 시대를 종결지었던 사람이 아니었다. 그들의 위대한 업적은 오히려 그 반대의 성격을 지닌 것이었다. 그들은 각기 그들이 누렸던 지식의 특정한 단계에서 사상을 유효하게 표현해 낼 수 있는 개념들을, 한 사람은 17세기를 위해 또 한 사람은 20세기를 위해 명확하게 구성함으로써 한 시대를 열어 놓고 있다. 이런 점에서 그들 두 사람은 아리스토텔레스적인 스콜라철학을 정상으로 이끌었던 성 토마스 아퀴나스와 좋은 대조를 이룬다고 하겠다.

여러 가지 점에서 데카르트와 제임스는 그들의 시대적 특징을 대변했던 철학자는 아니었다. 나는 그 자리를, 적어도 그 당시 각각의 과학과의 관계에서 고찰하는 한, 로크와 베르그송에게 돌리고 싶다. 로크는 철학을 끊임없이 개변시키는 사유의 노선을 개척하였다. 예를 들어 그는 심리학에의 호소를 역설하였다. 그는 한정된 범위의 긴요한 문제에 대한 하나의 획기적인 탐구의 시대를 열었다. 그렇게 하는 가운데 명백히 그는 철학을 과학의 반합리주의적 요소로 오염시켰다. 그러나 풍성한 결실을 낳을 수 있는 방법론의 기반을 굳히기 위해서는, 문제되고 있는 사태에 관한 한 궁극적인 것으로 간주되지 않으면 안 될 자명한 가정에서 출발해야만 한다. 그래서 그런 방법론상의 가정에 대한 비판은 훗날을 위하여 남겨 두게 된다. 로크는 데카르트가 물려준 철학적 정황에는 인식론과 심리학의 문제가 내포되어 있음을 발견하였다.

베르그송은 생리학의 유기체론적 개념을 철학에 끌어들였다. 그는 17세기의 정태적인 유물론으로부터 가장 완벽하게 탈피했던 철학자이다. 공간화(spatialisation)에 대한 그의 항의는 뉴턴적인 자연 개념이 결코 고도의 추상화가 아니라고 생각하는 것에 대한 항의이다. 소위 그의 반주지주의는 이러한 의미로 이해되지 않으면 안 될 것이다. 몇 가지 점에서 그는 데카르트에게로 복귀하고 있으나, 이 복귀에는 현대 생물학에 대한 직감적인 파악이 전제되어 있다.

로크와 베르그송을 연결시키는 이유가 또 하나 있다. 자연 유기체설의 싹은 로크에게서 찾아볼 수 있다. 최근에 로크를 해석하여 발표한 깁슨 교수*는 다음과 같이 말한 바 있다. 즉 자기 의식의 동일성에 관한 로크의 이해 방식에는, "살아 있는 유기체가 그렇듯이, 합성설(合成說)[3]로 구현되고 있는 자연 및 정신에 대한 기계론적 관점으로부터의 진정한 초월이 포함되어 있다"는 것이다. 그러나 주의해야

---

* Gibson, *Locke's Theory of Knowledge Its Historical Relations*(Cambridge Univ. Press, 1917) 참조.-지은이 주

3) 합성설(composition theory)이라는 사상은 화이트헤드가 본문의 얼마 뒤에 가서 "이 단일 현상은 그 부분적 현상들 전체의 통합체이지 그것들의 수적 총화는 아니다"라고 한 말로 미루어 보아, 부분이 밀집하여 전체를 이루지만, 그때 부분은 밀집되기 이전에 가지고 있던 같은 특성을 잃지 않는다는 사상을 뜻하는 것으로 생각된다.

할 것은, 우선 무엇보다도 로크가 이러한 입장을 확고하게 고수하고 있지 못하며, 둘째로 더 중요한 점은 그가 이러한 관념을 오직 자기의식에만 적용시키고 있다는 사실이다. 당시까지만 해도 생리학의 입장이 확립되어 있지 않았다. 그런데 생리학은 정신을 자연 속으로 되돌려 놓는 결과를 가져왔다. 신경생리학자는 먼저 체내 신경을 따라 전달되는 자극의 효과를, 그 다음으로 신경중추에서의 통합을, 그리고 마지막으로 다시 신경을 흥분시켜 운동기관의 말단을 움직임으로써 신체 외부에 관여하는 투사 작용을 추적한다. 생화학에서는 한 유기체의 부분들의 화학적 조직이 정교하게 짜여 그 유기체 전체를 보존시키고 있음이 밝혀진다. 그래서 정신의 인식 작용이란 하나의 전체에 대한 반사적 경험이며, 하나의 단일 현상으로서의 그 자신의 본질적인 모습을 보여 주고 있는 것으로 보인다. 이 단일 현상은 그 부분적 현상들 전체의 통합체이지 그것들의 수적 총화는 아니다. 그것은 하나의 사건으로서 그 자신의 통일성을 갖는다. 그 자체가 하나의 존재로 간주되는 이 전체적 통일체는 여러 사건으로 성립되는 우주의 패턴화된 양상들을 파악한 통일체인 것이다. 그 자신에 대한 그것의 인식은, 그것과 자신이 파악한 양상들을 지니고 있는 여러 사물들과의 관계로부터 생겨나게 된다. 그것은 세계를 서로 연관된 체계로 인식하며, 그 자신을 다른 여러 사물에 반영된 것으로 본다. 그리고 그 신체의 다양한 부분들도 다른 사물들 속에 포함되어 있는 것이다.

존속하는 신체적 패턴을, 그 존속하는 패턴으로 침투되어 있는 신체적 사건(bodily event)과 그 신체적 사건의 여러 부분으로부터 구별하는 것이 중요하다. 신체적 사건의 부분들도 각기 그 나름의 존속하는 패턴들에 의해 관통되고 있으며, 이들 패턴은 신체적 패턴의 요소가 되고 있다. 신체의 각 부분들은 사실상 신체적 사건 전체라는 환경의 일부이지만, 그들 상호 간에 반영되고 있는 그들의 양상이 상대편의 패턴에 독특하게 작용하여 그것을 변화시킬 수 있도록 그 각 부분들이 관계 맺고 있다. 이것은 전체와 부분 사이의 관계가 긴밀한 데서 오는 것이다. 그래서 신체는 부분에 대한 환경의 일부가 되며, 부분은 신체에 대한 환경의 일부가 된다. 그리고 신체와 그 부분은 각기 상대편의 변화에 특히 예민하게 반응한다. 이러한 예민성에 힘입어 부분은 신체 패턴의 안정을 보존하는 쪽으로 자신을 조정해 나간다. 그것은 유기체를 보호하는 유리한 환경의 특수한 사례가 된다. 부분과 전체의 관계는, 부분이 전체를 위해 있다고 하는 유기체 개념과 결부되는 특수한 교호 관계(交互 關係)이다. 그러나 이 관계는 자연 전체를 통해서 성립되는 것이지, 고등 유기체라는 특수한 경우에 비로소 성립되는 것은 아니다.

나아가 이 문제를 화학의 문제로 보더라도, 생물체 내의 각 분자의 작용을 오로지 그 살아 있는 유기체 전체의 패턴과의 관계로만 해석할 필요는 없다. 사실 각 분자는 그 속에 반영된 이 패턴의 영향을 받는 것이어서, 그 밖의 다른 장소에 놓인 경우와는 다른 모습을 띠게 된다. 이와 마찬가지로 전자(電子)는 어떤 주위 상황에서는 구형(球形)이었다가 다른 어떤 상황에서는 타원형이 될 수 있는 것이다. 과학에 관계되는 한, 이 문제를 다루는 방식은 생물체 내의 분자가, 무기물 속에 놓여 있을 때에는 관찰되지 않는 어떤 성질을 띠는지 어떤지를 묻는 것에 지나지 않는다. 이와 마찬가지로, 자장(磁場) 속에서 연철(軟鐵)은 자성을 띠지만 다른 장소에서는 이런 성질을 잃어버린다. 생물체의 민활한 자기 보존 작용이나 우리 신체의 물리적 작용에 대한 우리의 경험은 전체 패턴의 영향으로 신체 내의 분자에 변화가 일어난다는 것을 암암리에 보여 준다. 궁극의 기초적 유기체들이 충분히 조정된 형태의 패턴을 갖는 고등 유기체의 부분을 이루고 있을 때, 그것들의 변화를 표현하는 물리적 법칙이 있는 것처럼 보일 수 있다. 그러나 그러한 변화는, 신체 전체와 그 각 부분들 사이에 상호 반영되는 양상들의 영향력이 미미할 경우, 경험적으로 관찰되는 환경의 작용과 완전히 일치하게 될 것이다. 여기서 우리는 전달 작용을 예상하게 된다. 그래서 이때 전체 패턴의 변화는 부분들의 하강 계열에서의 순차적인 변화를 통해 전달되어, 궁극적으로는 세포의 변화가 분자 내에서 그 양상을 변화시키게 될 것이며, 그 결과 분자나 보다 미세한 어떤 존재에서도 그에 상응하는 변화가 일어나게 될 것이다. 그러므로 생리학에 있어 이 문제는, 성질을 달리하는 여러 세포 내의 분자들을 취급하는 물리학의 문제가 된다.

이제 우리는 생리학과 물리학에 대한 심리학의 관계를 알 수 있다. 개인의 심리학적인 영역은 그 개인 자신의 관점에서 고찰되는 사건에 지나지 않는다. 이 영역의 통일성은 사건의 통일성이다. 그러나 그것은 부분들의 집합으로서의 사건이 아니라 하나의 존재(entity)로서의 사건이다. 부분들 상호 간의 관계 및 전체에 대한 그 부분들의 관계는 저마다 상대편 속에 반영된 각 부분들의 양상들이다. 외부의 관찰자에게 있어 사람의 신체는 전체로서의 신체와 부분들의 집합으로서의 신체가 그 관찰자에게 나타내 보이는 양상들의 총화이다. 외부의 관찰자에게 있어서는 형상의 양상이나 감각적 대상들의 양상이, 적어도 그 신체에 대한 인식에 있어 지배적인 요소가 된다. 그러나 우리는 또한 고등 유기체 정신의 직접적인 여러 양상들을 우리 자신 속에서 찾을 수 있다는 가능성을 인정해야 한다. 타인의 정신을 인식하는 데에는 오직 형상이나 감각적 대상이 나타내는 여러 양상으로부터 간접적으로 추론하는 길밖에 없다고 하는 주장은 유기체 철학의 관점에서 볼 때 아무런 근거도 없는 것이다. 이 철학의 근본원리는, 현실태 속으로 실현되어 들어오는 모든 것은 하나하나의 개별 사건들 전체에 자신의 양상들을 심어 놓는다는 것이다.

나아가 자기 인식의 경우에서조차도 우리 자신의 신체의 여러 부분들의 양상들은 부분적으로 형상의 양상이나 감각적 대상의 양상이라는 형태를 취한다. 그러나 신체적 사건 가운데서 인식하는 정신과 결부되는 부분은 그 자체로서 하나의 심리적 영역이 되고 있다. 그것을 구성하는 요소들은 신체적 사건 그 자체와 관계가 없다. 그것은 그 신체적 사건 밖에 있는 것이 나타내는 양상들인 것이다. 그래서 신체적 사건에 내재하는 자기 인식이란 하나의 복합적 통일체로서 자기를 인식하는 것이며, 그 통일체는 자기 외부의 실재적 전체 양상들을 자신의 패턴에 의해 한정하는 방식으로 그 실재 전체를 자신의 구성 요소로 포함하고 있는 것이다. 그러므로 우리는 우리 자신 이외의 많은 사물들을 통일하는 기능으로서 우리 자신을 인식하는 것이다. 인식은 하나의 사건을, 상이한 여러 사물들의 실재적 공존을 유기적으로 조직해 내는 하나의 활동태로 드러낸다. 그러나 이 심리적 영역은 인식 작용에 의존하는 것이 아니다. 따라서 이 영역은 여전히 자기 인식을 사상(捨象)한 단일의 사건이다.

그러므로 의식이란 인식의 기능일 것이다. 그러나 인식된 것은 이미 하나의 실재적인 우주의 여러 양상들에 대한 파악태이다. 이 여러 양상들은 상호 간에 변화를 주고받는 다른 여러 사건들의 양상들이다. 이 양상들의 패턴은 상호 관계의 패턴으로 성립되어 있다.

패턴을 만들어 내는 근원적인 여건은 형상들의 양상, 감각적 대상들의 양상, 그리고 사물들의 유동과는 무관하게 자기 동일성을 유지하고 있는 다른 영원한 객체들의 양상들이다. 이러한 객체들이 전체적 유동 속으로 진입(ingression)하게 될 때, 그것들은 사건들 사이의 통역자가 된다. 그것들은 지각자 내부에 존재한다. 그러나 지각자에 의해 지각된 그 객체들은, 지각자 밖에 있는 전체적 유동에 관한 무엇인가를 지각자에게 전달해 준다. 주-객의 관계(subject-object relation)[4]는 이 영원한 객체들의 이중적 역할에 연유한다. 이 영원한 객체들은 주체적 존재(subject)가 나타내는 양태(modification)들이지만, 이는 오직 우주라는 공동체에서 다른 주체적 존재의 양상들을 전달한다고 하는 성질에 있어서의 주체적 존재의 양태들일 뿐이다. 그래서 어떠한 주체적 존재도 독자적 실재성을 가질 수 없다. 왜냐하면 주체적 존재는 자기 이외의 여러 주체적 존재의 양상들을 어느 정도 파악하고 있는 것이기 때문이다.

"주관-객관"이라는 술어는 경험 속에 나타나는 기본적 상황을 표

---

4) 우리는 인간과 인간 이외의 사물을 구별할 적에, 대개 인간에게는 의식이 있고, 경험이 있고, 스스로 행동을 일으키는 통일체로서 파악하고 있다. 그러나 인간에게만 주관이 있고 주체가 있는 것이 아니다. 그리고 또 신체와 단절된 자아만이 주관이고, 주체가 아니라는 것이다. 자아라는 것은 다른 모든 사물과 더불어 있고, 그 사물들의 위상을 자신 속에 파악한다. 그러나 이 사물(object) 속에는 영원한 것이 있는가 하면 현실적인 것도 있다. 영원한 사물은 특히 "영원한 객체"(eternal object)로서, 이른바 관념이나 개념의 세계를 구성한다. 현실적 사물은 인간과 마찬가지로 태어나고 사멸하며, 다른 사물의 양상을 자신 속에 파악한다. 그 하나하나가 파악적 통일체이며 《과학과 근대세계》에서는 "현실적 계기"이며, *Process and Reality*에서는 "현실적 존재"(actual entity)로 불린다. 현실적 계기인 사물은 주관에서 바라보기만 하는 객관이 아니고, 주관으로부터 작용을 받아들이기만 하는 객체도 아니다. 모두 주체적 통일성을 가지며, 다른 사물을 자기 나름대로 바라보며, 그 영향을 살려 가는 주체적 형식을 가지고 있다. 인간 이외의 사물이 객체적 존재라면, 자아 또한 "객체적 존재"로 불려야 한다. 인간을 주체적 존재라고 한다면, 다른 모든 사물도 그것 나름대로의 주체적 존재이다. 인식이라든지 경험이라는 것을 광의로 해석하고, 파악적 통일체로서의 유기체가 다른 파악적 통일체로서의 유기체와 파악적 관계를 맺는 세계를 묘사하겠다는 것이 화이트헤드의 주안점이다. 여기서 사용하고 있는 "주-객"이라는 용어의 의미를 이러한 그의 사상적 맥락에서 이해할 필요가 있다.

현하기에 부적당한 말이다. 그 말은 사실상 아리스토텔레스의 "주어-술어"를 연상시킨다. 그것은 이미 다양한 주어들이 사적인 술어로 규정된다는 형이상학적 원리를 전제하고 있다. 이것은 주관이 자기만의 경험 세계를 갖는다는 생각이다. 우리가 이 점을 인정할 경우, 우리는 유아론(solipsism)을 피할 수 없게 될 것이다. 문제의 핵심은 "주-객"이라는 말이 여러 객체적 존재(objects)의 기저에 있는 하나의 기본적 존재를 지칭하고 있다는 점이다. 따라서 이렇게 생각되는 "객체적 존재"는 단지 아리스토텔레스적 술어의 망령에 지나지 않는다. 인식 경험에서 드러나는 근원적인 상황은 "여러 객체적 존재들 가운데 들어있는 자아라는 객체적 존재"(ego-object amid objects)이다. 여기서 근원적 사실이란, 자아라는 객체적 존재를 나타내는 "지금-이곳"을 초월하는 그리고 동시에 실현시키고 있는 공간적 세계인 "지금"을 초월하는 불편부당한 세계를 말한다. 그것은 또한 과거의 현실태와 미래의 제한된 가능태를 포함하는 동시에 추상적 가능성의 세계 전체, 즉 현실적인 실현 과정을 초월하면서도 그 속에서 예증되고 대비되는 그러한 영원한 객체들의 영역도 포함하고 있는 세계이다. 지금-이곳에 있는 의식으로서의 자아라는 객체적 존재는 자신의 경험적 본질을 실재의 세계 및 관념의 세계와의 내적 관계에 의해 구성되는 것으로 의식한다. 그러나 이렇게 구성되는 자아라는 객채적 존재는 실재의 세계 안에 존재하며, 이처럼 여러 실재와 나란히 존재하기 위해서 관념의 진입을 필요로 하는 하나의 유기체로 나타난다. 이 의식의 문제에 관한 논의는 다른 기회로 미루어야 하겠다.

현재의 논의를 위해 주목해야 할 점은, 자연을 유기체로 해석하는 철학은 유물론적 철학에 필요한 입각점과는 정반대의 입각점에서 출발해야 한다는 것이다. 유물론은 독자적으로 존재하는 두 실체, 즉 물질과 정신을 출발점으로 삼는다. 물질은 위치 이동이라는 외적인 관계의 변화를 겪으며, 정신은 자기가 관조하는 대상의 변화에 따라 변화한다. 이 유물론에는 두 종류의 독립된 실체가 있고, 이 양자는 각기 그 특유의 열정에 의해 규정된다. 유기체설은 서로 연결된 조직체 내에 배치되어 있는 사건들이 실현되어 가는 과정을 분석하는 데서 출발한다. 사건은 실재하는 것의 단위이다. 발현하는 존속적 패턴은 발현의 성취 형태를 안정시켜, 과정을 통해서 자기 동일성을 유지하는 하나의 사실이 되게 한다. 여기서 특히 주의해야 할 것은 존속이란 기본적으로 자기를 초월해서 존속한다는 성질이 아니라 자기 속에서 존속한다는 성질이다. 다시 말해 존속이란 사건 전체의 시간적인 부분들 속에 자기 패턴을 재현시키는 성질인 것이다. 바로 이러한 의미에서 하나의 사건 전체는 하나의 존속하는 패턴을 지니고 있는 것이다. 전체에 대해서나 계기하는 여러 부분들에 대해서나 동일한 하나의 내재적 가치가 있다. 인식이란 활동적 기체(基體) 전체가 자기 앞에 가능성, 현실성, 그리고 목적을 균형잡히게 함으로써 어느 정도 개체화된 실재로 발현되는 것을 말한다.

그리고 위에서처럼 심리학이나 생리학에서 출발하지 않고 현대 물리학의 기초 개념에서 출발하더라도 우리는 똑같이 이 유기체적 세계관에 도달할 수 있다. 사실 나는 수학과 수리물리학에서의 나의 연구에 근거하여 이러한 신념에 도달하게 되었다. 수리물리학은 먼저 공간과 시간에 고루 펴져 있는 활동력의 전자장(電磁場)을 상정한다. 이 장(場)을 규정하는 법칙은, 세계의 유동이라는 일반적 활동이 여러 사건으로 개체화될 때 따르는 조건임에 틀림없다. 물리학은 추상을 한다. 이 과학은 사물의 본래적인 특성을 무시한다. 물리학이 문제삼는 존재는 단지 그 외적인 실재성과 관련해서, 즉 그것이 다른 것에 반영되는 양상과 관련하여 고찰될 뿐이다. 그러나 추상은 결코 이 정도에 그치는 것이 아니다. 왜냐하면 추상에서 중시되는 것은 오직 다른 사물들에 반영되어 그 다른 사물들의 생애의 시공적 특성을 변화시키고 있는 양상들뿐이기 때문이다. 여기에 관측자 자신의 실재가 개입한다. 즉 관측자 그 자체 문제의 대상이 된다는 것이다. 예를 들어, 그가 적색이나 청색을 보게 된다는 사실이 과학적 진술과 관계된다. 그러나 관측자가 보는 적색은 실제로 과학에 들어오지 않는다. 여기에 관여하는 것은 단지 관측자가 가지는 적색에 대한 경험이 그의 다른 모든 경험과 단적으로 다르다는 사실뿐이다. 따라서 관측자 자신의 내적인 성격은 물리적 존재의 자기 동일적 개체성을 확정 짓기 위해서만 관여한다. 물리적 존재들은 지속하는 존재의 생애의 경로를 공간과 시간에서 뚜렷이 확정 짓는 작용자들(agencies)로서 고찰될 뿐이다.

물리학이라는 용어는 17세기의 유물론적 관념에서 나왔다. 그러나 그 극단적인 추상화에 있어서도 물리학이 진정으로 전제하고 있는 것은 위에서 설명한 것과 같이 여러 양상들을 내세우는 유기체설이다. 우선 어떤 사건이 텅 빈 공간에 있다고 하자. 여기서 말하는 "텅 빈"(empty)이란 말은 전자나 양성자 또는 그 밖의 어떠한 종류의 전하(電荷)도 들어 있지 않음을 의미한다. 그와 같은 사건은 물리학에서 세 가지 역할을 한다. 첫째로 그것은 에너지가 활동하는 현실 무대인데, 이 무대는 그 에너지의 존재 근거일 수도 있고 특정한 에너지 흐름의 장소일 수도 있겠다. 어쨌든 이 역할에서 에너지는 고찰되는 시간 동안 공간에 위치하는 것으로, 혹은 공간을 통해 흐르고 있는 것으로 존재하게 된다.

그 둘째 역할에서 사건은 전달의 패턴에 필요한 고리가 되며, 이 전달에 의해 모든 사건의 특성은 다른 모든 사건의 특성으로부터 어떤 변화를 받게 된다.

셋째 역할에서 사건은 만일 전하가 거기에 있을 경우, 변형으로서이건 위치 이동으로서이건 간에 그 전하에 장차 일어나게 될 것에 관한 가능태를 내포하고 있는 것이 된다.

만일 우리의 전제를 수정하여, 그 자신 속에 전하의 생애 일부를 포함하고 있는 사건을 고찰한다고 해도 위의 세 가지 역할의 분석에는 여전히 변함이 없다. 다만 이 경우 셋째의 역할에서 구현되는 가능태는 현실태가 된다. 이처럼 가능태를 현실태로 대치시킬 때, 우리는 텅 빈 사건과 충만된 사건 사이의 구별에 이르게 된다.

텅 빈 사건의 문제로 되돌아가 볼 때, 그 속에는 특유한 내용에 따르는 개체성이 없음을 알 수 있다. 에너지의 근거지로서의 텅 빈 사건의 첫째 역할을 고찰해 보면, 어떤 양의 에너지가 움직임이 없이 자리하고 있든 흐름 속의 한 요소로서 있든 간에 그 에너지에서 어떤 개체적인 특성도 찾아볼 수 없다는 것을 알 수 있다. 거기에는 활동력 그 자체가 개체화되지 않고 단지 활동력의 양적 규정만이 있을 뿐이다. 이처럼 개체화의 작용이 결여되고 있다는 것은 둘째와 셋째의 역할에서 더욱 분명해진다. 텅 빈 사건은 본래 그 무엇이기는 하지만 내용의 안정된 개체성이라는 형태로 실현시키지는 못한다. 그 내용에 관한 한 텅 빈 사건이란 유기체화된 활동태의 일반 도식에서 실현된 하나의 요소이다.

텅 빈 사건이 일정한 계열로 반복되는 파동 형태들을 전달하는 무대일 경우에는 다소의 수정이 필요하다. 이 경우에는 그 사건 속에 변치 않는 형태를 유지하는 어떤 일정한 패턴이 있다. 여기서 우리는 존속하는 개체성에 관한 최초의 희미한 징후를 찾아보게 된다. 그러나 그것은 독창성을 조금도 갖추지 못한 개체성이다. 왜냐하면 그것은 단지 패턴화의 더 큰 도식 속에 사건이 포함됨으로써만 나타나는 불변적 형태에 불과하기 때문이다.

그런데 이제 충만된 사건으로 눈을 돌려 본다면, 전자(電子)는 명확한 개체성을 가지고 있음을 볼 수 있다. 그것은 다양한 여러 사건들을 거쳐 온 그 생애를 통해서 추적될 수 있다. 양전하(陽電荷)를 갖는 전자 모양의 입자들과 결합해서 만들어 내는 집합체는 우리가 보통 지각하는 것과 같은 물체를 구성한다. 그러한 물체들 가운데 가장 단순한 것이 분자이며, 이 분자들의 집합은 의자나 돌멩이와 같은 보통의 물질 덩어리를 형성한다. 따라서 전하라는 것은 사건 그 자체에 부가되어 내용의 개체성을 나타내는 징표인 것이다. 이 내용의 개체성이 유물론의 강점에 속한다.

그러나 그것은 유기체설에 의해서도 그에 못지않게 잘 설명될 수 있다. 전하의 기능을 검토해 보면 우리는 그 역할이 공간과 시간을 통해서 전달되는 하나의 패턴의 발생을 나타내는 데 있음을 알 수 있다. 그것은 어떤 특정한 패턴의 열쇠가 된다. 예를 들어 어떠한 사건에서의 힘의 장(場)도 전자와 양자의 활동에 주목함으로써 구성해 낼 수 있으며, 에너지의 흐름이나 분포도 또한 그렇다. 게다가 전파는 이들 전하의 진동하는 활동에 그 기원을 두고 있다. 그래서 전달되는 패턴은 원자적 전하의 생애로부터 유래하는 양상들이 공간과 시간을 통해서 유동하는 것으로 이해될 수 있다. 전하의 개체화는 두 성질의 결합으로 일어난다. 첫째는 패턴의 확산을 결정하는 단서로서 전하의 작용 방식이 늘 동일하다는 것, 그리고 둘째는 전하의 생애가 단일하며 연속적이라는 것이다.

그러므로 우리는 유기체설이, 물리학이 궁극적 존재에 관해서 실제로 가정하고 있는 것을 단적으로 표현하고 있다고 결론지을 수 있겠다. 또한 우리는 이 존재들이 완전한 구체적 개체로 간주된다면, 이는 전혀 의미가 없다는 것도 알 수 있다. 물리학에 관한 한, 그것들은 오직 각기 상대방의 주위를 운동할 뿐, 그 밖의 어떠한 실재성도 갖지 않는다. 특히 물리학에 있어 그 자체로서의 내적인 실재성을 지니고 있는 것이란 존재하지 않는다.

물론 철학을 최초로 유기체라는 가정 위에 올려놓았던 사람은 라이프니츠였다.* 라이프니츠에게 있어 그의 모나드는 궁극적으로 실재하는 존재였다. 그러나 그는 피작용(被作用, passion)으로 규정되고 있는 데카르트의 실체를 그대로 인정하였을 뿐만 아니라 이러한 실체가 실재하는 사물의 궁극적 특성을 표현하는 것으로 보았다. 따라서 라이프니츠에게 있어 내적 관계를 갖는 구체적 실재라는 것은 없었다. 그렇기 때문에 그는 실체에 관하여 두 개의 상이한 견해를 갖고 있었다고 할 수 있다. 그 하나는 궁극적으로 실재하는 존재란, 여러 구성 요소들을 하나의 통일체로 융합시켜 이 통일체로 하여금 실재가 될 수 있도록 유기체화하는 활동력이라는 생각이다. 다른 하나는 궁극적으로 실재하는 존재들이 여러 성질들을 구비하고 있는 실체라는 생각이다. 첫 번째 견해는 실재 전체를 결합시키는 내적인 관계를 인정함으로써 성립된다. 두 번째 견해는 그러한 관계를 가지는 실재와 충돌한다. 이 두 견해를 결합시키기 위해 그의 모나드는 창(窓)이 없는 것이 되었다.[5] 모나드들의 피작용은 단지 예정 조화라는 신의 설

---

* B. Russell, *The Philosophy of Leibniz*에서는 이런 생각이 시사되고 있다.—지은이 주

5) "창이 없다는 것"은 각 모나드는 밖의 모나드의 영향을 받지 않으며, 모나드 간에 직접적 교섭이 없음을 뜻한다.

계에 따라 우주를 반영할 뿐이었다. 이 체계는 이처럼 독립된 존재들의 집합을 전제로 하고 있었다. 그는 경험의 단위로서의 사건을, 안정을 통하여 특수한 의의를 확보하고 있는 존속적 유기체와 구별하지 않았고, 또 보다 완전한 개체화의 형태를 나타내는 사유 능력을 갖춘 유기체와도 구별하지 않았다. 또한 그는 감각 자료를 다양한 사건들과 여러 가지 방식으로 연관시키는 다항적(多項的) 관계도 인정하지 않았다. 사실 이 다항적 관계는 라이프니츠가 인정하고 있는 배치상이긴 하지만, 이는 오직 그 관계가 유기체적 모나드의 성질에 지나지 않는 것이라는 조건에서만 그렇다. 이러한 난점은 사실상, 단순 정위의 개념을 공간과 시간에 있어 근본적인 것으로 무조건 받아들이는 데서, 그리고 독립된 개별적 실체의 개념을 실재하는 존재의 근본적인 것으로 받아들이는 데서 야기되고 있다. 따라서 라이프니츠에게 열려 있던 유일한 돌파구는 후일 버클리(그의 사상에 대한 일반적인 해석에 따를 때)가 취했던 것과 같은 것, 즉 형이상학의 난점들을 초극할 수 있는 기계 밖의 신(deus ex machina)에 호소하는 길이었다.[6]

데카르트가 그 후의 철학을 어느 정도 과학적 운동에 접맥시키는 사상의 전통을 끌어들였던 것과 마찬가지로, 라이프니츠는 또 하나의 전통, 즉 궁극적인 현실적 사물로서의 존재란 어떤 의미에서 유기적 조직화의 작용이라고 생각하는 전통을 끌어들였다. 이러한 전통은 독일 철학이 탁월한 업적을 달성하는 데 기초가 되었다. 칸트는 이 두

---

6) 고대의 비극에서 사건의 최종적 해결은 기계 장치에서 뜻밖에 등장하는 신에 의해 주어지는 경우가 종종 있었다. 따라서 어려운 문제를 우연 내지 초자연적 사건으로 해결하려는 사례에 대해, 다소 경멸적 의미를 포함해서 말하기도 한다. 라이프니츠나 버클리는 그 철학의 난점을 풀기 위해서 예정 조화설, 또는 우리의 관념에 실재적 의미를 부여하는 신을 도입시키기도 했던 것이다.

전통을 다 같이 반영시켰다. 칸트는 과학자였지만 칸트로부터 파생된 학파들은 지금까지 과학자들의 정신에 사소한 영향밖에 주지 못하였다. 20세기 철학의 과제는 위에서 말한 두 조류를 과학에서 비롯된 세계상(世界像)의 표현과 결합시켜, 과학을 우리의 심미적 · 윤리적 경험이 확언해 주는 바와 유리되지 않도록 하는 데 있다고 본다.

제10장

추상화

지금까지 나는 근대 사상가들을 사로잡았던 심원한 문제들에 대한 과학 운동의 영향을 검토하였다. 어떠한 개인이나 어떠한 사회도, 또 어떠한 시대도 일거에 모든 문제를 생각할 수는 없다. 그렇기 때문에 과학이 사상에 준 다양한 충격을 해명하기 위해 나는 그 논제를 역사적으로 고찰하였다. 이 역사적 고찰에서 나는 그 역사 전체의 궁극적 문제는, 우리가 고찰한 지난 3세기를 지배하고 있던 과학적 유물론이라는 안일한 도식의 명백한 해체에 있다는 것을 언제나 염두에 두고 있었다. 따라서 나는 여러 지배적인 의견에 대해서 비판을 가하는 학파를 부각시키면서, 과학에 있어서나 과학의 비판자들에게 있어서나 다 같이 기초가 되는 것을 포괄하는 폭넓은 우주론을 약술함으로써 과학적 유물론에 대치시키고자 노력했던 것이다. 이 새로운 우주론의 도식에서는 기초적인 것으로서의 물질이라는 개념이 유기적 종합체(organic synthesis)라는 개념에 의해 대치되었다. 그러나 나는 이에 접근함에 있어 언제나 과학 사상이 갖는 현실적인 복잡한 문제나, 과학 사상이 시사하는 독특한 난점들에 대한 고찰을 출발점으로 삼았다.

이 장과 다음 장에서는 근대과학에 관련된 문제들을 잊어버리고, 사물의 부분적 특성들에 대한 전문적 연구에 선행되어야 할 하나의 관점, 즉 사물의 본질을 냉철하게 고찰하는 관점에 서려고 한다. 이와 같은 관점은 "형이상학적"이라 불린다. 따라서 형이상학이란, 두 장에서 간단히 논의되는 것이라 하더라도, 역시 지겨운 것이라고 생각하는 독자는 곧장 "종교와 과학"의 장으로 뛰어넘어 가도 좋을 것이다. 거기서는 다시 근대 사상에 준 과학의 충격이라는 논제를 다루고 있다.

형이상학을 다루는 이 두 장은 전적으로 기술적(記述的)인 논의로 되어 있는데, 이들은 다음 세 가지 점에서 정당화될 수 있다. (1) 우리의 직접적인 경험을 구성하는 현실적 계기들(actual occasions)[1]을 우리가 직접 인식한다는 점, (2) 위의 논의가 다양한 종류의 경험에 관한 우리의 체계적 설명을 조화시킬 수 있는 기반을 성공적으로 구축해 낸다는 점, 그리고 (3) 위의 논의가 인식론을 구축할 수 있는 개념들을 제공하는 데 성공한다는 점이 그것이다. 여기서 (3)은, 우리가 인식하는 사물의 일반적 특성에 관한 설명은 우리로 하여금 인식이 어떻게 인식되는 세계 내의 부속 현상(adjunct)으로서 가능한 것인가를 설명할 수 있도록 하는 것이어야 함을 의미한다.

어떠한 인식의 계기에 있어서도 인식되는 것은 경험의 현실적 계기이다. 그것은 그 직접 계기를 초월하는 존재들의 영역—이런 존재들은 다른 경험적 계기와 유사한 관계를 갖기도 하고 상이한 관계를

---

1) "사건"(event), "현실적 계기"(actual occasion), 또는 "현실태"(actuality), 다시 후기의 술어로서 "현실적 존재"(actual entity)라고 불린 것은 모두 중요한 개념으로서, 초기의 과학철학에서 후기의 형이상학적 사유로 발전해 갔던 화이트헤드 사상의 변천을 알아보는 데 결정적인 역할을 하는 개념 중 하나라고 볼 수 있다. 이런 의미에서 이 책은 화이트헤드의 사상적 전환을 이해하는 데 중요한 의의를 갖는다고 할 수 있다. 이러한 개념들의 개체적 의의에 대한, 플라톤적 이데아론의 화이트헤드적인 현대적 해석이 이 장의 관심사이다.

갖기도 한다는 점에서 그 직접적 계기를 초월한다—과 관련하여 다양한 모습으로 나타난다.* 예를 들어 일정한 색조의 붉은 빛깔이 직접적 계기에서 일정한 방식으로 구상(球狀, sphericity)과 결합되어 있을 수 있다. 그러나 그 색조의 붉은 빛깔과 구상은 둘 다 제각기 다른 계기와 별개의 관계를 가진다는 점에서 그 직접적 계기를 초월하는 것으로 나타난다. 또한 다른 계기에서 동일한 사물이 실제로 출현하는 것은 별문제로 하고, 모든 현실적 계기는 상호 결합되어 있는 다른 존재들의 영역 속에 놓여 있다. 이 영역은 그 계기에 대해서 의미심장하게 서술될 수 있는 보는 참이 아닌(非眞) 명제(untrue proposition)에 의해서 드러난다. 그것은 여러 가지를 암시하는 영역이며, 이 암시들이 지니고 있는 현실에서의 발판은 각 현실적 계기를 초월한다. 현실적 계기에 대한 비진 명제의 실재적 관련성은 예술이나 로맨스 문학에서, 또 이상을 추구하는 비평을 통해서 드러난다. 현실 세계를 이해하기 위해서는 관념 세계를 끌어들여야만 한다는 것이 내가 주장하는 형이상학적 입장의 기반이다. 이 두 영역은 본래 형이상학적 상황 전반에 내재하고 있는 것들이다. 현실적 계기에 관한 어떤 명제가 비진이라고 하는 사실은 미적 성립 형태(aesthetic achievement)에 관한 극히 중요한 사실을 표현할 수도 있다. 그것은 그 첫째의 특성인 "중대한 거절"[2)]을 표현한다. 하나의 사건은 그것에 관한 여러 비진의 명제들이 (그것에 대해) 중요성을 가지면 가질수록 결정적인 것이 된다. 즉 그 사건에 대한 이 명제들의 관련은 성립 형태로서의 그 사건 자체

* A. N. Whitehead, *An Inquiry Concerning the Principles of Natural Knowledge*, 5장, 13절 참조.—지은이 주

2) Dante, *Divina Commedia*, "Inferno", 3부, pp. 58~59.

로부터 분리될 수 없는 것이다. 이 초월적 존재들은 "보편자"라고 명명되어 왔다. 나는 이제 "영원한 객체"(eternal object)라는 말을 사용함으로써, 장구한 철학적 전통 속에서 보편자라는 말에 함의되고 있던[3] 여러 전제 조건들로부터 벗어나고자 한다. 따라서 영원한 객체는 그 본성상 추상적인 것이다. 여기서 "추상적"이란 말은 영원한 객체가 본래 어떤 것인가 하는 것—즉 그 본질—이 어떤 특정의 경험 사태와 관련시키지 않더라도 이해될 수 있다는 것을 의미한다. 추상적이라는 것은 현실에 일어나고 있는 특정의 구체적 사태를 초월한다는 것을 말한다. 그러나 현실적 계기를 초월한다는 것이 그것으로부터의 단절을 의미하는 것은 아니다. 오히려 이와는 반대로 나는 각 영원한 객체가 각 현실적 계기와 독특한 방식으로 관계 맺고 있다고 생각한다. 나는 이러한 관계를 그 사태 속으로의 영원한 객체의 진입 방식(mode of ingression)이라고 부른다. 따라서 하나의 어떤 영원한 객체는 다음의 사실을 숙지함으로써 이해될 수 있다. 즉 (1) 그 특정한 개별성 (2) 현실적 계기 속에서 실현되는 데 적합한, 다른 영원한 객체들과 그것과의 일반적인 여러 관계들 (3) 특정한 현실적 계기로의 진입을 표현하는 일반 원리 등이 그것이다.

이들 세 항목은 두 개의 원리를 표현하고 있다. 그 첫째 원리는 각 영원한 객체가 저마다 특유한 방식으로 그 자체가 되는 개별자라는 것이다. 이 특정한 개별성은 그 객체의 개별적 본질이며, 그래서 그것은 그 자체인 것으로밖에 기술될 수 없는 것이다. 따라서 개별적 본질

---

3) "보편"이 실재냐, 아니면 단순한 "소리로 나온 바람"이냐에 대해 중세기에 커다란 보편논쟁이 있었다. 전자의 입장을 "실념론", 후자의 입장을 "명목론" 내지 "유명론"이라고 부르는데, 이 양자의 논쟁은 단순히 논리적인 것이 아니고, 신학의 근본 문제에 관한 의미를 가지고 있었다.

은 단지 그 특이성과 관련해서 생각되는 본질에 불과한 것이다. 나아가 영원한 객체의 본질이란 각각의 현실적 계기에 독특하게 기여하는 것으로 생각되는 영원한 객체에 지나지 않는다. 이와 같은 독특한 기여는, 그 객체가 어떠한 진입 방식을 취해도 항상 자신의 동일성을 유지한다는 점에서 볼 때, 모든 현실적 계기에 대해 동일한 것이 된다. 그러나 그러한 기여는, 그 객체의 진입 방식의 다양성에서 볼 때, 현실적 계기에 따라 달라진다. 따라서 영원한 객체의 형이상학적 지위는 현실태에 대한 가능태의 지위인 것이다. 모든 현실적 계기는 어떻게 이들 가능태가 그 계기에 있어서 실현되느냐에 따라 그 특성이 결정된다. 그러므로 현실화란 여러 가능태들 가운데서의 선택 작용이다. 더 정확하게 말하면, 그것은 여러 가능태가 그 계기에서 실현된다고 할 때, 그 가능태들을 차별적으로 등급화시키는 선택 작용인 것이다. 이 결론에서 우리는 둘째의 형이상학적 원리에 도달한다. 즉 추상적 존재로 간주되는 영원한 객체는 다른 여러 영원한 객체들과의 관계로부터 분리될 수 없으며, 또한 비록 특정한 현실적 계기 속으로의 실제적 진입 방식으로부터 분리될 수는 있지만 현실태와의 관계로부터 전반적으로 분리될 수는 없다는 것이다. 이 원리는 각 영원한 객체가 저마다 "관계적 본질"(relational essence)을 갖는다는 명제로 표현된다. 이 관계적 본질은 그 본질을 갖는 영원한 객체가 현실적 계기 속에 진입하는 것이 어떻게 가능한가를 결정한다.

위의 사실들을 달리 말해 보기로 하자. 이제 *A*가 영원한 객체라고 한다면, *A* 그 자체의 본질에는 전체에 있어서의 *A*의 지위가 포함되며, 그래서 *A*는 이 지위로부터 분리될 수 없다. *A*의 본질에 있어, 다른 영원한 객체에 대한 *A*의 관계는 확정적이며, 현실적 계기에 대한 *A*의 관계는 불확정적이다. 다른 영원한 객체에 대한 *A*의 관계는 *A*의 본질에서 확정되어 있기 때문에 내적 관계이다. 여기서 내적 관계란 *A*의 구성 요소가 된다는 것을 의미한다. 왜냐하면 내적 관계 속에 있는 존재는 이 관계 밖에서는 존재로서 존립할 수 없기 때문이다. 다시 말해 어떤 존재가 일단 내적 관계를 갖는다면 그것은 항상 그 내적 관계를 갖는다. 그래서 *A*의 내적 관계들은 서로 결합하여 *A*의 의미를 구성하고 있는 것이다.

다음으로 어떤 존재가 그 본질 가운데 외적 관계를 수용할 수 있는 불확정성을 갖고 있지 않다고 한다면, 그 존재는 외적 관계를 가질 수 없게 된다. *A*에 적용되는 "가능태"라는 말은 단지 *A*의 본질 가운데 현실적 계기와 관계할 수 있는 가능성이 있다는 것을 의미할 뿐이다. 어떤 현실적 계기에 대한 *A*의 관계는 다른 영원한 객체들에 대한 *A*의 영원한 관계가 그 계기에서의 실현과 관련하여 차별적으로 등급화된 것에 지나지 않는다.

따라서 특정한 현실적 계기 α 속으로의 *A*의 진입을 나타내는 일반 원리는, α에로의 *A*의 진입과 관련하여 *A*의 본질에 있는 불확정성과, α에로의 *A*의 진입과 관련하여 α의 본질에 있는 확정성인 것이다. 그래서 α라는 종합적 파악태(synthetic prehension)는 *A*의 불확정성이 α의 확정성 속으로 자신을 해소시킨 것이다. 따라서 *A*와 α의 관계는 *A*에게 있어서는 외적이며, α에게 있어서는 내적이다. 모든 현실적 계기 α는 온갖 양태들이 자신을 해소시켜 명확한 현실적 진입 형태가 된 것이다. 즉 진위(眞僞)라는 것이 가능태를 대신하게 된다.[4] α에로

4) 가능태가 자기를 부정하여 현실적 계기로 진입한다. *A*가 α에 완전히 진입하면, "α는 *A*이다"는 참이며, *A*가 α에 진입하지 않았다면, "α는 *A*이다"는 거짓이다. "카데고리칼(명확한) 진입 형태"라고 할 때, 진위의 주장을 할 수 있는, 즉 어떤 단언을 할 수 있는 형태가 성립한다는 것을 의미한다.

의 A의 완전한 진입은 A 및 α에 관한, 그리고 아마도 다른 사물[5)]들에 관한 모두 참인 명제에 의해 표현된다.

다른 모든 영원한 객체들에 대한 영원한 객체 A의 확정적 관계란 A가 다른 모든 영원한 객체들과 체계적으로, 그리고 그 본성상 필연적으로 관계 맺고 있는 방식을 말한다. 그러한 관계성은 현실화의 한 가능태를 나타낸다. 그러나 관계라는 것은 거기에 연루된 일체의 관계항에 관한 하나의 사실이며, 그래서 관계항 가운데 오직 하나만을 포함하거나 하는 것처럼 다른 관계항들로부터 단절될 수 있는 것이 아니다. 그러므로 체계적인 상호 관계성이라는 일반적 사실이 가능태의 특성에 내재하고 있는 것이다. 여러 영원한 객체들의 영역을 하나의 "영역"(realm)이라고 하는 것은 적절한 표현이겠다. 왜냐하면 각 영원한 객체는 그와 같은 상호 관계의 전체적인 체계적 복합체 속에 저마다 각자의 지위를 갖기 때문이다.

α에로의 A의 진입과 관련하여, 실현에 있어 차별적으로 등급 매겨지는, 다른 영원한 객체들에 대한 A의 관계는 시공 관계에서의 A의 지위 및 다른 여러 영원한 객체들의 지위와의 관련을 통해서만 표현될 수 있다. 또한 여기서 이러한 지위는 동일한 시공 관계에서의 α의 지위 및 다른 여러 현실적 계기의 지위와의 관련을 통해서만 표현될 수 있는 것이다. 따라서 사건들의 현실적 경로가 표현될 수 있는 시공 관계란 영원한 객체들 사이에 성립하는 여러 일반적인 체계적 관계들

---

5) A는 영원한 객체의 영역에 있어 다른 모든 영원한 객체 B, C, … 와 관계하고 있다. 이때 B, C, … 는 단순히 "관계적 본질"을 갖는 데 지나지 않지만, A가 α에 진입할 때, A와 다른 객체와의 관계도 그 진입에 참여하며, 또 이로 말미암아 B, C, … 는 그 "개별적 본질"이 인정된다. 그러므로 A와 α를 포함하는 명제가 참일 뿐만 아니라 α와 B, α와 C를 포함하는 명제도 당연히 참이 된다.

내에서 이루어진 선택적인 한정에 지나지 않는다. 시공 연속체(spatio-temporal continumm)에 적용되는 "한정"이란 말은 여러 사건의 현실적 경로에 내재해 있는, 그러나 보다 추상적인 가능태에서 보면 자의적으로 상정된 것일 뿐인, 예컨대 공간의 3차원이라든가 시공 연속체의 4차원과 같은 실제적인 규정들을 의미한다. 현실적 사물의 근저에 있으면서, 각 현실적 계기에 특유한 한정과는 구별되는 이들 일반적 한정에 관한 고찰은 "신"을 문제 삼을 다음 장에서 더 상세히 이루어질 것이다.

다음으로, 현실태와의 관계에서 모든 가능태의 지위는 이 시공 연속체와의 관련을 필요로 한다. 가능태에 대한 어떤 특정의 고찰에서도 이 시공 연속체가 초월된다고 생각할 수 있을 것이다. 그러나 고찰되는 가능태가 현실태와 뚜렷이 관련되고 있는 한, 그 시공 연속체로부터의 초월이 어떻게 이루어지는가를 분명히 하지 않으면 안 된다. 일차적으로 시공 연속체는 보다 일반적인 체계적 관계의 영역에서 선택되는 관계적 가능태의 장소(locus)인 것이다. 이렇게 한정되는 관계적 가능태의 장소는 일반적 체계에 내재하는 가능태의 현실화 방식에 관한 하나의 한정을 표현한다. 그 체계에 일반적으로 결부되어 있는 모든 가능태는 이 한정에 의해 규정된다. 또한 모든 사건의 일반적인 경로에 대해 추상적으로 가능한 모든 한정은 특정한 계기에 의해서 이루어지는 특정 한정과는 구별되는 것으로, 모든 다양한 공간적 위치와 모든 다양한 시간에서의 시공 연속체를 관통한다.

기본적으로 시공 연속체란 모든 가능태들 사이의 관계에 대한 일반적인 체계인데, 이는 이 체계가 현실태의 일반적 사실과의 관련에 의해 한정되는 한에 있어 그렇다. 또한 그 체계가 현실태와의 이와 같은 관련을 포함한다는 것은 가능태의 본질에 속한다. 왜냐하면 가능태란 성립 형태에서 추상된 성립 가능성을 포함하고 있는 것이기 때문이다.

현실적 계기란 하나의 한정으로 간주되어야 한다는 것과, 이때의 한정 방식은 차별적 등급화로 특정지을 수 있다는 것은 앞에서 역설하였다. 현실적 계기(α)가 갖는 이러한 특성은 분명한 설명을 요한다. 어떠한 영원한 객체(A)의 본질에도 불확정성이 있다. 현실적 계기 α는 그 본질상 모든 영원한 객체들을 종합한다. 그렇게 하는 가운데 그것은, 다른 모든 영원한 객체에 대하여 또는 영원한 객체들의 조합에 대하여 A가 갖는 완전한 확정적 관계를 포섭한다. 이 종합은 현실화를 한정하기는 하지만 내용을 한정하지는 않는다. 각 관계는 그 내재적 자기 동일성을 보존하여 지속시킨다. 그러나 이 종합에 참여하는 관계의 등급들은 각 현실적 계기, 예컨대 α에 내재한다. 이 등급들은 오직 가치의 관여로서 표현될 수 있을 뿐이다. 다양한 계기들을 비교해 보면 이러한 가치의 관여는 A의 개별적 본질을 심미적 종합태의 한 요소로서 포함하는 단계(이 포함의 정도에는 다소간의 강약이 있지만)에서부터 A의 개별적 본질을 심미적 종합태의 한 요소로서 포함하지 않는 최저의 단계에 이르기까지 그 정도가 다양하다. 이 가치의 관여가 최저인 경우, A의 모든 확정적 관계가 그 계기에 구성 요소로 참여한다고 말할 수 있는 것은 오직 이 관계가 충실하지 못한 별개의 것으로서, 즉 충실하지 못한 체계적 기체(基體)의 한 요소를 이룰 뿐 어떠한 미적 가치도 제공하지 못하고 있는 것으로서 그 존재 방식이 확정되어 있는 것이라는 점을 인정하고서일 뿐이다. 보다 높은 단계에서도 그 관계가 여전히 충실하지 못한 것에 머물 수 있겠지만, 미적으로 관여하고 있을 것이다.

따라서 단지 다른 영원한 객체들과의 관계에 있어서만 생각된 A는

"비존재(not-being)로 생각된 *A*"이다. 여기서 "비존재"란 "현실적인 사건에의 포섭, 또는 그것으로부터의 배제라고 하는 확정적 사실이 사상(捨象)되어 있음"을 함의한다. 또한 하나의 특정한 계기 α에서 본 "비존재로서의 *A*"란 *A*가 자신의 모든 확정적 관계에 있어 α로부터 배제되고 있다는 것을 의미한다. 그리고 계기 α에서 본 존재(being)로서의 *A*란 *A*가 자신의 어떤 확정적 관계에 있어 α에 포섭되고 있다는 것을 뜻한다. 그런데 *A*의 모든 확정적 관계에 있어 *A*를 포함하는 계기란 있을 수 없다. 왜냐하면 이 관계들 가운데는 서로 대립하는 것들이 있기 때문이다. 따라서 배제된 관계에서 본 *A*는, 비록 다른 관계에서 본 *A*가 α에서 존재가 된다고 하더라도, α에 있어서 비존재가 될 것이다. 이런 의미에서 모든 계기는 존재와 비존재의 종합이다. 게다가 어떤 영원한 객체들이 단지 비존재로서 계기 α에 종합된다고 해도, 존재로서 종합되는 각 영원한 객체 또한 비존재로서 종합된다. 여기서 "존재란 미적 종합에 개별적으로 작용하는 것"을 의미한다. 또한 "미적 종합태"란, 다른 모든 현실적 계기와 내적으로 관계를 맺고 있기 때문에 받게 되는 여러 한정 밑에서 자기를 창조해 나가는 것으로 볼 수 있는 "경험적 종합"을 말한다. 따라서 우리는 위에서 이미 언급했던 대로 다음과 같이 결론지을 수 있겠다. 즉 영원한 객체들 전체가 모든 각각의 계기 속에 종합적으로 파악된다고 하는 일반적 사실은 두 가지 측면, 곧 각 영원한 객체가 여러 계기와 일반적으로 불확정적인 관계를 맺는다는 측면을 지니고 있다는 것이다. 이 언명은 어떻게 외적 관계가 가능한 것인가에 대한 설명을 요약하고 있다. 그러나 이 설명을 뒷받침하는 근거는, 시공 연속체를 더 이상 단순히 현실적 계기에 포함되어 있는 것—대개의 설명은 이런 것이다—으로 보지 않는데, 그리고 사건의 현실적 경로의 일반적 특성에 의해 한정되는 것으로서의 추상적 가능태가 지니는 일반적 성격에서 그 시공 연속체가 성립되는 것임을 드러내는 데 있다.

내적 관계와 관련하여 발생되는 난점은 어떻게 특정한 진리가 있을 수 있는 것인가를 설명하는 일이다. 내적 관계가 있는 한, 모든 것은 그 밖의 다른 모든 것에 의존하는 것이 된다. 그러나 만일 이것이 사실이라면, 우리는 모든 것에 관해 똑같이 알게 될 때까지 어떤 것에 관해서도 알 수 없게 될 것이다. 따라서 명백히 우리는 일시에 모든 것을 말하지 않으면 안 될 처지에 놓이게 된다. 이와 같은 상황을 상정하는 것은 분명히 잘못이다. 그러므로 우리가 유한한 진리를 인정하는 이상 어떻게 내적 관계라는 것이 있을 수 있는 것인지를 설명하지 않으면 안 된다.

현실적 계기는 가능태의 영역에서 선택된 것이기 때문에, 어떻게 현실적 계기가 실제로 가지고 있는 것과 같은 일반적 특성을 갖느냐를 궁극적으로 설명하려면 가능태의 영역이 갖는 일반적 특성을 분석하지 않으면 안 된다.

영원한 객체가 갖는 분석적 특성은 이 영역에 관한 기본적인 형이상학적 진리가 된다. 영원한 객체가 분석적 특성을 갖는다는 것은, 그 영역에서의 영원한 객체 A의 지위가 한정된 범위의 여러 종속적 관계들로 분석될 수 있다는 것을 의미한다. 예를 들어 B와 C를 다른 두 영원한 객체라고 할 때, A, B, C만을 포함하는, 즉 관계항으로서 이들 이외의 다른 특정한 영원한 객체를 끌어들일 필요가 없는 어떤 완결된 관계 $R(A, B, C)$이 있다고 가정해 보자. 물론 이 관계 R은 영원한 객체들인 여러 종속적 관계를 포함하고 있을 것이며, $R(A, B, C)$ 그 자체도 하나의 영원한 객체이다. 또 동일한 의미에서 A, B, C만을 포함하는 다른 관계들도 있을 것이다. 이제 우리는 영원한 객체들의 내적 관계와 관련해서, 이 한정된 관계 *R*이 어떻게 가능한 것인가 하는 점을 검토해 보아야 하겠다.

영원한 객체의 영역에 유한한 관계들이 존재하는 이유는 이 객체들 사이의 관계가 전혀 선택의 여지가 없는 완전한 체계를 이루고 있다는 데 있다. 지금 우리가 논의하고 있는 것은 가능태의 존재인데, 모든 가능한 관계는 가능태의 영역에 있다. 각 영원한 객체가 갖는 그와 같은 모든 관계는, 그 객체가 일반적 관계 도식에서 하나의 관계항으로서 점유하는 완전히 결정된 지위에 기초를 두고 있다. 이 결정된 지위는 내가 객체의 "관계적 본질"이라고 불렀던 것이다. 이 관계적 본질은 오직 그 객체만을 축으로 하여 결정된 것이며, 그래서 그 본질이 복합적일 경우(이에 대해서는 바로 뒤에 설명하겠다.) 그 객체의 개별적 본질에 특수하게 포함되어 있는 객체들 이외에는 다른 어떤 객체와의 관련도 필요로 하지 않는 것이다. "임의의"(any)와 "어떤"(some)이라는 말의 뜻, 즉 논리학에서의 "변항"(variable)의 의미는 다음과 같은 원리에서 나온다. 즉 결정된 영원한 객체 *A*가 *n*개의 다른 영원한 객체들에 대해서 가지는 어떤 결정된 관계의 성립방식은, 다른 *n*개의 객체들이 다양한 관계에 있어 저마다의 역할을 수행할 지위를 반드시 갖는다는 것 이외에는 그 *n*개의 객체들 X_1, X_2, ⋯ X_n에 대한 어떠한 규정도 필요로 하지 않고 특정하게 규정될 수 있다는 것이다. 이 원리는 하나의 영원한 객체의 관계적 본질이 그 객체만의 것이 아니라는 사실에 근거하고 있다. 각 영원한 객체는 내적으로는 가능한 모든 관계를 유지하고 있기 때문에, 각 객체의 관계적 본질만으로 관계적 본질들의 완전한 도식이 결정된다. 그래서 가능태의 영역은 영원한 객체들의 유한 집합들 사이에 성립되는 여러 관계의 일정한 도식을 제공한다. 그리고 모든 영원한 객체들은 각자의 지위가 허용하는 한에 있어 그러한 모든 관계에 참여한다.

따라서 (가능태에 있는 것으로의) 관계들은 영원한 객체의 개별적 본질을 포함하지 않는다. 그것들은 임의의 영원한 객체들을 관계항으로서 포함하지만, 이는 이들 관계항이 불가피하게 관계적 본질을 보유한다는 조건하에서이다. (바로 이 조건이 "임의의 영원한 객체"라는 말 속의 "임의의"를 자동적으로 그리고 필연적으로 규정한다.) 이 원리는 가능태의 영역에서의 영원한 객체의 고립(the Isolation of Eternal Objects)에 관한 원리이다. 영원한 객체들이 저마다 고립되어 있다는 것은 가능태로서의 그것들의 관계가 그들 각각의 개별적 본질을 떠나서 표시될 수 있다는 것을 의미한다. 가능태의 영역과는 반대로, 영원한 객체들이 현실적 계기에 포함된다고 하는 것은 그들 객체들이 가질 수 있는 관계들 중의 어떤 것과 관련하여 그 객체들의 개별적 본질들이 공재한다는 것을 의미한다. 이처럼 실현된 공재태(togetherness)는 특정한 영원한 관계에 의해 한정되는—즉 형체를 이루는—발현적(emergent) 가치의 성립 형태이며, 이때 그 공재태는 이 영원한 관계와 관련하여 실현되고 있는 것이다. 따라서 영원한 관계는 형상, 즉 에이도스(eidos)이며, 발현하는 현실적 계기는 형상을 부여받은 가치의 자기 초월체(superject)[6]이다. 그리고 어떤 특정의 자기 초월체로부터

6) 여기서 "자기 초월체"라고 옮긴 superject는 화이트헤드가 자주 사용하는 독특한 신조어이다. 어떤 *A*인 "현실적 존재"가 *B*인 "현실적 존재"에 "파악"되어 *A*가 *B* 속에 "객체화"된다고 할 때, 그때까지 *A*가 가지고 있던 *A*로서의 주체적 창조성이 소멸되고, *B*의 주체적 창조성 속으로 합병되는 일이 생기게 된다. 이러한 경우에, *B*라는 발전적인 "주체"에 대해서 *A*쪽은 "자기 초월제"라고 부른다.

이 말은 이 책에서는 한 번밖에 사용되지 않았으나, *Process and Reality*에서는 자주 사용되고 있다. 하나하나의 "현실적 계기"(*Process and Reality*에서는 "현실적 존재")는 그 자신이 다른 많은 현실적 계기를 파악하지만, 그 방식에는 저마다 독자적인 형식이 있고, 그런 의미에서 저마다 주관, 주체(subject)이지만, 파악된 내용을 선택하고, 어떤 것은 소

추상된 것으로서의 가치는 추상적인 질료, 즉 힐레(hȳlē)로서, 모든 현실적 계기에 공통되는 것이다. 가치를 포함하지 않는 가능태를 파악하여 형상을 부여받은 자기 초월체적 가치로 종합하는 활동력은 실체적 활동력(substantial activity)이다. 이 활동력은 형이상학적 상황에 들어 있는 정태적인 요소들에 대한 분석에서는 항상 도외시된다. 이 형이상학적 상황에서 분석된 요소들은 실체적 활동력의 속성들이다.

영원한 객체들 사이에 성립되는 유한한 내적 관계라는 개념에 내재하는 난점은 다음의 두 가지 형이상학적 원리에 의해 극복할 수 있다. 즉 (1) 영원한 객체 *A*를 구성하고 있는 것으로 간주되는 *A*의 관계들은 다른 영원한 객체들을 관계항으로서만 포함할 뿐 이것들의 본질과는 무관하다는 것과, (2) 그러므로 *A*의 일반적 관계가 *A*가 갖는 다수의 유한한 관계로 분할될 수 있다는 것은 그 영원한 객체의 본질에 속한다는 것이 그것이다. 이 둘째의 원리는 명백히 첫째의 원리에 의존하고 있다. *A*를 이해한다는 것은 일반적 관계 도식의 형태가 어떠한가를 이해한다는 것이다. 이 관계 도식은 다른 관계항의 개별적 특성에 대한 인식 없이도 이해될 수 있다. 이 도식은 또한 저마다 개별성을 갖고 있으면서 동시에 가능태 내에서의 관계 전체를 전제로 하고 있는 다수의 한정된 관계들로 분석될 수 있는 것으로 나타난다. 현실

극적으로 어떤 것은 적극적으로 살려서, 각 현실적 계기의 개체적 완전체를 만들고 있어서, 이를 superject라고밖에는 달리 말할 수 없는 것이 동시에 성립된다. 그렇기 때문에 화이트헤드는 subject-superject라는 용어로 나타내는 성격을 현실적 계기의 구체상으로 보았다. subject라고 말하는 경우에도 이런 성격이 유지되기를 바라고 있는 것 같다.

*Webster's Third New International Dictionary*에는 'superject'를 다음과 같이 설명한다.

"an individual or an actual entity that progressively emerges through feelings and the attainment of satisfactions <for the philosophy of organism, a subject emerges from the world a superject rather than a subject—A. N. Whitehead—", p. 2294.

태와 관련해서 보면, 먼저 여러 관계가 일반적으로 규정되고, 이것에 의해 아직 규정되지 않은 일반적 도식이 4차원의 시공 도식으로 전환된다. 이 시공적 도식은 말하자면 모든 영원한 객체에 내재하는(현실태에 의해 한정되는) 관계 도식들의 최대 공약수이다. 이것은 곧 영원한 객체 (*A*)의 선택된 관계들이 어떻게 임의의 현실적 계기에서 실현되고 있느냐 하는 것은 그 시공 도식에 있어서의 *A*의 지위를 밝힘으로써, 그리고 다른 현실적 계기들에 대한 이 현실적 계기의 관계를 이 도식을 통해 밝힘으로써 언제나 분석될 수 있다는 것을 의미한다. 일정한 영원한 객체들의 한정된 집합에 속하는 일정한 영원한 객체들을 포함하고 있는 일정하고 유한한 관계는 그 자체가 하나의 영원한 객체이다. 그것은 그 관계 내에 있는 여러 영원한 객체로 이루어지는 것이다. 나는 이러한 영원한 객체를 "복합적"이라 부르고, 복합적인 영원한 객체의 관계항들인 여러 영원한 객체는 복합적 · 영원한 객체의 "구성 요소"라 부르겠다. 또 이들 관계항 가운데 그 자체가 복합적인 것이 있다면, 이것의 구성 요소는 처음의 복합적인 영원한 객체의 "2차적 구성 요소"라 부를 것이다. 그리고 2차적 구성 요소들의 구성 요소도 또한 처음 객체의 2차적 구성 요소라고 부르겠다. 따라서 영원한 객체가 복합적이라는 것은, 그것이 여러 구성 요소를 이루는 영원한 객체들의 관계로 분석될 수 있다는 것을 의미한다. 또 여러 영원한 객체들의 일반적인 관계 도식을 분석한다는 것은 그 도식을 다수의 복합적인 영원한 객체로 표시한다는 것을 의미한다. 구성 요소들의 관계로 분석될 수 없는 영원한 객체, 예컨대 어떤 일정한 색조의 녹색과 같은 것은 "난순한" 것이라 불릴 것이다.

이제 우리는 어떻게 해서 영원한 객체 영역의 분석적 특성이 그 영역을 여러 등급으로 분석될 수 있게끔 하는지를 설명할 수 있겠다.

가장 낮은 등급의 영원한 객체는 그 개별적 본질이 단순한 객체이다. 이 등급은 복합성이 영(零)인 등급이다. 다음으로 단순한 객체들의 한 조합을, 이 객체들의 수가 유한하든 무한하든 간에 고찰해 보자. 예를 들어 그 어느 것도 복합적인 것이 아닌 영원한 객체들 A, B, C로 이루어진 조합을 가정해 보자. 그리고 A, B, C 사이에 가능한 어떤 일정한 관계를 $R(A, B, C)$이라고 하자. 간단한 예를 들자면, A, B, C는 언제 어디서나 정사면체의 3면과 같은 시공 관계로 결합하고 있는 세 가지 일정한 색체들이라고 생각해 볼 수 있겠다. 그런데 이때 $R(A, B, C)$도 그 복합성에 있어 최저 등급에 있는 영원한 객체이다. 이렇게 해서 점차적으로 더 높은 등급에 속하는 여러 영원한 객체들이 있는 것이다. 복합적인 영원한 객체 $S(D_1, D_2, \cdots D_n)$와 관련하여, 그 개별적 본질들이 $S(D_1, D_2, \cdots D_n)$의 개별적 본질을 구성하고 있는 영원한 객체들 $D_1, \cdots D_n$은 S의 구성 요소라 불린다. 여기서 $S(D_1, \cdots D_n)$가 속해 있는 복합성의 등급은 명백히 그 구성 요소들이 속해 있는 복합성의 최고 등급보다 한 등급 높은 것으로 간주되어야 한다.

이처럼 가능태의 영역은 단순한 영원한 객체들과 복합적인 영원한 객체들의 다양한 등급으로 분석된다. 복합적인 영원한 객체는 추상의 상황(an abstract situation)이다. 특정한 영원한 객체의 추상, 즉 비수학적 추상에는 이중의 의미가 있다. 현실태로부터의 추상과 가능태로부터의 추상이 그것이다. 예를 들어 A와 $R(A, B, C)$은 모두 가능태의 영역으로부터의 추상이다. 여기서 A는 그것이 갖는 모든 가능적 관계들—$R(A, B, C)$도 그들 가운데 하나인데—에 있어서의 A를 의미하지 않으면 안 된다. 또한 $R(A, B, C)$도 그것이 갖는 모든 가능한 관계에 있어서의 $R(A, B, C)$을 의미한다. 그러나 이런 의미의 $R(A, B, C)$은 A가 들어갈 수 있는 다른 관계들을 배제한다. 그러므로 $R(A, B, C)$에서의 A는 단순한 A보다 더 추상적이다. 따라서 단순한 영원한 객체의 등급에서 보다 높은 복합적 객체의 등급으로 나아감에 따라, 우리는 점차 가능태의 영역으로부터 더 높은 등급의 추상에 이르게 된다.

이제 우리는 가능태의 영역으로부터의 어떤 일정한 형태의 추상을 향해 뚜렷이 진행되어 나아가는 계속적인 등급들을 이해할 수 있게 되었다. 그리고 이때의 진행은 점차적으로 복합성이 증대되어 가는 여러 등급을 통해 나아가는 (것으로 간주되는) 진행을 포함하는 것이었다. 나는 이와 같은 진행의 노선을 "추상의 위계 조직"이라고 부르겠다. 모든 추상의 위계 조직은, 그것이 유한한 것이든 무한한 것이든 간에, 어떤 한정된 일군의 단순한 영원한 객체들을 기반으로 한다. 나는 이 일군의 객체들을 위계 조직의 "기반"이라 부르겠다. 따라서 추상의 위계 조직의 기반은 그 복합성이 영(零)인 객체들의 조합이다. 추상의 위계 조직을 형식적으로 정의하면 다음과 같다.

일군의 단순한 영원한 객체들을 g라고 할 때, "g를 기반으로 하는 추상의 위계 조직"은 다음의 조건들을 만족시키는 영원한 객체들의 조합이 된다.

(1) g에 속하는 영원한 객체들은 그 위계 조직에 속하며, 그것들만이 그 위계 조직에서의 단순한 영원한 객체라는 것.

(2) 그 위계 조직 내의 복합적인 영원한 객체의 구성 요소들은 또한 그 위계 조직의 구성원이 된다는 것.

(3) 그 위계 조직에 속하는 영원한 객체들의 어떤 조합에서도, 그 객체들은 그것들이 모두 같은 등급의 것이든 서로 다른 등급의 것이든 간에 서로 제휴하여, 그 위계 조직에 속해 있는 (적어도) 하나의 영원한 객체의 구성 요소 내지 2차적 구성 요소가 된다는 것.

여기서 주의해야 할 점은 영원한 객체의 구성 요소들은 어디까지나 그 객체 자체보다 낮은 등급의 복합성을 갖는다는 것이다. 따라서 그와 같은 위계 조직에 속하는, 제1등급의 복합성을 지니는 모든 구성원은 오직 군(群) *g*의 구성원들만을 자신의 구성 요소로 가질 수 있는 것이다. 또 제2등급에 속하는 구성원은 모두 그 구성 요소로서 오직 제1등급의 구성원과 *g*의 구성원만을 가질 수 있는 것이다. 그리고 바로 이런 방식으로 계속해서 더 높은 등급의 구성원이 성립된다.

추상의 위계 조직이 만족시켜야 하는 위의 세 번째 조건은 연결의 조건이라 부르겠다. 추상의 위계 조직은 그 기반에서 출발한다. 그것은 그 기반으로부터 순차적으로 이어지는 각 등급을 포함하며, 이러한 등급의 계열은 무한히 계속되는 것일 수도 있고, 그 최고의 등급을 갖는 것일 수도 있다. 그리고 그 위계 조직은 더 낮은 등급에 속하는 그 구성원들의 조합이 그 위계 조직에 들어 있는 (적어도) 하나의 구성원의 구성 요소 내지 2차적 구성 요소의 조합으로 (더 높은 등급에서) 재현됨으로써 "연결되고" 있다.

추상의 위계 조직은, 그것이 어떤 유한한 등급의 복합성을 갖는 데 그치는 경우 "유한한" 것이라고 불리며, 그것이 모든 등급의 복합성에 각기 속해 있는 구성원들을 포함하고 있는 경우 "무한한" 것이라 불린다.

여기서 유의해야 할 것은 추상의 위계 조직의 기반이 임의의 수—유한이든 무한이든—의 구성원들을 포함하고 있을 수 있다는 점, 그리고 그 기반의 구성원들의 수가 무한하다는 것은 그 위계 조직이 유한한가 무한한가 하는 것과는 아무런 관계도 없다는 점이다.

추상의 유한한 위계 조직은 그 정의(定義)에 의해 최대의 복합성의 등급을 갖는다. 이 등급의 특징은 이 등급에 속한 구성원이 이 위계 조직의 임의의 등급에 속하는 다른 어떠한 영원한 객체의 구성원도 될 수 없다는 점이다. 또한 이와 같은 최대의 복합성의 등급은 오직 하나의 구성원만을 갖는 것이지 않으면 안 된다는 것은 분명하다. 왜냐하면 그렇지 않을 경우, 연결의 조건이 충족되지 않을 것이기 때문이다. 이와 반대로 임의의 복합적인 영원한 객체는, 분석에 의해 발견되는 하나의 추상의 유한한 위계 조직을 규정한다. 우리가 출발점으로 삼는 이 복합적인 영원한 객체는 그 추상의 위계 조직의 "정점"이다. 그것은 최대의 복합성의 등급에 속하는 유일한 구성원인 것이다. 분석의 첫 단계에서 우리는 그 정점의 구성 요소들을 얻을 수 있다. 이 구성 요소들은 다양한 복합성을 지니고 있을 수 있지만, 이들 가운데는 정점의 복합성보다 한 등급 낮은 복합성을 갖는 구성원이 적어도 하나 들어 있어야만 한다. 문제의 영원한 객체보다 한 등급 낮은 등급은 그 객체에 대한 "최근위(最近位) 등급"이라고 부르기로 하겠다. 다음으로 우리는 정점의 구성 요소들로서 최근위 단계에 속하는 것들을 취하며, 두 번째 단계로서 그것들을 그 구성 요소들로 분석한다. 이 구성 요소들 가운데에는 이렇게 분석된 객체들에 대한 최근위 등급에 속하는 것들이 있어야만 한다. 그 객체들에 덧붙여, 정점의 구성 요소들로서 그 정점에서 보아 '두 번째 최근위 등급'에 속하는 것들을 취하고 세 번째 단계로서 앞에서와 같은 분석을 해 보자. 이렇게 하면 우리는 정점에서 보아 세 번째 최근위 등급에 속하는 객체들을 알 수 있게 된다. 여기에다 다시 이 등급에 속하는 구성 요소로서 지금까지의 분석에서 제외되었던 것들을 추가시켜 보자. 이런 방식으로 순차적인 분석의 단계를 밟아 나간다면, 궁극적으로 우리는 단순한 객체들의 등급에 이르게 될 것이다. 이 등급은 그 위계 조직의 기반을 구성하고 있는 것이다.

여기서 유의해야 할 점은 위계 조직을 문제 삼을 때 우리는 전적으로 가능태의 영역 속에 있게 된다는 사실이다. 그러므로 영원한 객체들은 현실적으로 공재하고 있는 것이 아니라 "고립 상태"에 있는 것이다.

아리스토텔레스가 현실적 사실을 더 추상적인 요소들로 분석하기 위해 사용한 논리적 수단은 종(種)과 유(類)로 분류하는 것이었다. 이 수단은 예비적 단계의 과학에 적용되어 지극히 중요한 역할을 하고 있다. 그러나 그것이 형이상학적 기술(記述)에 사용될 때, 그것은 형이상학적 상황에 대한 참된 통찰을 왜곡시킨다. "보편"(universal)이라는 술어는 아리스토텔레스적인 분석과 밀접한 관계가 있다. 그 술어는 최근에 넓은 의미로 사용되기에 이르렀지만, 여전히 위에서 말한 바와 같은 분류적 분석을 함의하고 있다. 이런 이유에서 나는 그 술어를 피했던 것이다.

임의의 현실적 계기 α에는 단순한 영원한 객체들의 군(群) g가 들어 있으며, 그 객체들은 그 군을 가장 구체적인 형태로 조성한다. 발현하는 개별적 계기의 형성에 있어, 이처럼 단순한 영원한 객체들이 다른 영원한 객체들과 개별적 본질이 가장 완벽하게 서로 융합하도록 그 계기에서 완벽하게 조성된다는 것은 명백히 그 계기 특유의 것으로서 그 밖의 다른 어떤 것에 의해서도 규정될 수 없다. 그러나 그 조성은 필연적으로 그것에 귀속되는 독특한 특성을 갖는다. 이 특성은 α에서의 그와 같은 완벽한 포섭 형태에 모든 구성원들이 똑같이 포함되고 있는 군 g를 기반으로 하는 추상의 무한한 위계 조직이 존재한다는 것이다.

이와 같은 추상의 무한한 위계 조직이 존재한다는 것은 현실적 계기가 개념에 의해서는 완벽하게 기술될 수 없는 것이라는 사실을 함의한다. 나는 α에 결부되는 추상의 무한한 위계 조직을 "α에 결합된 위계 조직"이라고 부르겠다. 이것은 또한 현실적 계기의 연계성이라는 개념이 의미하는 것이기도 하다. 한 계기의 이러한 연계성은 그 계기의 종합적 통일성 및 그 가지성(可知性)에 필요한 것이다. 그 계기에 적용될 수 있는 개념들을 연결시키는 위계 조직이 있으며 여기에는 모든 등급의 복합성을 갖는 개념들이 들어 있다. 또한 그 현실적 계기에서, 이 복합적 개념들 속에 들어 있는 여러 영원한 객체의 개별적 본질들은 미적 종합을 이룩하며, 이 미적 종합은 하나의 독립된 경험으로서의 계기를 산출한다. 이와 같은 결합된 위계 조직은 그 계기가 그 계기의 완전한 현실화에 참여하는 것에 의해 구성되는 한, 그 계기의 형태나 패턴 또는 형상인 것이다.

추상의 정도에 관한 한, 가능태로부터의 추상은 현실태로부터의 추상과 정반대의 방향으로 진행된다는 사실 때문에 사고에 있어 다소간의 혼란이 빚어져 왔다. 왜냐하면 분명히, 현실적 α를 기술함에 있어 α에 결합된 위계 조직에 들어 있는 보다 높은 등급의 복합성을 지닌 구성원을 α의 술어로 사용할 때, 우리는 그 구체적인 사실 전체에 한층 더 가까이 접근하게 되기 때문이다. 그리고 이때 우리는 α에 관해서 더 많은 것을 말한 것이 된다. 그래서 더 높은 등급의 복합성에 힘입어 우리는 α의 완전한 구체성에 접근하게 되며, 더 낮은 복합성에서는 그러한 구체성으로부터 멀어지게 된다. 그러므로 단순한 영원한 객체들은 현실적 계기로부터의 최대의 추상을 나타내는 반면 가능태의 영역으로부터의 최소의 추상을 나타낸다. 고도의 추상이 논의될 때, 흔히 거론되는 의미의 것은 가능태의 영역으로부터의 추상, 바꾸어 말해 정교한 논리적 구성이라는 점이 이제 분명해지리라 여겨진다.

지금까지 나는 현실적 계기를 오직 그 완전한 구체성에서만 고찰해 왔다. 현실적 계기가 자연에서의 사건이 되는 것은 바로 그런 측면에서이다. 그러나 이러한 의미의 현실적 계기에 입각한 자연의 사건이란 완전한 현실적 계기로부터 추상된 것에 불과하다. 완전한 계기는, 인식 경험에 있어 기억, 예상, 상상 및 사유의 형태를 지니고 있는 것을 포함한다. 경험적 계기에 있어서의 이 요소들은 또한 복합적인 영원한 객체들을 발현하는 가치의 요소로서 종합적 파악에 포섭되는 방식들이기도 하다. 이러한 포섭 방식들은 완전한 구체적 포섭과는 다르다. 어떤 의미에서 이 차이는 설명하기 어렵다. 왜냐하면 포섭의 방식은 저마다 독특한 것이어서 다른 어떤 것에 의해서도 설명될 수 없는 것이기 때문이다. 그러나 이들의 포섭 방식과 앞에서 논의한 완전한 구체적 진입을 구별할 수 있게 해 주는 차이점이 있다. 이 종차(種差, differentia)는 (돌연) 분단(abruptness)이다. 여기서 "분단"이란, 기억되거나 예상되거나 상상되거나 사고되는 것은 하나의 유한한 복합적 개념으로 완전히 표현될 수 있다는 것을 의미하는 말이다. 위의 어느 경우에서도 그 계기 속에는 하나의 유한한 영원한 객체가 유한한 위계 조직의 정점으로서 파악되고 있는 것이다. 현실의 무제한성으로부터의 이러한 단절은 임의의 계기에 있어 정신적이라고 불리는 것과, 정신 작용이 관여하는 물리적 사건에 속하는 것을 분리시키는 역할을 한다.

대체로 지금 문제되고 있는 영원한 객체들에 대한 파악에 있어서는 그 선명도가 다소 떨어지는 것처럼 보인다. 예를 들어 흄은 "희미한 모사"(模寫, faint copies)라는 말을 하고 있다. 그러나 이 희미함이라는 것은 구별의 근거로서 매우 위험스런 것이라고 여겨진다. 사고에 나타나는 사물이 부주의한 자연적 경험에 나타나는 그와 동일한 사물보다 더욱 선명한 경우가 흔히 있다. 그러나 정신적인 것으로 이해되는 존재들은, 사고에 나타난 그들의 여러 관계 속에서 더 높은 등급의 복합성을 끝까지 탐구하려 할 때 우리가 거기서 궁극적으로 더 이상 나아갈 수 없는 등급에 부딪치게 된다고 하는 조건 아래에 항상 놓여 있다. 어떠한 내용의 것이든 오직 그것만을 생각했을 뿐 그 이상은 생각해 보지 않았다는 것으로 밝혀지는 경우가 언제나 있는 법이다. 여기에는 무제한한 복합성의 더 높은 등급으로부터 유한한 개념을 단절시키는 한계가 있는 것이다.

따라서 현실적 계기란 하나의 무한한 위계 조직(그 계기와 결합된 위계 조직)을 여러 유한한 위계 조직과 함께 결부시켜 파악한 것이다. 그 계기에서의 무한한 위계 조직의 종합은 그 위계 조직 특유의 실현 방식에 따라, 또 그 계기에서의 유한한 위계 조직들의 종합은 이 위계 조직들 특유의 각 실현 방식에 따라 이루어진다. 경험적 계기의 일반적 특성에 관한 이러한 설명이 합리적인 일관성을 가지는 데 있어 불가결한 하나의 형이상학적 원리가 있다. 나는 이 원리를 "실현의 투명성"(The Translucency of Realisation)이라고 부른다. 이것은 영원한 객체란 그것이 어떠한 방식의 실현에 포함되더라도 그 자체로서 변하지 않는다는 것을 의미한다. 개별적 본질이 변하면 거기에는 반드시 다른 영원한 객체가 나타난다. 각 영원한 객체의 본질에는 현실적 계기에로의 어떠한 진입 방식에 대해서도 차별 없이 대처하고 있음을 나타내는 불확정성이라는 것이 있다. 그래서 인식 경험에 있어서는, 동일한 계기 속에서 하나 이상의 실현 방식에 포함되어 진입하고 있는 동일한 영원한 객체에 대한 인식이 있을 수 있다. 따라서 영원한 객체가 실현에 있어 투명하다는 사실은 동일한 계기로의 진입 방식이 여러 가지로 가능하다는 사실과 더불어 진리 대응설[7]의 기초를 이루고 있다.

이처럼 현실적 계기를 영원한 객체들의 영역과의 관계로 설명하는 가운데 우리는 수학의 본질을 논했던 2장의 일련의 사상으로 되돌아가게 되었다. 즉 우리는 피타고라스의 착상을 확대시켜 이를 형이상학의 제1장으로 제시한 셈이다. 다음 장에서는 형이상학적으로 말한다면 하나의 사실일 수 없을 것이라는 점에서 그 자체가 제한된 의미의 사실인, 사건들의 어떤 실현 과정이 존재한다고 하는 까다로운 문제를 다루어 보려고 한다. 그러나 다른 형이상학적인 탐구, 예컨대 인식론이라든가 가능태의 영역에 들어 있는 무궁무진한 요소들 중의 일부에 대한 분류라든가 하는 것은 생략하겠다. 이 마지막 논제는 형이상학을 여러 학문들의 전문적인 주제들 앞으로 이끌어 간다.

---

7) 진리 대응설(correspondence theory of truth)
판단은 진위의 문제와 관계된다. 진리 대응설이란 관념과 사실을 비교해 보아서 이 양자가 일치하거나 대응했을 때는 진리, 그렇지 않을 때는 허위가 된다는 설이다. 그러나 이는 막연한 설임을 면하지 못한다. 그런데 화이트헤드는 진위가, 여러 현실적 사건들이 내적으로 결합된 하나의 조직체의 술어가 될 복합적인 영원적 대상과, 이 조직체가 실제로 나타내 보이는 현실적인 여러 성질과의 비교와 관계된다고 보았다. 관념과 사실을 비교한다는 것은 별개의 차원에 있는 것을 비교한다는 뜻이 되지만, 화이트헤드의 견해는 비교되는 이 양자가 어떤 의미로는 다 같이 현실적이며, 따라서 같은 차원의 것으로 본다고 할 수 있다.

제11장

신

아리스토텔레스는 그의 형이상학을 완결 짓는 데 제1운동자(Prime Mover), 즉 신의 도입이 필요하다고 생각하였다. 이것은 두 가지 이유에서 형이상학의 역사에 있어 중요한 사실이 된다. 우선 무엇보다도, 만일 우리가 천재적인 통찰력, 박학다식, 그리고 형이상학의 사표로서의 역할 능으로 보아 가장 위대한 형이상학자라는 자격을 누군가에게 부여하려고 한다면, 우리는 아리스토텔레스를 택해야 할 것이다. 둘째로, 그는 이 형이상학적 문제를 고찰하는 데 있어 전적으로 냉정하였다. 그는 유럽의 일류급 형이상학자들 가운데 전적으로 냉정했다고 할 수 있는 최후의 인물이었던 것이다. 아리스토텔레스 이후, 윤리적 관심이나 종교적 관심이 형이상학의 여러 결론에 영향을 미치기 시작하였다. 유태인들은 처음에는 그들 스스로, 나중에는 외력에 의해 흩어지게 되었고, 그래서 유태-알렉산드리아학파가 일어났다. 다음으로 기독교가, 그리고 바로 그 직후에는 이슬람교가 여기에 끼어들게 되었다. 아리스토텔레스가 당시 접하고 있던 그리스의 신들은 진직으로 자연 속에 들어 있는 종속적인 형이상학적 존재들이었다. 그렇기 때문에 그는 제1운동자의 문제를 고찰함에 있어 어떠한 선입견도 없이 다만 자신이 가지고 있던 형이상학적 사상이 이끄는 대로 어디에로나 따라가고자 했을 것이다. 그 문제는 종교적인 목적에 유용한 신을 창조하는 방향으로 깊숙이 그를 끌고 가지는 않았던 것이다. 본래적인 의미의 일반적 형이상학이 다른 선입견을 부당하게 끌어들이지 않고서, 과연 아리스토텔레스가 도달했던 경지 이상으로 나아갈 수 있는 것인지는 의문이다. 그러나 그의 결론은 비교적 좁은 경험적 토대에서 얻어지는 자료를 개념 구성에 유용하게 활용하고자 할 때 반드시 필요한 최초의 일보를 내딛고 있다. 왜냐하면 제한된 형태의 경험에서 얻어지는 것들은 모두 우리가 모든 현실적 사물의 근저에 있는 어떤 존재에 대한 관념을 형성하는 데, 사물의 일반적 특성이 그러한 존재를 필요로 하지 않는 한 아무런 빛도 던져 줄 수 없기 때문이다.

제1운동자란 말에서 아리스토텔레스의 사상이 그릇된 물리학과 우주론의 여러 논제에 사로잡혀 있음을 보여 주고 있다. 아리스토텔레스의 물리학에서 물리적 사물들이 운동을 계속하는 데는 저마다 원인이 필요했다. 이러한 원인들은 우주의 전체적 운동이 유지될 수 있는 것이라 한다면, 아리스토텔레스의 체계와 쉽게 조화될 수 있는 것이었다. 왜냐하면 그때 우주 전체의 작용 체계와 관련해서 각 사물은 그 나름의 진정한 목표를 부여 받을 수 있게 될 것이기 때문이다. 바로 이런 연유에서, 사물들을 조정하는 여러 천구(天球)의 운동을 떠받치는 제1운동자가 필요했던 것이다. 오늘날에는 아리스토텔레스의 물리학이나 그의 우주론은 부정되고 있기 때문에 앞에서 말한 그런 논거 자체가 성립되지 않는다는 것은 명백하다. 그러나 만약 우리의 일반적 형이상학이 앞 장에서 개괄했던 것과 유사한 것이라면, 앞 장에서 말한 것과 같은 형이상학적 문제가 제기될 것이며, 그것 또한 앞 장에서 말한 것과 같은 방법으로 해결할 수밖에 없을 것이다. 이제 우리는 아리스토텔레스가 말하는 제1운동자로서의 신 대신에 "구체화의 원리"(the Principle of Concretion)로서의 신을 필요로 한다. 이 점이 입증되기 위해서는 현실적 계기의 진전, 즉 실현의 과정이 갖고 있는 일반적 의미가 무엇인지 밝혀져야만 한다.

우리는 현실태를 무한한 가능태와 본질적으로 관계하고 있는 것으로 생각한다. 영원한 객체들은 현실적 계기에 위계적 패턴을 부여하는데, 이들 패턴은 천차만별의 형태로 포섭되기도 하고 배제되기도 한다. 이를 다른 관점에서 보면 하나하나의 모든 현실적 계기는 가능태에 부과된 한정이며, 이러한 한정으로 말미암아 사물들의 구체적인 공재태(togetherness)라는 특정한 가치가 발현하게 되는 것이라고 말할 수 있다. 이것은 우리가 하나의 계기를 가능태에 비추어 고찰하는 경우와 가능태를 하나의 현실적 계기에 비추어 고찰하는 경우를 표현하는 방식이다. 그러나 고립되어 있는 계기라는 의미에서 하나의 계기라는 것은 있을 수 없다. 현실태란 어디까지나 공재태-현실태에 관여하지 않는 경우에 있어서 고립되어 있는 영원한 객체들의 공재태 및 모든 현실적 계기들의 공재태인 것이다. 이 장에서 내가 하고자 하는 것은 여러 현실적 계기들의 통일을 기술하는 일이다. 앞 장에서는 추상적인 것에만 주목했었는데, 이 장에서는 구체적인 것, 즉 공재태의 생성에 관해 고찰해 보려고 한다.

어떤 하나의 계기 α가 있다고 하자. 여기서 우리는 다른 여러 현실적 계기들과 α와의 관계가 α의 본질을 구성한다고 할 때, 그 다른 계기들이 어떻게 α 속에 포함되는가를 밝혀야 한다. 그 자체에 있어서 α는 현실적 경험의 단위이다. 따라서 우리가 묻고 있는 것은 다른 여러 계기가 어떻게 α라는 경험에 들어오게 되는가 하는 것이다. 나로서는 지금 인식 경험을 제외시켜야 하겠다. 위의 물음에 대한 궁극적인 답변은, 현실적 계기들 사이의 관계들이 추상의 영역에 있어서와 영원한 객체들 사이의 관계들과 마찬가지로 그 유형에 있어 한없이 다양하다는 것이다. 그러나 그러한 관계들은 기본적인 몇 개의 유형으로 나누어 볼 수 있는데, 우리는 이것들에 힘입어 다양한 복합적인 관계 전체를 기술해 낼 수 있다.

하나의 계기가 다른 계기의 본질 속으로 들어가는 방식들을 이해하기 위한 예비 단계로서, 그 방식들은 앞 장에서 논의된 추상의 위계 조직들이 실현되는 방식에 포함되어 있다는 점에 유의할 필요가 있다. α에서 실현된 추상의 여러 위계 조직에 포함되어 있는 시공 관계들은 모두 α 및 α에 들어가는 여러 계기에 의해 한정된다. 따라서 들어가는 계기들은 그들의 양상을 여러 위계 조직에다 부여하며, 그렇게 함으로써 시공적 양태들을 명확한 규정으로 전환시킨다. 그리고 그 위계 조직들은 이들 계기에 형상들을 부여하며, 그렇게 함으로써 들어가는 계기들이 오직 그러한 형상들을 갖추고서만 들어가도록 한정한다. 그러므로 (앞 장에서 보았듯이) 하나하나의 계기들은 모두 모든 영원한 객체들을 현실태의 여러 등급을 통해 한정함으로써 종합한 것이라고 할 수 있는 것과 마찬가지로, 그것들은 모든 계기들을 들어가는 방식의 여러 등급을 통해 한정함으로써 종합한 것이라 할 수 있다. 각 계기는 그 나름의 한정 방식을 통해 내용 전체를 종합하고 있는 것이다.

α와 다른 여러 계기들 사이에 성립되는 이와 같은 여러 유형의 내적 관계를 놓고 볼 때, α를 구성하는 이 다른 계기들은 다른 여러 가지 방식으로 분류될 수 있다. 이 계기들은 모두 과거, 현재, 미래에 대한 다양한 정의들과 관계된다. 종래의 철학에서는 이와 같은 여러 가지 정의들이 반드시 동등하지 않으면 안 된다고 가정하는 것이 보통

이었다. 그러나 현대의 물리학은 비록 하나하나 구별하여 정의하는 일 자체가 물리학에서 불필요한 것으로 밝혀지는 수가 있다고는 해도, 위와 같은 가정이 형이상학적으로 정당화될 수 없는 것임을 단적으로 보여 주고 있다. 이 문제는 "상대성 원리"의 장에서 이미 고찰한 바 있다. 그러나 물리학에서 말하는 상대성 이론은 형이상학적으로 주장할 수 있는 여러 이론들의 변죽만을 울리고 있을 뿐이다. 나의 논증에 있어 무제약적 자유를, 즉 그 속에서 현실적인 것만이 유일한 확정적 규정으로 작용하고 있는 그런 무제약적 자유를 강조한다는 것이 중요하다.

모든 현실적 계기 하나하나는 과정으로서 나타난다. 그것은 생성인 것이다. 이렇게 나타나는 가운데 그것은 다른 많은 계기들 중 하나로서 자리한다. 그것은 다른 계기들 없이는 존립할 수 없는 것이다. 또한 그것은 영원한 객체들의 끝없는 영역을 그 특유의 방식으로 응집시키는 특정한 개별적 성립 형태로 자신을 한정한다.

하나의 계기 α는, 한데 모여서 α의 과거를 형성하고 있는 다른 여러 계기들로부터 나온다. 그것은 한데 모여서 그 자신의 현재를 이루고 있는 다른 여러 계기들을 그 자신에게 현시한다. 하나의 계기가 그 자신의 독자성을 확보하게 되는 것은 바로 이 직접적 현재에 현시되고 있는, 그 계기에 결합된 위계 조직과 관련해서이다. 그 계기가 현실태의 산출에 기여하고 있는 바는 바로 그러한 현시인 것이다. 그 계기는 그것을 낳은 과거에 의해 제약되며, 심지어 그것에 의해 완전히 규정될 수도 있다. 그러나 이러한 조건 밑에서 그것이 현재에 현시하는 것은 그 파악적 활동으로부터 직접적으로 발현한 것이다. 그 계기 α는 그 자신 속에 미래라는 형식의 불확정성을 머금고 있는데, 그 미래는 α에 포함되어 있음으로 해서 부분적인 확정성을 가지며, 또 α와 관련하여 그리고 α의 과거와 현재를 이루고 있는 현실적 계기와 관련하여 확정적인 시공 관계를 갖는다.

이 미래는 비존재로서의 영원한 객체들을 α 속에 통합한 것인데, 이 영원한 객체들은 α로부터, α와 관련하여 확정적인 시공 관계를 갖는 다른 개별자로의 이행을 요구하는데, 이 다른 개별자 속에서 비존재는 존재가 될 수 있는 것이다.

또 α 속에는 내가 앞 장에서 유한한 영원한 객체들의 "분단적" 실현이라고 불렀던 것이 존재한다. 이 분단적 실현은 다음 둘 중의 하나를 필요로 한다. 그 하나는 유한한 위계 조직의 기반을 이루고 있는 여러 객체들이(과거, 현재, 미래에 있어서의 그 객체들의 장소인) α 이외의 확정적 계기들과 관계를 맺는 일이다. 다른 하나는 이 영원한 객체들이 확정적 관계로 실현하는 것, 그러면서도 현실적 계기들 사이의 시공적 관계 도식에 포섭되지 않는 형태로 실현되는 일이다. 각 계기에 영원한 객체들이 이처럼 분단적으로 종합된다는 것은 영원성의 영역을 지니고 있는 분석적 특성이 현실태에 포함된다는 것을 의미한다. 이처럼 영원한 객체 간의 관계가 현실적 계기 간의 상호 관계를 초월한 범위에서 실현되는 것이야말로 영원한 객체 간의 관계의 전 영역이 각각의 계기에 파악된다(prehends)는 것을 말한다. 나는 이 분단적 실현을, 각 계기가 자신의 종합태 속에 파악하는 "등급화된 직시"(graded envisagement)라고 부른다. 이 등급화된 직시는 현실적인 것이, (어떤 의미에서) 비존재인 것을 자신의 성립 형태에 기여하는 적극적 인자(因子)로서 포함하는 방식이다. 그것은 오류나 진리 또는 예술이나 윤리 및 종교 등의 원천이다. 그것으로 말미암아 사실은 양자택일에 직면하게 된다.

이처럼 단일 경험을 낳은 과정으로서의 사건이라는 일반적 개념은 사건이 다음과 같은 것들로 분석될 수 있음을 시사한다. 즉 (1) 실체적 활동력, (2) 종합되기 위해 조건 지어진 여러 가능태, (3) 종합의 산물로서의 성립 형태가 그것이다. 모든 현실적 계기는 통일되어 있기 때문에 실체적 활동력이 독립된 존재로서 분석될 수는 없다. 각각의 개별적 활동력은 전체적 활동력이 부과된 조건에 따라 개별화되고 있는 양태에 지나지 않는다. 종합태에 들어가는 직시는 또한 그 종합 활동을 조건 짓는 특성이기도 하다. 전체적 활동력은 계기나 영원한 객체가 존재하고 있는 것과 같이 존재하고 있는 것은 아니다. 그것은 각 계기에 있어 특정한 양태를 취하면서 모든 계기의 기저에 놓여 있는 보편적인 형이상학적 특성이다. 이것과 비교해 볼 수 있는 것은 아무것도 없다. 그것은 스피노자가 말하는 무한 실체이다. 그것은 다수의 양태로 개별화되는 성질과, 이들 양태 속에 다양하게 종합되는 영원한 객체들의 영역을 속성으로 갖고 있다. 따라서 영원한 가능태와 개별적 다자(多者)로의 양태적 분화가 유일 실체의 속성이 된다. 사실상 형이상학적 상황에 들어 있는 일반적 요소 하나하나는 실체적 활동력의 속성인 것이다.

그런데 형이상학적 상황에 들어 있는 또 하나의 요소가, 양태의 일반적 속성이 한정되어 있다는 사실에 대한 고찰에서 드러난다. 이 요소는 실체적 활동력의 속성으로 간주되어야 한다. 각 양태는 그 본성상 한정되어 있으며, 그래서 다른 양태가 될 수 없다. 그러나 이처럼 하나하나의 양태가 특정한 것으로 한정되고 있을 뿐 아니라, 전체적인 양태적 개별화도 두 가지 방식으로 한정되고 있다. 우선 무엇보다도 그것은 사건들이 이루고 있는 하나의 현실적 과정으로서, 영원한 가능태에서 보자면 다른 성격의 것일 수도 있었겠지만 실제로는 지금의 그것이 되고 있을 뿐이다. 이때의 한정은 세 개의 형식을 취한다.

즉 (1) 모든 사건이 따라야만 하는 특수한 논리적 관계, (2) 사건이 실제로 따르는 여러 관계의 선택, (3) 논리 및 인과의 일반적 관계에 있어서조차 그 과정에 영향을 미치는 특수성이 그것이다. 따라서 이 첫째 방식의 한정은 선행하는 선택의 한정이다. 일반적인 형이상학적 상황에 관한 한, 논리적 한정이나 그 밖의 한정을 떠날 경우 다수의 무차별적 양태가 성립하게 되리라고 생각할지 모른다. 그러나 그때에도 이러한 양태들이 성립될 수는 없을 것이다. 왜냐하면 각 양태는 하나의 기준에 따르도록 한정된 여러 현실태들의 종합태를 나타내고 있기 때문이다. 우리는 여기서 둘째 한정 방식에 이르게 된다. 제한은 가치의 대가이다. 선행하는 가치의 기준들이 있어서, 직시하는 활동력의 양태 앞에 놓여 있는 것을 수용할 것인가 거부할 것인가 하는 것이 분명하게 결정되지 않는다면, 가치란 성립될 수 없는 것이다. 그래서 반대라든가 정도의 차이라든가 대립 따위를 통한 가치에 대한 선행적 한정이 존재하는 것이다.

위의 논의에 따를 때, 현실적 계기들의 과정이 존재한다는 사실과 계기들이란 위에서 말한 바와 같이 한정을 필요로 하는 가치들의 발현이라는 사실은 모두 사건들의 과정이 여러 제약 조건, 특수화, 가치의 기준 등으로 이루어지는 선행적 한정 밑에서 전개되는 것일 수밖에 없다는 점을 보여 주는 것이 된다.

따라서 형이상학적 상황에 들어 있는 또 다른 요소로서 한정의 원리가 필요하게 된다. 현실적 계기는 특정한 존재 방식(how)을 필요로 하며, 또 사실로서의 특정한 본질(what)을 필요로 한다. 이 점을 인정하지 않는다면 이는 곧 현실적 계기의 실재성을 부정하는 것이 된다. 현실적 계기가 지닌 외관상의 비합리적 한정은 착각의 산물로 간주되어야 하며, 우리는 이러한 외관의 배후에 있는 실재를 추적해 보아야 한다. 우리가 만일 그 외관의 배후에 실재가 있음을 부정하려 한다면, 우리는 실체적 활동력의 여러 속성에 관여하고 있는 한정의 근거를 다른 데서 찾아 제시해야 할 것이다. 이 실재의 속성은 어떠한 근거도 주어질 수 없는 한정을 제공한다. 왜냐하면 모든 근거가 바로 그 한정에서 나오고 있기 때문이다. 신은 궁극적 한정이며, 그래서 신의 존재는 궁극적인 비합리성이다. 왜냐하면 신의 본성으로부터 부과되는 그와 같은 한정 자체에는 어떠한 근거도 주어질 수 없기 때문이다. 신은 구체적인 존재가 아니라 구체적인 현실태의 근거이다. 신의 본성에는 어떠한 근거도 주어질 수 없다. 왜냐하면 신의 본성이 바로 합리성의 근거이기 때문이다.

위의 논의에서 주의해야 할 점은 형이상학적으로는 불확정적이면서도 범주상으로는 확정적인 것이 있어야 한다는 것이다. 여기에 합리성의 한계가 있다. 왜냐하면 어떠한 형이상학적 근거도 제시할 수 없는 범주적 한정이 있기 때문이다. 규정의 원리가 형이상학적으로 필요하지만, 무엇이 규정되는가에 대한 형이상학적 근거는 있을 수 없다. 만약 그러한 근거가 있다고 한다면 더 이상 어떠한 원리도 필요 없게 될 것이다. 왜냐하면 형이상학이 이미 규정 원리를 제공한 결과가 될 것이기 때문이다. 경험론의 일반적 원리는, 추상적 이성으로는 발견해 낼 수 없는 구체화의 원리가 존재한다는 학설에 의존하고 있다. 신에 관한 더 많은 인식이 개개의 경험 영역에서 추구되어야 하며, 따라서 그것은 경험적 기반에 매여 있는 것이다. 이와 같은 개개의 경험들을 해석하는 데 있어 인류는 극히 다양한 방식을 취해 왔다. 신은 여호와, 알라, 브라마, 하늘에 계신 아버지, 우주의 질서(天道), 제1원인, 최고의 존재, 운(運) 등과 같은 다양한 명칭으로 불려 왔다. 이들 각 명칭은 이것을 사용한 사람들의 경험에서 나온 사상 체계와 합치된다.

중세와 근대의 철학자들 사이에는 신의 종교적 의의를 확립하고자 애쓴 나머지, 신을 형이상학적으로 칭송하는 유감스러운 습관이 널리 퍼져 있었다. 신은 궁극적 활동력을 겸비한 형이상학적 상황의 토대로 간주되어 왔다. 만일 이런 생각을 고수한다면, 모든 선의 근원뿐만 아니라 모든 악의 근원도 신 속에 있는 것으로 보지 않을 수 없게 될 것이다. 그때 신은 최고의 극작가가 될 것이며 극의 성공뿐만 아니라 극의 결함도 그의 책임으로 돌려야 한다. 그러나 신을 최고의 한정 근거로 파악할 경우, 선을 악에서 가르고 이성에 "최고의 지배권"을 부여하는 것은 어디까지나 신의 본성 자체에 속하는 문제가 되는 것이다.

제12장

종교와 과학

종교와 과학의 관계에 대한 문제에 접근함에 있어 직면하게 되는 어려움은, 그 문제를 해명하려 할 때 "종교"나 "과학"이라는 말로써 우리가 의미하고 있는 바를 명확하게 파악하고 있어야 한다는 점이다. 나는 가능한 한 가장 일반적인 방식으로 이야기해 보려고 하며, 과학이나 종교가 저마다 가지고 있는 특정 신조들을 비교하는 일을 표면에 드러내지 않도록 하고 싶다. 우리는 이 두 영역 사이에 존재하는 전형적인 관계를 이해하고, 그 다음에 현대가 당면하고 있는 상황에 대해서 명확한 결론을 이끌어 내도록 해야 한다.

우리가 종교와 과학의 관계라는 주제에 관해 생각할 때 자연스럽게 머리에 떠오르는 것은 그 양자 사이의 대립이다. 과학이 낳은 성과와 종교가 설파하는 신앙은 지난 반세기 동안 노골적인 대립 상태에 빠져들었고, 이제 거기서 벗어나기 위해서는 과학의 분명한 가르침과 종교의 분명한 가르침 가운데 어느 하나를 포기할 수밖에 없는 것처럼 보인다. 이러한 결론은 그 양편 모두의 논객들로부터 강력하게 제기되어 왔다. 물론 모든 논객들이 다 그렇다는 것은 아니다. 그러나 논쟁이 일어났을 때면 언제나 날카로운 지성을 소유한 사람들이 그렇게 주장해 왔다.

우리는 감성이 예민한 사람들의 고민이나, 진리를 탐구하려는 사람들의 열의나, 논점의 중요성에 대한 그들의 인식에 진정으로 공감하지 않을 수 없을 것이다. 인류를 위하여 종교와 과학이 각각 어떠한 역할을 하는가를 생각해 볼 때, 미래의 역사는 오늘날의 우리가 그 양자의 관계에 대해 어떠한 결단을 내리느냐에 달려 있다고 해도 지나친 말은 아니다. 여기서 우리는 인간을 움직이는 (다양한 감각에서 오는 단순한 충동은 제쳐 놓고) 가장 강력하고도 일반적인 두 가지 힘, 그러나 서로 적대 관계에 놓여 있는 것처럼 보이는 힘을 발견한다. 그 하나는 우리의 종교적인 직관력이요, 다른 하나는 정확한 관찰과 논리적 연역을 향하는 우리의 내적 추진력이다.

영국의 어떤 위대한 정치가는 일찍이 그의 국민들에게, 현실적인 국제 관계에서 야기되는 긴장, 파국, 일반적인 오해 따위에 대한 예방책으로, 전체를 내다볼 수 있는 지도를 사용하도록 권고한 적이 있다. 이와 마찬가지로 인간 본성에 들어 있는 항구적인 요소들 사이의 충돌을 문제 삼을 때에도 우리의 역사를 전체적으로 조망하고, 그렇게 함으로써 눈앞에 놓여 있는 대립에 전적으로 몰두하지 않도록 하는 것이 중요하다. 이렇게 할 때 우리는 곧바로 두 가지 분명한 사실을 발견하게 된다. 첫째는 종교와 과학 사이에는 언제나 대립이 있어 왔다는 사실이며, 둘째는 종교와 과학은 모두 계속해서 발전해 왔다는 사실이다. 초기 기독교 시대의 신자들은 세계가 그들이 살아 있는 동안 종말에 이르게 되리라는 일반적인 믿음을 갖고 있었다. 우리는 이러한 믿음이 어느 정도까지 권위 있게 제창되고 있었는지에 대해서는 간접적으로 추리해 볼 수 있을 뿐이다. 그러나 그러한 믿음이 널리 받아들여지고 있었다는 것, 그리고 그것이 당시의 주도적인 종교적 교리의 중요한 부분을 이루고 있었다는 것은 분명하다. 이 믿음은 잘못임이 밝혀졌고, 그래서 기독교의 교리는 변화되어 갔다. 또 한편 초기 교회의 신학자들은 확고한 신념을 가지고 물리적 우주의 본질에 관한 견해를 성서로부터 연역해 냈다. 예를 들어 535년에 코스마스(Cosmas)* 라는 성직자는 《기독교의 지지(地誌)》(*Christian Topography*)라는 제목을 붙인 책을 저술하였다. 그는 여행가로서 인도와 에티오피아를 방문한 적이 있었고, 만년에는 그 당시 문화의 일대 중심지였던 알렉산드리아의 한 수도원에서 지냈던 사람이다. 그는 이 책에서 자신이 문자 그대로 해석한 성서 원문의 의미를 근거로 삼아, 대척지(對蹠地)[1]의 존재를 부정하는 한편 세계는 길이가 폭의 두 배인 평행사변형이라고 주장하였다.

17세기에 지동설은 가톨릭 종교재판에 의해 이단이라는 선고를 받았다. 또 100여 년 전에 지질학이 제기했던 시간의 확장은, 신교도나 구교도 할 것 없이 신앙을 갖고 있는 사람들을 고민하게 하였다.[2)]

---

* W. E. H. Lecky, *The Rise and Influence of Rationalism in Europe*, 3장 참조.–지은이 주

1) 지구상의 정반대 쪽에 있는 두 지점

2) 지질학과 종교와의 투쟁은 특히 화석의 문제를 둘러싸고 가장 잘 알려져 있다. 화석이 아담 이전에 죽은 동물이라고 보는 과학설은 종교로부터 공격을 받았으나, 뒤에 화석은 노아의 대홍수로 생긴 것이라는 해석이 나오게 되어, 이는 과학과 종교를 일치시키는 학설로서 환영을 받은 적도 있다. 그러나 일반적으로 성서의 축자적 해석이 그리스도인들 사이에 강한 추세가 되어 있었고, 오랫동안 지질학에 공격을 가해 왔다. 18세기 말엽 영국의 앗샤 주교는 세계의 창조를 기원전 4004년으로 잡고 있다(약 6천 년 전). 심지어 1859년에도 화석은 인간의 신앙심을 시험하기 위해 하느님이 암석 속에 둔 것이라고 생각하는 사람들도 있었다. 이러한 종교의 반격에도 불구하고 지질학은 James Hutton(1726～1797)에 의해 초석이 놓인 이래로, William Smith(1769～1839)를 거쳐, Sir Charles Lyell(1797～1875)에 의해 많은 업적을 쌓아 갔다. 지질학에서는, 화석이 아담 이전에 죽은 동물이라는 것, 단 한 번의 홍수로 화석이 생길 턱이 없다는 것, 세계적인 대홍수는 지난 6천 년 내지 6만 년 사이에는 일어나지 않았다는 것, 또한 자연의 여러 형상은 일시적인 돌변으로 되는 것이 아니고 점진적인 점신 변화와 퇴적 결과에 지나지 않는다는 것 등을 밝혔다. 오늘날에는 지구의 연령을 약 20억 년으로 잡는다고 한다.

그리고 오늘날에 있어 진화론도 그에 못지않은 장애물이 되고 있다. 이런 것들은 일반적 사실을 예증하고 있는 소수의 사례에 지나지 않는다.

그러나 만일 이처럼 되풀이되었던 고민거리가 오직 종교와 과학 사이의 대립에서만 발생했을 것이라고 생각한다면, 그리고 이들 논쟁에 있어 언제나 종교가 잘못이었고 과학은 언제나 옳았다고 생각한다면, 우리의 모든 사상은 그릇된 전망에 빠지게 될 것이다. 이 문제의 실상은 한층 더 복합적인 것이어서 그처럼 간명한 표현으로 개괄될 수도 없는 것이다.

신학 자체도 전적으로 동일한 성격의 점진적인 발전을 보여 왔으며, 이러한 발전은 신학 고유의 여러 관념들 사이의 충돌에서 비롯되곤 했다. 이러한 사실은 신학자들에게 잘 알려져 있는 것이기는 하지만, 논쟁의 쟁점이 지니는 중요성 때문에 눈에 잘 띄지 않는 경우가 흔히 있다. 나는 나의 논거를 과장해서 묘사하고 싶지 않다. 그래서 나는 로마 가톨릭 저술가들만을 참고로 하겠다. 17세기에 있어 예수회 소속의 박식한 신부였던 페타비우스(Petavius)는 기독교 초기 3세기 동안의 신학자들이, 5세기 이후라면 이단으로 비난받았을 법한 말이나 구절을 사용하고 있었음을 보여 주었다. 또 추기경 뉴먼(J. H. Newman)은 자신의 연구 논문을 통해서 교리의 발전에 관해 논하였다. 그가 그 논문을 쓴 것은 그가 로마가톨릭교회의 고위 성직자가 되기 전이었지만, 그 글은 그의 생애에 한번도 철회된 적이 없었을 뿐만 아니라 계속해서 거듭 출판되었다.

과학은 신학보다 훨씬 더 변하기 쉬운 것이다. 어떠한 과학자도 갈릴레이의 신념이나 뉴턴의 신념, 또는 10년 전에 자기가 품고 있던 과학적 신념에 무조건 동의할 수는 없을 것이다.

종교 사상과 과학 사상의 두 영역 모두에서 여러 가지가 추가되기도 하고 배제되기도 하면서 수정되어 왔다. 따라서 이제 1000년 내지 1500년 전에 제기되었던 것과 똑같은 주장이 제기된다고 해도 그 주장의 의미는 그 당시에는 상상할 수도 없었을 만큼 축소 내지 확장되어 있는 것이다. 논리학자들에 의하면 명제는 참이든가 거짓이든가 둘 중의 하나이며 그 중간은 불가능하다. 그러나 실제로는 어떤 명제가 중요한 진리를 표현하고 있다 해도, 그것이 지금으로서는 밝혀져 있지 않은 제한이나 규정을 장차 받게 될 수도 있는 것이다. 우리들의 일반적 지식 구조의 특징은, 우리가 중요한 진리들을 줄곧 의식하고 있다는 것, 그러나 우리가 구축할 수 있는 이들 진리의 정식들은 장차 수정되어야 할지 모르는 일반적인 사상적 관점을 전제로 하고 있다는 것이다. 과학에서 두 가지 예를 들어보기로 하겠다. 갈릴레이는 지구가 움직이고 태양은 움직이지 않는다고 말했다. 이에 반해 종교재판소는 지구는 움직이지 않으며 태양이 움직인다고 했다. 그런데 뉴턴학파의 천문학자들은 절대 공간 이론을 채택하여, 태양과 지구는 모두 움직이고 있다고 주장하였다. 그러나 오늘날 우리는 "정지"와 "운동"이라는 말의 의미를 위의 세 가지 주장이 요구하는 방식으로 각기 규정해 놓을 경우, 이 세 주장은 다 같이 참이 될 수 있다고 말한다. 갈릴레이가 종교재판소에 논쟁을 벌였던 당시에, 그가 사실을 진술하던 방식은 의심할 나위 없이 과학적 탐구에 있어 풍부한 결실을 가져올 수 있는 방법이었다. 그러나 그것은 종교재판소 측에서 전제하고 있던 정식화 방식에 어긋나고 있었다. 하지만 그 당시에 상대적 운동에 관한 현대적인 관념을 갖고 있던 사람은 아무도 없었다. 따라서 이 양쪽의 주장은 다 같이 그것들이 보다 완벽한 진리가 되는데 필요했던 조건들을 알지 못하고 이루어진 것이었다. 그러면서도 그들은 지구와 태양의 운동에 관한 문제를 다루는 가운데 우주의 진정한 사실을 표명하였고, 또 그들은 모두 그 사실에 관한 중요한 진리를 파악하고 있었다. 그러나 다만 그 당시의 지식수준으로는, 그들의 진리가 양립될 수 없는 것처럼 보였던 것이다.

다시 현대물리학에서 또 하나의 예를 들어 보겠다. 17세기의 뉴턴과 호이겐스 시대 이래로 빛의 물리적 성질에 관해서 두 가지 학설이 있어 왔다. 뉴턴의 학설에 의하면, 광선은 극히 미소한 입자들 즉 미립자들의 흐름으로 이루어지며, 우리는 이들 입자가 눈의 망막에 부딪칠 때 빛을 감지하게 된다. 한편 호이겐스 학설에 의하면 빛은 공간 전체에 퍼져 있는 에테르의 극히 미소한 파동으로 이루어지며, 이들 광파는 광선의 진행 방향으로 나아간다. 이 두 가지 학설은 상충된다. 18세기에는 뉴턴의 학설이, 19세기에는 호이겐스의 학설이 각각 신봉되었다. 오늘날에는 파동설에 입각해서만 설명될 수 있는 일군의 현상들이 있는가 하면, 입자설에 입각해서만 설명될 수 있는 일군의 현상들이 있음이 밝혀졌다. 과학자들은 이러한 사실을 그대로 놓아두고, 그 두 학설을 조화시킬 보다 폭넓은 학설을 기대하면서 미래를 기다려야 할 형편이다.

우리는 이와 똑같은 원칙을, 과학과 종교의 대립에서 생겨나는 여러 문제에도 적용해야 할 것이다. 우리는 어느 쪽의 사상 영역에서도, 우리 자신의 또는 유능한 권위자의 비판적 연구를 토대로 하는 견실한 근거에서 확인되는 것이 아니라면 아무것도 받아들이지 않을 것이다. 그러나 우리에게 있어 이처럼 신중한 자세가 바람직스럽다는 것은 인정하지만, 양자가 공히 문제 삼고 있는 세부적인 논점에서 충돌한다고 해서 우리가 확고한 증거를 확보하고 있는 학설까지 폐기 처분하는 일이 있어서는 안 될 것이다. 이 경우 두 주장 가운데 어느 한

쪽에 보다 많은 관심을 갖는다는 것은 가능하다. 그러나 조금이라도 폭넓은 사상사적 관점에서 전망하는 감각의 소유자라면 조용히 기다리면서 서로 저주하는 일은 삼가야 할 것이다.

우리는 조용히 기다려야 하겠지만, 그렇다고 해서 소극적으로 그저 기다리기만 한다든지 자포자기한다든지 해서도 안 될 것이다. 충돌이 있다는 것은 한층 더 심화된 종교와 한층 더 정교해진 과학이 서로 화해할 수 있는 터전이 될 더 폭넓은 진리와 더 세련된 전망이 곧 도래하리라는 희망의 조짐으로 보아야 한다.

따라서 어떤 의미에서 과학과 종교 사이의 대립은 사소한 것이었는데 지금까지 지나치게 과장되어 왔던 것이라고 할 수 있다. 단순히 논리적 모순을 들추어내는 것만으로는 양자 모두에게 어떤 재조정, 아마도 사소한 측면의 재조정이 필요하다는 것을 지적할 수 있을 뿐이다. 우리는 과학과 종교가 사건들이 지닌 아주 상이한 측면을 각기 문제 삼고 있다는 것을 잊어서는 안 된다. 과학은 자연현상을 규제하는 것으로 보이는 일반적 조건들에 관심을 두는 반면, 종교는 도덕적 · 미적 가치에 대한 성찰에 전념한다. 전자에게는 중력의 법칙이 있으며, 후자에게는 신성(神性)의 미에 대한 성찰이 있다. 양자는 모두 상대편이 보고 있는 것을 보지 못하고 있는 것이다.

예를 들어 존 웨슬리나 아시시의 성 프란체스코의 생애를 고찰해 보자. 자연과학적으로 보면, 그들의 생애는 단지 생리화학의 여러 원리와 신경 체계의 역학에 따라 일어나는 일련의 작용에 대한 극히 흔해 빠진 사례들 중 하나일 뿐이다. 그러나 종교적으로 보면 그들의 생애는 역사상 매우 중요한 의미를 지니고 있다. 위의 특수한 사례에 적용되는 과학과 종교의 원리들은 완전무결하게 기술할 수 있는 언어가 없기 때문에, 이처럼 상이한 관점에서 행해지는 그들의 생애에 대한 설명이 여러모로 일치하지 않는다고 해서 놀랄 것은 조금도 없다. 만일 그렇지 않다고 한다면 그것은 그야말로 기적일 것이다.

그러나 그렇다고 해서 우리가 과학과 종교의 대립에 그리 신경 쓸 필요가 없다고 생각한다면, 그것은 생각해야 할 논점을 간과해 버리는 처사가 될 것이다. 주지적인 시대에서는 진리를 조화시킬 통찰에 대한 희망을 버리는 법이 없다. 모순을 묵인하는 것은 공정성과 도덕적 순결성을 파괴하는 것이다. 사상의 온갖 논란을 궁극적으로 해명하겠다는 것은 긍지를 갖는 지성 본연의 임무이다. 이러한 충동을 억누른다면, 깨어 있는 풍부한 사고에서 우러나오는 종교나 과학을 결코 얻지 못하게 될 것이다. 이제 중요한 물음은, 우리가 어떠한 정신으로 이 문제를 직시할 것인가, 라는 것이다. 여기서 우리는 절대적으로 중대한 사실에 부딪히게 된다.

학설이 서로 상충된다는 것은 불행한 사태가 아니라 오히려 전화위복이 될 수 있다. 이 말의 의미를 설명하기 위해 과학에서 몇 가지 사례를 들어 보기로 하겠다. 질소 원자의 무게는 잘 알려져 있었다. 또 임의의 양을 취해서 측정한 질소 원자들의 평균 무게가 항상 같다는 것도 과학의 정설로 받아들여지고 있었다. 그런데 두 실험자 고(故) 레일리 경과 고(故) 윌리엄 램지 경은 질소를 얻는 데 똑같이 효과적인 상이한 두 방법으로 질소를 얻었을 경우, 그 원자들의 평균 무게 사이에는 언제나 약간의 차이가 있음을 발견하였다. 여기서 일어난 화학 이론과 과학적 관찰 사이의 충돌로 말미암아 그들이 절망해 버렸다고 한다면 그들의 이러한 태도가 과연 합리적이었다고 할 수 있겠는가? 이제 어떤 이유 때문에 이 화학 이론이 어떤 지역 전체에 걸쳐 사회 질서의 기초로서 매우 중시되고 있었다고 가정해 보자. 그런데 이때 실험의 결과가 그 이론과 일치하지 않는다는 것을 공표하지 못하도록 했다면, 이런 처사가 과연 현명하고 공정하며 도덕적이었다고 할 수 있겠는가? 아니면 그와 반대로 램지와 레일리는 그 화학 이론이 잘못된 것이라고 선언했어야 옳았겠는가? 우리는 여기서 이들 모두가 완전히 그릇된 정신으로 논점을 대하는 길임을 곧바로 알 수 있다. 레일리와 램지는 사실 이러했다. 그들은 당시까지 관찰되지 않았던 화학 이론의 어떤 세밀한 측정을 밝혀 줄 탐구의 노선을 곧장 발견해 냈다. 그 불일치는 불행한 사태가 아니라 화학적 지식의 영역을 넓힐 기회를 제공한 행운의 사태가 되었던 것이다. 그 뒤의 이야기는 널리 알려진 바와 같다. 결국 새로운 화학원소 아르곤(argon)이 발견되었다. 이것은 질소 속에 섞여 있어서 그때까지 발견되지 않았던 것이다. 여기에서 뒷이야기가 있는데, 이것은 내가 드는 두 번째 사례가 되겠다. 이 발견이 있은 후, 사람들은 상이한 방법으로 얻어지는 화학적 원소에서 미소한 차이를 정확하게 관찰하는 것이 중요하다고 하는 데 눈을 돌리게 되었다. 나아가 정확성에 최대의 주의를 기울이는 여러 연구가 추진되었다. 그리하여 마침내 영국 케임브리지의 카벤디쉬 연구소에서 활동하던 물리학자 애스턴은 동일한 원소도 동위 원소라고 불리는 두 가지 이상의 상이한 형태를 취할 수 있다는 것, 그리고 원자의 평균 무게 불변의 법칙이 이들 각각의 형태에서는 모두 성립하지만 다른 형태들 사이에서는 평균 무게가 조금 달라진다는 것 등을 발견해 냈다. 이 연구는 화학 이론의 역량을 크게 약진시켰고, 그 중요성에서 볼 때 이 연구의 근원이 되었던 아르곤의 발견을 훨씬 능가하는 것이었다. 이상의 두 가지 사례가 우리에게 주는 교훈이 무엇인지는 분명해졌으리라 보고, 종교와 과학의 대립에 이를 적용시키는 일은 독자에게 맡겨 두기로 하겠다.

형식 논리학에서 모순은 패배의 징표이지만, 실질적인 지식의 진화에서의 모순은 승리를 향해 나아가는 첫걸음이 된다. 이것은 갖가지 의견의 대립을 최대한 허용해야 한다고 보는 하나의 중요한 이유가 된다. 이러한 관용의 의무는 "둘 다 추수할 때까지 함께 자라도록 두어라"[3]라는 영원한 진리의 말씀으로 요약된 바 있다. 기독교인들이 이 최상의 권위를 지닌 가르침에 따라 행동하지 못하였다는 것은 종교사에 있어 기이한 일 가운데 하나이다. 그러나 우리는 진리 탐구에 필요한 도덕적 기질에 대해서 아직 충분한 논의를 다한 것은 아니다. 단지 환상적인 성공으로 이끌 뿐인 지름길에는 여러 갈래가 있다. 우리가 가지고 있는 증거들 가운데 상당 부분을 기꺼이 무시할 경우, 논리적으로 조화를 이루고 있을 뿐 아니라 사실의 영역에 적용시킬 때 크게 도움이 되는 이론을 찾는다는 것은 아주 쉬운 일이다. 어느 시대이건, 명석한 논리적 지성을 가지고 인간의 일정한 경험 영역의 중요성을 최대한 파악하여, 자신이 관심을 두고 있는 경험에 정확하게 들어맞는 하나의 사상 도식을 만들어 내거나 계승하는 사람들이 나타나는 법이다. 그런 사람들은, 그들의 도식에 모순되는 사례로 인해서 혼란을 초래하게 될 모든 증거를 끝까지 무시해 버리거나 적당히 얼버무리는 경향이 있다. 그들에게는 그들의 도식과 잘 들어맞지 않는 것은 모두 무의미한 것으로 간주된다. 그러나 증거 전체를 고려 대상으로 삼겠다는 단호한 결의만이 극단적으로 요동치는 시대적 속견을 멀리할 수 있는 유일한 방법이다. 이 충고는 얼핏 듣기에는 쉽게 따를 수 있을 것 같아도 실제로는 아주 어렵다.

이런 충고를 따르기 어려운 이유 중의 하나는 우리가 먼저 생각하고 나서 이에 따라 행동할 수 없다는 데 있다. 세상에 태어나는 순간

3) 마태오 13장 30절.

부터 우리는 몸을 움직이는 일에 주력해 왔고, 그래서 사리 분별을 통해 행동을 규제하는 일은 어쩌다 간혹 있을 뿐이게끔 되고 말았다. 그러므로 우리는 다양한 경험 영역 가운데서 그 영역에 도움이 될 만한 관념을 채택하지 않으면 안 된다. 비록 우리가 식별하기 어려운 세밀한 특성들이 그 속에 들어 있음을 알고 있다 하더라도, 전반적으로 충분한 포용력을 갖춘 관념에 신뢰를 두는 것이 절대 필요하다. 또 행동하는 데 있어 그 필요한 점은 제쳐 놓더라도, 불완전하게나마 정리된 이론의 틀을 통하지 않고서는 우리가 증거 전체를 마음에 새겨 둘 수조차 없을 것이다. 우리가 무한히 다양한 세부 사실들에 의거해서 사고할 수는 없다. 우리가 갖고 있는 증거는, 그것이 일반적인 관념에 의해 정돈되어 나타나는 경우에만 그 본래의 중요성을 획득하게 되는 것이다. 이런 관념들은 우리가 계승하는 것으로, 우리 문명의 전통을 형성하고 있다. 이와 같은 전통적인 관념들은 결코 정태적인 것이 아니다. 그것들은 무의미한 공식으로 쇠퇴해 가든가, 아니면 보다 정교한 파악에 의해 새로운 빛을 받아 그 역량을 증대시켜 간다. 그것들은 비판적 이성에 의해서, 정서적 경험에 나타나는 생생한 증거에 의해서, 그리고 과학적 인식에서 포착되는 냉정한 사실에 의해서 변형되어 간다. 여기서 한 가지 분명한 사실은 우리가 그것들을 고정시켜 놓을 수 없다는 점이다. 어떠한 세대도 그 이전 세대의 모습을 그대로 재현할 수는 없는 법이다. 끊임없는 형태의 변화 속에서 생명을 존속시키든가, 아니면 생명의 퇴조 속에서 형태만을 보존하든가 할 수 밖에 없는 것이다. 동일한 생명을 동일한 형(型) 속에 영원히 가두어 둘 수는 없을 것이다.

유럽의 여러 민족들 사이에서 볼 수 있는 종교의 현황은 내가 지금까지 말해 온 바를 예증해 주고 있다. 내가 지적한 현상들은 뒤섞여 나타나 있다. 수차례에 걸친 반동과 부흥이 있었다. 그러나 전체적으로 볼 때, 여러 세대를 거쳐 오는 동안 유럽 문명에서의 종교의 영향은 점차 쇠퇴해 왔다. 부흥이 일어날 때마다 그것이 도달한 정점은 그 이전의 부흥 때보다 낮아지고, 침체기가 도래할 때마다 그 바닥은 더욱 낮아졌다. 평균 곡선은 종교적 색조의 꾸준한 내림세를 나타내고 있다. 종교적 관심의 정도는 나라마다 다르지만, 이 관심도가 비교적 높은 나라에서조차 세대가 바뀜에 따라 역시 하강 곡선을 달리고 있다. 종교는 이제 안락한 생활을 장식하는 점잖은 형식 신앙으로 타락해 가는 경향을 보이고 있다. 그런데 이러한 규모의 역사적 흐름은 여러 가지 원인이 모여서 빚어진다. 나는 이들 원인 가운데 이 장의 고찰 범위에 속하는 것으로 두 가지를 들어 보겠다.

우선 무엇보다도 종교는 과거 2세기 동안 방어적 입장에 있어 왔으며, 그 방어력도 미약한 것이었다. 이 기간은 선례가 없는 지적 진보의 시대였다. 그래서 새로운 상황이 계속해서 사유의 대상으로 나타났다. 그때마다 종교적 사상가들은 무방비 상태에서 그것들을 맞아들여야만 했다. 절대적인 것으로 천명되었던 것들이, 투쟁을 거치고 고난과 저주를 받은 끝에 결국은 수정되어 달리 해석되지 않으면 안 되었던 경우가 허다했다. 다음 세대의 종교 변증론자들은 당시 종교계가 더 깊은 통찰을 얻게 되었다고 하여 축배를 들었다. 그러나 여러 세대에 걸쳐 품위 없는 패퇴(敗退)가 계속 되풀이된 결과, 드디어 종교 사상가들의 지적 권위마저 거의 완전히 무너져 내리게 되고 말았다. 이와는 대조적으로 다윈이나 아인슈타인이 우리의 관념을 수정하는 이론을 제기했을 때, 그것은 과학에 대한 승리였다. 우리는 과학의 낡은 관념이 폐기 처분되었다고 해서 과학이 패배했다고 말하지는 않는다. 오히려 이때 우리는 과학적 통찰이 진일보했다고 생각하게 되는 것이다.

종교도 과학과 같은 정신으로 변화에 대처하지 않는 한 옛날의 힘을 되찾을 수 없을 것이다. 종교의 여러 원리들은 영원한 것일 수 있겠지만, 그 원리들을 표현하는 방식은 지속적으로 발전시켜야 한다. 이런 종교의 진화는 대체로, 옛 사람들이 상상으로 묘사해 가지고 있던 세계상에 근거해서 종교가 자신의 관념들을 표현한 것이었기 때문에 그 종교가 부지중에 받아들인 외래 관념들로부터 자기 본래의 관념들을 해방시켜 가는 것을 의미한다. 이처럼 종교가 불완전한 과학의 굴레에서 벗어나는 것은 아주 유익하다. 이렇게 될 때 종교는 자기 본래의 진정한 복음을 역설할 수 있게 되기 때문이다. 그런데 여기서 우리가 반드시 염두에 두고 있어야 할 것은, 통상적으로 과학의 진보로 다양한 종교적 신념의 표현 방식이 어느 정도 수정되지 않으면 안 된다는 것이 분명해진다는 점이다. 그 표현 방식은 부연되거나 설명되거나 완전히 다른 표현 방식으로 대치되거나 해야 하는 수가 있을 것이다. 만일 종교가 진리에 대한 건전한 표현이라고 한다면, 이러한 수정은 다만 중요한 핵심 사항을 보다 적절하게 나타내는 것이 될 것이다. 이러한 조치는 종교에 득이 된다. 그러므로 무릇 종교가 자연적 사실과 접촉할 때, 이들 사실을 바라보는 관점은 과학적 지식이 발달함에 따라 끊임없이 수정되어야 할 것이라고 생각해야 한다. 이렇게 할 때 이들 사실은 종교 사상에 더욱 분명하게 적합한 것으로 자리 잡아갈 것이다. 과학의 진보에 따라 종교 또한 그만큼 유리해지도록 종교 사상이 끊임없이 새로운 표현을 할 수 있게 되어야 할 것이다.

16, 17세기의 종교적 논쟁은 신학자들을 지극히 불행스러운 정신 상황에 빠지게 하였다. 그들은 늘 공격과 방어를 일삼고 있었으며, 그래서 자기들을 적군에 의해 포위된 성채의 파수병으로 묘사하였다.

이런 태도로 그려지는 그림들은 하나같이 반쪽짜리 진리밖에 표현하지 못한다. 그렇기 때문에 그런 그림들이 인기를 끌고 있는 것이다. 그러나 그런 그림은 위험한 것이다. 이러한 그림일수록 신앙의 근본적인 결함을 여실히 드러내는 호전적인 파당 의식을 길러 냈던 것이다. 그들에게는 수정을 가할 만한 용기가 없었다. 왜냐하면 그들의 영혼의 복음에 결부되어 있던 특수한 영상으로부터 벗어나겠다는 힘든 일을 기피했기 때문이다.

한 가지 예를 들어 이런 사실을 설명해 보기로 하겠다. 중세기 초엽에 '천국'은 하늘에 있고, '지옥'은 지하에 있으며, 화산은 '지옥'의 입구였다. 나는 이러한 믿음이 공식적인 교리 형성에 일조(一助)했다고까지 주장하지는 않겠다. 그러나 그런 믿음은 천국과 지옥에 관한 일반적인 교설을 민중이 이해하는 방식에 분명히 영향을 끼쳤다. 이 두 개념은 내세설(來世說)에 포함되어 있는 것으로 누구나 생각하고 있던 것들이었다. 그것들은 기독교 신앙을 전파하는 데 크나큰 영향력을 행사했던 사람들의 설명 속에 들어 있었다. 예를 들어 이 개념들은 그레고리우스 교황의 《대화록》(*Dialogues*)* 에 나오는데, 그는 그의 고위 공직을 통해서보다도 인류에게 끼친 지대한 공헌 때문에 널리 알려진 인물이다. 나는 내세에 관해서 우리가 무엇을 믿어야 하는가를 말하려는 것은 아니다. 옳은 학설이 무엇이든 간에, 이 경우 지구를 2급의 태양에 부속된 2급 유성의 지위로 격하시켰던, 과학과 종교 사이의 투쟁은 이러한 중세기의 환상을 깨뜨림으로써 종교의 정신성에 긍정적으로 크게 기여했던 것이다.

---

* Gregorovius, *History of Rome in the Middle Ages*, 영어판, book III, ch. III, vol. II 참조.–지은이 주

종교 사상의 진화 문제를 보는 또 하나의 방식은, 한동안 세상 사람들에게 전달되어 온 어떤 명제의 진술 방식이 모호한 점을 노출시키게 된다는 사실에, 그리고 그 모호한 점이 종종 의미의 핵심에 타격을 가한다는 사실에 주목하는 데 있다. 교리의 의미 가운데 과거에 그 교리를 유력한 것이 되게 하였던 중심 의미는, 논리의 함정을 모르고 조성된 것이어서 단순한 논리적 분석만으로는 분명하게 규정될 수 없는 경우가 있다. 우리는 사상 도식에 대한 인간의 반응 전체를 고려의 대상으로 삼아야 한다. 이러한 반응은 혼합된 성격의 것으로, 여기에는 인간의 더 저급한 본성에서 나온 감정적 요소들도 포함되어 있다. 과학과 철학의 냉정한 비판이 종교의 진화에 일조하게 되는 것은 바로 이 대목이다. 그것이 종교의 발전에 추진력이 된 경우는 무수히 많았다. 예를 들어, 종교의 힘으로 인간의 본성을 도덕적으로 정화한다는 교설에 내재해 있던 논리적 난점 때문에 기독교는 펠라기우스와 아우구스티누스 시대, 즉 5세기 초에 분열하였던 것이다. 당시 논쟁의 여파는 오늘날의 신학에도 여전히 잔존하고 있다.

지금까지의 나의 주장은 다음과 같이 요약될 수 있겠다. 즉 종교란 인류의 기본적 경험의 한 유형을 나타낸 것이라는 점, 그리고 종교 사상은 발전하는 가운데 점차 정확한 표현을 얻게 되는 동시에 외래의 심상으로부터 탈피하게 된다는 점, 또 종교와 과학 사이의 교류는 종교의 발전을 촉진하는 하나의 커다란 요인이 된다는 점 등이다.

이제 다음으로 오늘날 종교적 관심이 퇴조해 가게 된 둘째 이유를 살펴보자. 이 둘째 이유에는 내가 이 장의 서두에서 지적한 궁극적인 문제가 연루되어 있다. 즉 종교라는 말의 의미를 우리가 알아야 한다는 것이다. 교회의 각 교파들이 제시한 이 문제의 해답에는 종교의 다음과 같은 면을 강조했다. 즉 그 해답 속에는 지난 시대의 감정적 반응에 어울리는 면, 아니면 현대인의 비종교적인 감정적 관심을 끌게할 만한 형태로 나타내는 면이다. 앞의 것의 의미는 이렇다. 즉 부분적으로 고대 전제 국가의 불행했던 민중의 마음속에 깊이 뿌리박혀 있던 폭군의 분노에 대한 본능적인 공포심을 자극함으로써, 특히 자연이 지니고 있는 미지의 힘 배후에 있는 전능한 전제적 폭군에 대한 공포심을 자극함으로써 종교가 사람들의 마음에 호소한다는 것이다. 그러나 이처럼 누구나 가지고 있는 단순한 공포 의식에 호소한다는 것은 오늘날 그 힘을 잃어 가고 있다. 사람들은 더 이상 그러한 호소에 마음을 쓰지 않는다. 왜냐하면 우리는 근대과학과 근대의 생활 조건을 통해서, 염려스러운 사태에 대처하고자 할 때 그 사태의 원인이나 조건을 비판적으로 분석해야 한다고 배워 왔기 때문이다. 종교란 신을 찾아나서는 인간 본성의 산물이다. 신을 힘의 측면에서 묘사하는 데 대하여 근대인이라면 누구나 이에 대하여 비판으로 반응한다. 이것은 종교를 위해서 치명적인 것이라 할 수 있다. 왜냐하면 종교는 그 주된 주장이 즉석에서 동의를 얻지 못하면 무너져 내릴 수밖에 없기 때문이다. 이런 점에서 볼 때 옛날의 표현 방식은 현대 문명인의 심리에 들어맞지 않는다. 이러한 심리상의 변화는 주로 과학에 기인하는 것으로, 과학의 진보가 종교의 낡은 표현 형식의 힘을 약화시켜 온 주된 통로 가운데 하나이기도 하다. 현대의 종교 사상에 들어온 비종교적 동기는 현대 사회를 살기 좋은 조직으로 만들고자 하는 욕구이다. 종교는 삶을 규제하는 데 있어 귀중한 것으로 제시되어 왔다. 종교의 여러 요구는, 올바른 행위의 편에 선다고 하는 그 역할에 의해 정당화되어 왔다. 그런데 또한 올바른 행위의 목적이라는 것은 만족스러운 사회적 관계 형성에 그치고 마는 것으로 재빨리 변질되고 만다. 이것은 종교적 관념들이 더 날카로운 윤리적 직관의 영향을 받아 점차 정화되어 간 후에 이어서 미묘하게 변질되어 간다는 것을 의미한다. 행위란 종교의 부산물, 그러면서도 불가피한 부산물일 뿐이지 그 주안점은 아닌 것이다. 종교의 위대한 교사들은 모두 종교를 단순히 행위 규범의 체계로 보는 견해에 반대해 왔다. 성 바울은 율법을 통박하였으며, 청교도의 신학자들은 의(義)를 가리켜 더러운 누더기를 걸치고 있다고 비난하였다. 행위 규범에 대한 집착은 종교적 열정의 쇠퇴를 상징한다. 무엇보다도 종교적 생활은 안락의 추구일 수 없다. 심히 망설여지기는 하지만, 나는 이제 내가 종교적 정신의 본질적 특성이라고 생각하는 바를 말하지 않을 수 없다.

종교란, 눈앞에서 변천해 가고 있는 유동적 사물들의 피안이나 배후, 또는 그 내부에 있는 그 무엇, 실재하면서도 실현되기를 기다리고 있는 그 무엇, 머나먼 저편의 가능태이면서도 최대의 현대적 사실인 그 무엇, 변천하고 있는 모든 것에 의미를 부여하면서도 좀처럼 파악되지 않는 그 무엇, 그것의 소유가 궁극적인 선(善)이 되지만 결코 손이 미치지 않는 곳에 있는 그 무엇, 궁극적인 이상이 되면서도 그것에 대한 탐구가 가망 없는 일이 되고 마는 그 무엇에 대한 비전(vision)인 것이다.

이 종교적 비전에 대한 인간의 단적인 반응은 예배이다. 종교는 원시적인 상상력의 소산인 극히 유치한 심상들과 뒤섞인 채, 인간의 경험 가운데 출현하였다. 그 비전은 역사 속에 꾸준히 반복되어 출현하였고, 그때마다 그것은 천천히, 조금씩 보다 고결한 형태와 분명한 표현 양식을 지니고 나타났다. 그것은 인간의 경험 가운데 일관되게 항상 일로의 추세를 보여 온 요소들 중의 하나이다. 그것은 미약해지다가도 다시 살아난다. 그런데 그것은 원기를 회복할 때마다 그 내용에 있어 더욱 풍부해지고 더욱 순수해진다. 종교적 비전이 있다는 사실과 그것이 팽창 일로의 역사를 갖고 있다는 사실은 우리가 낙관론을 품을 수 있는 근거가 되고 있다. 그것이 없다면 인간의 삶은 고통과 불행의 더미 위를 비추는 일시적인 기쁨의 한줄기 섬광, 무상한 경험의 하찮은 유희에 지나지 않게 될 것이다.

그 비전은 예배 이외의 다른 것을 요구하지 않는다. 그리고 예배란, 인간 상호 간의 사랑이라는 원동력에 의해 촉발되어 사신동화(捨身同化, assimilation)의 요구에 몸을 던지는 것을 말한다. 이 비전은 결코 힘으로 억압하는 일이 없다. 그것은 항상 거기에 존재하고 있으며, 성취될 때 영원한 조화가 도래할 그런 하나의 목적을 제시해 주는 사랑의 힘을 갖고 있다. 우리가 자연에서 발견하는 질서는 결코 힘에 의한 것이 아니다. 그 질서는 삼라만상을 정연하게 조화시키는 하나의 섭리의 모습으로 나타난다. 악은 이 영원한 비전을 무시한 채 단편적인 목적을 지향해 나가려는 맹목적인 힘이다. 악은 만물을 힘으로 억압하고 저지시키며 손상시킨다. 신의 힘은 신의 영광을 불러일으키는 예배로 나타난다. 이 최고의 비전에 대한 파악을 불러일으키는 의식(儀式)과 사상을 갖춘 종교야말로 강력한 종교인 것이다. 신에 대한 예배는 안락하게 되풀이되는 관례적인 의식일 수 없으며, 그것은 영혼의 모험이요, 도달하기 어려운 것을 향해 솟는 비상(飛翔)이다. 종교의 죽음은 모험의 고귀한 소망을 억압하는 데서 온다.

제13장

사회적 진보의 전제 조건

지금까지 이 책에서 나는 각 세대의 활동을 규제하는 배후에 숨겨진 본능적 관념을 형성하는 데 과학이 끼친 영향을 분석해 왔다. 이와 같은 배후의 관념들은 결국 사물들에 관한 결정적인 언명이 되겠는데, 이는 어떤 막연한 철학의 형태를 취한다. 근대과학의 시대를 이루는 지난 3세기는 신의 관념, 정신의 관념, 물질의 관념, 그리고 물질의 단순 정위를 표현하는 특성을 지닌 공간 및 시간의 관념 등을 둘러싸고 전개되었다. 철학은 대체로 정신에 역점을 두었고, 그 결과 나중 2세기 동안은 과학과의 접촉을 잃고 말았다. 그러나 심리학의 발흥, 그리고 심리학과 생리학의 결합에 힘입어 철학은 차츰 옛날의 중요한 지위를 되찾아 가고 있다. 또한 철학의 이와 같은 지위 회복은 17세기에 설정된 물리학의 원리들이 최근에 와서 붕괴됨으로 말미암아 더욱 촉진되어 왔다. 그러나 이러한 붕괴 이전까지의 과학은 물질, 공간, 시간, 그리고 나중에 나온 에너지와 같은 개념들을 기초로 해서 확고하게 자신의 자리를 확보하고 있었다. 또한 위치 이동을 규정하는 자연의 법칙들도 임의로 마련되어 있었다. 이 법칙들은 경험적으로 관찰되기는 했지만, 다소 모호한 근거를 토대로 하여 보편적인 것으로 간주되고 있었다. 실천에서나 이론에서 이 법칙들을 무시하는 자는 누구나 호된 비난을 받았다. 과학자들만 놓고 볼 때 그들이 취했던 이와 같은 입장은, 설령 그들 자신의 언명을 스스로 믿었기 때문에 그랬을 것이라고 한다 해도, 순전한 허세에 지나지 않았다. 왜냐하면 그들 사이에 통용되고 있던 철학은, 당면한 어떤 시점에 있어서의 직접적 지식이 그 과거의 시점이나 미래의 시점에 어떤 빛을 던질 것이라고 하는 가정을 결코 정당화시켜 줄 수 없는 것이었기 때문이다.[1)]

나는 또한 물질을 유기체로 대치시키는 과학철학을 대안으로 제시하여 약술한 바 있다. 이 대안에 따르면 유물론에서 문제되는 정신은 유기체의 기능으로 해소된다. 여기서 심리적 영역은 사건(event)이란 것이 본질적으로 어떠한 것인지를 보여 준다. 신체적 사건은 극히 복합적인 유형의 유기체이며, 그래서 인식까지도 포함하고 있다. 나아가 가장 구체적인 의미의 공간과 시간은 사건들의 장소가 된다. 유기체란 어떤 일정한 형태로 가치를 실현하고 있는 것을 말한다. 어떤 현실적 가치의 발현은 그것을 중화시킬 다른 요인들의 개입을 허용하지 않는 한정(limitation)을 기반으로 해서 이루어진다. 따라서 사건이란 한정을 통해 독자적인 가치가 된 사실태를 말한다. 그러나 그 자체의 본질상 또한 그것은 그것들로서 존재하기 위해 전 우주를 필요로 한다.

중요성은 존속 여하에 따라 결정된다. 존속이란 시간 속에서 가치의 성립 형태가 보존되는 것을 말한다. 존속하는 것은 자기 자신을 계승해 가면서 동일성을 유지하는 패턴이다. 존속은 유리한 환경을 필

1) 물질이 공간과 시간 속에 단순한 위치를 점한다는, 즉 단순 정위(simple location in space and time)하는 유물주의적 가정으로는 귀납법의 성립 근거를 부여할 수 없다는 것이 화이트헤드의 일관된 생각이고, 이에 관해서는 이미 3장에서 상세히 논의되고 있다.

요로 한다. 모든 과학은 이와 같은 존속하는 유기체의 문제를 둘러싸고 전개되는 것이다.

오늘날 과학의 전반적인 영향은 다음의 네 항목으로 분석될 수 있다. 즉 우주에 관한 일반적 개념들, 기술의 응용, 지식에서의 전문화, 그리고 행위의 동기에 끼친 생물학 이론의 영향이 그것이다. 나는 앞의 여러 장에서 이러한 논점들을 개괄적으로 설명하고자 노력했다. 이 마지막 장에서는 여러 문명사회가 직면하고 있는 문제들에 대한 과학적 영향을 고찰하려고 한다.

과학에 의해서 근대 사상에 도입된 일반적인 개념들은 데카르트가 표현했던 철학적 문제 상황에서 분리될 수 없다. 이 문제 상황이란 신체와 정신은 상호 간의 연관을 필요로 함이 없이 독자적인 권리에 따라 각기 존재하고 있는 독립된 개별적 실체들이라고 가정하고 있던 상황을 말한다. 그러한 개념은 중세기의 정신 수련에서 나왔던 개체주의와 잘 들어맞는다. 그런데 이 개념이 어째서 그토록 쉽게 받아들여질 수 있었는지는 이처럼 설명된다고 하더라도, 이 개념의 파생 그 자체는 지극히 자연스러운, 그렇지만 역시 유감스러운 하나의 혼동에 기인하고 있다. 정신의 수련은 개체적 존재의 내적 가치를 강조하였다. 이와 같은 강조는 개체와 개체의 경험이라는 개념을 사상의 전면에 부각시켜 놓았다. 혼동은 여기서 비롯되었다. 각 존재는 발현하는 개별적 가치를 갖는다는 관념이, 각 존재는 각기 독립된 실체로서 존재한다는 전혀 다른 관념으로 변형되어 버린 것이다.

여기서 나는 데카르트가 뚜렷한 형식의 추리를 거쳐 이와 같은 논리적인, 아니 오히려 비논리적인 변형을 시도했던 것이라고 말하려 하는 것은 아니다. 그는 결코 그렇지 않았다. 그가 했던 것은 무엇보다도 자신의 독립된 정신세계에 존재하고 있는 사실로서의 자신의 의식 경험에 주목하는 일이었다. 그가 이처럼 사변의 길로 들어서게 되었던 것은 인간 그 자체의 개별적 가치를 강조하던 그 당시의 일반적 추세에 이끌려서였다. 그는 자신의 고유한 실재라고 하는 사실 자체에 들어 있는 발현하는 개별적 가치를 독립된 실체의 갖가지 내적 정념, 곧 여러 양태로 이루어지는 사적인 세계로 은연중에 변형시켰던 것이다.

또한 신체적 실체는 독립성을 부여받게 됨으로써 가치의 영역에서 완전히 떨어져 나가게 되었다. 신체적 실체는 도구를 발명하는 데 있어 모델로 기능 하는 정도 이외에는 전적으로 무가치한 메커니즘으로 전락해 버렸던 것이다. 하늘은 이미 신의 영광을 잃어버리고 있었다. 이러한 정신 상태의 한 예는 신교도들이 물질적인 매체에 의존하는 미적 효과를 혐오한다는 사실에서 찾아볼 수 있다. 그런 것은 결국 본래 무가치한 것에다 가치를 부여하는 것으로 간주되었던 것이다. 이러한 혐오의 분위기는 데카르트 이전에 이미 무르익어 있었다. 따라서 그 자체로는 가치가 없는 여러 물질에 대한 데카르트의 과학 이론은 과학 사상이나 데카르트의 철학에 끼어들기 이전에 통용되고 있던 생각을 분명한 술어로 정식화시켜 놓은 것에 불과했다. 필시 이런 생각은 스콜라철학에 잠재해 있었겠지만, 그것이 16세기에 북유럽의 정신성[2]과 만나게 될 때까지는 위와 같은 결실을 낳지 못하고 있었다. 그러나 데카르트에 의해 그 기초가 다져진 과학은 근대 사회의 정신적 전제에 지극히 복합적인 영향을 끼쳤던 하나의 관점에다 지적인 지위와 안정성을 부여하였다. 이 관점은 그 당시의 탐구에 적합한 제한된 영역에 있어서의 과학적 연구를 위한 하나의 방법으로서 효과적

---

2) 종교개혁이 1517년 루터에 의해, 그리고 1536년 칼뱅에 의해 그 봉화가 올려졌고, 1596년 데카르트가 태어난 점 등을 들 수 있겠다.

으로 기능 함으로써 유익한 결실을 가져왔다. 그 결과 유럽 정신은 아득한 야만 시대의 히스테리가 남긴 오점을 비로소 일소하게 되었다. 이것은 아주 잘된 일이었고, 그 가장 완전한 예는 18세기에서 찾아볼 수 있다.

그러나 사회가 변모하여 공업 생산 체제로 탈바꿈해 가던 19세기에 이르러 지금 말한 학설은 실로 치명적인 악영향을 끼쳤다. 정신을 독립된 실체로 보는 견해는 단순히 경험의 사적 세계에로뿐만 아니라 도덕의 사적 세계에로도 곧장 이어지게 되었다. 도덕적 직관은 오직 심리적 경험의 엄밀한 사적 세계에만 적용되는 것으로 간주될 수 있었다. 그래서 자존심을 갖는다는 것과 개인적 기회를 최대한 활용한다는 것이 결합해서 그 당시 지도적인 생산업자들의 현실적인 도덕을 구성하게 되었다. 오늘날의 서구 사회는 지난 3세기로부터 이어받은 편협한 도덕관으로 말미암아 고통을 겪고 있다.

한편 단순한 물질은 전혀 무가치한 것이라는 견해는 자연미나 예술미를 소홀히 취급하게끔 하였다. 서양 세계가 급속도로 도시화하여 가기 시작하고 있었으며, 그래서 새로운 물질적 환경이 갖는 미적 성질에 대한 섬세하고도 면밀한 검토가 절실히 요구되고 있던 바로 그 때, 그러한 미적 관념의 당치 않음을 주장하는 학설이 전성기를 구가하고 있었다. 선두를 달리고 있던 공업 국가에서는 예술을 부질없는 것으로 취급해 버렸다. 19세기 중엽에 있어 이러한 정신 상태를 두드러지게 나타내고 있는 실례는 런던에서 찾아볼 수 있는데, 그 도시를 가로질러 굽이쳐 흐르고 있던 템스 강의 절경은 미적인 가치를 전혀 고려하지 않고 건설한 채링 크로스 철교로 말미암아 마구 뭉개지고 말았던 것이다.

여기에는 두 가지 해악이 들어 있다. 그 하나는 각 유기체가 그 환경과 맺는 참된 관계를 무시하는 안목이다. 다른 하나는 최종의 결과를 미리 검토하고 있는 경우라면 반드시 비중을 두어 고려해야 할 그런 환경의 고유한 가치를 무시해 버리는 습관이다.

현대가 직면하고 있는 또 하나의 중대한 사실은, 특수한 사상 영역을 전공하면서 그 전공 영역 내의 지식을 점차적으로 증대시켜 가는 전문가의 양성 방법이 발견되었다는 점이다. 이처럼 지식의 전문화가 성공을 거둔 결과, 오늘날 과거에는 찾아볼 수 없었던 주목할 만한 점이 두 가지 나타났다. 첫째로, 진보의 속도가 너무나 빠르기 때문에 평균 수명을 누리는 개인이 때때로 그가 과거에 접해 본 적이 없는 새로운 상황에 직면하게 되곤 한다. 고정된 일에 고정된 사람이라는 사실이 과거의 사회에서는 신이 내려 준 선물이었지만 미래의 사회에서는 공공연하게 해악이 될 것이다. 둘째로 현대에 있어서 지식의 전문화는 지적 영역에 관한 한 역효과를 나타내고 있다. 현대의 화학자는 동물학에 약한 경향이 있고, 엘리자베스 시대의 연극에 대한 일반적 지식에는 더욱 약하며, 영시(英詩) 작법상의 운율의 원리에 대해서는 아무것도 알지 못하고 있는 경우가 흔히 있다. 고대사에 대한 그의 지식에 대해서는 차라리 언급하지 않는 편이 좋을 것 같다. 물론 나는 일반적 경향을 말하고 있을 뿐이다. 왜냐하면 기사(技師)나 수학자나 고전학자도 화학자의 경우와 크게 다르지 않을 것이기 때문이다. 이들에서 유력한 지식이란 전문적 지식이며, 이것은 이에 속하는 유용한 주제에 정통하는 것만으로도 족한 것이다.

이러한 상황은 위험을 내포하고 있다. 그것은 틀에 박힌 정신을 낳는다. 각 전문 분야는 진보해 가지만, 이는 그 자신의 틀 속에서의 진보일 뿐이다. 그런데 정신적으로 틀에 박힌다는 것은 어떤 일정한 일조(一組)의 추상 관념들을 정관하면서 사는 것을 말한다. 틀은 폭넓은 정신적 산책에 저해 요소가 되며, 추상은 사전에 우리의 주의를 끌지 않는 것을 사상(捨象)해 버린다. 그러나 인생이 무엇인지를 이해하는 데 충분한 추상 관념들의 틀이라는 것은 있을 수 없다. 그래서 현대 세계에서는, 중세기의 지식 계급이 고수했던 금욕 생활 대신에, 완전한 사실에 대한 구체적인 성찰을 도외시하는 지성의 금욕 생활이 나타나게 되었다. 물론 어떠한 사람도 단순히 수학자나 법률가로서만 시종일관하는 것은 아니다. 사람이 살아가면서 행하는 일 가운데는 그의 직업이나 사업만이 있는 것은 아니다. 그러나 문제는 진지한 사색이 오직 고정된 틀 속에서만 이루어지고 있다는 데 있다. 전문 분야 이외의 일은 그 전공에서 파생되는 불완전한 사유의 범주를 가지고 피상적으로 다루어지고 있는 것이다.

지식의 이와 같은 전문화에서 발생되는 위험은 매우 크다 하겠으며, 현대 민주주의 사회에서 특히 그렇다고 할 수 있다. 이성의 지도력은 약화되고, 지도적 입장에 있는 지성인들은 균형을 잃어버린다. 그들은 두 개의 상황이 있을 때 어느 한쪽만을 볼 뿐, 양자를 함께 보지 않는다. 양자를 통합시키는 일이, 그 일을 어느 정도 성취시킬 수 있을 만한 능력이나 자질을 갖추고 있지 못한 사람들의 손에 맡겨진다. 요컨대 사회가 전문적인 여러 분야에 있어서는 훌륭하게 기능 하고 더욱 진보해 가지만, 전체가 나아가야 할 비전을 가지고 있지 못한 것이다. 세부적인 것에 편중된 진보는 통합의 기능이 미약한 데서 오는 위험을 증대시킬 뿐이다.

사회의 의미를 어떻게 해석하든지 간에, 현대 생활에 대한 이러한 비판은 사회 전반에 적용된다. 이것은 국가, 도시, 지방, 단체, 가족, 그리고 심지어는 개인에게조차 적용된다. 특수한 추상 관념은 발달하지만 구체적인 이해는 위축된다. 전체는 그것의 여러 양상 가운데 하나로 떨어지고 만다. 그렇다고 해서 개인에게 있어서나 사회에 있어서 오늘날의 지도적인 지혜가 과거의 것만 못하다고 주장하려는 것은 아니다. 어쩌면 그런 지혜가 다소간 나아졌을지 모른다. 그러나 새로운 속도의 진보로 말미암아, 여러 가지 재난을 피하려고 할 경우에 과거보다 강력한 지도력이 필요하게 되었다. 내가 말하고 싶은 것은, 19세기에 여러 발견이 전문화의 방향으로 추진되었으며, 그 결과 오늘날의 우리는 지혜가 더욱 풍부해진 것이 아니라 오히려 그것을 더욱 필요로 하는 상황에 놓여 있다는 점이다.

지혜란 균형을 갖춘 발달에서 생겨나는 법이다. 교육을 통해 이루고자 하는 것은 바로 이 균형을 갖춘 인물의 배출이다. 가까운 장래에 대한 가장 유익한 발견은 불가결한 지적 전문화를 손상함이 없이 위의 목적을 추진하는 일과 관련된 일일 것이다.

전통적인 교육 방법에 대한 나의 비판은, 그것이 지나치게 지적 분석과 틀에 박힌 지식의 습득에만 몰두하고 있다는 점이다. 다시 말해 우리는 하나하나의 사실들을, 거기서 나타나는 가치들의 상호 작용 가운데에서 구체적으로 이해하려는 습관을 강화시키지 않고, 여러 가치들의 그와 같은 상호 작용을 무시하는 추상적인 공식만을 중요시하고 있다는 것이다.

어느 나라에서나 일반 교육과 전문 교육의 균형 문제가 주목의 대상이 되고 있다. 나는 내 나라 이외의 다른 나라에 대해 직접적인 지식을 가지고 말하지는 못하겠다. 나는 실제로 교육에 종사하는 사람들이 지금의 방식에 대해 상당한 불만을 품고 있다는 것을 알고 있다. 또 교육의 전반적 체계를 어떻게 조정하여 민주주의 사회의 여러 요구에 부응하도록 할 것인가 하는 문제는 아직도 해결이 요원한 상태에 있다. 나는 이 문제의 해결을 위한 비결이 철저한 전문 지식과 비교적 가벼운 일반 지식 사이의 교류에 있다고 생각하지 않는다. 철저한 전문적인 주지적 훈련과의 균형을 위해 보강되어야 할 것은 순수하게 주지적인 분석적 지식과 근본적으로 그 종류를 달리하는 것이어야만 한다. 현재 우리의 교육은 소수의 추상 관념에 대한 철저한 연구와 다수의 추상적 관념에 대한 비교적 가벼운 연구를 결합시키고 있다. 학교의 교과 과정은 지나치게 책에만 편중하는 경향이 있다. 일반 교육은 우리들의 구체적인 이해력 개발을 목표로 하면서, 무엇인가를 하고 싶어 하는 젊은이들의 욕구를 충족시키도록 해야 할 것이다. 여기서도 다소간의 분석은 필요하지만 다양한 영역에서 사고하는 방법을 예증하는 정도로 그쳐야 한다. 에덴동산에서 아담은 먼저 동물을 본 후 그것들에다 이름을 붙였다고 하는데, 전통적인 교육 체계에서는 아이들이 동물들을 보기도 전에 그 이름부터 배운다.

실제적인 교육상의 어려움을 한꺼번에 해결할 수 있는 방법은 없다. 그러나 우리는 교육의 일반 원리에 있어 어떤 간결한 지침을 마련할 수 있다. 학생은 일정한 분야를 전공해야 한다. 그러한 전공은 이에 필요한 모든 실습과 이론의 이수(履修)를 포함하고 있어야 한다. 이것은 기본적인 절차이다. 그래서 이와 관련하여, 나는 전공을 위한 편의를 줄이느니보다는 오히려 늘려야 한다고 생각한다. 전공과목에는 몇 개의 보조과목, 예컨대 과학에는 어학이 연결된다. 이러한 전문 교육의 실시 계획은 학생들의 적성에 맞는 명확한 목표를 지향하고 있어야 한다. 지금 열거한 조건들을 여기서 상세히 논할 필요는 없겠다. 그러한 교육은 물론 그 목표에 필요한 만큼의 폭을 가져야 한다. 그러나 그 교육 계획은 다른 목적들까지 고려하는 복잡한 것이 되어서는 안 된다. 이 전문 교육은 오직 교육의 한쪽 국면에 닿아 있을 뿐이다. 그 무게 중심은 지적 교육에 있고, 그 주요 도구는 인쇄된 서적이다. 교육의 다른 한쪽의 무게 중심은 총체적인 환경에서 유리된 분석적 방법을 수반하지 않는 직관에 있어야만 한다. 후자의 목적은 긴요한 부분을 빼버리는 분석을 최소한으로 줄이면서 직접적으로 파악하려는 데 있다. 그것의 일반적인 목표로서 무엇보다 요구되는 것은 다양한 가치를 이해하는 일이다. 즉 미적 감성의 계발이 가장 필요하다는 것이다. 그런데 단순한 실천가들이 폭넓게 구분한 가치와 단순한 이론가들이 세밀하게 구분한 가치 사이에는 그 무엇인가가 있는데, 양쪽이 모두 그 무엇인가를 간과하고 있다. 그 두 종류의 가치를 합쳐 놓는다 해도 놓쳐 버린 것을 얻을 수는 없다. 여기서 필요한 것은, 유기체가 자신의 환경 속에서 성취하는 무한히 다양한 살아 있는 가치들을 우리가 올바르게 인식하는 일이다. 태양과 대기와 지구의 자전에 관한 모든 것을 이해하고 있으면서도 저녁놀의 광휘를 미처 간파하지 못하고 있을 수 있는 것이다. 사물의 구체적인 성립 형태를 그 현실태에 있어 단적으로 간파하는 일이란 다른 대안으로 대치될 수 있는 성격의 것이 아니다. 우리가 필요로 하는 것은 구체적인 사실, 그 자체의 값진 측면을 환히 비춰 주는 빛을 지닌 구체적인 사실인 것이다.

여기서 내가 염두에 두고 있는 것은 예술과 미적인 교육이다. 그러나 내가 말하는 예술은 매우 포괄적인 의미의 것이기 때문에 통상적인 의미의 예술과는 구별해 주었으면 좋겠다. 통상적인 의미의 예술은 내가 말하는 예술의 특수한 하나의 예일 뿐이다. 우리에게 필요한 것은 미적 파악의 습관을 기르는 일이다. 내가 전개시켜 온 형이상학에 따르면, 그렇게 하는 것은 개성을 심화시키는 것이 된다. 실재를 분석하면 두 가지 요소가 나타난다. 즉 활동력과 그것이 개체화되어 나타나는 미적 가치들이 그것이다. 그리고 발현하는 가치는 활동력의 개체화 정도를 가리키는 척도이기도 하다. 우리는 객관적 가치의 유지를 지향하는 창조적인 자발적 행동을 육성하도록 해야 한다. 자발적 행동 없이는 직관적 이해가 있을 수 없으며, 또 직관적 이해 없이는 자발적 행동이 있을 수 없을 것이다. 구체적인 것으로 향하게 되자마자 우리는 행동을 제외시킬 수 없게 된다. 추진력 없는 감수성은 쇠퇴를 초래하며, 감수성 없는 추진력은 야만을 불러들인다. 나는 "감수성"이라는 말을 가장 일반적 의미로 사용하고 있으며, 그래서 여기에는 자기 밖에 있는 것에 대한 직관적 이해의 의미도 포함되어 있다. 말하자면 그것은 당면한 일체의 사실에 대한 감수성인 것이다. 따라서 내가 말하는 일반적 의미의 "예술"이란 여러 구체적 사실에 의해 실현되는 하나하나의 가치에 주목하도록 하기 위해 그 사실들을 배열 조정하는 어떤 선택 활동이다. 예를 들면, 일몰의 경관을 잘 바라보려고 단순히 몸이나 시선을 고정시키는 것도 하나의 간단한 예술적 선택 활동인 셈이다. 예술이란 생생한 가치를 향유하는 습관인 것이다.

그러나 이런 의미에서 보면 예술은 다만 저녁놀과 같은 것에만 관련되어 있는 것이 아닐 것이다. 가령 기계 설비를 갖추어 많은 직공을 거느리고 일반 대중을 위해 사회적으로 봉사하며, 재능인의 기획과 조직으로 경영되어 주주들의 이윤을 증대시킬 수 있는 잠재력을 가진 하나의 공장도 살아 있는 다양한 가치를 나타내는 하나의 유기체인 것이다. 우리가 배양해야 할 것은 그와 같은 유기체를 그 전체상에서 직관적으로 이해하는 습관이다. 아담 스미스가 죽은 후(1790) 제1기에 연구된 정치 경제학은 득보다도 해가 더 컸다고 단언할 수 있다. 물론 그것은 많은 경제적 오류를 타파하였고, 그 당시 진행되고 있던 경제적 혁명에 대해 어떻게 생각해야 할 것인지를 가르쳐 주었다. 그러나 그것은 현대 정신에 유감스런 영향을 준 일련의 추상 관념들을 사람들 마음속에 깊이 각인시켜 놓았다. 그것은 산업을 비인간적인 것으로 만들었다. 이것은 근대과학에 내재해 있는 일반적인 위험의 한 예에 지나지 않는다. 과학의 방법론적 절차는 배타적이며 비타협적인 것인데, 이는 당연하다고 할 수 있다. 과학은 어떤 한정된 일군의 추상 관념에만 주목하면서 그 밖의 모든 것을 무시하는 한편 그것이 부여잡고 있는 것과 관계가 있는 지식이나 이론은 한구석도 빠뜨리지 않고 주워 모은다. 이러한 방법은 추상 관념이 적절한 경우에 있어 승리를 거둔다. 그러나 아무리 그 승리가 성공적인 것이라 해도 그것은 제한된 영역 내에서일 뿐이다. 이 제한성을 무시할 때 유감스러운 간과의 오류를 범하게 된다. 과학의 반합리주의는 한편으로 그 유용한 방법을 보존한다는 점에서 정당화되지만, 또 다른 한편으로는 단순한 비합리적인 편견에 지나지 않는다. 현대의 전문화란 따지고 보면 정신을 훈련시켜 과학의 방법에 순응하도록 하는 것을 말한다. 17세기의 역사적 반역, 그리고 자연주의에 대한 초기의 반동은 중세기에 있어 교양 있는 사람들을 매혹시켰던 추상 관념을 초월하였던 실례들이다. 중세기는 합리주의의 이상을 가지고 있었으나 그것을 추구하는 데서 실패하였다. 왜냐하면 그들은 추리의 방법이란 추상적인 것에 포함된 제한성을 전제로 한다는 사실에 주의를 돌리지 않았기 때문이다. 따라서 진정한 합리주의란 영감을 찾아 구체적인 것으로 되돌아감으로써 언제나 자기를 초월하는 것이지 않으면 안 된다. 자족하는 합리주의란 사실상 일종의 반합리주의인 것이다. 그것은 특정한 추상 관념들의 체계에 임의로 머물러 있는 것을 뜻한다. 과학의 형태는 바로 이런 것이었다.

사물의 본질 그 자체에는, 우리가 어떠한 영역을 탐구하고 있든지 간에 언제나 특수한 것으로 구체화되어 나타나고 있는 두 가지 원리가 내재되어 있다. 곧 변화의 정신과 보존의 정신이 그것이다. 이 양자 없이는 아무것도 실재할 수 없다. 보존을 동반하지 않는 변화는 무(無)에서 무로의 이행일 따름이다. 그것을 전부 모은다 해도 그 결과는 단순하고 덧없는 비존재로 전락될 뿐이다. 또한 변화를 동반하지 않는 단순한 보존은 자기 유지가 불가능하다. 왜냐하면 궁극적으로 상황은 끊임없이 유동하고 있는 것이어서 단순한 반복하에서는 존재의 신선미가 사라져 버리게 되기 때문이다. 존재하는 실재의 특성은, 사물의 유동을 통해서 존속하는 여러 유기체로 이루어진다. 하등 유기체들은 그들의 물리적인 생(生) 전체를 지배하는 자기 동일성을 획득하고 있다. 전자, 분자, 결정체들이 이에 속한다. 그것들은 장기간에 걸친 완벽한 동일성을 나타낸다. 생명이 나타내는 고등 유기체에서는 복합성이 증대된다. 따라서 존속하는 하나의 복합적인 패턴이 있다 해도 그것은 전체로서의 사실 내부에 깊숙이 잠겨 있다. 어떤 의미에서 인간의 자기 동일성은 결정체의 그것보다 한층 추상적이라고 할 수 있다. 그것은 정신의 생이다. 그것은 창조적 활동력이 개별화된 형태와 관계하며, 그래서 환경으로부터 받아들이는 변화하는 주위 상황은 살아 있는 인격체와 구별되어, 그 인격체가 지각하는 영역을 구성하는 것으로 간주된다. 그러나 사실상 지각되는 영역과 지각하는 정신은 추상의 산물이며, 구체적인 지평에서는 이 양자가 결합해서 계기(繼起)하는 실체적 사건을 이루고 있는 것이다. 감각적 대상과 일시적인 감정에 국한시켜 본 심리적 영역은 보잘 것 없는 영속성을 지닌 것으로, 순수한 변화라는 비존재를 겨우 모면하고 있는 것이다. 이에 반해 정신은 중요한 영속성을 지닌 것으로 심리적 영역 전체를 관통하고 있으며, 그 존속은 살아 있는 영혼이다. 그러나 영혼은 그 자신의 일시적인 경험들을 통해 배양되지 않는다면 고갈되고 말 것이다. 고등 유기체의 비밀은 이와 같은 두 등급의 영속성을 갖고 있다는 데 있다. 이것에 의해 환경의 참신성이 영혼의 영속성 속으로 흡수된다. 변화하는 환경은 이미 그 갖가지 양상으로 해서 이 유기체의 존속에 있어 결코 해악으로 작용하지 않는다. 고등 유기체가 가지는 패턴은 개체화되어 나타난 활동력 내부에 깊숙이 잠겨 있다. 그것은 다양한 주변 상황에 대처해 나가는 일정한 방식이 되고 있으며, 이 방식은 대처할 수 있을 정도의 다양성을 지닌 주변 상황을 가짐으로써만 강력한 것이 된다.

이와 같은 영혼 배양의 불가피성은 예술의 필요성의 근거가 된다. 정적(靜的)인 가치는 그것이 아무리 엄숙하고 중대한 것이라 해도 그 존속의 과도한 단조로움 때문에 존속하기 어려운 것이 된다. 영혼은 변화에로의 해방을 소리 높여 요구한다. 그것은 밀실 공포증에 걸려 있다. 해학과 기지, 불경한 언사, 유희, 수면, 그리고 무엇보다도 예술과 같은 일시적인 돌파구들이 영혼에 필요하다. 위대한 예술은, 일시적이지만 생생한 가치들을 영혼에 제공할 수 있도록 환경을 정돈한다. 인간은 잠시 동안 마음을 빼앗는 그 무엇, 응시할 수 있는 일상적인 것 밖에 있는 그 무엇을 필요로 한다. 그러나 우리는 사고에 의한 추상적인 분석을 통해서가 아니고는 삶을 세분할 수 없다. 그렇기 때문에 위대한 예술은 일시적인 기분 전환 이상의 것이 되는 것이다. 그것은 영혼의 자기완성에 들어 있는 영속적인 풍부성을 증대시켜 주는 무엇이다. 그것은 직접적으로 향유되고, 내적 영혼을 단련시켜 준다는 점에서 충분한 존재 이유를 갖는다. 예술에 의해서 단련된다는 것은 그것을 향유한다는 것과 별개의 것이 아니며, 오히려 향유하는 가운데 단련되는 것이다. 그것은 영혼으로 하여금 이전에는 영혼의 역량 밖에 있었던 영속적으로 실현되는 가치들을 손에 넣을 수 있게 해 준다. 예술 속에 있는 이와 같은 일시적인 요소는 예술사에 나타나 있는 불안한 동요에 의해 예시되고 있다. 한 시대는 어떤 한 양식의 걸작들로 해서 완전히 채색된다. 그때 어떤 새로운 것이 발견되지 않으면 안 된다. 인간은 방황을 계속한다. 그러나 사물에는 균형이라는 것이 있다. 질에 있어서이건 양에 있어서이건, 충분한 성과를 올리기 전에 이루어지는 단순한 변화는 위대한 것을 미완성의 것으로 머물게 한다. 그러나 전진을 거듭하면서 불후의 이정표를 남기는 예술의 중요성은 아무리 역설해도 지나치다 할 수 없을 것이다.

문명사회의 미적 요구에 대해서 과학이 끼친 영향은 지금까지 불행스러운 것이었다. 과학의 유물주의적 기반은 가치에 대립되는 사물에만 주목하게끔 해 왔다. 이 대립은 구체적인 지평에서 보면 그릇된 것이다. 그러나 일상적인 사유의 추상적 지평에서 본다면 타당한 것이다. 이처럼 사물에만 주목하는 그릇된 관점이 경제학의 추상 관념들과 결합하게 되었는데, 사실 이들 추상 관념은 상업상의 업무를 수행할 때 사용되는 추상 관념이었다. 그래서 사회 조직에 관련된 모든 사상은 물질적 사물과 자본이라는 것에 의해 표현되었다. 궁극적인 여러 가치는 거기서 제외되었다. 사람들은 그러한 가치들에다 정중하게 예의를 표하고 나서 그것들을 성직자에게 넘겨 줌으로써 일요일에만 문안 인사를 하는 정도로 끝냈다. 경쟁을 위주로 하는 상업도덕의 신조는 몇 가지 점에서 기이하리만큼 고양되기도 하였으나, 인간적인 삶의 가치에 대해서는 전혀 고려하지 않고 있었다. 노동자는 노동의 공동 자원에서 끌려온 단순한 일손으로밖에는 간주되지 않았다. 하느님의 물음에 대해서 사람들은 "내가 내 아우를 지키는 사람인가요?"[3)]

3) 창세기 4장 9절.

라는 카인의 답변으로써 대답하였으며, 그 결과 그들은 카인의 죄를 범하게 되었던 것이다. 이것이 영국과 그 밖의 다른 여러 나라에서 널리 산업 혁명이 수행되고 있던 당시의 분위기였다. 지난 반세기 동안의 영국의 역사는 새로운 시대의 제1기에 빚어진 해악들을 서서히 제거하고자 노력해 온 고통스런 과정의 역사였다. 문명은 기계의 도입을 둘러싸고 있는 그릇된 사상의 풍토에서 결코 빠져 나가지 못할지도 모른다. 이 사상적 풍토는 진보적인 북부 유럽의 여러 민족들의 상업 조직 전반에 스며들었다. 그것은 부분적으로는 신교도들이 범한 미적 오류에서, 부분적으로는 과학적 유물론에서, 부분적으로는 인간 본래의 탐욕에서, 또 부분적으로는 정치 경제학의 여러 추상 관념에서 비롯된 것이었다. 나의 주장을 뒷받침하는 한 예로서는, 사우디(Southey)의 《사회에 관한 대화》(*Colloquies on Society*)를 비평한 마콜리(T. B. Macaulay)의 논문에서 찾아볼 수 있다. 이 논문은 1830년에 나왔다. 그런데 마콜리는 그 시대에, 아니 어느 시대에 산 사람들보다도 모범적인 인물이었다. 그는 천재적인 자질을 갖춘 사람으로 온후하고 청렴한 지사이자 개혁가였다. 다음은 그의 논문에서 인용한 글이다.

> 사람들은 현대가 우리의 조상들이 상상도 못 했던 흉악한 것들을 발명해 낸 결과, 바야흐로 사회는 차라리 전멸하는 것이 더 나을지도 모르는 상태에 빠지고 말았다고들 한다. 그리고 그들은 이 모두가 마치 방적공들의 숙소가 아무런 장식도 없이 네모난 데 그 원인이 있는 듯이 말하고 있다. 사우디는 공업의 효과와 농업의 효과를 비교하는 방법을 발견했다고 주장하고 있다. 그런데 이 방법이란 어떤 것인가? 그에 따르면 그것은 언덕 위에 서서 농가와 공장을 바라보고, 과연 어느 편이 더 아름다운지를 알아보는 것이다.

사우디는 그의 책에서 다소 엉뚱한 소리를 많이 했던 모양인데, 위의 인용문만을 놓고 본다면, 대략 1세기가 경과한 오늘날 그가 다시 나타난다면 보다 유리한 입장에 서게 될 것이다. 초기의 산업 조직이 끼친 해독에 대해서는 오늘날 널리 알려져 있다. 내가 특히 강조하고 싶은 것은 그 당시의 뛰어난 사람들까지도 국민 전체의 생활에 있어서의 미적인 요소의 중요성에 관해서는 완전히 장님들이었다는 점이다. 나로서는 아직도 우리들이 이 점에 있어 올바른 평가를 내리는 단계에 이르지 못했다고 생각한다. 이와 같은 유감스런 오류를 실제로 범하게 된 주요 원인은, 운동하는 물질이 자연에 있어 유일한 구체적 실재이며, 따라서 미적 가치란 외부에서 덧붙여진 비본질적인 것이라는 과학의 신조에 있었던 것이다.

쇠퇴의 현상이 나타나게 된 여러 사정에 대한 이와 같은 묘사에는 또 하나의 측면이 있다. 오늘날 과학과 기술의 급속한 발달로 말미암아 생겨난 새로운 상황에서 문명의 장래는 어떻게 될 것인지에 대한 논의가 열기를 띠고 있다. 장차 도래하게 될 해악은 종교적 신념의 상실, 물질적인 힘의 악용, 저급한 사람들일수록 출생률이 높아 가고 있는 데 따르는 타락, 미적 창조성의 억압 같은 것 등 여러 방면으로 진단되어 왔다. 이것들이 모두 위험스럽고도 두려운 해악임에는 틀림없다. 그러나 이런 현상들은 결코 새로운 것이 아니다. 역사의 여명기 이래로 인류는 줄곧 그의 종교적 신념을 상실해 왔으며, 언제나 물질적 힘의 악용으로 말미암아 고통을 받아 왔고, 최상의 지성을 타고난 인간이 번창하지 못하는 것에 고민해 왔으며, 예술의 주기적인 퇴락을 늘 목격해 왔던 것이다. 투탕카멘 왕의 재위 당시 이집트에서는 근대파와 전통파 사이에 치열한 종교 논쟁이 있었다. 또 동굴의 벽화를 보면 정교한 미적 창조의 시기 후에 다시 비교적 저속한 시기가 그에 대체되었음을 엿볼 수 있다. 중세기의 종교 지도자, 위대한 사상가, 위대한 시인이나 저술가, 성직에 종사하는 사람들은 거의 모두 자식을 두지 않았었다. 끝으로 만일 우리가 과거에 실제로 일어났던 것에 주의를 돌려서, 민주제, 귀족제, 국왕, 장군, 군대, 상인 등에 대한 낭만주의적 비전을 무시해 놓고 본다면, 물질적인 힘은 맹목적으로, 완고하게, 또 이기적으로, 그리고 흔히 야만적인 악의를 수반하여 대개 행사되었음을 일견할 수 있다. 그러나 그럼에도 불구하고 인류는 진보하였다. 현대가 조금이라도 고대보다 뛰어난 면이 있다면, 그것은 저 고대 그리스의 전성기에 살았더라면 극히 행복했을 유형의 현대인으로는 아마도 (오늘날 흔히 있는) 헤비급의 직업 권투 선수일 것이며, 옥스퍼드나 독일 출신의 보통 그리스 학자는 아닐 것이라는 점이다. 사실상 옥스퍼드 출신의 학자가 그 시대에 살았을 경우 소용되는 점이 있다면, 그것은 권투 선수를 찬양하는 시를 쓸 수 있었으리라는 것이리라. 자기의 의무를 다하고자 하는 현대인에게서 용기를 빼앗아 가는 가장 유해한 요소는, 현대의 일반적인 부진 상태에 대조되는 과거의 몇 가지 탁월한 점만을 전적으로 주목하려는 태도에 있다.

그러나 결국 사실상 쇠퇴의 시대가 여러 차례 있었다. 그리고 다른 시대에서와 마찬가지로 현대 사회도 쇠퇴해 가고 있으며, 이제 그에 대한 대책을 강구하지 않으면 안 되었다. 전문가란 것이 어제 오늘에 생겨난 것은 아니다. 그러나 과거에 전문가들은 진보와 무관한 계급을 형성하고 있었다. 그런데 현대에 이르러서는 전문화가 그대로 진보에 직결되고 있다. 세계는 이제 세계가 저지시킬 수 없는 하나의 자발적인 조직과 대치하고 있다. 이러한 상황 가운데에는 위험스런 요소들도 있고 이득이 되는 요소들도 있다. 물질의 힘이 증대될수록 사회 개선의 기회가 그만큼 많아진다는 것은 분명하다. 만일 인류가 이런 사태에 적극적으로 대응하여 분발한다면, 그의 앞길에는 인류를 풍요롭게 하는 창조의 황금시대가 가로놓이게 될 것이다. 그러나 물질의 힘 그 자체는 윤리적으로 중립적이다. 그것은 그릇된 방향으로도 똑같이 이용될 수 있다. 문제는 어떻게 위대한 인물을 배출할 것인가 하는 것이 아니라, 어떻게 위대한 사회를 건설할 것인가 하는 것이다. 위대한 사회는 사람들을 분발시켜서 사태에 대처하도록 한다. 유물론 철학은 물질의 일정량을 강조하고, 거기서 파생되는 환경의 일정한 성질을 강조하였다. 이렇게 함으로써 그 철학은 인류의 사회적 양심에 지극히 유감스러운 영향을 끼쳤다. 왜냐하면 그 철학은 어떤 고정된 환경에서의 생존 경쟁이라는 측면에만 거의 전적으로 주목하도록 하였기 때문이다. 상당한 정도로 환경은 고정되었고, 그래서 그 만큼 생존 경쟁도 치열해졌다. 그러므로 우주를 장밋빛 안경으로 본다는 것은 어리석은 일이 되고 만다. 우리는 경쟁을 인정하지 않을 수 없다. 문제는 누구를 탈락시킬 것이냐 하는 것이다. 우리가 교육자인 한, 이 점에 관해 분명한 생각을 갖지 않으면 안 된다. 왜냐하면 그것에 따라 배출되어야 할 인간형과 가르쳐야 할 실천적 윤리가 결정되기 때문이다.

그러나 지난 3세대를 통해서 사물의 그러한 측면에만 전적으로 주의를 집중시켰던 것은 실로 크나큰 불행이었다. 19세기의 표어는 생존 경쟁, 우승열패, 계급투쟁, 국가 간의 무역 경쟁, 전쟁 등으로 나타났다. 생존 경쟁은 증오의 복음으로 해석되었다. 진화를 내세우는 철학으로부터 도출되는 전반적인 결론은 다행스럽게도 보다 균형 잡힌 성격의 것이다. 번창하는 유기체는 자기의 환경을 개조한다. 상부상조하도록 자기의 환경을 개조하는 유기체들은 번창한다. 이 법칙이 실례는 자연 가운데서 얼마든지 찾아볼 수 있다. 예를 들어 북미의 인디언은 그들의 환경을 그대로 받아들인 결과, 얼마 안 되는 인구가 광대한 대륙 도처에 흩어져 살면서 겨우 명맥을 유지해 가는 데 그치게 되었다. 유럽 민족이 그 대륙에 도착했을 때, 인디언과는 정반대되는 방책을 강구하였다. 그들은 곧바로 협력하여 그들의 환경을 개변시켰던 것이다. 그 결과 지금은 인디언의 20배 이상의 인구가 그 땅을 차지하고 있으며, 이 대륙은 아직도 여유가 있는 땅으로 남아 있다. 또 다른 예를 든다면 서로 협력하는 상이한 종(種)의 결합이라는 것이 있다. 이와 같은 종의 분화는 전자와 양성자의 결합체와 같은 가장 단순한 물리적 존재에서뿐만 아니라 생물계의 전 영역에서도 볼 수 있다. 브라질의 삼림을 이루는 수목들은, 상호 의존을 통해 존재하고 있는 다양한 유기체들의 결합에 의존하고 있다. 떨어져서 홀로 자라고 있는 나무는 환경의 변화로 돌발하는 온갖 불리한 사태에 의해 좌우된다. 바람이 그 성장을 가로막으며, 기온의 변화는 잎의 발육을 저해하고, 비는 토양을 씻어 내린다. 나뭇잎은 바람에 날려가 버려 밑거름의 구실을 다하지 못한다. 홀로 서 있는 한 그루의 훌륭한 나무를 보게 되는 경우는 특별한 환경에서 자란 경우가 아니면 인간이 그것을 직접 재배한 경우일 것이다. 자연에서 수목이 번식하는 정상적인 방법은 그것들이 결합해서 삼림을 이루는 길이다. 이 때 나무들이 제각기 개별적으로 완전하게 성장하지 못하는 수도 있겠지만, 서로 협력함으로써 생존 조건을 보존한다. 즉 태양빛과 빗줄기로부터 토양을 보호하고 있는 것이다. 그리고 이렇게 함으로써 밑거름에 필요한 미생물이 말라 죽거나 얼어 죽거나 쓸려 내려가는 일이 없도록 한다. 삼림이란 상호 의존하는 여러 가지 종들이 성공적으로 결합하고 있는 유기적 조직체이다. 그리고 삼림을 사멸케 하는 어떠한 종류의 미생물도 거기에는 서식하지 않는다. 또 다른 예로 암수의 양성(兩性)도 분화가 가져오는 이득에 관련되어 있다. 세계의 역사를 놓고 볼 때, 폭력을 행사하기 위한 수단에서 특출한 능력을 갖춘 종(種)에 승리가 돌아간 적이 없었으며, 심지어 방어를 위한 폭력의 특출한 능력을 지닌 종인 경우에도 그랬다. 사실상 자연의 세계에서 최초에 출현한 것은, 삶에 위해한 것들을 방어하기 위한 견고한 껍질을 덮어쓴 동물이었다. 또 신체의 대소에서도 그 적절성의 여부가 시험되었다. 그러나 예민하고 민첩하나 방어의 무기도 갖지 않은 비교적 작은 온혈 동물이 거대한 동물들을 지구상에서 쓸어내 버렸다. 또 사자나 호랑이가 성공적으로 번창한 종자는 아니다. 즉석에서 폭력을 행사한다는 것은 도리어 자신의 목적을 해치게 되는 법이다. 그 주된 결함은 협력을 불가능하게 하는 데 있다. 모든 유기체는 한편으로는 격심한 변화로부터 자기 몸을 보호하기 위해, 또 한편으로는 필요한 것을 획득하기 위해 친구들과 함께 있는 환경을 필요로 한다. "힘의 복음"(the Gospel of Force)은 사회적 생활과 조화될 수 없는 것이다. 여기서 힘이란 가장 넓은 의미에서 적대를 말한다.

"획일성의 복음"(the Gospel of Uniformity)도 거의 이에 못지않게 위험한 것이다. 국가나 민족 간의 차이는 고도의 발달을 가능하게 할 조건들을 유지하는 데 불가결한 요소이다. 동물의 생활력이 상승 추세일 때에 하나의 주요 인자는 이동력이다. 아마도 견고한 피부를 가진 거대한 동물이 여의치 못한 생활을 한 까닭도 여기에 있을 것이다. 그것들은 마음대로 이동을 할 수 없었던 것이다. 동물은 이동을 함으로써 새로운 조건으로 들어가게 된다. 이때 그들은 이에 적응하거나 죽게 되거나 할 것이다. 인류는 숲에서 평원으로, 평원에서 해안으로, 기후가 다른 지역에서 또 다른 지역으로, 대륙에서 대륙으로, 한 생활 습관에서 다른 생활 습관으로 계속해서 이동해 왔다. 인간이 이동을 멈추게 될 때, 인간의 삶에서 향상도 멈추게 될 것이다. 신체의 이동도 중요하지만, 인간의 정신적 모험—사상의 모험, 열정의 모험, 미적인 결합의 모험—의 힘은 더욱더 중요하다 하겠다. 인간 영혼의《오디세이아》[4]에 자극과 양식을 주기 위해서는 인간 사회들 사이에 차이가 절대적으로 필요하다. 다른 습관을 가진 다른 나라는 적이 아니라 하늘의 선물이다. 인간은 그의 이웃에게서 이해할 수 있을 정도로 가까운 것, 주의를 불러일으킬 정도로 색다른 것, 그리고 존경할 만한 위대한 것을 찾는다. 그러나 우리는 미덕만을 기대해서는 안 된다. 흥미를 느낄 만큼 색다른 것이 있으면 그것으로 만족해야 할 것이다.

근대과학은 인류에게 이동의 필요성을 부과한다. 과학의 진취적 사상과 혁신적 기술은 한 세대에서 다른 세대로 진행되는 시간상의 이동을, 또 해도(海圖) 없이 해양을 모험하는 참된 이동을 가능하게 한다. 이동에 따르는 이득은, 그것이 위험하기 때문에 화근을 예방하기 위한 숙련을 필요로 한다는 데 있다. 그러므로 우리는 미래가 갖가지 위험들을 내포하고 있으리라고 생각하지 않으면 안 된다. 위험을 잉태하는 것은 미래의 일이며, 과학이 그 소임을 다하기 위해 미래를 정비한다는 것은 과학의 장점들 가운데 하나이다. 19세기를 지배했던 부유한 중산 계층은 생활의 평온을 지나치게 중시하였다. 그들은 새로운 산업 조직에 의해 부과된 사회 개혁의 필요성을 직시하려 하지 않았고, 오늘날의 사람들은 새로운 지식에 의해 부과된 지성 개혁의 필요성을 직시하려 하지 않고 있다. 세계의 미래에 대해서 중산 계층

4) *Odysseia*
트로이 전쟁의 영웅 오디세우스가 겪는 귀국 도중의 모험에 찬 방랑담과 귀국 후의 복수담을 노래한 호메로스의 장편 서사시.

이 품고 있는 비관론은 문명과 안전을 혼동하는 데서 오는 것이다. 곧 도래할 미래는 얼마 전의 과거보다 안전과 안정성에서 떨어질 것이다. 물론 불안정도 그 도가 지나치면 문명과 양립될 수 없으리라는 점을 인정해야 한다. 그러나 대개의 경우 위대한 시대는 불안정한 시대였던 것이다.

지금까지 나는 이 책에서 사상 영역에서의 일대 모험을 기록으로 제시하고자 노력해 왔다. 이 모험에는 서구의 모든 민족이 다 같이 참여하였다. 그것은 완만한 대중 운동으로 전개되었던 것이다. 그것의 시간적 단위는 반세기였다. 이 이야기는 이성의 편력이 드러나 있는 삽화를 노래한 서사시이다. 이 이야기는 어떻게 어떤 일정한 방향을 지향하는 이성이 장기간에 걸친 과거의 예비 단계를 지나 어떤 민족에게서 나타나게 되는가 하는 것, 또 어떻게 그 이성의 탄생 후 그것의 주제가 점차 전개되어 가는가 하는 것, 어떻게 이성이 승리를 쟁취하게 되는가 하는 것, 어떻게 이성이 인류 활동의 근원에 틀을 부여하는 영향력을 행사하게 되는가 하는 것, 그리고 마지막으로 어떻게 이성의 성공이 절정에 달했을 때 그것의 한계가 드러나게 되고, 그래서 창조적인 상상력을 새로이 발휘하게 되는가 하는 것 등에 관해 말하고 있다. 이 이야기의 핵심은 이성의 힘, 인간의 삶에 대한 이성의 결정적인 영향력이다. 알렉산더에서 시저에 이르는, 또 시저에서 나폴레옹에 이르는 위대한 정복자들은 후대의 생활에 깊숙이 영향을 미쳤다. 그러나 이 영향으로 나타난 결과 전체는, 탈레스에서 현대에 이르기까지의 수많은 사상가들이 이루어 놓은 인간의 습관 및 정신의 완전한 탈바꿈에 비한다면 보잘 것 없는 것이 되고 만다. 이 사상가들이 그들 개개인으로서는 무력했으나 궁극적으로는 세계를 지배해 온 것이다.

옮긴이 해제

《과학과 근대세계》의 철학적 의미

1. 머리말

어떠한 사상도 그것이 과학적 지성을 매개로 하지 않는 한, 진정한 건설적 힘을 구현하기 어려울 것이라고 생각한다. 그런데 현대 과학의 놀라운 발전은 날로 그 방법의 정밀화와 함께 대상의 영역을 넓혀 가고 있다. 그 위에 뉴턴 물리학에 대한 현대 물리학의 방법론적 및 인식론적인 180도의 전환은 사실상 "과학적 사유의 혁명"을 이룩해 놓았다고 할 수 있다. 그러므로 이에 수반되는 문제들에 대한 철학적 해명은 현대의 모든 철학적 · 사상적인 사색의 배경 및 근저(根柢)로서 매우 중요한 의미를 갖는다고 볼 수 있다. 이러한 문제의식을 투철하게 자각하면서 과학과 철학의 20세기적 결합을 그 누구보다도 풍성하게 결실케 한 예를 우리는 화이트헤드(Alfred North Whitehead, 1861~1947)에게서 발견할 수 있을 것이다.

"20세기는 수학과 철학 분야에서 화이트헤드를 능가할 인물은 낳지 못했다"고 평가될 만큼 그는 수학, 논리학, 물리학, 과학철학, 형이상학, 그리고 새로운 과학적 우주론에 이르는 일련의 웅혼(雄渾)한 사색을 전개함으로써, 86세로 세상을 떠날 때까지 그 근저를 꿰뚫고 있는 시종여일한 문제를 집요하게 추구해 마지않았던 20세기의 탁월한 대철학자였다.

2. 화이트헤드의 생애와 사상의 발전 그리고 저작

화이트헤드는 1861년 2월 15일 영국의 동남단 도버 해협을 눈앞에 굽어보는 수려한 전원 소도시이며 휴양지로도 알려진 켄트 주 램즈게이트에서 태어났다. 그의 부친 알프레드는 성공회의 고위 성직자로 있으면서, 조부의 사업을 계승하여 그곳의 사립학교 교장직을 겸임하고 있었다. 종교적인 가정 배경은 후에 그의 사상에 지울 수 없는 영향을 미쳤다.

화이트헤드는 10세에 부친으로부터 라틴어를, 12세에 그리스 고전 중심의 가정교육을 받은 후, 14세에 샤번중학에 들어가서도 주로 라틴어와 그리스어의 철저한 교육을 받는 한편 수학을 배웠다. 이 무렵 그는 크리켓팀과 축구팀의 주장으로 마음껏 자유를 구가하였지만, 무엇보다 낭만주의 자연시인 워즈워스와 셸리의 작품을 즐겨 읽었으며, 역사책을 탐독하였다. 그의 사상에서 볼 수 있는 과학과 인문학의 균형은 어릴 때의 이러한 교육에 힘입은 바 크다고 할 수 있다.

(1) 수학의 논리적 기초와 《수학 원리》

화이트헤드는 1880년 자연과학의 명문 케임브리지의 트리니티 칼리지에 입학하면서, 그로부터 1910년까지의 30년간은 오로지 수학과 기호 논리학에 열정을 쏟았다. 이 기간은 화이트헤드가 수학자, 수리논리학자로서 대성한 시기가 되는 동시에, 후기에서 보는 저 웅대한 사상의 기반을 구축한 기간이기도 하다. 대학생으로서의 화이트헤드는 주로 순수 과학과 응용수학(물리학을 포함한)을 전공하는 한편, 종교, 철학, 정치, 예술, 문학의 각 분야에 깊은 관심을 가졌으며, 특히 학료(學寮) 생활(케임브리지와 옥스퍼드대학은 완전한 기숙학교 제도임)을 통해서 사회적 · 지적 훈련을 많이 받았다. 매주 토요일 밤 10시부터 일요일 아침까지 개최되는 관례적인 "사도들의 모임"(the Apostles)은 1820년대부터 내려오는 이 대학 전통의 하나로서, 사회의 각계각층에서 활약하는 선배들도 이 토론회에 참가하여 세계의 정세를 논하는 데 열을 올렸다. 이러한 "플라톤적 대화"를 통해서 많은 자극과 교육을 받았음을 그의 자서전에서 술회한 바 있거니와, 화이트헤드의 인격과 학문적 기초는 이 기간 동안에 형성되었다고 볼 수 있다.

1885년 화이트헤드는 트리니티 칼리지에서 특별 연구원(Fellow)의 자격을 얻어 응용수학(수리물리학), 역학의 강의를 담당하게 되었지만, 그의 관심은 보다 추상적인 순수 수학의 영역에 있었다. 이 무렵 한때 칸트 철학에 매료된 나머지 《순수 이성 비판》(*Kritik der reinen Vernunft*)을 부분적으로 암송했을 정도였지만, 당시에 지배적이던 헤겔 철학을 추종하기에는 그의 머리가 너무나 논리적으로 단련되어 있었다. 그는 헤겔의 수학에 관한 견해가 전적으로 난센스일 뿐이라고 생각했기 때문에 평생토록 그의 저서를 직접 읽을 기회를 갖지 않았다고 한다.

순수 수학의 영역에서 그에게 많은 영향을 준 저작으로는 헤르만 그라스만의 저서, 즉 1844년의 《연장론》(*Ausdehnungslehre*)과 1862년의 《연장론》이 그 하나인데, 화이트헤드에 의하면 이 두 저서 중 전자가 후자보다 훨씬 더 기본적임에도 불구하고, 그것이 출판되었을 당시는 아무도 이해하는 사람이 없었다고 한다. 그 밖에도 그에게 크게 영향을 미친 것으로는 W. R. 해밀튼 경의 《사원법》(四元法, *Quater-*

nions)과 G. 부울의 《사고의 법칙》(*Laws of Thought*, 1859)이 있다. 이들은 모두 그의 수리 논리 사상의 원천을 이루고 있다. 여기서 화이트헤드는 여러 대수학 체계를 통일적 관점에서 재구성함으로써 하나의 체계로 정리하는 것을 목적으로 하는 연구에 8년 동안이나 몰두하였는데, 그 성과는 마침내 처녀작 《보편 대수론》(*A Treatise on Universal Algebra*, 1898)으로 나타났다.

이 통일적 관점에서 이루어진 수학의 논리적 기초에 관한 연구 업적으로 인해 화이트헤드는 1903년에 왕립 협회(Royal Society)의 회원으로 선출되었고, 그로부터 30년 후인 1933년에는 영국 학술원 회원으로 선출되었다.

화이트헤드는 그 당시의 케임브리지를 휩쓸고 있던 헤겔주의의 변증법적 사변, 즉 변증법 논리에 의한 수학의 형이상학화에 맞서는 형식적 체계로서의 수리논리학을 확립시키려는 의도를 갖고 있었는데, 그 일부가 《보편 대수론》으로 결실을 보게 된 것이다. 같은 의도는 계속해서 그의 《사영 기하학의 공리》(*The Axioms of Projective Geometry*, 1906)와 《도형 기하학의 공리》(*The Axioms of Descriptive Geometry*, 1907)로 기하학의 영역에서 나타났다. 다시 《물질세계에 관한 수학적 개념들에 대하여》(*On Mathematical Concepts of the Material World*, 1906)는 그러한 형식적 방법을 사상(事象) 과학, 특히 물리학에 확장시키려는 시도로서, 물리학의 여러 기초 개념이 형식적으로 공리화되고 있다.

《보편 대수론》 제1권이 간행되던 1898년에 화이트헤드는 이미 제2권의 원고를 완성시켜 출판할 예정으로 있었는데, 얼마 후에 그의 수제자 버트런드 러셀의 《수학의 원리》(*Principles of Mathematics*)가 출판되었다. 그리고 러셀은 그에 뒤이은 책을 준비하고 있는 중이었다.

화이트헤드는 그의 《보편 대수론》과 러셀의 《수학의 원리》가 전적으로 동일한 문제의식과 의도 아래 기획된 연구 작업이라는 것을 알게 되자, 각기 구상한 서로의 제2권을 공저로 하여 한 권으로 정리하자는 러셀의 제안을 받아들였고, 그로부터 이들은 공동 연구에 착수하게 되었다. 양자의 공동 연구는 당초의 계획보다 점차적으로 확장되기에 이르렀고, 그 최초의 성과로 《수학 원리》(*Principia Mathematica*) 제1권의 결실이 1910년, 그러니까 그들이 공동 연구에 착수한 지 7년 후에 맺어졌다. 이 기간 동안 그들은 모든 것을 희생하면서 온갖 정력을 이 연구에 바쳤으며, 경제적으로 매우 어려운 처지에 빠져 있었을 뿐만 아니라 육체적으로도 지쳐 있었다. 그러나 그들은 계속 공동 연구를 추진한 결과 제2권을 1912년에, 그리고 제3권을 1913년에 각각 출판하는 데 성공하였다. 원고는 두 사람이 모두 통독하고 완전한 합의에 도달할 때까지 퇴고를 거듭했으므로 문자 그대로의 공저임이 분명했다. 이 방대한 《수학 원리》 제3권은 W. V. 콰인이 그의 논문 "화이트헤드와 현대 논리학의 형성"(Whitehead and the Rise of Modern Logic)에서 말한 바와 같이, 현대의 수리 논리 사상사에 불후의 금자탑을 세운 것이라고 할 수 있다. 이 저서는 현대의 모든 논리 사상 연구의 권위 있는 전거(典據)가 된다는 점에서도 그들의 업적은 높이 평가되어야 한다.

한편 제4권에서는 기하학의 논리적 기초에 관한 작업, 다시 말하면 기하학의 수리논리학으로의 환원 작업이 예정된 바 있었으나, 두 사람 사이의 견해의 대립으로 인하여 실현되지 못하고 말았다. 그러나 화이트헤드는 이것을 계기로 보다 근본적인 문제들을 철학적으로 고찰하는 방향으로 나아갔다.

(2) 과학철학의 형성

《수학 원리》 제1권이 출판되던 1910년에 화이트헤드는 30년 동안의 긴 케임브리지대학 생활에 종지부를 찍고 런던대학으로 자리를 옮겼는데, 1914년에는 런던대학의 임페리얼 칼리지 오브 사이언스 앤드 테크놀로지(이공 학부)의 응용수학 정교수로 임명되었다. 런던에 옮긴 첫해에는 교직 없이 《수학 입문》(*An Introduction to Mathematics*, 1911)이라는 계몽서의 저술에 몰두하였다. 이 입문서는, 모든 수학은 일상생활의 경험과의 연관에서 가르치지 않으면 안 된다는 수학의 새로운 교육관에 기초를 둔 것으로, 우리들의 인식에 있어서 수학의 철학적 위치를 밝힌 명저로서 그 후 오랫동안 거듭 출판된 바 있다.

1924년에 런던대학을 정년퇴직하고 미국인 친구 H. O. 테일러의 주선으로 하버드대학의 철학 정교수로 초빙을 받아 옮겨가기까지의 14년간은 사회적으로도 눈부신 활동을 전개한 분망한 시기가 된다. 그는 영국 수학회 회장, 런던 임페리얼 칼리지 학장, 학술 평의회 의장, 대학 이사로서의 공직 등을 수행하는 분망한 가운데서도 "아리스토텔레스 협회"에서 정기적으로 열리는 철학자들의 토론에 참가하는 등, 철학적 사색의 면에서도 이 대기(大器)에 축적된 지식은 가속도로 발효하기 시작하였다.

《수학 원리》의 공저자인 러셀이 이 저서에서 표명한 입장을 끝까지 자랑스럽게 고수하는 방향으로 나아간 데 반해, 화이트헤드는 이에 만족하지 않고 수리논리학적 방법을 어떻게 사상(事象) 과학에 적용시키느냐 하는 제2단계 연구 방향으로 나아갔다. 달리 말하면 러셀은 《수학 원리》의 주석이라고도 볼 수 있는 언어 분석으로 기우는 한편 비트겐슈타인의 자극도 받으면서 논리 실증주의로 향하는 물결을 탄 데 반해, 화이트헤드는 수리물리학의 논리적 · 형이상학적 기초가 될 과학철학의 영역으로 나아갔다. 그 결과 〈공간, 시간 그리고 상대성〉("Space, Time and Relativity", 1915), 〈사고의 유기화〉("The Organization of Thought", 1917), 〈약간의 과학적 관념의 분석〉("The Anatomy of Some Scientific Ideas", 1917) 등의 논문 발표에 뒤이어, 무엇보다도 중요한 것은 그의 과학철학 3부작인 《자연 인식의 원리에 관한 연구》(*An Inquiry concerning the Principles of Natural Knowledge*, 1919), 《자연의 개념》(*The Concept of Nature*, 1920) 및 《상대성 원리》(*The Principle of Relativity, with Applications to Physical Science*, 1922)로 나타나게 되었다.

이 3부작 가운데 앞의 두 저작은 수리물리학의 여러 기본 개념에 대한 논리적 기초를 세우려는 것으로서, 첫째 것은 그때까지 자연과학에서 암암리에 가정되고 있던 기본 전제를 드러낸 다음, 과연 그것이 타당한지의 여부를 통일적인 관점에서 비판적으로 검토하고 있다. 따라서 그 주제는 시간과 공간 및 사건의 개념을 분석하는 것이었다. 둘째 저작에서는 앞에서 말한 분석의 결과로 획득한 기본 개념을 토대로 하나의 이론 체계를 구축한 다음, 다시 그 체계를 통해 경험적 사실들을 해석하는 방법을 취하고 있다. 그는 이러한 이론을 구성함에 있어서 언제나 추상적인 것을 구체적인 것으로 오인하는, 이른바 "잘못 놓인 구체성의 오류"(Fallacy of misplaced concreteness)를 범해서는 안 된다는 준칙을 따르고 있다. 다시 말하면 그의 기본 입장은 어디까지나 추상에 의한 이해를 삼가고, 모든 문제를 가장 구체적인 경험의 견지에서 파악해야 한다는 철학 정신의 관철에 있다고 볼 수 있다. 셋째의 저작에서는, 아인슈타인의 일반 상대성 이론과는 다른 기본 전제에 입각해서 화이트헤드의 과학철학적 분석의 결과에서 필연적으로 귀결되는 일반 상대성 이론을 전개하고 있다. 이것은 뒤에 아인슈타인 자신도 소개하고 있는 흥미로운 이론이다. 물론 과학의 문제에 대한 그들의 견해 차이는 단순히 공간이나 동시성의 문제 그 자체보다는, 과학에서 과학에 머무는 아인슈타인과 과학에서 철학의 영역으로 발전해 가는 화이트헤드와의 사상적 기반의 차이이며, 동시에 그들의 세계관적 대립이 더 중요한 의미를 내포하고 있음은 말할 것도 없다.

(3) "의미 관계"의 이론

화이트헤드에 의하면 자연과학의 철학, 즉 과학철학이 당면하는 최초의 과제는 "자연의 개념을 밝히는 데 있다. 즉 자연을 먼저 의식의 복합적 사실로서 전제하고, 무엇이 자연의 궁극적 실재이며 아울러 그 실재의 기본 관계가 무엇인지를 밝힘으로써, 자연의 법칙을 지배하고 있는, 다시 말하면 자연에서 일어나고 있는 실재 상호 간의 관계의 근거를 확립시키는 일"이다. 요컨대 과학철학은 관찰하는 것과 관찰되는 여러 성질에 관한 학문이며, 과학철학의 기본적 방법은 한층 더 통일적인 관점에서의 가설을 구성하고 공리주의적으로 일반화시키는 것이다. 몇 개의 기본 개념과 기본 법칙(공리)으로부터 공리주의적 일반화에 의한 형식적 체계를 구성할 때 수리논리학의 방법이 중요한 도구가 된다는 것은 더 말할 것도 없다. 이러한 관점에서 화이트헤드는 우리가 실제로 관찰할 수 있는 구체적 자연, 즉 그 여건은 무엇인가 하는 문제를 설정해 놓고, 이것을 그의 "의미 관계"(significance) 이론으로 설명하고 있다. 여기서 다시 우리가 이같이 관찰하는 구체적 여건에는 어떠한 성질이 있는지의 문제를 추구하였는데, 이렇게 설정된 문제에 대해서 그는 "연장적 추상화의 방법"(The Method of Extensive Abstraction)이라는 이론을 통해 체계적인 설명을 시도하고 있다. 그렇다면 우리에게 있어 구체적 자연이란 무엇인가? 화이트헤드에 의하면 그것은 우리의 감각적 지각에 직접 나타나며 감각적으로 의식되는 전체적 지속이다. 다시 말하면 현실성, 구체성, 연속성, 특수성이라는 성질을 구비한 사건(event)의 복합체로 나타난다. 이 지속, 또는 사건의 복합체는 우리의 감각적 의식 및 사유에 대해서 똑같이 자기 충족성을 지니고 있는 것으로서, 이와 같은 복합체가 지니고 있는 특성이야말로 과학의 출발 기점이 된다. 이런 점에서 그는 영국 경험론의 전통적인 입장에 서 있다고 할 수 있다.

그러나 화이트헤드는 "의미 관계"란 개념을 도입함으로써 영국 경험론이나 대륙 합리론이 규정하는 경험의 개념이 오류를 범했음을 지적하고 다음과 같이 주장한다. 즉 그에 의하면 "의미 관계" 그 자체가 경험이지, 경험에 의해서 "의미 관계"가 성립되는 것은 아니다. "의미 관계"의 경험이라 함은, 사물은 우리의 지각적 인식에 있어 분산적인 것으로서가 아니고, 어디까지나 의미 관계성을 동반한 것, 즉 서로 연관되어 있는 것으로서 나타남을 말한다. 다시 말하면 감각적 지각이란 지금의 자기, 즉 지각자의 사건 및 다른 동시적인 여러 사건과의 관계로서 성립되는 것이며, 우리는 이 관계를 직접 의식한다는 것이다. 이것이 현실에 있어서의 우리의 경험적 모습이라는 것이다. 그러므로 인식한다 함을 단순히 어떤 수동적인 외계의 감상으로 볼 수는 없다. 자연이란 항상 변화하면서 존재하는 무수한 사건의 전체적 · 동시적인 흐름이며, 지각적 인식이란 지각자의 사건과 그의 외계의 사건과의 동시적 상호 관계, 다시 말해 공액 관계(共軛 關係, cogredi-ance)라고 본다. 이와 같이 화이트헤드는 동시적으로 "의미 관계"를 내포하고 있는 사건의 개념에서 출발하여 그 이론을 체계화하고 있다.

우리의 감각적 의식에 주어져 있는 가장 구체적 사실인 지속, 즉 사건의 복합체 혹은 통일적 사건으로부터, 가지각색의 감각적 대상과 지각적 대상 및 과학적 대상을 추상화해 가는 것인데, 이때의 추상화 과정에 관해서는 "연장적 추상화의 방법"이라는 이론을 통해서 체계적으로 설명하고 있다. 먼저 사건으로부터의 원초적 추상화에는 두 가지의 방향이 있는데, 그 한쪽은 사건을 각 부분으로 분해해 가는 과정이며, 또 한쪽은 사건의 사실들을 그 구성 요소가 되는 각 존재(entity)와의 관계를 나타내는 것으로서 식별해 가는 과정이다. 우리들의 의식에는 그 자체의 개체적 특이성으로 식별되는 사실로서의 사건과, 그렇게 식별된 사건의 장(場)과 불가분리적으로 연결되고 있는 그 사실의 관계항으로서 식별되는 사건이 가져오는 요인들이 포함되고 있는데, 추상화를 추진시켜 가는 과정에서 감각 대상, 지각 대상, 과학적 대상이 각기 별도로 규정된다는 것이다. 이들 대상이 추상화되는 그 기저(基低)를 이루는 사건을 구성하는 요인들은 주어진 장(場)에 있어서 동시에 나타나며, 감각적 의식에 있어서는 그 장소가 전체로서 나타내는 관계의 관계항으로서 상호 간에 유기적인 관계를 유지하고 있지만, 한편 사유에 있어서는 이 관계가 모두 사상(捨象)되고, 각 관계항이 노출된 존재로서 대상화되고 있다. 화이트헤드에 의하면 전자는 현실적 존재이며 후자는 가능적 존재이다. 후자의 논리적 구축은 일반적으로 이론을 구성한다. 그리고 후자의 논리적 구축에 의한 전자의 설명이 곧 사상 과학(事象 科學)의 공통적인 목적이 된다. 후자는 사실을 설명하기 위한 단순한 사유의 절차일 뿐이며, 이것을 현실적 존재로 오인하는 데서 전통적 관념론의 희극이 비롯되었던 것이라고 화이트헤드는 강조한다.

여기서 주의해야 할 것은, 화이트헤드는 감각적 의식에 있는 사실들의 요인이야말로 사유의 여러 존재의 기체(基體)가 되는 것이지,

그 반대로 사유 존재(思惟 存在)가 감각적 의식 요인의 기체가 되는 것이 아님을 주장하고 있다는 점이다. 플라톤 이래의 전통은 이러한 잘못된 주장에 기인된 것으로서, 감각적 의식에 나타나는 구체적 사실을 설명하기 위한 단순한 사유의 수속을 마치 자연의 기본적 성질인 것처럼 잘못 이입(移入)시킨, 즉 "잘못 놓인 구체성의 오류"를 범한 대표적 실례가 된다. 각 사건은 시간적으로나 공간적으로나 모두 다른 사건과 본질적으로 다르기 때문에, 감지(感知)는 가능하나 인지(認知)할 수는 없다. 왜냐하면 인지한다는 것은 하나의 비교 작용인데 반해, 사건은 그 본성상 비교될 수 없기 때문이다. 그리고 인지될 수 있는 것은 다만 대상에 국한된다. 화이트헤드에 의하면 과학의 대상은 지각의 대상을 전제하고, 지각의 대상은 감각의 대상을 전제하고 있지만, 감각의 대상은 다른 어떠한 형태의 대상도 전제하지 않는 기반이다. 과학적 대상의 관계는 단순성과 제일성(齊一性)이라는 특성을 가지며, 따라서 자연의 성질을 한층 더 단순하게, 한층 더 엄밀하게 설명하기 위해서는 감각적 대상이나 지각적 대상이 아닌 과학적 대상에 의해서 표현할 필요가 있다. 그러나 과학자는 "잘못 놓인 구체성의 오류"를 범하지 말아야 하며, 단순성을 추구해야 하지만 항상 그것에 대해 의문을 갖지 않으면 안 된다.

(4) 형이상학의 체계

1924년에 화이트헤드는 하버드대학 총장 로웰의 초청으로 동 대학의 철학 교수 취임차 미국으로 건너가게 되었다. 이때 그는 남들이 은퇴하는 나이인 63세였다. 이 기회는 그에게 과학철학을 포괄적인 형이상학적 철학으로 발전시킬 수 있는 절호의 계기가 된 것이다. 그의 철학 강의는 학생들에게 많은 영감을 불어넣었으며, 이는 1937년 명에 교수가 되어 현직을 떠난 후에도 계속되었다.

도미 후의 첫 저작은 바로 이 책《과학과 근대세계》(*Science and the Modern World*, 1925)였다. 이 책은 화이트헤드의 저서 중에서 가장 널리 알려진 것으로 비교적 덜 전문적인 저작이지만, 독창적이고 심오하며 난해하다는 점에서는 예외가 아니다. 영국의 저명한 문예 비평가 허버트 리드(Herbert Read, 1893~1968)가 이 책을 가리켜 "데카르트의《방법서설》(*Discours de la méthode*, 1637) 이래 과학과 철학을 결합시킨 부문에서 아마도 가장 중요한 책이다"라고 평한 것은 지나친 찬사가 될지 모르나, 반세기가 지난 지금도 고전적 가치를 더해 가고 있는 문제작임을 부인할 수는 없다. 계속해서 화이트헤드는《종교와 그 형성》(*Religion in the Making*, 1926),《상징 작용: 그 의미와 효과》(*Symbolism: Its Meaning and Effect*, 1927),《과정과 실재》(*Process and Reality*, 1929),《이성의 기능》(*The Function of Reason*, 1929),《교육의 목적》(*The Aims of Education*, 1932),《관념의 모험》(*Adventures of Ideas*, 1933),《자연과 생명》(*Nature and Life*, 1934),《사고의 양태들》(*Modes of Thought*, 1938)과 같은 많은 저작을 출간하였다. 그 밖에 생전의 각종 논문을 모은《과학, 철학 논문집》(*Essays in Science and Philosophy*, 1947), 그리고《수학 원리》를 개량한〈지시, 집합, 수, 타당화〉("Indication, Classes, Numbers, Validation", 1934) 등의 논문을 발표하였다. 한편 그가 세상을 떠나던 해에《화이트헤드의 기지와 지혜》(*The Wit and Wisdom of Whitehead*, ed. A. H. Johnson, 1947)가 편집, 간행되었다. 그리고 생전의 여러 분야에 걸친 대화를 기록한《화이트헤드 대화록》(*Dialogues of A. N. Whitehead*, L. Price, 1954)은 그의 세계관, 인생관, 정치관, 윤리관을 이해하는 데 귀중한 자료가 된다. 특히 위의 저서들 가운데《과학과 근대세계》,《과정과 실재》,

《관념의 모험》은 화이트헤드의 새로운 "형이상학 체계인 '유기체 철학'을 구성하는 3부작"이라고 할 수 있다.

화이트헤드의 형이상학은, 그의 《수학 원리》를 통해서 현대 수리 논리 사상사에 불후의 금자탑을 세웠던 케임브리지대학 시대의 수리 논리학과, 독자적인 상대성 원리를 전개하면서 형성시킨 그의 독특한 과학철학을 기반으로 해서 포괄적인 형이상학적 철학으로 발전시킨 것이기 때문에, 형이상학 체계만을 고립시켜서 이해한다는 것은 불가능할 것으로 본다.

흔히 화이트헤드의 사상은 앞서 말한 대로 세 시기로 구분해서 기술되고 있다. 그가 러셀과의 공동 연구를 통해서 수학의 논리적 기초를 다루었던 1910년까지의 케임브리지 시대의 초기와, 런던 시대의 과학철학을 형성시킨 1924년까지의 중기와, 마지막으로 미국에 건너간 뒤인 형이상학자로서의 후기가 바로 그것이다. 그러나 이러한 구분은 이메트(D. Emmet) 여사가 지적한 대로 자칫하면 과장될 염려가 없지 않다. 후기 화이트헤드의 철학적 관심의 뚜렷한 표명은 이미 그의 전기 사상에서 은연중에 나타나 있을 뿐만 아니라, 화이트헤드의 수리논리학의 일반 전제는 그대로 후기 철학 사상에 영향을 미치고 있다. 그러므로 단지 학적(學的) 관심의 연속으로서 볼 것이 아니라, 그의 사상을 발전적 통일체(a developing unity)로 해석하는 것이 옳다고 생각된다. 로우(V. Lowe)의 논문 〈화이트헤드 철학의 발전〉("The Development of Whitehead's Philosophy")은 이러한 관점에서 접근하고 있다. 맨체스터대학의 메이스(W. Mays) 교수는 화이트헤드 사상의 전진하는 과정을 가리켜서 말하기를, 단계적인 연속으로 볼 것이 아니라 여러 각도에서 일정한 일반적 관념으로 되돌아가는 나선 모양의 곡선으로 볼 수 있다고 하였다.

하여간 그의 후기의 대표작인《과정과 실재》는 20세기의 새로운 물리학적 개념과 수학의 기초 위에 섰기 때문에 수학적 훈련 없이는 이해하기 어려운 저작임이 사실이며, 그 논리는 엄밀하다. 그러므로 그의 형이상학이 다른 형이상학과 다른 점이 있다면, 그것은 이 체계가 엄밀한 연역적 체계이며, 수리논리학에 입각한 기호 체계와 엄밀한 과학철학에 의해 뒷받침되어 있고, 거기서 주장되고 있는 것은 모두 그 체계의 전제가 되는 몇 개의 기본 법칙(공리)에 의해서 증명될 뿐만 아니라, 그 체계에 도입되고 있는 개념도 모두 몇 개의 기초 개념에 의해서 엄밀히 정의되고 있다는 점이다. 그런데 그의 형이상학 체계는 20세기의 전자장 이론, 상대성 원리, 그리고 양자 역학을 포섭하면서 그것들을 모순 없이 설명할 수 있는 포괄적인 체계이기는 하지만, 그것은 어디까지나 하나의 가설에 지나지 않음을 누구보다도 화이트헤드 자신이 강조하고 있으며, 우리는 이 점을 철저하게 이해할 필요가 있다.

이 점은 특히 형식 과학의 이론과는 달리 사상(事象) 과학의 이론에 있어서는 불가피한 것이다. 화이트헤드 형이상학의 커다란 장점은, 그가 이와 같은 과학철학의 기초적 문제를 철저하게 검토하면서도 종래의 형이상학자들처럼 진리를 독단적으로 주장하는 태도를 취하지 않는다는 데 있다. 그는 다음과 같이 주장한다.

> 과학자들이 면밀하게 검토를 거듭한 가정(假定) 위에 그들의 가설의 기초를 두기 위해서 얼마나 고심하는가를 (또 수많은 실험을 통해서 얼마나 고심하는가를) 생각해 보는 것이 좋다. 그렇게 할 때, 과거의 위대한 철학자들조차 그들의 기초 개념이 안주하고 있는 하잘것없는 환경적 관계에 얼마나 얽매여 있는가를 알게 될 것이다. 그 후의 철학자들이 저들

의 결론을 사회적 조건의 변화에 비추어서 재검토하려고 하지도 않고 서슴없이 받아들여 왔다는 것은 부끄러운 노릇이라고밖에 달리 볼 수 없을 것이다.[1)]

르네상스 이후 철학자들은 고전 숭배나 권위주의에 빠져 고전적 진리의 단순한 주석자로 전락하고 말았다. 이 사실은 철학자가 자기 사고의 "논리적" 훈련을 게을리했던 데서 오는 당연한 귀결인 것이다.

화이트헤드에 의하면, 과학은 "관찰적 서열"(observational order)과 "개념적 서열"(conceptual order)이라는 두 경험의 서열이 융합됨으로써 형성된다. 따라서 참신한 철학적 직관에 의해서 후자가 변화할 때는 전자도 필연적으로 변화하지 않을 수 없게 되며 새로운 양상을 띠게 된다. 요컨대 구체적 사실이란 "개념적 서열", 즉 이론과의 함수인 것이다.[2)] 과학이나 철학을 불문하고, 여러 이론 체계가 생겨나고 또 무너져 간다. 우리는 이러한 이론 체계를 비판함에 있어, 그 이론에서 표현되고 있는 여러 언명(言明)에 주의하는 것만으로는 불충분하다. 각 시대의 이론 체계에는 그 구성자들이 무의식적으로 전제하고 있는 공통의 기본적 개념과 기본적 법칙이 몇 가지 있는 법이다. 그것은 너무나 자명한 것으로 보이기 때문에 그 가정을 의식하지 않는 것이 보통이다. 이 가정 아래에서는 한정된 종류의 이론 체계가 가능하며, 그 집합이 그 시대의 형이상학을 구성하게 된다. 그리고 쇠퇴기에는 이러한 이론 체계가 새로운 시대로의 이행을 저지하는 장애

1) Lucian Price가 기록한 *Dialogues of A. N. Whitehead*(The New American Library, 1954), p. 110 ; 《화이트헤드와의 대화》(오영환 옮김, 궁리 출판, 2006), p. 254

2) A. N. Whitehead, *Adventures of Ideas*(Cambridge, 1933), pp. 198~199.

물이 되기 쉽다.

우리는 항상 각 이론 체계의 기초가 되고 있는 기본적 가정에 대하여 일단 의문을 가져야 한다. 새로운 시대를 형성하는 새로운 이론 체계는 우리들의 상상력을 신선하게 하는 "관념의 모험"을 통해서 달성된다.

논리적 훈련이 불충분한 겁쟁이 철학자는 논제를 감각 소여나 동어 반복에 국한시키면서, 그 밖의 경험을 합리화할 수 없는 동물적 신앙이나 종교적 신비주의에 독단적으로 넘겨 버림으로써 비판을 모면하려고 한다.

화이트헤드에 의하면, 형이상학의 범주란 어떤 자명한 언명의 독단적 주장이 아니고, 어디까지나 일반적 법칙의 시도적인 정식화에 지나지 않는다. 그리고 그에게 있어 형이상학적 사색이란 물리학, 생물학, 윤리학, 사회학과 같은 여러 경험 과학에서 주장되고 있는 언명을 하나의 논리적으로 정연한 연역 체계 속에서 증명할 수 있는, 상상력이 풍부한 이론의 구축 활동을 의미한다. 따라서 이렇게 구축된 형이상학적 이론 체계의 성공 여부는 경험적으로 검증되지 않으면 안된다.

요컨대 화이트헤드의 형이상학은 형식 과학과 사상 과학(事象 科學)을 충분히 뒷받침하는 연역 체계라는 점에서 다른 형이상학의 체계와 성격을 달리한다고 볼 수 있다.

(5) 논리 실증주의와 만년의 화이트헤드

비엔나를 중심으로 하는 논리 실증주의 운동은, 1930년대에 나치즘의 박해를 받아 미국으로 건너간 카르납(R. Carnap), 라이헨바흐(H. Reichenbach), 폰 미제스(Von Misses), 파이글(H. Feigle), 헴펠

(C. G. Hempel), 타르스키(A. Tarski) 등에 의해 미국으로 이식되어 거기서 새롭게 전개되었다. 화이트헤드와 러셀의 공저 《수학 원리》야말로 이 운동의 기념비적인 전거(典據)가 되었지만, 화이트헤드는 그들의 성급한 급진주의에 동조할 수 없었다. 이는 흥미로운 대조를 이루고 있다. 한편 그의 형이상학도 《보편 대수론》과 《수학 원리》가 가져온, 어떤 의미에서는 필연적인 결론이었음에도 불구하고, 논리 실증주의자들은 그의 형이상학 체계를 이해할 수 없었던 것이다. 그리고 그들은 이 정초자(定礎者)에 대해서도 공감을 느끼지 못했었다. 그러나 논리 실증주의 운동이 한물가 버린 오늘날에 있어서, 화이트헤드의 철학은 그들의 열광적인 운동의 흐름 밖에서 논리, 과학, 세계, 삶 등의 영원한 문제를 진지하게 사색하려는 철학자, 지성인들에게 조용히 침투하면서 차츰 그 진가가 드러나, 최근에는 그의 철학에 대한 연구열이 다시 높아 가고 있다. 한편 논리 실증주의 운동이 한때의 전위적 색채를 탈피하면서, 분석철학과 과학철학의 단계로 발전해 가고 있다는 사실 또한 간과해서는 안 될 것이다.

화이트헤드는 1937년에 하버드대학의 현직에서 물러나 명예 교수가 되었지만, 그의 세계정세에 대한 관심은 여전하였다. 사실상 그는 그의 마지막 10년간 전적으로 세계 평화를 위해 기어이 전쟁은 막아야 한다는 데 온 정력을 쏟았다고 할 수 있다. 그는 히틀러를 문명의 적이라고 단정하면서도 미국의 제2차 세계대전의 개입을 초기에 강력히 반대하고 나섰다. 그는 인류가 끝까지 세계의 과정으로서의 신을 믿는 한, 야만적인 행위가 최종적으로는 결코 승리할 수 없음을 확신하고 있었다. "건전한 정신에의 호소"와 "재건의 문제" 등의 일련의 논문을 통해서 유엔을 중심으로 하는 평화 공존 사상을 제창하였으며, 인류가 나아갈 방향을 제시하려고 하였다. 그는 1945년에 영국의 문화 훈장(Order of Merit)을 받았다. 그의 자서전은 많은 사람들의 사랑과 친절에 깊이 감사하는 마음으로 가득 차 있는 글이지만, 화이트헤드 자신도 인간에게 영원한 사랑을 쏟았던 사람이다. 러셀도 술회하고 있는 바와 같이 화이트헤드는 보기 드문 완벽한 교사이며 학자였다.

그의 생애는 파란곡절의 격동이 아니라 어떠한 상황하에서도 언제나 고요함을 느끼게 하는 바가 있으며, 또 한편에서는 치열한 진리에의 욕구와 철학에의 정열을 깊이 간직하고 있었다. 그의 생애는 진정한 의미에서의 철학자라는 이름에 걸맞은, 그리고 케임브리지 시대, 런던 시대, 하버드 시대로의 일련의 줄기찬 논리를 전개시킨 "관념의 모험"의 역사였다.

1947년 12월 30일, 이 위대한 철학자의 생애는 막을 내렸다. 그러나 그의 사상은 인류의 마음에 영원히 살아서 언제나 유익한 시사(示唆)와 신선한 통찰력을 줄 것이다.

화이트헤드의 철학에 대하여 듀이는 "철학에 대한 혁명적 공헌"이라고 평했으며, 허버트 리드는 "20세기의 데카르트"라는 찬사를 보냈다. 오펜하이머도 화이트헤드의 세계관으로부터 깊은 감화를 받았다고 솔직히 털어놓았으며, 보헨스키도 그를 높이 평가하였다.

3.《과학과 근대세계》의 철학적 의미

(1) 이 책의 성격과 위치

《과학과 근대세계》(1925)는 화이트헤드의 "유기체 철학" 체계 속에서 어떠한 위치를 차지하고 있는가? 이에 대하여 파르망티에는

《과학과 근대세계》는 우리들에게 화이트헤드의 형이상학에 이르는 최초의 큰 통로를 열어 주고 있다고 보았다. 이 저작에서 화이트헤드는 과학을 통해서 형이상학에의 길을 모색해 가고 있다. 둘째의 통로는《종교와 그 형성》(1926)에서 주어진다. 화이트헤드는 거기서 종교적 경험을 통해 형이상학에 도달한다. 마지막으로, 과학과 종교와의 종합으로서의 우주론적 체계가 1929년에 출판된《과정과 실재》에서 해명되고 있다. 다음으로 몇 해 후에《관념의 모험》(1933)에서 화이트헤드는 이 사변 철학을 인간 경험의 영역에 적용시키는 데까지 넓혀가고 있다.[3]《과학과 근대세계》는 그의《관념의 모험》의 머리말에서도 언급한 바와 같이《과정과 실재》그리고《관념의 모험》과 동일한 그룹에 속하면서 서로 보완 관계에 있는, 후기 철학에서 중요한 위치를 차지한다고 할 수 있다.

《과학과 근대세계》의 서두에서 화이트헤드는 이 책의 내용이 8회의 "로웰 강의"라는 것, 그리고 이에 2장, 10장, 11장, 12장을 각각 새롭게 첨가한 것이라는 것, 그러나 "이 책은 하나의 일관된 사상"을 표명하고 있다는 것을 분명히 밝히고 있다. 매주 한 장(章) 분량의 "로웰 강의"를 연속적으로 8회에 걸쳐 계속한다는 것은 상당한 부담이 되었을 것으로 짐작된다. 그러나 프라이스가 기록한《화이트헤드 대화록》에서는《과학과 근대세계》를 집필하게 된 배경을 다음과 같이 회고하고 있다.

> 케임브리지에서의 청년 시절과 그 후의 런던 시절까지 나는 줄곧 수학을 강의해 왔습니다. 그런데 1924년, 63세의 나이에 나는 처음으로 철학을

3) Alix Parmentier, *La Philosophie de Whitehead et le Probleme de Dieu*, p. 1.

> 강의하기 위해 하버드에 오게 되었던 것입니다. 물론 케임브리지와 런던 시절에 자주 철학 강의를 들었고, 때로는 참여하기도 했었지요, 그리고 영국학사원에서 더러 철학 논문을 발표하기도 했습니다. 그렇기 때문에 철학은 거의 내 머릿속에 들어 있었던 셈이지요. 그 후 1924년의 가을, 통상적인 철학 강의에 추가해서 어떤 의미로는 새로운 로웰 강의를 하도록 요청을 받게 되었고, 지금 보는 바와 같이 이 책의 4분의 3은 그 강의의 내용들입니다. 그것들은 매주 1회분으로 쓴 것들입니다.[4)]

그러니까 이 책은 화이트헤드에게 있어 지난 40여 년간 흡수되고, 침전되고, 새로운 자극에 의해 교란되고, 다시 침전하는 과정을 되풀이하는 가운데 축적된 것이었기 때문에 저렇듯 방대한 각 장(章)의 내용을 매주 발표할 수 있었던 것이 아닌가 생각된다. 그러나 그러한 방대한 내용을 정리하는 데는 반드시 일정한 원칙이 있어야 한다. 그러한 원칙이 바로 그가 말한 "하나의 일관된 사상"이다. 그렇다면 그러한 일관된 사상은 무엇일까? 그것은 물론 로웰 강의의 각 장마다 나타나고 있지만, 그것을 정면에 등장시킨 것이 화이트헤드가 이 책에서 처음 발표했다는 10장의 "추상화"와 11장 "신"이며, 이는 곧 화이트헤드의 형이상학이다. 그의 형이상학적 구상을 구체화시키려는 계획은, 이미 그가 1919년에 저술했던 《자연 인식의 원리에 관한 연구》의 제2판에 부치는 서문(1924)에서 "나는 가까운 장래에 이 〔과학철학〕 3부작의 관점을 보다 완전한 형이상학적 연구로 포괄하려고 한다"고 말한 것에서도 알 수 있듯이, 그의 형이상학적 연구는 결코 하

---

4) Lucian Price (recorded by), *Dialogues of A. N. Whitehead*, pp. 123~124 ; 《화이트헤드와의 대화》, 오영환 옮김, 궁리 출판, 2006), p. 283.

루아침에 이루어진 것이 아니라는 것을 알 수 있다. 빅터 로우 교수도 지적한 바와 같이, 화이트헤드는 런던 시절에 이미 정신과 자연, 가치와 사실을 통합하는 형이상학의 필요성을 여러 번 논한 바 있었다. 이러한 화이트헤드의 최초의 형이상학이 여기에 옮긴 《과학과 근대세계》이다.

(2) "과학적 유물론"에 대하여

이미 화이트헤드의 형이상학 체계를 논했던 앞의 장에서 본 바와 같이, 화이트헤드의 "유기체 철학"도 결코 독단적 형이상학이 되어서는 안 된다는 것이 그의 소신이다. 유기체 철학도 역사 속에서 스스로의 정당성을 입증해야 한다. 그러기 위해서 그는 "과학적 유물론"(scientific materialism)과 역사적으로 대결한다. 근대세계는 17, 18세기에 근대 자연과학을 탄생시켰다. 이 과학은 말할 것도 없이 뉴턴 역학을 근간으로 한다. 뉴턴 물리학의 성공은 과학 내의 사건이었을 뿐만 아니라 종래의 사물을 보는 관점, 즉 전통적인 세계관을 일변시켜 놓았다. 그것은 유럽 세계를 위해서 불행한 영향을 주게 된 것이라고 보면서, 화이트헤드는 이 과학에 기초를 둔 세계관을 가리켜 "과학적 유물론" 또는 "물질을 기본으로 삼는 기계론"(materialistic mechanism)이라고 불렀다. 요컨대 화이트헤드는 17세기 이래로 자연과학이 전제해 왔던 세계관을 "과학적 유물론" 혹은 "유물론적 기계론"으로 보면서, 이를 자기의 "유기체 철학"으로 대치시켰다. 그가 말하는 "과학적 유물론"이란, 우리의 사고에 따르는 습관으로 실체화된 "물질"을 세계의 궁극적 요소로서 전제하고, 세계의 존재 방식은 바로 그러한 물질이 공간과 시간 속에 배치되어 운동하고 있는 것(simple location in space and time)에 지나지 않는다고 보는 세계관을 말한다.

이러한 물질은 그 자체로는 감각도 없고, 가치도 없고, 목적도 없다(이 책, p. 42). 그러한 운동을 지배하는 자연 법칙이라는 것도 결코 물질 그 자체의 본성에서 유래된 것이 아니고 밖으로부터 부과된 것일 수밖에 없다.[5)]

이런 방식으로 세계의 이상적인 상태를 정리하고, 탐구의 목표를 오로지 "물질"과 그 구조와 그것들의 외적 상호 관계를 지배하는 운동 법칙에만 국한시키며, 그 밖의 요인들을 모두 제거해 버림으로써, 근대과학은 많은 성과를 거두어 왔다.

"만일 성공이 진리의 보증이 되는 것이라면, 인류가 사고하기 시작한 이래로 다른 어떠한 사상 체계도 그러한 성공의 10분의 1도 향유한 적이 없었다. 300년 정도밖에 되지 않는 기간 동안에 그것은 실로 인간의 삶을—그 내적인 사상, 그 과학적 기술, 그 사회적 행동, 그 양심을—일변시켜 놓았다"[6)]고 화이트헤드는 말하기도 하였다.

그러나 이 성공은 결국 "진리의 보증"이 되지는 못했다. 과학의 기본 가정으로서 안정되어 있는 것처럼 보였던 그러한 세계, 자연을 받아들이는 방식은, 19세기 이래로 최첨단을 걷는 물리학 자체에 의해서 철저한 개혁을 하도록 요구하기에 이르렀고, 그 속에서 다른 것과 관계없이 독립적으로 자존할 수 있는 실체로서의 "물질" 개념은 이미 모든 관측 장면에서 자명한 전제로서는 유지될 수 없게 되고 말았다.

이러한 동향을 화이트헤드는 철학의 문제로 받아들이면서, 종래의 "과학적 유물론" 또는 "유물론적 기계론"의 세계관을 유지하고 있는 두 개의 중요한 계기를 지적하였는데, 그 하나는 전술한 "단순 정위"

5) the doctrine of law as imposed, *Adventures of Ideas*, pp. 111이하.

6) 같은 책, p. 114.

(simple location)라고 그가 지칭한 관념이고, 또 하나는 "실체-속성" 이라는 카테고리이다. 이는 물 · 심 2원론의 직접적인 원천이 되는 것으로서, 화이트헤드는 이를 비판, 부정했던 것이다(이 책의 3장 참조). 다만 이 두 관념은 별개의 것이 아니고, 전자는 후자의 한 측면으로서 이로부터 필연적으로 도출된 관념이며, "실체-속성" 카테고리를 보다 더 기본적인 것으로 보았다.

이처럼 사람마다 갖는 지각 상태를 어떻게 분석하느냐는 것은, 세계와 경험을 어떻게 받아들이느냐는 것과 완전히 상통하는 것이 된다. 화이트헤드의 커다란 매력의 하나는 이러한 연결을 하나의 명확한 기본선상에 제시해 놓고 있다는 점이다.

즉 만일 "주어-술어", "실체-속성", "주체(주관)-객체(객관)"라는 개념적 틀을 무비판적으로 절대화하고, 이 개념적 틀을 통해서 우리의 지각적 경험을 분석한다면, 결국 우리는 유물론적 기계론의 세계관(또는 변칙적으로 그것에 대한 단순한 반대 극(極)으로서의 유심론이나 주관적 관념론)에 빠질 수밖에 없게 된다는 것이다. 이때에, 세계의 궁극적 기초는 일체의 지각적 성질이나 가치적인 것으로부터 원리적으로 구별된 것으로서, 세계 자체는 전혀 빛깔도 없고, 맛도 없고, 가치와도 관계가 없는 "물질"로 구성되어 있다고 보게 된다는 것이다.

그러나 우리들이 경험하면서 살고 있는 세계는 지각적 성질로 채색되어 있고, 가치와 의미로 충만한 세계인 것이다. 위에서 말한 바와 같은 "물질"의 견지에서는 세계의 부분적인 구조나 그 짜임새의 세부를 기술할 수는 있어도, 세계와 경험의 전모를 근본적으로 설명한다는 것은 원칙적으로 불가능하다고 보아야 한다.

이는 물질의 구조 그 자체에 대해서도 말할 수 있을 것이다. 과학은 물질의 구조를 탐구하면서 분자, 원자, 전자, 양자라는 특정 패턴을 갖는 세부 구조를 발견하였는데, 이는 특기할 만한 지식의 증대라고 보아야 한다. 그러나 화이트헤드가 강조한 바와 같이, 과학이 전술(前述)한 근본 전제에 서 있는 한, 어째서 물질은 그러한 특정의 구조를 갖지 않으면 안 되는지, 어째서 그 각 부분들이 서로 어떤 물리적 관계를 가져야 하는지에 관해서는 전혀 설명하지 못한다(이 책, p. 133). 그리고 그것을 설명하지 못하는 한, 그러한 구조는 단순한 논리적 내지 수학적 공동 관계 구조(共在性, the mere logical togetherness)를 보여 줄 뿐이지, 진정한 실재적 공동 관계 구조(이 책, p. 184)로서 파악되었다고 할 수 없을 것이다.

플라톤도 《파이돈》(96A)에서, 그 당시의 자연학이 제시한 설명에 대해서 같은 불만과 실망을 소크라테스를 통해 토로하고 있다. 생물체의 조직이 형성되는 이유는 무엇인가, 인간이 성장한다는 것은 어떻게 설명되어야 하는가 하는 문제들에 대해 자연학이 준 설명은 소크라테스를 마음속으로부터 만족시켜 주지는 못했다. 비유적으로 말하면, 소크라테스는 어째서 지금 이 감옥 속에 앉아 있는가라는 물음에 대하여 뼈나 근육이나 살과 같은 인체의 구조와 짜임새를 열거하는 것만으로는 진정한 의미의 "어째서"에 대답하지 못하기 때문이다.

현대 과학은 소크라테스가 질문했던 생물체의 조직과 형성, 인간의 성장의 이유에 대하여 세포나 그 밖의 DNA의 구조와 그 짜임새를 말하고, DNA가 어떤 경로를 거쳐 RNA를 매개로 고유의 단백질을 화학적으로 만들어 가는가를 가르쳐 줄 것이다. 이것은 소크라테스 시대의 "더운 것과 찬 것은 어떤 방식에서는 부패와 관계된다"는 식의 해답에 비한다면 훨씬 더 정밀한—즉 한결 더 공간적 · 시간적 세부에까지 미친—기술을 내용으로 하고, 또 실제로 검증 가능한 해답이라고 하지 않을 수 없다.

근대과학은 어떤 의미로는 사실이 "어떻게" 있느냐의 기술에 철저하기를 원칙으로 삼고, 소크라테스적인 "어째서"의 물음을 배제하는 견지에서 추진되어 왔다고 볼 수 있다. 그러나 "앎"을 희구하는 데 있어서 소크라테스적인 "어째서"의 물음이 금지된다면, "앎"의 기능과 역할은 과연 최종적으로 무엇이 되겠는가? "어째서"의 물음이 배제된 채로 발견되는 세계의 세부 구조는, 과연 진정한 세계의 궁극적 "사실"이 될 수 있는가? 《파이돈》에서 제기된 "근본 문제"는 현대에 있어서도 여전히 근본 문제가 아닐 수 없으며, 화이트헤드는 그의 현대 자연과학에 대한 식견을 근거로 하여, 이 근본 문제를 《과학과 근대세계》에서 자각적으로 탐구하고 있다고 볼 수 있다.

(3) "유기체 철학"의 세계상

그런데 이와 같은 문제가 발생하게 된 근원은, 전술한 바와 같이 "주어-술어" "실체-속성" "주체(주관)-객체(객관)"라는 개념적 틀을 무비판적으로 절대화하고, 이를 통해서 세계를 본다는 데 있었다. 따라서 이러한 개념적 틀을 일단 걷어치우고 나면, 세계의 존재 방식에 관한 전혀 다른 도안이 나타나게 된다. 이것이 곧 화이트헤드가 말하는 "유기체 철학"(또는 theory of organic mechanism, 이 책, pp. 143, 188)이다.

실체로서의 "물질"의 관념을 낳게 했던, 전술한 개념적 틀을 걷어치운 이상, 현실 세계의 궁극적인 구성단위로서는 "물질" 대신에 "사건"(event)이 대치된다. 한 사건은 다른 모든 사건과 관계를 맺고 있지만, 이를 유기적 조직으로서 우리가 직접 경험하는 "현실적 계기"(actual occasion)를 성립시키는 것은, 빛깔, 소리, 향기, 기하학적 형태 등, 모든 "제1성질"에도 "제2성질"에도 대응해서 생각될 수 있는

"영원한 객체"(eternal object)이다. 전술한 개념적 틀을 제거한 다음에 경험을 분석할 때, 화이트헤드는 이러한 영원한 객체를, "자연으로부터 출현하는 것은 아니지만 자연을 위해서 요구되는 것"(이 책, p. 183)으로서, 또는 "(현실의 사물이 그 속에 있는) 시간적인 과정의 본질적인 존재 방식 그 자체를 위해서 요구되는 요인"(이 책, p. 190)으로서 인정하지 않을 수 없었다.

영원한 객체는 저마다 그 자체의 고유한 본성을 갖고 있지만, 그 고유한 본성은 또한 다른 모든 영원한 객체와 일정한 상호 관계를 내포하고 있으며, 그것들의 상호 관계는 "그 계기에 대해서 의미심장하게 서술될 수 있는 참이 아닌(非眞) 명제(untrue proposition)에 의해서 드러나는"(이 책, p. 261) 가능성의 영역을 형성하고 있다.

직접 경험되는 "현실적 계기" 또는 "사건"은 이러한 영원한 객체의 가능성이 특정한 형태로 실현됨으로써 각각의 성격을 갖는 일정한 패턴으로 성립된다. 이 실현은 다른 가능성을 배제한 그 자신을 위한 하나의 선택이며 한정인 동시에, 그렇게 나타난 현실의 "사건"은 영원한 객체의 성격에 있어 "a real fusion" 또는 "a real togetherness"로서, 하나의 "현현하는 가치(an emergent value)의 달성"을 말한다.

시간의 경과를 통해서 지속되는 사상(事象)은 이미 실체로서의 "물질"이 아니고, 이렇게 출현하는 패턴의 동일성을 계속 유지하는 것으로서, 그것은 또한 단적으로 말해 달성된 가치의 시시각각의 재파지(再把持, retention, reiteration)라는 것이다. 합목적성이라고도 불릴 수 있는 그러한 가치의 재파지와 선택 활동을 행하는 것이 바로 유기체(organism)이며, 자연 속에서 "개체"의 형태를 갖추고 지속되는 것은, 이런 의미에서의 유기체 이외의 다른 것이 아니라는 것이다.

4. 맺는말

끝으로 《과학과 근대세계》에 나타난 화이트헤드의 사상을 집약해서 정리해 보기로 하자.

그에게 있어 현실의 세계는 창조적 세계이며, 그 밖의 다른 것이 되어서는 안 된다. 개개의 사물은 창조적 생명을 잉태하고, 저마다 개성적 생애를 전개하며, 전체로서의 세계의 창조적 전진에 참여한다. 실재하는 것은 창조적 전진의 과정(process)이다. 현실적으로 존재하는 사물은 파악(prehension)의 과정이며, 파악 활동을 통해서 스스로를 완성하게 하는 과정이다. 이 과정의 학설은 일체의 사물이나 세계를 유기체로 보는 "유기체 철학"이 된다. 그러나 "유기체 철학"은 독단적 형이상학이 되어서는 안 되며, 자신의 정당성을 역사 속에서 입증해 보여야 한다. 그러기 위해서 화이트헤드는 "과학적 유물론"과 역사적으로 대결한다. 근대세계는 17, 18세기에 근대 자연과학을 탄생시켰고, 이 과학은 뉴턴을 핵심으로 하며, 뉴턴 물리학의 성공은 과학 내의 사건으로 그치지 않고, 전통적인 세계관을 일변시켜 놓았다. 그것은 유럽 세계에 불행한 영향을 끼쳤고, 이 과학에 기초를 둔 세계관을 그는 "과학적 유물론"이라고 불렀던 것이다. 과학적 유물론을 배제한다는 것은, 그 기초가 되는 물리학의 기본 사상을 비판적으로 배척하기를 요구한다. 그것은 "물질은 시간, 공간 내에 단순히 위치를 점한다"(單純 定位, simple location)는 사고방식이다.

이 사고방식의 성공, 이 사고방식으로 환원될 수 없는 물리적 현상의 발견, 이 사고방식의 난점을 타개할 새로운 사고방식의 모색, 그런 것을 그는 근대과학사에서 명쾌하게 묘출해 내고 있다. 그리고 이러한 단순 정위의 관념은 화이트헤드에 있어 "실체-속성"의 카테고리의 한 측면으로서 이로부터 필연적으로 도출된 관념이라고 보았다. 과학이 벽에 부딪치게 될 때, 종래에 성공해 왔던 사고방식의 비판을 요구한다. 궁극적인 것을 물질적 메커니즘에 두는 과학의 난점을 해소하기 위해서는, 물질적 메커니즘이 궁극적인 것이 아니라는 것을 자각할 필요가 있다. 그것은 동시에 새로운 자연관의 제시를 요구한다. 화이트헤드는 여기에 유기체적 자연관을 제시한다. 19세기에서 현대에 이르는 심리학, 생리학 및 생물학의 발전은 그의 유기체적 자연관을 지지하는 쪽으로 나아가고 있다. 과학적 유물론에 대한 반동으로 일어났던 낭만주의도 이 유기체적 자연관에 입각한 철학과 대립하지 않을 것이다. 《과학과 근대세계》를 통해서 화이트헤드는 잠정적 실재론으로서 유기체 철학을 세상에 내놓았다. 《과학과 근대세계》는 빅터 로우 교수가 지적한 바와 같이 "화이트헤드가 자신의 철학을 해설한 것 중에서는 가장 유력한 것"이라고 할 수 있다.

마지막으로 우리는 화이트헤드의 "유기체 철학"과 같은 포괄적인 형이상학 체계는 대체 어떠한 의미를 갖는지, 그리고 그 존재 이유와 타당성의 기준은 무엇인지를 알아볼 필요가 있다.

물리학이나 생물학과 같은 특수 과학이 미숙한 상태에 있었던 고대 그리스 시대나 중세기, 그리고 근대 초기와는 달리 오늘날에는 그러한 개별적 지식 분야에서 철학자가 개별 과학자보다 우월한 위치에 있다고 보기 어렵고, 따라서 그러한 특수 과학 분야를 자신의 체계 속에 포괄하는 형이상학이라는 것은, 과학과 철학과의 관계를 어떻게 보며, 지식과 가치 판단과의 관계를 어떻게 파악하느냐의 문제를 등한시하고서는 이미 자신의 존재 이유를 주장할 수 없게 되었다고 보아야 한다.

우리들이 보는 바로는 이미 앞 장에서도 말한 바와 같이, 화이트헤드의 형이상학적 사색이 갖는 탁월한 점은 위에서 말한 기초적 문제들을 철저하게 깊이 생각하고 있다는 것, 따라서 형이상학의 존재 이유를 과거의 많은 철학자들과는 달리, 절대적 진리성을 주장하는 태도를 취하지 않는다는 데 두고 있다는 점이다. 이러한 견지에서 그의 "유기체 철학" 즉 형이상학 체계는, 현대의 전자장 이론, 상대성 이론, 양자 역학 등의 물리학적인 새로운 개념이나 생물학의 새로운 식견과 모순되지 않는 체계일 뿐만 아니라, 그것들과 인간, 사회를 통일적으로 이해하는 하나의 창작적인 넓은 구도라는 것을 분명히 밝히고 있다. 이는 그의 형이상학이 앞날의 우리의 주체적 실천에 지표를 제공해 주는 동시에, 이 앞으로의 새로운 증거에 따라 창작을 다시 한다는 것을 전제로 하는 구도이기도 하다는 것이다. 화이트헤드에 있어 이러한 기초적 문제의 고찰에 관한 한, 그의 창작 체계를 진술하는 데 전념했던 《과정과 실재》보다는 이를 전후해서 나타났던 《과학과 근대 세계》와 《관념의 모험》이 더 중요한 작품이라고 보아야 할 것이다.

*　　*　　*

이 책은 A. N. Whitehead의 *Science and the Modern World* (Cambridge : Cambridge Univ. Press, 1926) 원전을 완역한 것이다. 나의 초역판(1974년)이 이미 오래전에 일신사에서, 그리고 삼성 출판사의 세계 사상 전집(1976년)의 하나로 간행된 바 있다. 그러나 이번 기회에 구역의 결함을 보완하고 거의 전면적으로 개역하였다. 구역에는 오역, 그리고 현대적 표현이나 용어에 비추어 부적합한 역어(譯語)가 적지 않아 이를 바로잡았고, 정확성을 기하면서 좀 더 읽기 쉽도록 하려고 예의 배려했으나, 역자의 역부족을 통감할 뿐이다. 독자 여러분의 질정을 기다린다.

구역에 붙였던 옮긴이 주도 대폭 첨삭하였고, 해제 논문도 가필 수정했음을 부기해 둔다. 이 책에서 지은이 주는 * 로 표시했고, 옮긴이 주는 일련번호를 사용하였다.

끝으로 이 책의 역고를 처음부터 끝까지 정독하고, 표현 면에서 많은 조언을 해 준 연세대학교 문창옥 강사에게 충심으로 감사한다. 그리고 세심한 교정과 내용 찾기 작성으로 정성껏 도와준 딸 수경에게도 고맙게 생각한다. 한편 이 전면 개역판이 햇빛을 볼 수 있도록 기회를 제공해 준 서광사와 편집 및 교정에 많은 수고를 해 주신 편집부 여러분께도 충심으로 감사드리고 싶다.

1989년 8월 15일
44주년 광복절에
景實書屋에서
오영환

화이트헤드 연보

1861년 2월 15일, 화이트헤드는 잉글랜드의 동남단 켄트 주의 전원 소도시 램즈게이트에서 태어났다. 할아버지 토마스는 퀘이커 교파의 조지 화이트헤드의 후예로 1815년 21세의 약관으로 이곳의 사립학교장이 되었으며 아버지 알프레드도 1852년 25세에 할아버지의 후임으로 같은 학교장이 되었다. 또한 1860년부터 영국 성공회의 성직을 겸임, 후에 지방 부감독, 캔터베리의 명예 성직회 의원, 대사교구회의 간사를 거쳐 고위 성직자가 된다. 이처럼 화이트헤드의 문중은 종교적 · 교육적 분위기가 감돌았다.

1875년(14세) 남잉글랜드 중부 도세트 주의 사립 샤번학교—675년에 창립했으며, 알프레드 대왕 등 많은 역사적 인물을 배출한 명문교—에 입학. 여기서 주로 그리스어, 라틴어 중심의 고전 연구의 교육을 받으면서 《헤로도토스》, 그 밖의 중요한 원전들을 모조리 정독하였다. 각종 스포츠에서 주장으로 활약하였고, 워즈워스, 셸리의 시를 즐겨 읽었으며, 우수한 성적을 올려 최종 학년에는 학생 대표로 선출된다.

1880년(19세) 케임브리지대학의 트리니티 칼리지에 입학하여 순수 수학, 응용수학(수리물리학)을 전공. 학료(學寮) 생활을 통해 철학, 문학, 역사, 정치, 종교, 예술 분야에도 열렬한 관심을 쏟았으며, 동료 교사들과의 토론을 통해 사물의 이치를 깊이 연구하였다. 성적은 우수하였다.

1885년(24세) 트리니티 칼리지로부터 특별 연구원(Fellow) 자격을 획득하는 한편, 응용수학과 역학 강의를 담당하였다. 이 무렵의 주된 학문적 관심은 여러 대수 이론의 공리주의적 재구성으로 체계를 통일시키는 데 있었다.

1890년(29세) 군인, 외교관의 영애로 프랑스에서 자란 에벌린 웨이드(Evelyn W. Wade)와 혼인, 1891~1898년 사이에 2남 1녀가 태어났다. 화이트헤드는 그의 부인으로부터 윤리적 · 심미적 감각뿐만 아니라 세계관에 있어서도 많은 영향을 받았다.

그 당시에 18세이던 버트런드 러셀이 트리니티 칼리지에 입학하여 주로 철학과 수학을 공부하였다. 러셀은 화이트헤드의 추천으로 2급 장학금을 받는 특대생이 된다. 1895년에 다시 화이트헤드의 추천으로 러셀은 트리니티 칼리지의 특별 연구원이 된다.

1898년(37세) 처녀작 《보편 대수론》(*A Treatise on Universal Algebra*) 제1권을 출판. 이 저작은 과거 8년 동안의 연구 결정으로 나타난 것이며 통일적 관점에서 수학의 기초를 정립시키고자 한 작업이다. 그라스만의 《연장론》(*Ausdehnungslehre*, 1844)과 부울의 《사고의 법칙》(*Laws of Thought*, 1859) 등에서 자극과 시사를 받았다. 《보편 대수론》 제2권의 준비를 진행시키다.

1900년(39세) 러셀(28세)은《라이프니츠 철학의 비판적 해설》(*A Critical Exposi-tion of the Philosophy of Leibniz*)을 출판.

화이트헤드와 러셀은 파리의 국제 철학회에 참석하고, 수학자 페아노를 만난다. 이것이 자극이 되어, 러셀은《수학의 원리》의 저술에 착수하는 동시에 관계에 관한 이론을 페아노가 주관하는 학술지에 발표한다.

1903년(42세) 《보편 대수론》의 업적으로 왕립 협회의 회원으로 선출된다.《보편 대수론》제2권의 원고를 완성, 출판 예정으로 있었을 때, 마침 러셀의《수학의 원리》(*Principles of Mathematics*)가 출판되다. 러셀도 제2권을 준비 중에 있었다는 것, 그리고 양자가 사실상 동일한 목적과 기도 하에 연구를 진행시키고 있다는 것을 알게 되어, 양자의 제2권은《수학 원리》로서 공동 집필 형식으로 할 것에 화이트헤드가 동의하여, 이로부터 두 사람의 공동 연구가 시작된다.

1906년(45세) 《사영 기하학의 공리》(*The Axioms of Projective Geometry*),《물질세계에 관한 수학적 개념들에 대하여》(*On Mathematical Concepts of the Material World*)를 출판. 전자는 사영 기하학을 공리적으로 재구성시킨 것이며, 후자는 물리학의 기초 개념의 공리화를 시도한 것으로서 4차원 기하학을 구성시키고 있다. 맨체스터대학의 W. 메이즈 교수는 이 저서를 가리켜 중기, 후기 철학의 초석이 되었다고 해석한다. 그만큼 그는 이 저서의 비중을 높이 평가하고 있다.

1907년(46세) 《도형 기하학의 공리》(*The Axioms of Descriptive*

Geometry)를 출판.

1910년(49세) 화이트헤드와 러셀의 공저 《수학 원리》(*Principia Mathematica*) 제1권이 출판된다. 이 저작은 수학 전반에 걸친 이론을 통일적 언어를 사용해서 공리적으로 재구성시키는 한편, 그것에 대한 철학적 기초를 부여하고자 한 시도라고 할 수 있으니, 이는 화이트헤드와 러셀의 실로 7년간에 걸친 피나는 노력의 결정이다. 수학적 형식화에 관한 작업은 화이트헤드가 담당하였고, 그에 대한 철학적 기초 작업은 러셀이 담당하였다.

화이트헤드는 케임브리지대학의 비과학적 봉건성, 보수성에 더 이상 견디기 어려움을 절감한 나머지 케임브리지대학의 수학 주임 강사직을 사임하고, 런던대학으로 자리를 옮긴다.

1911년(50세) 새로운 교육 이념에 입각한 《수학 입문》(*An Introduction to Mathematics*) 출판. 이 해에 런던대학의 유니버시티 칼리지의 강사로 임명된다.

1912년(51세) 화이트헤드와 러셀의 공저 《수학 원리》 제2권이 출판된다. 러셀은 《철학의 문제들》(*The Problems of Philosophy*), 《보편자와 개별자의 관계에 대하여》(*On the Relation of Universals and Particulars*)를 출판, 발표. 비트겐슈타인은 트리니티 칼리지에 입학, 러셀 밑에서 수학 기초론과 논리 철학 연구를 시작한다.

1913년(52세) 화이트헤드와 러셀의 공저 《수학 원리》 제3권이 출판된다.

1914년(53세) 런던대학의 임페리얼 칼리지 오브 사이언스 엔드 테크놀로지(이공 학부)의 응용수학 정교수로 취임, 대학장, 대학 평의회 의장, 대학 이사 등 각종 공무로 분망한 가운데서 눈부신 사회적 활동을 한다.

1915년(54세) 《공간, 시간 그리고 상대성》(*Space, Time and Relativity*) 간행. 독자적인 시공론에 입각한 상대성 이론을 전개한다. 아인슈타인의 《일반 상대성 이론》이 발표되었다.

1917년(56세) 《사고의 유기화》(*The Organization of Thought*), 《약간의 과학적 관념의 분석》(*The Anatomy of Some Scientific Ideas*)을 출판. 전자에서 수리논리학적 방법을 자연과학에 적용시켜야 할 필요성을 강조하다. 아울러 《수학 원리》의 해설도 부기하고 있다.

1919년(58세) 《자연 인식의 원리에 관한 연구》(*An Inquiry Concerning the Principles of Natural Knowledge*)를 출판. 물리학의 기초 개념의 형식화를 꾀하면서 과학철학이 나아갈 방향을 제시하고 있다.

1920년(59세) 《자연의 개념》(*The Concept of Nature*)을 출판. 물리학의 기초를 철학적으로 정립시키고자 시도했다.

1922년(61세) 《상대성의 원리》(*The Principle of Relativity, with Applications to Physical Science*)를 출판. 이 저작은, "과학철학 3부작"의 전(前) 2부작에서 추고된 시공론, 사건론, 대상론과 같은 과학철학의 기초 이론을 일반 상대성 이론으로 발전시킨 것이다. 그 전제와 기본 개념에 있어 아인슈타인의 이론과 논리적 구조를 달리하고 있다. 아리스토텔레스 협회장으로 임명된다. 취임 강연은 흄 비판을 통해서 경험론과 합리론의 새로운 종합을 시도한다.

1924년(63세) 런던대학을 정년퇴직하고 하버드대학의 초빙을 받아 처음으로 철학 정교수가 되어 취임차 도미.

1925년(64세) 《과학과 근대세계》(*Science and the Modern World*)를 출판. 이 저작은 하버드대학에서의 첫 작품으로 그의 과학철학에서 형이상학으로 발전해 가는 과도기의 저작이다. 독자적인 근대 사상사 내지 서구 지성사로서 그의 형이상학 체계로 넘어가는 추이를 매력적인 필치로 묘사하고 있으며, 미국 지식인의 주목을 끈, 그리고 그의 전 저작 중 가장 널리 읽혀진 명저.

1926년(65세) 《종교의 형성》(*Religion in the Making*)을 출판. 이 저서는 보스턴의 킹즈 채플에서 행한 종교에 관한 4회에 걸친 강의를 정리한 것으로, 새로운 시대에 알맞은 비독단적 새 종교관을 제시한다.

1927년(66세) 《상징 작용: 그 의미와 효과》(*Symbolism: Its Meaning and Effect*)를 출판. 이것은 "과학철학 3부작"을 다른 각도에서 정리한 것으로서, 경험론과 합리론을 새로운 관점에서 종합하는 독자적인 인식론을 전개한다. 제3장은 사회철학을 다루고 있다.

1929년(68세) 《과정과 실재》(*Process and Reality*), 《이성의 기능》(*The Function of Reason*)을 출판. 전자에서는 유기체의 철학으로서의

그의 형이상학 체계가 집대성되고 있다. 후자는 독일 관념론에 의해 신비화되고 왜곡된 이성의 개념을 자연주의적으로 새롭게 규정하고 있다.

1932년(71세) 《교육의 목적》(*The Aims of Education*)을 출판. 이것은 런던 시대와 도미 이후의 교육 관계 논문집이다.

1933년(72세) 《관념의 모험》(*Adventures of Ideas*)을 출판. 이 저작은 그의 과학철학, 형이상학, 역사, 미학을 유기적으로 통합한 것이며, 《과학과 근대세계》, 《과정과 실재》와 나란히 "형이상학 3부작"으로 불린다. 《과학과 근대세계》 다음으로 널리 읽히는 명저.

1934년(73세) 《자연과 생명》(*Nature and Life*)을 출판. 그리고 《수학 원리》를 개정하는 작업의 하나로 논문 〈지시, 집합, 수, 타당화〉("Indication, Classes, Numbers, Validation")를 발표. 같은 해에 출판된 W. V. Quine의 《기호 논리학 체계》에 서문을 쓰다.

1937년(76세) 하버드대학을 정년퇴직하고 명예 교수가 되다. 전년도 미국 철학회의 "화이트헤드 철학 심포지엄"에서의 약간의 비판에 대해 반박하는 논문을 발표.

1938년(77세) 《사고의 양태들》(*Modes of Thought*)을 출판. 이 책은 1934년의 저작도 그 1부로 포함시키고 있으며, 그의 형이상학적 체계의 기본 입장을 비전문적인 언어로 기술한 저작. 논리 실증주의의 논리와 수학관도 비판하고 있다.

1939년(78세) 논문 〈수학과 선〉("Mathematics and the Good"), 〈건전한 정신에의 호소〉("An Appeal to Sanity")를 발표. P. A. Schilpp 편집의 《존 듀이의 철학》(*The Philosophy of John Dewey*)에 "듀이론"을 기고.

1941년(80세) 같은 P. A. Schilpp 편집 총서의 하나인 《알프레드 노스 화이트헤드의 철학》에 그의 논문, 〈불멸성〉("Immortality")과 앞에 기술한 〈수학과 선〉, 그리고 최초로 그의 〈자서전〉("Autobiographical Notes")이 발표된다. 세계대전의 와중에서 가치 체계의 충돌로 생기는 철학적 가치론을 재검토하고 있다.

1942년(81세) 다시 현실의 정치적 문제를 철학적으로 고찰한 논문 〈재건의 문제〉("The Problem of Reconstruction")를 발표(Atlantic Monthly, 2월). 전후 재건에 있어 정치적 기술이 특수한 시야에만 한정되는 관심으로 이끌려 가서는 안 된다는 점을 재차 경고, 평화 공존 사상을 제창하였다. 80세를 넘어서면서도 지적 활력에 있어서는 좀처럼 쇠퇴할 줄 모르는 불굴의 정신의 소유자였지만 육체적으로는 서서히 쇠약해지기 시작하였다.

1945년(84세) 영국의 문화 훈장 "오더 오브 메리트"(Order of Merit) 훈장이 수여되다.

1947년(86세) 12월 30일, 하버드의 교외에서 일생을 마치다. 《과학, 철학 논문집》(*Essays in Science and Philosophy*)이 출판되었으며, A. H. Johnson편의 《화이트헤드의 기지와 지혜》(*The Wit and Wisdom* *of Whitehead*)가 캐나다에서 간행되었다.

1954년 그의 친구요, 저널리스트인 L. Price에 의해서 《화이트헤드 대화록》(*Dialogues of A. N. Whitehead*)이 간행되다. 이 책은 14년간에 걸친 화이트헤드와의 대화의 기록이며, 생전에 그의 검열을 받았다. 화이트헤드의 사회관, 정치관, 인생관, 세계관을 이해하는 데 귀중한 자료가 된다.

이름찾기

[ㅎ]

내용찾기

[ㅊ]

[ㅌ]

[ㅍ]

[ㅎ]

옮긴이에 대하여

오영환(知隱 吳榮煥)은 연세 대학교 철학과를 졸업하고 동 대학원을 거쳐 네덜란드 라이덴(Leiden) 국립 대학교 철학 대학원을 졸업(Drs. Phil.)하고, 영국 옥스퍼드 대학교 브리티시 카운슬 펠로우(1983~1984), 미국 프린스턴 대학교 객원 교수(Visiting Fellow)(1991~1992), 일본 교토(京都) 대학교 초빙 교수(1993), 연세 대학교 철학과 교수(1972~1997) 등을 역임했다. 현재 연세 대학교 명예 교수, 한국화이트헤드학회 고문, 미국 학술 전문지 *Process Studies*의 International Advisory Board 자문 위원(1994~현재)이다.

주요 저서와 역서로

『문화의 진로』(C. A. 반 퍼슨, 법문사, 1979),
『과학과 근대세계』(A. N. 화이트헤드, 서광사, 1989),
『과정과 실재-유기체적 세계관의 구상-』(A. N. 화이트헤드, 민음사, 1991)
 - 제4회 서우철학상(曙宇哲學賞) 수상작,
『열린 사고와 철학』(A. N. 화이트헤드, 고려원, 1992, 공역),
『과학과 형이상학』(자유사상사, 1993, 공저),
『관념의 모험』(A. N. 화이트헤드, 한길사, 1996),
『두 문화』(C. P. 스노우, 민음사, 1996),
『화이트헤드와 인간의 시간경험』(통나무, 1997),
『두 문화』(C. P. 스노우, 사이언스북스, 2001),
『사고의 양태』(A. N. 화이트헤드, 다산글방, 2003, 공역),
『교육의 목적』(A. N. 화이트헤드, 궁리출판, 2004)
 - 2006년 대한민국 학술원 기초학문육성 "우수도서",
『화이트헤드와의 대화』(A. N. 화이트헤드, 루시언 프라이스 기록, 궁리출판, 2006)
 - 2007년 대한민국 학술원 기초학문육성 "우수도서",
『과학과 근대세계』(개정판, A. N. 화이트헤드, 서광사, 2008),
『화이트헤드의 『과정과 실재』 입문』(도널드 A. 셔번 편저, 서광사, 2010, 공역)이 있다.